教育技术应用基础：实践与操作

杨波　林磊　著

中南大学出版社
www.csupress.com.cn

目录

第一单元

教育技术概述

➤ **教学模块**

“教育技术理论讲授”“教学设计理论及应用”

➤ **单元学习目标**

了解教育技术的发展及定义

了解教育部制定的《中小学教师教育技术能力标准》

识记教育技术基础及应用理论

初步掌握教学设计理论及应用

➤ **重点**

《中小学教师教育技术能力标准》中第一部分：教学人员教育技术能力标准

教育技术基础及应用理论中的建构主义及视听教学论

教学设计理论及应用

第1章　教育技术的基本概念

1.1　教育技术的产生及发展

1.1.1　教育技术的产生

从“教育技术是教育中所应用的手段和方法的总和”的一般含义上来理解，教育技术与教育同时出现。但是，以美国为代表的教育技术界人士大都认为，现代教育技术出现于第二次工业革命时期，是科学技术发展对教育影响的结果。他们把20世纪初期美国教育领域兴起的“视觉教育”运动当作现代教育技术的开端，认为现代教育技术的发展主要是沿着“视觉教育—视听教育—视听传播—教育技术”这一轨迹发展起来的。在这个过程中，媒体教学技术、个别化教学和教学系统方法逐步融合，直到20世纪70年代，人们才正式把现代教育技术理解为包括媒体教学技术、个别化教学和教学系统方法这三个方面的整体教育技术。其演化过程如图1－1所示。

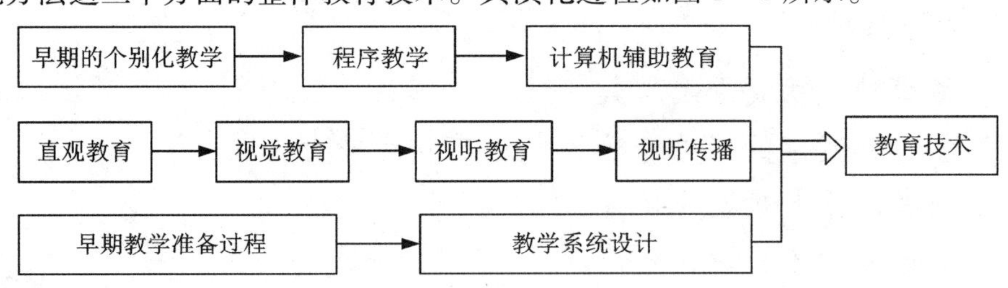

图1－1　教育技术的历史演化过程

1.1.2　媒体教学技术的发展对现代教育技术的推动

1. 视觉教育

19世纪末到20世纪初，随着科学技术的迅速发展，摄影、幻灯、无声电影等技术已经成熟，并逐渐在教育领域中得到应用。从1920年开始，在美国就有一些电影公司向高校提供教学用的电影片，同时，这些高校也开始自制教学影片、幻灯片和照片等，视觉教育开始登上教育的舞台。

视觉教育的逐步深入，引起了越来越多的教育工作者的重视和研究，一些学术团体开始相继出现。1923年，美国成立了“美国全国教育协会视觉教学部”，开始发展自己的学说，而明尼苏达大学等一些高校则开设了与视觉教育相关的课程，关于视觉教育方面的学术论著也相继出现。

2. 视听教育

20世纪20年代，无线电广播技术开始在教育中推广应用。英国是开展广播教学较早的国家。1920年，英国的马可尼公司剑佛电台开办了定期的教育广播节目，1923年成立了“教育播音咨询委员会”，1929年成立了“学校播音中央评议会”。美国也在1920年建起了第一家无线广播电台——KDKA电台，开始利用广播进行大面积教育。

20世纪30年代到40年代，无线电广播技术进一步完善，广播教学的规模迅速扩大。1935年波士顿成立了“世界广播大学”，播送多种学科课程。但在这一时期，最为热门的要数有声电影的应用，具有视听双重功能的有声电影在提高教育效果方面显示出了巨大的作用。40年代后期，磁性录音、黑白电视技术、语言实验室相继出现在教学活动中。1946年，美国教育学家埃德加·戴尔（Edgar Dale）提出了视听教育的重要理论，即“经验之塔”理论。1947年美国全国教育协会视觉教学部正式更名为“视听教学部”。

20世纪50年代到60年代，是媒体技术迅速发展的时期。在此期间，不仅已有的媒体技术得到了进一步发展，电视这一新的技术也得以普及，电视教学成为一种新型的教学方式。同时，语言实验室等也运用于教学。

20世纪70年代以后，卫星电视成为各国普及国民教育最有效的手段之一，计算机辅助教学被迅速推广应用。

1.1.3 程序教学运动与个别化教学的发展

20世纪初，虽然美国出现了各种各样的个别化教学形式，但真正在教育领域有着广泛影响的个别化教学活动，当属50年代兴起的程序教学运动。

1954年，美国著名心理学家、哈佛大学教授斯金纳（B. F. Skinner）发表了《学习的科学与教学的艺术》一文，其中阐述了操作性条件反射和积极强化的学习理论。他认为人类的学习都是一种操作过程，在这种操作条件作用中，反应经刺激诱发后，立即予以强化，形成刺激—反应的联结。

教学和训练的成功，关键是分析强化的效果及设计精密的操作过程的技术，也就是建立特定的强化（为了某一特定的学习目的，而精心设计一个刺激和反应的过程，使学习者在强化中达到目标）。因此，斯金纳认为，为了使学生对刺激做出符合要求的反应，必须将教材“程序化”，即把教材尽量细分为多个“小步子”，以便在各个小步子中诱发学习者正确的行为，并即时强化这些反应。基于上述观点，斯金纳主张用教学机器来控制学生的行为。

20 世纪 50 年代末到 60 年代初是程序教学运动迅速发展的时期。一方面各种教学机器纷纷问世，另一方面程序设计广泛开展，程序教学在广泛的领域内获得了成功。但是，到了 60 年代末，由于技术上的局限，教学机器的设计已不能满足教学需求，而且对于相对复杂的教学内容无法处理，于是，程序教学一度停顿了下来。

进入 20 世纪 70 年代后，随着计算机技术的迅速发展，人们对教学机器的兴趣转向了对计算机辅助教学的研究，将程序教学思想广泛地运用到计算机辅助教学中，计算机成了实现程序教学思想的高级程序“教学机”。

1.1.4 系统科学的引入与教学系统方法的发展

系统科学主张把事物、对象看作一个系统进行整体研究，探讨事物的各个组成部分、结构和功能的互相联系，通过信息的传递和反馈来实现有目的地控制系统的发展，以获得最优化的效果。

系统科学的思想、观点和方法论是教育技术学重要的理论基础。尤其是在 20 世纪 60 年代以后，系统科学的思想渗入到现代教育技术领域的各个方面，并促进现代教育技术的各个分支融汇在一起，从而出现了教育技术学。

在系统科学的影响下，人们开始考虑各种媒体的综合作用，提倡各种媒体的恰当组合，取长补短，以取得优化的效果。系统科学运用到程序教学中来，程序设计就越来越重视从教学的整体进行系统、综合考虑，包括目标的确定、方法的设计、媒体的选择以及通过有效的评价来实现教学的反馈控制。系统科学的引入深化了程序教学的思想、方法，它的进一步发展逐渐形成了教育技术学的核心思想，即教学开发的系统设计方法——教学设计。

到 20 世纪 70 年代，由于系统方法在教学媒体设计、个别化学习过程设计和教学系统设计中得到广泛的应用，使得媒体教学技术、个别化教学和教学系统方法三个领域相互交叉。

1972 年，美国教育传播与技术学会（AECT）在定义教育技术概念时，把视听教育、个别化教学和教学设计三个领域综合为一个以系统方法为核心的整体——现代教育技术。

1.1.5 我国现代教育技术的发展

教育技术在我国的发展，是以电化教育的萌芽和起步为标志的。

纵观我国教育技术的发展历程，可以以时间为轴线，将其发展历史大致分为两个阶段，即电化教育的出现与初步发展阶段，以及电化教育与现代教育技术的迅速发展阶段。

1. 电化教育的出现和初步发展

20 世纪 20 年代左右，幻灯、电影、无线电等先进媒体传入我国，在我国的一些院校，如南京的金陵大学（后并入南京大学）等，开始利用、引进或自制幻灯片、电影片进行教学。

20 世纪 30 年代随着幻灯、电影、无线电广播在教育教学活动中的应用，社会上出现了群众性的学术团体“中国教育电影协会”。1935 年江苏镇江成立“电化教学”放映场。1936 年南京政府教育部成立了电影教育委员会，1937 年成立了播音教育委员会，也是在这一期间“电化教育”的名称被确定下来，一些电化教育刊物相继出现。1940 年，当时的政府教育部将电影教育委员会和播音教育委员会合并，成立了电化教育委员会，金陵大学、江苏省立教育学院、国立社会教育学院等院校开设了电化教育课程或专业，开始培养电化教育专业人才，并选派留学生赴美学习有关课程。

从 20 世纪 20 年代到 40 年代这一阶段来看，电化教育在我国的教育中发挥了一定的作用，但受当时国家经济落后、科技不发达以及电化教育自身的理论研究缺乏指导等因素的影响，电化教育始终未能大面积地推广。

1949 年 10 月新中国成立后，政府对电化教育给予了充分的重视，于 1949 年 11 月，在文化部科学普及局成立了电化教育处，负责全国电化教育的推广、发展工作。在这一时期，我国的电化教育进入了有组织、有领导的发展阶段。

20 世纪 50 年代，社会上大面积地开展外语、文化补习、广播函授等播音教育，北京师范大学、西北师范学院相继开设了电化教育系列讲座，高等院校纷纷运用现代媒体进行教学。从 1958 年起，各地相继成立电化教育馆，如北京电化教育馆、沈阳市电化教育馆等，主要负责电化教育在普通教育领域的组织和推广工作。从 20 世纪 60 年代起，上海、北京、沈阳、哈尔滨等地相继开办电视大学，电化教育手段被广泛地运用于教学中。

1950—1965 年，经过广大教育工作者的努力，我国的电化教育已走上了稳步发展的道路。从媒体的研制与应用到人员机构的完善，都呈现出了蓬勃发展的势头，取得了很大的成绩。但总的来看，这一时期电化教育的研究和实践领域依然是以媒体应用为主，尽管也出现了专门的学科和研究队伍，但在理论上基本是借助视听教育的理论，所以理论研究比较匮乏。

2. 电化教育与现代教育技术的迅速发展

20 世纪 70 年代后期，尤其是党的十一届三中全会以后，我国进入改革开放的新时期，电化教育也从停滞中走了出来，开始了一个迅速发展的新阶段。

1978 年，教育部重建了中央电教馆，使其履行教育部原电化教育局的职能，各地、市、县及大部分高校也开始纷纷成立了电化教育馆或电化教育中心。进入 20 世纪 90 年代，国家又先后建立了各级教育电视台、教育音像出版社。

在各级、各类电化教育机构的组织和推动下，电化教育媒体的应用迅速发展。不仅播放幻灯、录音等的设备被大量购置、生产和应用，而且有线电视、卫星电视教育也被迅速地推广，语言实验室、计算机辅助教学在各大中专院校及中小学逐渐被普及。电化教育教材的编制、发行呈现出强劲势头，在数量和质量上都有了大幅度提高，并广泛地应用于教学中。尤其是中小学课程音像教材与文字教材配套出版、使用，更有效地提高了教学质量。20 世纪 90 年代以来，随着计算机的普及，计算机辅助教育成为我国现代教育技术重要的实践领域，制作计算机软件的机构相继诞生，适合学习的软件大量出现。

自 1983 年华南师范大学创办我国第一个电化教育本科专业以来，发展到目前，全国已有百余所院校设置了教育技术（电化教育）专业，并开始了硕士研究生、博士研究生的培养，为我国教育技术事业向更高层次发展发挥了重要的推动作用。改革开放以来，教育技术学术领域的发展也是突飞猛进，大量的学术专著、译著、教材纷纷问世，如《电化教育学》《电化教育管理》《教育技术学导论》《教学设计》等；出现了多种学术刊物，如《中国电化教育》《电化教育研究》《中小学电教》《现代教育技术》等，这些著作和刊物为教育技术领域的研究和实践总结做出了重要贡献。

随着国际学术交流的增多，国外教育技术的研究成果不断被引进和借鉴，我国电化教育的理论也有了深刻的变化和质的飞跃。20 世纪 80 年代，在研讨电化教育理论的热潮中，出现了电化教育更名和再定义的学术争鸣。20 世纪 90 年代，教育技术在学科建设和对外学术交流领域替代了电化教育。在学科的内涵上，不再仅仅研究教学媒体，在国外教育技术思想的影响下，开始了对多媒体教学、系统方法、教学设计等理论和实践的研究，从而使我国的教育技术在保留和发扬自身特色的同时，融入了国际教育技术发展的潮流中。

1.1.6 教育技术的未来

随着科学技术的飞速进步和教育技术相关理论的研究，以及现代教育技术实践领域的拓展，教育技术主要朝着以下几个方向发展：

1. 教育技术作为交叉学科的特点将日益突出

教育技术是涉及教育、心理、信息技术等学科的一个交叉学科。教育技术需要技术，尤其是信息技术的支持。作为交叉学科，教育技术融合了多种思想和理论，它的理论基础包括教育理论、学习理论、传播学、系统论等。在教育技术领域，上述理论相互融合，以促进人的发展为目标而各尽其力。现在，教育技术的研究不仅关注个别化学习，还对学生之间如何协同与合作进行系统的研究。此外，教育技术交叉学科的特性决定了其研究和实践主体的多元化，协作将成为教育技术发展的重要特色。

通过教育、心理、教学设计、计算机技术、媒体理论等不同背景的专家和学者共同研究和实践，开放式的讨论与合作研究已成为教育技术学科的重要特色。

2. 教育技术将日益重视实践性和支持性研究

教育技术作为理论和实践并重的交叉学科，需要理论指导实践，并在实践中进行理论研究。目前，教育技术研究前沿的两个领域是信息技术与课程整合及网络教育，所有这些乃至终身教育体系的建立都强调对学习者的支持，即围绕如何促进学习，提高绩效开展所有的工作和研究。正因为如此，人们将会越来越重视对包括教师培训、教学资源建设、学习支持等在内的教育技术进行实践性和支持性研究。

3. 教育技术将日益关注技术环境下的学习心理研究

随着教育技术的发展，技术所支持的学习环境将真正体现出开放、共享、交互、协作等特点。因此，适应性学习和协作学习环境的创建将成为人们关注的重点。教育技术将更加关注技术环境下的学习心理研究，深入研究技术环境下人的学习行为特征、心理过程特征、影响学习者心理的因素，更加注重学习者内部情感等非智力因素，注重社会交互在学习中的作用。

4. 教育技术的手段将日益网络化、智能化、虚拟化

教育技术网络化的主要标志是互联网应用的迅速发展。在信息社会中，互联网是进行知识获取和信息交流的强有力工具，它将改变人们的学习、工作和生活方式。基于互联网的远程教育目前正在发挥着越来越重要的作用。

人工智能是一门研究运用计算机模拟和延伸人脑功能的综合性学科。与一般的信息处理技术相比，人工智能技术在求解策略和处理手段上都有其独特的风格。人工智能的成功产品以及智能计算机辅助教育系统目前已在教育教学领域中得到应用。

虚拟现实是继多媒体广泛应用后出现的更高层次的计算机技术，其根本目标就是通过视、听、触等方式达到真实体验和交互的效果，它可以被有效地用在教学、展示、设计等方面。虚拟现实技术支持下的学习环境将成为人们进行思维和创造的助手，以及对已有概念进行深化和获取新概念的有力工具。

随着信息技术的发展，教育网络化、智能化、虚拟化的程度将日益提高，并对教学手段、教学方法和教学模式产生深远的影响。

1.2 现代教育技术的定义

现代教育技术是指运用现代教育理论和现代信息技术，通过对教与学的过程和资源的设计、开发、利用、管理和评价，以实现教学优化的理论和实践。在国外有AECT定义对其进行具体阐述。

但不管哪种阐述，其内涵具体体现都包含以下几个方面：

1.2.1 现代教育技术以现代教育理论为指导

现代教育理论包括现代教学理论和现代学习理论。对现代教育技术影响较大的现代教学理论有布鲁纳（J. S. Bruner）的“结构—发现”教学理论、赞可夫的发展教学理论和巴班斯基的教学最优化理论等。对现代教育技术影响较大的现代学习理论有行为主义学习理论、认知主义学习理论和建构主义学习理论等。

现代教育技术的应用必须以先进的教育思想和教学理论为指导，树立应用现代教育技术推进素质教育，培养学生的创新精神和实践能力的教育思想，重视应用现代教育理论指导教与学的过程和资源的设计、开发、应用及管理。

1.2.2 现代教育技术以信息技术为主要手段

简单地说，信息技术就是指获取、加工、存储、传输、表示和应用信息的技术。信息技术不仅包括计算机技术，还包括微电子技术、通信技术等。在学校，则是以多媒体与网络技术为核心的校园信息发布、共享技术。

现代教育技术的应用，要充分利用和发挥多媒体与网络技术的优势，形成以多媒体和网络技术为基础的信息化教学环境和数字化的教学资源。

1.2.3 现代教育技术的研究对象是教与学的过程和资源

现代教育技术以教与学的过程和资源作为研究对象，并以优化教与学的过程和资源作为实践目标。因此，现代教育技术既要重视优化“教”，又要重视优化“学”；既要重视“资源”，又要重视“过程”的研究和实践。现代教育技术是通过优化教与学的资源，建设信息化的教学环境，开发信息化教学软件，探索并建构信息化环境下的新型教学模式。

1.2.4　系统方法是现代教育技术的核心思想

现代教育技术是以系统方法为核心思想展开的教育实践，即对教与学的过程和资源进行设计、开发、利用、管理和评价。现代教育技术重视教育教学过程中各步骤的精心设计、实施，要求教学各要素有序进行，并随时进行评价和修正。

1.3　现代教育技术的应用领域

现代教育技术的研究领域包括学习过程与学习资源的设计、开发、利用、管理和评价五个方面的理论与实践。

学习过程是指学习者通过与信息和环境的相互作用而得到知识、技能和态度的长期过程。学习资源是指支持学习的资料来源或资料库，包括支持系统的教学材料与环境，但资源并非仅指用于教学过程的设备和材料，还包括人员、预算和设施。

现代教育技术研究的五个领域的具体内容如下：

（1）学习过程与学习资源的设计

设计是指为达到给定的教学目标，首先要进行学习者的特征分析和教学策略制定，并在此基础上进行教学系统及教学信息设计，包括教学内容的确定、教学媒体的选择、教学信息与反馈信息的呈现内容与呈现方式设计等。设计以创造最优化的教学模式，使每个学生都成为成功的学习者为目标。

（2）学习过程和学习环境的开发

开发是指对音像技术、电子出版技术、计算机辅助教学技术，以及多种技术结合、集成应用于教育教学过程的开发与研究。也可以说，开发是对教学设计结构的“物化”或“产品化”，是教学设计的具体应用。开发领域的范围可以是一节课、一个新的改进措施，也可以是一个大系统工程的具体规划和实施。

（3）学习过程和学习资源的利用

应强调对新兴技术、各相关学科和最新研究成果，以及各种信息资源的利用和传播，并要设法加以制度化、法规化，以支持现代教育技术手段的不断革新。

（4）学习过程和学习资源的管理

管理是指对所有学习资源和学习过程进行计划、组织、指挥、协调和控制。具体包括教学系统管理、教育信息及资源管理、教学研究及开发管理等。科学管理是现代教育技术的实施和教学过程、教学效果优化的保证。

（5）学习过程和资源的评价

是指既要注重对教育教学系统的总结性评价，又要注重形成性评价，并以此作为质量监控和不断优化教学系统与教育过程的主要措施。为此，应及时对教育教学过程中存在的问题进行分析，并参照规范要求（标准）进行定量的测量与比较，向学习者提供有关学习进步的建议、指导及资源，以便其及时调整学习步伐，直至取得成功。

1.4 教育技术与现代教师专业素质

1.4.1 现代教师专业化概述

当前，教师专业化已经成为世界教师教育的发展目标和行动总则。很长时间以来，人们对教师这个职业能否专业化的问题进行过激烈的争论，提出了各自不同的见解。然而，不论是在国内还是国外，随着社会对教育要求的不断提高，人们对教师职业也有了更高的要求。因此，提高教师专业水平的教师专业化运动也随之兴起。

1966 年，国际劳工组织和联合国教科文组织颁布了《关于教师地位的建议》，它对教师专业化做出了明确的界定，“应把教师工作视为专门的职业，这种职业要求教师经过严格、持续的学习，获得并保持专业的知识和特别的技术”。美国在 1986 年也先后发表了《国家为培养 21 世纪的教师做准备》和《明天的教师》两份报告，重点也是关于教师专业化的问题。目前，我国教师专业化教育正在加速发展，过去仅仅为了满足基础教育对教师在数量上的要求，而现在开始有条件满足基础教育和职业技术教育对高素质教师的需要。教育技术在为教育提供新的现代化手段的同时，也对教育产生了巨大的影响，加快了教师专业化的进程。努力提高教师专业化水平及对教育技术的学习已成为当代教师教育的必然选择。

1.4.2 教育技术能有效地促进现代教师专业发展

为了提高我国中小学教师教育技术能力水平，促进教师专业能力发展，2004 年 12 月 25 日，教育部正式颁布了《中小学教师教育技术能力标准（试行）》。这是我国关于中小学教师的第一个专业能力标准，它的颁布与实施是我国教师教育领域一件具有里程碑意义的大事。这标志着我国的教师教育信息化将走向一个新的阶段，也必将对我国教师教育的改革与发展产生深远的影响。

教育技术是促进现代教师发展专业技能和自我完善的重要途径。在信息化社会中，教师理所当然地应该成为“数字化生存”的带头人，应该能够应用信息技术开展有效的教学；应该能够应用信息技术进行研究，寻求解决教育教学过程中所遇问题的方法；应该能够利用信息技术进行融合，塑造出开放、融洽、互动的协作风格；应该能够利用信息技术进行学习，成为信息化条件下的终身学习者，实现知识、技能、伦理的自我完善。

以上是信息化社会中教师专业发展的内在要求。这些问题的有效解决需要教育技术予以支撑，也要通过教育技术来促进现代教师专业的发展。

➤ 思考题：

1. 教育技术的产生及发展的主要因素有哪些？
2. 现代教育技术的研究内容包括哪几个方面？
3. 阐述当代教育技术的发展趋势。
4. 阐述现代教育技术的内涵。
5. 谈谈教育技术对促进教师专业化的作用。

➤ 课外实践活动：

利用网络资源，建立个人的课程学习记录档案。

第 2 章　现代教育技术理论基础

2.1　行为主义理论

在心理学发展的历史中，行为主义心理学以其实证的、可操作的研究方法，为心理学走上科学化道路做出了不可磨灭的贡献。

行为主义心理学的许多理论都来自实验室的实验，通过对动物行为的观察研究，进一步推广到解释人类行为的变化，产生了以巴甫洛夫（I. P. Pavlov）为代表的经典条件反射学说、以桑代克（E. L. Thorndike）为代表的联结说、以斯金纳（B. F. Skinner）为代表的操作性条件反射学说以及以班杜拉（A. Bandura）为代表的社会学习理论等一系列理论学说。

他们认为学习是由外部环境刺激引发的行为变化的过程，是刺激—反应的联结过程。他们把刺激—反应（S－R）作为解释人的一切行为的公式，强调外在刺激对行为的影响和强化作用，认为心理学的任务就在于发现刺激与反应之间的规律性联系，这样就能根据刺激推知反应，反过来又可通过反应推知刺激，从而达到预测和控制行为的目的。时至今日，行为主义心理学的一些研究方法和研究成果仍在社会很多领域里发挥着作用，在教学设计活动中仍具有一定的影响，并对当今的教学改革起到了一定的借鉴作用。

2.1.1　行为主义学习理论的基本观点

1. 学习过程是刺激—反应的联结过程

早期行为主义心理学的代表人物俄国生理学家巴甫洛夫和美国心理学家华生（J. B. Watson）（知识链接 2－1）通过对动物的实验研究，指出学习的实质在于形成刺激—反应的联结，这种联结是直接的、无中介的。其中，刺激是指学习主体所在的特定环境，反应则是指在刺激作用下主体的反应。行为主义学习理论认为学生学到了什么、学的效果如何都取决于环境，并受环境控制，而不是由学习主体自身所决定的。他们强调的是对学习过程的外在环境研究，而相对忽视学习的内部过程，因此，这种理论较适合于解释动物的学习和人类低层次的学习现象。

这种学习理论对教学的意义在于，在教学过程中，需要预设积极联结并预防有害联结。例如，教师把学习任务与积极、快乐的事相联结，不断给予学生鼓励、关爱，使学生产生愉快感受，学生就会将这种情绪与学习联系起来，从而喜欢教师、喜欢学习。

知识链接 2－1

巴甫洛夫的经典条件反射学说和华生的行为主义

俄国著名的生理学家和心理学家巴甫洛夫（Ivan Petrovich Pavlov，1849—1936），是经典条件反射理论的典型代表人物。他在考察动物（狗）分泌唾液反应实验时发现，当铃声和食物反复配对后，只给狗听铃声，不呈现食物，狗也会分泌唾液，即一个中性刺激（铃声）与一个原来就能引起某种反应的刺激（食物）相结合，使动物学会对中性刺激做出反应。食物和唾液之间是自然的联结，不需要任何条件或先前的训练就能够建立起来，因而把食物这种自动引发生理或情绪反应的刺激称为无条件刺激（unconditioned stimulus，US）；铃声原来是一种中性刺激（neutral stimulus，NS），是不能自动诱发生理或情绪反应的刺激，在与无条件刺激多次配对时，如铃声和食物多次配对同时出现，铃声和唾液分泌之间建立起了一种新的联系，将这种中性刺激（铃声）变成条件刺激（conditioned stimulus，CS），单独呈现这一条件刺激便能引起的唾液分泌反应（即一种对先前中性刺激所习得的反应）称为条件反应（conditioned response，CR）。

华生（John B. Watson，1878—1958）是美国著名的心理学家、行为主义心理学的奠基者，他认为学习就是一种刺激替代另一种刺激建立条件反射的过程。他指出人类产生时只有几个反射（打喷嚏、膝跳反射）和情绪反应（恐惧、爱、怒等），而其他所有行为都是通过条件作用建立新刺激反应联结而形成的。他曾经用条件反射原理做了一个恐惧形成的实验，在形成条件反射以前，儿童接近兔子毫无害怕的表现，后来，兔子出现后，紧接着出现一个迫使他害怕的声音，形成条件反射后，单是兔子的出现也能使儿童害怕。产生的后果是儿童会对任何有毛的东西感到害怕，如老鼠、制成标本的动物，甚至有胡子的人。因为一种动物和一种引起恐惧的刺激产生了联系，儿童产生了对那种动物的恐惧，并泛化到相似的刺激。

2. 学习过程是尝试错误的过程

巴甫洛夫的经典条件反射学说主要探讨自动化的无意识反应，而人类学习大部分都是有意而为之的。美国心理学家桑代克（知识链接 2－2）认为学习的实质是经过试误在刺激与反应之间形成的联结。

在桑代克看来，“学习即联结，‘心’即人的联结系统”“学习是结合，人之所以长于学习，即因他形成这许多结合”。他以饿猫开“迷箱”的实验来研究动物的联结学习，猫在学习打开“迷箱”的过程中，经过多次尝试与失败，在复杂的刺激情境中发现门闩作为打开箱门的刺激（S）与开门反应（R）形成了巩固的联系，这时学习便产生了。同时，这种学习过程是渐进的，是不断尝试错误、纠正错误直至最后成功的过程，所以桑代克的联结说又称尝试错误说（简称试误说）。桑代克利用动物的学习过程来解释人的学习，认为人的学习和动物的学习是一样的，只是复杂程度有所不同，他认为学习的实质是经过试误，在刺激与反应之间形成联结。

桑代克根据动物实验的研究结果总结出了著名的学习三定律：准备律、练习律、效果律。

（1）准备律

指学生在学习开始时的心态。

学生若正准备以某种方式或者途径建立反应，那么，能实现该反应就能得到满足，学习就产生效果。简言之，学生有准备，而又给予学习活动，学生就感到满意；当学生有准备，而没有给予学习活动，则产生烦恼。或者，学生没有准备以某种方式反应，而是被迫做出反应，也会产生烦恼，学习就不能产生良好的效果。

这里的准备，不是指学习前的知识准备或成熟方面的准备，而是指学生在学习开始时的心理预备定势。因此，联结的增强或削弱取决于学生的心理调节和心理准备。

这一规律提示我们，在教学中一定要充分了解学生的需要，促使学生产生良好的学习准备状态，并用以激发其学习动机。

（2）练习律

指学习要经过反复地练习一个已形成的、可以改变的联结。若加以应用，联结将增强；如不应用，联结将减弱。

这里所强调的是联结的作用，就像桑代克的“饿猫”一样，只有不断地练习，才能真正掌握逃出“迷箱”获得食物的方法。同时，桑代克也指出，只有当学生发现重复练习能获得满意的效果时，练习才会有助于学习。

对于饿猫来说，打开门以后能吃到鱼，那是饿猫满意的效果。对于学生来说，学习了以后，要进行适度的练习，应用所学知识解决问题，并能获得满意的结果，使得联结得以巩固，这才是有效的练习。进行有奖励的练习，联结才能增强。

（3）效果律

在刺激与反应之间建立的可以改变的联结，如果并发或伴随着满足的情况，联结就会增强，如果并发或伴随着烦恼的情况，联结就会减弱。也就是说当建立了联结时，导致满意后果（奖励）的联结会得到加强，而带来烦恼后果（惩罚）的行为则会被削弱或淘汰。桑代克认为，奖励是影响学习的主要因素，奖励就是使人感到愉悦的或可能进行强化的物品、刺激或后果。

除了上述三个主要学习律之外，桑代克还提出了一些从属的附律：多重反应律、定势律、选择性反应律、同化律、联想性转换律。

桑代克的“学习律”指导了大量的教学实践：尝试错误，启发教师要允许学生犯错误；“准备律”指导教师尊重学生的需要；“练习律”告诉人们解决问题是通过多次实验渐渐消除错误的，学习需要经过重复才能完成；“效果律”指导教师在教学中使用一些具体的奖励。但是，我们也应该看到，桑代克的学习律中也存在着许多局限性。首先，他忽视了学习的认知特性，而一味强调情境与反应的联结，把复杂的学习过程简单化和机械化。人类的学习，主要是一种复杂的认知过程，桑代克的联结说更适合解释简单的机械学习，而无法解释人类复杂的认知学习。其次，桑代克把学习过程看成是盲目的、试误的过程，这就抹杀了人类学习的最突出的特征，即人类学习的目的性和主观能动性。

知识链接 2－2

桑代克的联结说

桑代克（E. L. Thorndike，1874—1949）早期主要通过动物的行为来研究动物心理，特别是研究动物的学习行为。他创造了迷路圈、迷箱和迷笼等实验工具，对鱼、鸡、猫等动物的学习行为进行了大量研究。他认为，学习的实质在于形成刺激—反应联结。桑代克认为人和动物遵循同样的学习规律，学习不是突然发生的，学习过程是通过一系列小的步骤按顺序逐渐达到的，是一个尝试错误的过程，通过不断的尝试可以偶然获得成功，不成功的动作将被排除，成功的动作则由于引起兴奋而被牢记。因此，学习就是在刺激与反应之间形成联结，教学的任务就是安排各种情境，以便形成、保持、消除、改变或引起各种联结。

3. 学习过程是学生观察与模仿的过程

美国心理学家阿尔伯特·班杜拉（Albert Bandura，1925 年至今）研究发现，人们不仅可以通过直接经验产生学习，而且还可以通过观察所获得的间接经验引发学习，并且人类大部分的学习都是通过观察和模仿他人发生的。“观察学习”是班杜拉社会学习理论的一个基本概念，所谓观察学习（也称代替学习）是指通过观察他人（榜样）的行为及结果，获得示范行为的象征性表象，从而引导学习者做出与之相适应的行为的过程。从动作的模拟到语言的掌握，从态度的习得到人格的形成，都可以通过对他人行为的观察来完成，而不必直接对刺激做出反应，也不需要亲自体验强化。观察学习不仅可以使学习过程缩短，而且还可以帮助学习者迅速地掌握大量综合的行为模式，从而助其避免由于直接尝试错误和失败可能带来的重大损失。

班杜拉认为，在观察学习中，存在四个显著影响学习过程的相关因素，即注意、保持、复制及动机，相应地观察学习过程也包括四个相互联系的过程，即注意过程、保持过程、复制过程、动机过程。

（1）注意过程

注意过程是观察者在观察时将心理资源开通的过程，即注意和感觉榜样情境的各个方面，它决定观察者选择什么样的示范原型。班杜拉认为观察者比较容易观察那些与自身相似的或者被认为是优秀的、热门的和有力的榜样。有依赖性的、焦虑的观察者更容易产生模仿行为。

（2）保持过程

保持过程即观察者记住其从榜样情境了解的行为，是对示范活动的保持。观察学习主要依存于两个存储系统，即表象和言语，并以表象和言语形式将其在记忆中进行表征、编码和存储。其中，言语较之表象在观察学习中更具有确实性。

（3）复制过程

复制过程是把表象转换成适当行为的过程，即复制从榜样情境中观察到的行为。在复制过程中，观察者将头脑中有关榜样情境的表象转化为外显的行为，观察者需要选择和组织榜样情境中的反应要素进行模仿和练习，并在信息反馈的基础上精练自己的反应。

（4）动机过程

动机过程即因表现观察到的行为而受激励。班杜拉把新反应的习得和对新反应的操作区分开来。他认为，人们能够通过某种观察模式获得新知识，但是人们可能对这种模式进行操作，也可能不进行操作，这要取决于自我强化引起的动机作用。社会学习理论区别“获得”和“表现”，因为个体并不模仿他们所学的每一件事。“强化”非常重要，但并不是因为它增强行为，而是它提供了信息和诱因，对强化的期望影响观察者注意榜样行为，激励观察者编码和记住可以模仿的有价值的行为。

总之，班杜拉关于学习本质的看法是：学习是个体通过对他人的行为及其强化性结果的观察，从而获得某些新的行为反应，或已有的行为反应得到修正的过程。班杜拉的社会学习理论不回避人的行为的内部原因，相反，他重视符号、替代、自我调节等所起的作用。因此，班杜拉的社会学习理论被称为“认知行为主义学习理论”。

4. 学习过程是操作强化的过程

行为主义学习理论普遍强调在学习过程中通过不断练习、不断反馈和强化等途径来促进学习效果，认为学习过程是“操作＋强化”的过程，即在所期望的行为发生时给予强化。

（1）巴甫洛夫的强化理论

巴甫洛夫在其条件反射的实验中提出了“强化”的概念，他认为形成条件反射的基本条件是“中性刺激”（如铃声）与“无条件刺激”（如食物）在时间上相结合，

“中性刺激”或稍先于或同时与“无条件刺激”呈现，这个时间上的结合称为“强化”（食物等无条件刺激物即强化物）。他所提出的强化概念成了后来行为主义学习理论中的一个核心概念，之后，很多学习理论家都提出了相关的强化理论。

（2）桑代克的强化理论

桑代克的“效果律”也体现出学习是操作性“强化”过程的观点。他认为，在刺激与反应之间形成可改变的联结，给予满意的后果，联结就增强，给予不满意的后果，联结就减弱。桑代克认为任何动作在特定情况下产生满足，它就与该情境产生联系，因而该情境再出现时，那个动作也就更易出现；反之，任何动作在特定情况下产生痛苦，它就与该情境失去了联系，故该情境再次出现时，那个动作就比以往更难出现。但在桑代克后来的著作中，取消了效果律中消极的或令人烦恼的部分，因为他发现惩罚并不一定削弱联结，其效果并非与奖励相对立。

（3）班杜拉的强化理论

社会心理学家班杜拉在其观察学习中对强化理论做了进一步的发展，他将强化分为直接强化、替代强化和自我强化。直接强化是指观察者因表现出观察行为而受到强化；替代强化是指观察者或者模仿者在学习中不必直接受到外部强化，只要以他观察或模仿的榜样为媒介，获得间接强化经验就会做出相应反应；自我强化是指人能自发地预知自己的行为结果，并依据信息反馈进行自我评价和自我调整。在他看来，人的行为除了受到外部强化的影响外，还受自我强化的影响。

（4）斯金纳的强化理论

斯金纳是操作行为主义学习理论的建构者，其强化理论更为系统和深入。他不满足于经典条件反射学说关于有机体行为刺激—反应的解释模式，而是把自己的研究目的集中在行为结果对行为的影响以及行为控制的问题上。他认为，人的一切行为几乎都是操作性强化的结果，人们有可能通过强化作用的影响去改变别人的反应。表现在教学方面就是，教师充当学生行为的设计师和建筑师，把学习目标分解成很多小任务并且一个一个地予以强化，学生通过操作性条件反射逐步完成学习任务。斯金纳明确了正强化与负强化的概念，区分了一级强化与二级强化的本质差别，并且提出了固定间隔强化、可变间隔强化、固定比例强化和可变比例强化四种模式。斯金纳的强化理论进一步阐释了强化在学习过程中的重要意义，有助于人们在学习过程中加强练习和反复学习这一环节，促进教学效果的提高。

综合上述各种强化理论，我们发现，强化理论的发展经历了一个从完全被动的外部强化到积极主动的自我强化，从完全注重行为结果到开始注重内部心理过程的过程。

2.1.2 基于行为主义学习理论的教学技术

不管是早期的联结说，还是后来发展起来的操作性条件反射学说，它们均强调外部环境对行为的影响，学习只是在特定环境下所发生的特别行为的变化。应用到教学中，就是安排环境条件，要用结果强化引出所期待的行为。

1. 行为塑造教学

从前面有关行为主义学习理论的基本观点中可以发现，他们普遍认为行为是后天习得的，环境决定了一个人的行为模式，无论是正常的行为还是病态的行为都是经过学习而获得的，人们可以通过学习而更改、增加或消除某种行为，查明了环境刺激与行为反应之间的规律性关系，就能根据刺激预知反应，或根据反应推断刺激，达到预测并控制动物和人的行为的目的。行为主义学习理论学者由此提出，教育即塑造行为，他们认为复杂的行为可以通过塑造而形成，正如斯金纳所讲，“只要我们安排好一种被称为强化的特殊形式的后果，我们的技术就会容许我们几乎随意地塑造一个有机体的行为”。

这里的塑造，就是指通过小步反馈连续接近的方法帮助学生达到目标。其基本过程为：教师把要塑造的行为分为若干的单元，针对这些行为单元，设置一定的学习任务，进一步将任务分解为一系列小任务，并按照等级把任务分解为基本技能和子技能的系统，分步实现，每完成一步就加以强化，直到引出所需要的新行为。在这一过程中，教师要描述各个小步子的逻辑顺序，并在每一步进行之前，明确学生是否已经掌握了必要的前提技能，了解学生学习困难的原因等。

进行行为塑造应注意：强化每一项子技能，消退其他不符合要求的反应；提高强化的准确性，即在塑造行为时要注意这样一条原则——学生必须在他们能力所及的行为范围内得到强化，同时这些行为又必须能向新的行为延伸。例如，要教儿童能够流畅地、有感情地朗读儿歌，首先要让儿童学会一句一句地读，然后是学会一段一段地读，最后是有感情地朗读，并在这些分步练习中，随时加以强化。

2. 程序教学

斯金纳批评流行的教学方法不能激起学生学习的兴趣，使学生的学习处在令人反感的刺激控制中；同时，他抨击传统的班级授课制，指责它效率低下、质量不高。斯金纳认为学习是一门科学，学习过程是循序渐进的过程，而教则是一门艺术，是把学生和教学大纲结合起来的艺术，是安排可能强化的事件来促进学习，教师起着监督者或中间人的作用。他提出要以操作性条件反射和积极强化为原则，重新安排学习的程序，变令人反感的刺激为令人愉快的刺激。

斯金纳依据操作性条件反射和积极强化的原则，对教学进行改革，设计了一套程序教学方案和支持程序教学的教学机器，以提高教学效率。

程序教学是一种关于教与学的体系，其实质是一种使用程序教材并以个人自学形式进行的教学。它将教学目标分解为简单行为的集合，分散安排，并相应地将教学内容分解为许多有逻辑顺序的小单元，使学习成为一个系列过程（下一个过程要比上一个过程有更高的复杂程度），每一次学习的知识量都应比较适中。依照这种安排，学生每次学习的量不大，学习由易到难，学习内容环环相扣，这样循序渐进使得学生学习起来不会出现过多的困惑。而对于和学习材料对应的各种问题，要按照复杂程度由低到高的顺序编排，这样学生做出正确反应的概率就会比较高，如此下去就可以逐步强化复杂的反应。

斯金纳程序教学的主要原则有以下五条：

第一，小步子原则。

分小步、按顺序学习是程序教学的重要原则之一。斯金纳把教学目标分成若干小的、有逻辑顺序的小步子，步子由易到难，循序渐进，后一步的难度略高于前一步。程序教学的基本过程是：显示问题（第一小步）—学生回答—教师对回答给予确认—进展到第二小步，如此循序渐进直至完成一个程序。由于知识是逐步呈现的，学生容易理解，因此在整个学习进程中都能充满信心。

第二，积极反应原则。

斯金纳认为，传统的课堂教学是教师讲学生听，学生被动地学习，没有机会随时对学习做出反应，传统的教科书也没有为学生提供每一单元的学习做出积极反应的可能性。程序教学呈现给学生的知识一般以问题的形式出现，要求学生必须通过自己动脑来解决，做出积极的反应，并给予不断强化，从而提高学习效率。

第三，即时强化原则。

斯金纳认为，教学的目的就是要培养期待的反应，因此应采取一切教学手段强化理想的反应形式，使学生形成正确的操作性条件反射。教学成功的关键在于引发学生的有意识反应，并安排好强化的程序。因而，在教学过程中当学生做出反应后，应立即告知学生结果，给予即时强化，进而调节学习过程，并以此来控制行为。对学生的反应做出的反馈越快，强化效果就越大，这种强化方式能有效地帮助学生提高学习效率。

第四，自定步调原则。

每个班级的学生在学习能力、学习程度上通常都存在着差别，但传统教学总是按统一进度进行，很难照顾到学生的个体差异，影响了学生的自由发展。程序教学以学生为中心，鼓励学生按最适宜于自己的速度学习，按各自不同的思维方式来解决问题而不受他人影响，并通过不断强化稳步前进，有利于激发学生学习的积极性，适合学生的个体发展需要。

第五，最低错误率原则。

教学机器有记录错误的装置，程序编制者可根据记录了解学生的实际水平并修改程序，使之更适合学生的实际情况；由于教材是按由浅入深、由已知到未知的顺序编制的，学生每次都可能做出正确反应，从而把错误率降到最低限度。斯金纳认为过多的错误会影响学生的情绪和学习的速度，不应让学生在发生错误后再去避免错误，无错误或少错误的学习能激发学习积极性，提高学习效率。

斯金纳顺应时代潮流，为计算机辅助教学开辟了道路。程序教学自问世以来对美国、日本、西欧等国家和地区有较大影响，被广泛应用于英语、数学、统计、地理、科学等学科的教学中。但它也存在着先天的局限，比如把教材分解得过细，破坏了知识的连贯性和完整性，着重于获得知识，缺乏师生间的交流和学生间的探讨，不利于培养创造思维能力。因此，程序教学只能作为教学的一种辅助手段。

强化理论是行为主义学习理论的核心，行为主义学习理论学者也分别对其应用到实践的技术进行了不同程度的研究。教学中的强化是指教育者借助一定的强化物向学生传递对其特定行为的肯定或否定信息，以达到增强或减弱其行为发生概率的目的。有效的强化为学生的行为表现提供适时的反馈信息，学生确定行为适当与否的标准之一是该行为所得到的强化。强化能让学生知道行为是否适当，能否被群体接纳，如果学生的行为得到的是否定评价（如批评、惩罚、冷漠等），多次后学生就确定该行为是不被认同的，会逐步减弱或消除它；如果某一行为经常得到肯定评价（如表扬、鼓励、微笑等），学生则确定该行为是被认同的，会逐渐增强并保持下去。所以，强化为学生行为提供的信息，对学生的行为会产生增强或减弱的作用，能让他们认识自己。有效的强化能够促使学生适应环境，不断积累个体经验，是塑造学生行为、培养学习习惯、激发学习兴趣的一种重要方法。

3. 有效强化教学

在运用强化教学技术时应遵循以下基本原则。

（1）合理应用强化程序原则

强化程序指强化出现的时机和频率。强化程序可分为“连续强化”和“断续强化”两种类型：如果在每一个适当反应之后都给予强化，这就是“连续强化”；只是有些而非所有反应之后出现强化，则称作“断续强化”。“断续强化”又可分为两类：一类是“间隔强化”，即每隔一段时间对行为进行一次强化，同时它又可分为“定时强化”和“非定时强化”两种；另一类是“比率强化”，即根据有机体的反应次数来进行强化，它也可分为“定比强化”和“可变比率强化”。斯金纳发现，“间隔强化”对有机体的影响主要体现在两个方面：一是间隔强化能增加对消退的抵抗力；二是间隔强化会影响有机体的反应频率。

教学中要根据学生的学习特征，合理安排强化的各种形式。例如，在学习新的行为时，每一个正确反应都要得到强化，可以采取“连续强化”，而在新行为掌握后，为了更好地保护这种新行为，则需要“间断强化”而不是“连续强化”。

（2）合理应用积极强化与消极强化原则

斯金纳把强化分成积极强化和消极强化两种：在有机体发生某种行为后增加某种刺激，有机体反应概率增加，则称积极强化，相应的刺激物称为积极强化物；在有机体发生某种行为后排除某种刺激，有机体反应概率增加，则称消极强化，相应的刺激物称为消极强化物。例如，学生上课积极发言，教师发给他一朵小红花或者给予口头表扬等，如果此后该学生仍能积极发言或发言次数增多，那么这种积极发言的行为就受到了积极强化，教师发给的小红花或者口头表扬就是积极强化物；学生主动回答了问题，教师对他说不用做家庭作业了，此后该学生仍能主动回答问题或主动回答问题的次数增多，那么家庭作业就是一个消极强化物。积极、消极这两种强化都增加了反应再发生的可能性，都能产生同样的效果，即它们都能提高有机体以后做出某种反应的概率。

在课堂教学过程中，大多运用积极强化，教师对学生的积极强化通常采用的方式主要包括：榜样强化、社会强化、契约强化、活动强化。

榜样强化是指教师为学生提供某种具体的行为范例，学生自觉或不自觉地模仿，并朝这一方向努力。例如，有个别学生正在做小动作、不认真听讲，这时教师可以通过表扬其他认真听讲的学生，让不专心的学生在这一特定的情境中通过观察、模仿和学习榜样的行为，起到弱化和纠正自身问题行为的作用。

社会强化是指教师利用语言文字或躯体、表情等方式，在课堂上形成良好的师生人际关系，从而使所期望的行为得到鼓励和强化。例如，教师表扬学生上课认真、学习刻苦、回答问题正确，向学生点头或微笑，轻轻地拍拍学生的头或背，这些都在有意、无意间告诉学生教师很欣赏他的行为，学生内心会产生亲切和自豪感，师生之间的关系也会变得十分融洽，课堂教学秩序和效果将得到明显提高。

契约强化是指教师和学生事先达成的鼓励和强化课堂期望行为的协议，它可以是口头的，也可以是书面的，但必须经由教师和学生的共同认可，而且一旦确定，就要坚决落实。虽然它是以一种非正式的方式出现的，但对于约束那些贪玩好动、不爱学习的学生的行为是有帮助的。例如，有的学生喜欢回答课堂提问，但到课堂练习时却静不下心，教师可以和学生约定，如果课堂练习认真完成，就让学生多回答问题。契约强化的关键是教师需要进行仔细的观察，确认哪些教学活动更受欢迎，并根据观察结果用一些教学活动来支持或巩固另一些教学活动。

活动强化是当学生在教学活动中表现出教师所期望的行为时，教师允许学生参与其喜爱的活动或提供较好的机会和条件。例如，教师允许学生参加俱乐部活动，提供设备的优先选择权和使用权，提供课堂活动中的领导角色等。这在很大程度上也可以说是对学生良好行为的具体鼓励方式，并由此强化学生在这方面的行为。教师在采用活动强化时应考虑学生的年龄、活动动机、兴趣、特长和实际活动能力等多方面因素。

（3）灵活性原则

学习行为需要强化，但强化的时机应该根据实际情况灵活掌握，有时需要即时强化，有时需要延迟强化。通过实验研究，斯金纳总结出一套复杂的强化作用模式，比较典型的模式有四种类型，即固定时距模式、变异时距模式、固定比率模式和变异比率模式。

固定时距模式指在固定的时距实施强化，以这种时距模式强化学习者的行为，使学习者在时距起点处反应较慢，甚至不反应，而在接近时距的终点处反应加快，当获得强化后，反应再次变慢。这是因为在一次强化后，反应不会立刻再次受到强化，因此，强化之后的反应率是低的。变异时距模式则克服了这一缺陷，用平均时距代替固定时距，即在规定的一段时间里实施一次强化，但强化的时间却不固定，有时两次强化间隔时间很短，有时又间隔时间很长。以这种时距模式强化行为，反应往往既稳定又均匀，而且常常难于消退。

固定比率强化模式不是在一定的时间间隔后实施强化，而是在学习者做出一定标准次数的反应以后给予强化。斯金纳认为，若要消除学习者获得强化后出现的反应变慢或中止现象，可以采用变异比率模式，即在平均反应次数不变的条件下，变更两次强化之间的反应次数，使学习者有时每次都受到强化，有时反应多次后才能受到强化。由于在任何一次反应给予强化的概率保持不变，因而就会出现一个均匀的反应率，而且由于这种概率随快速的反应而提高，因而可以促进反应加速。

4. 适当练习教学

桑代克的练习律指出，任何刺激与反应之间的联结，一经练习运用，其联结必然牢固，而且联结的强度取决于使用联结的频次，即 S－R 联结受到练习和使用的频次越多，联结得越强，反之，则变得越弱。尽管桑代克后来发现没有奖励的练习是无效的，也在其后来的著作中修改了这一规律，但是，有关练习的观点对当今的教学也是有一定的帮助的。

学习必须经过练习，练习之后才会有效果，才能产生学习或学习迁移，这是桑代克的练习律揭示的内容，也是任何时候进行学习所应经历的过程，不论是知识学习还是技能学习都必须经过练习才能掌握。在教师的指导下，适当的练习能够帮助学生巩固知识，促使学生将所学知识应用到问题解决中。

在运用练习律的同时，需要注意对练习次数的把握以及如何提高练习的有效性。

练习不是无休止的题海战术。其实，并不是练习的次数越多越好，桑代克的一项针对练习的次数及其效果的实验就说明了这一问题：让一些大学生蒙住眼睛画一条规定长度的水平线，并允许被试者尝试上千次。若按照练习律，实验后期被试者的准确性应该比实验开始时提高一些，但结果表明，被试者从第一次到最后一次的尝试并没有什么进步。所以，桑代克认为练习本身并不是一种很有效的方式，练习并不会成为无条件地增强 S－R 联结的力量。在实践中教育者要根据学生的具体情况适当练习，反对机械重复。

一般说来，只有当学生发现重复练习能获得满意后果时，练习才会有助于学习，没有强化的练习是没有意义的。所以，在学生进行练习的同时，要给予反馈，没有反馈的练习哪怕次数再多，也不起作用。因此，教学中要避免题海战术，避免把练习变成简单的机械重复。教学要精选练习题，进行有目的、适当的重复，使练习真正起到巩固知识、运用知识、形成技能的作用。

5. 观察学习教学

观察学习是人类的一种基本的学习方式，也是学生学习知识、技能的一条捷径。学生有通过语言和非语言形象获得信息以及自我调节的能力，这种能力使学生能够不必经过亲自体验，而只是通过观察他人的某种行为便可学会某种行为。尤其是学生在学习现有的知识时，往往可以通过观察学习来进行。虽然这种学习含有模仿的过程，但是通过学生自己的积极思考和认知加工，经过消化和吸收，会成为学生自己的知识，为进入更高层次的创造性学习奠定良好的基础。因此，观察学习教学技术对于教师有效地传授知识具有一定的启发作用。教学中教师应该认真做好示范，突出知识、技能的主要特征，吸引学生的注意力，提供详细的言语解释，使学生建立良好的表象和言语，而且在学生运用知识或具体操作过程中，教师要及时进行指导，纠正学生的错误，并且调动学生的自主性，使其通过自我调节改进自己的学习。

观察学习不仅能够在知识学习领域发挥作用，而且在动作技能以及品德教育中，更具有重要的意义。在学校，动作技能和品德教育中存在着大量的观察学习，教师需要明确意识到它们的存在，并按照观察学习的过程来指导学生。

2.2　认知主义理论

认知主义学习理论与行为主义学习理论的基本观点存在着很大的分歧，认知主义学习理论学者更重视研究学生处理外部环境刺激的内部过程和机制，他们普遍认为学习过程不是简单地在强化条件下形成刺激与反应的联结，而是受意识支配的。学生的学习是根据自己的已有经验，积极主动地对外界信息进行加工的过程，是新、旧知识相互作用的过程。

认知主义学习理论同样经历了一个逐步完善、逐步清晰的发展过程，产生了很多有价值的理论观点。这一理论流派的主要代表人物有柯勒、托尔曼、皮亚杰、布鲁纳、奥苏贝尔、加涅等。其主要理论包括：注重学习者学习全域的格式塔组织——完形学习理论、托尔曼的符号学习理论，注重讨论学生学习的布鲁纳的认知—发现学习理论、加涅的信息加工学习理论、奥苏贝尔的认知同化学习理论。本节主要介绍信息加工学习理论和认知同化学习理论的基本观点及教学技术。

2.2.1 认知主义学习理论的基本观点

1. 学习过程是学生积极主动的信息加工过程

现代认知主义学习理论受信息加工理论的影响，把学习过程类比为计算机的信息加工过程，把学习看成是学生积极主动地对外界信息接收、加工、存储、提取的过程，认为学习实质上是由获得信息和使用信息构成的，而人的行为是由有机体内部的信息流程决定的。认知主义学习理论关注两个问题：人类记忆系统的性质；记忆系统中知识表征和存储的方式。因此，现代认知主义学习理论又被称为信息加工学习论。

由于人的心理机能的复杂性，人们从实验和推测中得到多个不同的学习过程的信息加工模式，美国教育心理学家加涅（Robert Mills Gagne）的学习和记忆的信息加工模型（图 2－1）是一个比较有代表性的模式。从这个模型可以看出，学习是信息加工系统、执行控制系统和预期系统三个系统协同活动的过程。

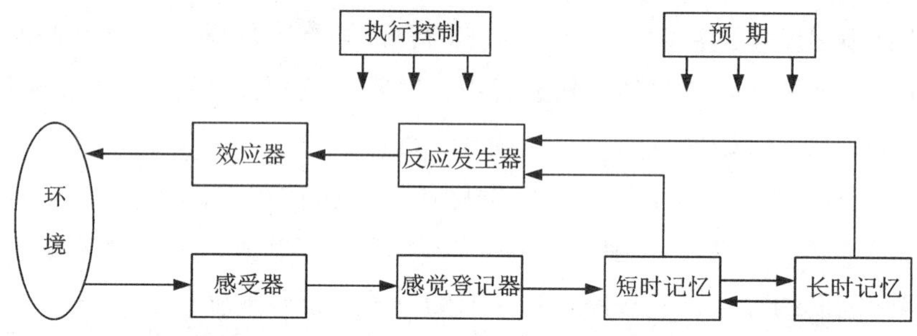

图 2－1　加涅的学习和记忆的信息加工模式

（1）信息加工系统

信息加工系统由感受器、感觉登记器、短时记忆、长时记忆、反应发生器、效应器构成，其加工过程包括如下几个环节：

① 感觉登记

通过学生的眼、耳、鼻、舌、身感觉器官接受其所处环境的刺激，这些刺激激活了感受器，感受器将刺激转换成神经信息，并将接收到的信息以映象的形式保持在感觉登记器中。环境刺激信息在感觉登记器中只保留很短的时间（1 秒左右），在这一阶段绝大部分信息未能受到注意，只有一小部分信息被注意选择而进入短时记忆。感觉登记仅仅对环境中的刺激进行直接的知觉复制，而不进行任何形式的加工，其作用是把信息保持一段时间，使信息经过转换后进入短时记忆进行处理。

② 短时记忆

被转换的信息进入短时记忆进行编码和存储，以听觉或视觉表象的形式进行存储，得到复述。但短时记忆对信息存储的时间极为有限，一般只有 30 秒左右，而且容量也有限，只有 7 个信息单位左右，这个数量被称为记忆广度。如果学生能进行复述，信息就能保持较长的时间，即进入下一个加工阶段——长时记忆，否则就将被遗忘。

③ 长时记忆

当信息进入长时记忆以后则从语义上（或从意义上）予以编码，并以这种形式存储下来。长时记忆对信息保持的时间很长，且存储容量大。长时记忆的信息主要来自对短时记忆信息的复述，也有一些是感知中印象深刻的内容一次性直接进入长时记忆系统而被存储起来的。长时记忆把现在的信息保持下来以备将来之用，或把过去已存储的信息提取出来用于现在，这样，人的思维活动就在长时记忆的参与下把过去、现在和将来有机地联系起来了。

④ 提取

从短时记忆进入长时记忆的信息可能被检索回到短时记忆，这时的记忆又被称为工作记忆。当新的学习部分依赖于学生对原来学过的内容的回忆时，这些早先学过的内容就从长时记忆中被检索出来并重新进入短时记忆。来自工作记忆或直接从长时记忆中提取的信息激活反应生成器，反应生成器具有信息转换或动作的功能，将信息转化成行动，也就是激起效应器的活动，作用于环境。这种操作使外部的观察者了解到原先的刺激发生了作用——信息得到了加工，也就是说学生确实学到了什么。

（2）执行控制系统

这个系统主要负责对整个信息加工系统进行调节和控制，包括：对感觉系统的调节，使之选择适当的信息予以注意；依据个体已有的经验对信息进行筛选，进入记忆系统；指导工作记忆中的信息加工方式的选择，如利用复述策略维持短时记忆中的信息；对长时记忆中对知识的提取线索的选择；对解决任务的计划的执行予以监控等。

（3）预期系统

它是信息加工过程的动机系统，它给信息加工系统提供预期的目标，对信息加工过程起定向作用。任何学习活动都是指向一定目标的活动，如读完一段文章后回答课后的问题，或给该文章分段，归纳段落大意等。这些目标可以是他人为学生设定的，也可以是学生自己设定的。这些目标影响学生的注意内容及注意水平，影响学生如何对习得的信息进行编码、组织反应等。如果学生对达到预定目标有强烈愿望，即处在高水平的动机状态，他就能集中注意力、专心学习，选择行之有效的学习和记忆策略。学习目标的实现能够证实学生的预期，会令学生感到满足、愉快，能够起到强化作用，从而增强学生学习的信心，促使学生更加努力地投入到下一个学习活动中去。

在加涅看来，有效的学习是信息加工系统、执行控制系统和预期系统这三个系统协同活动并与外界环境相互作用的结果。虽然在图 2－1 中，执行控制与预期这两个系统的箭头向下，并不与模型中的其他结构直接相连，但这两个系统能影响所有的信息流阶段，对整个信息加工系统起着调节与控制作用。“学生的注意是如何得到引导的，信息是怎样编码的，又是怎样提取以及在有组织的反应中是如何表现的，这些都是策略选择中所需要考虑的事项，这种选择是执行控制过程，这些过程对学生成为真正的智慧人有影响——他们可以‘学会学习’因而在很大程度上他们能够从事自我教学。”

根据现代认知主义学习理论对学习过程的描述（图2－2），我国学者开发了认知学习过程的模式（皮连生），该模式把认知学习过程划分为新知识的习得、新知识的巩固和转化、知识的迁移和应用三个阶段。

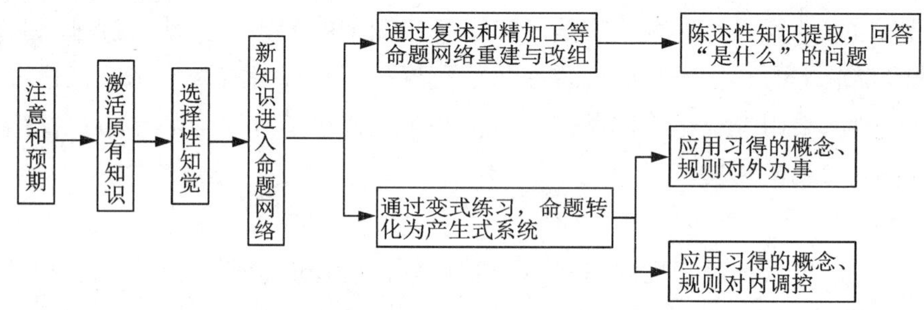

图2－2 广义知识学习阶段与分类模型

① 新知识的习得阶段

广义的知识学习开始于学生的注意和预期。首先，由于对学习目标的预期，学生将处于一定的激活状态，会将预期要获得的与新知识有关的原有知识激活，并置入其工作记忆中，准备接受新知识。其次，在学习目标的指引下，学生会有选择地接受新信息，并把它暂时存储在短时记忆中，并在此处使新知识与处于激活状态的原有知识相互作用。最后，新知识以一定的方式与原有知识形成联系，这就意味着新知识已经进入原有的命题网络。在这一阶段，学生把新知识纳入自己的认知结构，使新知识获得意义，也就是学生理解知识的阶段。

② 新知识的巩固和转化阶段

在这一阶段，新知识有两种发展方向，一部分知识继续存储于命题网络中，通过适当的复习，这部分知识得到巩固，同时原有命题网络得到改组或重建。另一部分知识经过各种变式练习，转化为以产生式系统为表征和存储的程序性知识。变式练习是程序性知识由第一阶段的陈述形式向第二阶段的程序性形式转化的最重要条件，这两部分知识以不同的表征方式存储于长时记忆中，以备日后提取使用。

③ 知识的迁移和应用阶段

在知识的迁移和应用阶段，不同类型的知识被用来解决不同的问题。陈述性知识被提取出来，用来解决“是什么”的问题。程序性知识则被提取出来，一部分用来对外解决“怎么办”的问题，另一部分用来对内解决“怎么办”的问题。陈述性知识的提取是一个有意识的、依据线索的提取过程。程序性知识的提取则是一个快速、自动化的激活过程。

上述知识学习的三个阶段是学生学习的内部活动过程，它需要外在教学手段的诱发，需要教师针对不同阶段，设计相应的教学策略。

2. 学习过程是新、旧知识相互作用的过程

学习的信息加工过程显示，新知识在记忆系统进行编码、存储和提取的过程是新旧知识相互作用的过程。美国著名的认知教育心理学家奥苏贝尔（D. P. Ausubel）对此进行了卓有成效的研究，提出了知识学习的认知同化学习理论。他认为学习的实质是新知识与学生认知结构中已有的适当观念建立非人为的和实质性联系的过程。所谓实质性联系，指新知识与学生原有知识网络中的符号、表象、概念、命题等建立的联系。所谓新、旧知识建立非人为的联系，是指符号所代表的新知识和认知结构中的有关观念表象建立的符合人们所理解的逻辑关系上的联系，而不是一种任意附加上去的联系。

奥苏贝尔认为，新知识与原有知识网络中可以利用的适当观念构成三种关系：第一种关系，原有观念是上位的，新知识是下位的；第二种关系，原有观念是下位的，新知识是上位的；第三种关系，原有观念和新知识是并列的。新、旧知识的三种关系就引发出了三种形式的学习，即下位学习、上位学习和并列结合学习（图2-3）。

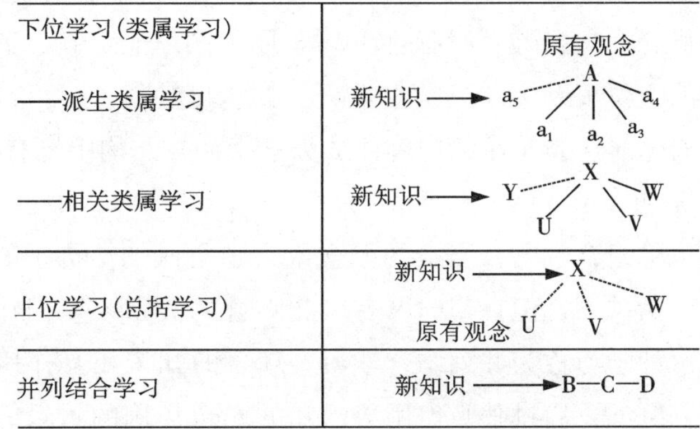

图2-3　新知识的三种构建形式

（1）下位学习

下位学习也称类属学习，是指学生认知结构中原有的相关观念在包摄性和概括性上高于新学习的知识，因而新知识和旧知识构成类属关系，又称为下位关系，这种学习便称为下位学习。这是新知识与学生已有观念之间最普遍的一种关系，即新学习的内容类属于学生认知结构中已有的、包摄性较广的概念或命题。

下位学习有两种形式：派生类属学习、相关类属学习。

① 派生类属学习是指新知识作为原先获得的概念的特例，或作为原先获得的命题的证据或例证加以理解的下位学习。

在这种关系中，新知识仅仅是学生已有的、包摄性较广的概念或命题的一个例证，

或者所要学习的新知识完全可以直接从已有概念或命题中推衍出来，新知识只是旧知识的派生物。例如，根据已知果树的概念，且已知杏树、桃树、柿子树是果树的实例，现在要进行荔枝树是果树的新例证的学习。这种派生类属学习不仅使新的概念或命题获得了意义，而且使原有概念或命题得到了充实或证实。

② 相关类属学习是指新知识类属于原有的、具有较高概括水平的概念或命题，使得原有观念得到扩展、精确化、限制或修饰的下位学习。

在这种形式的学习中，新知识与原有观念只有相关关系，不能从原有观念中派生出来。例如，过去已经知道为灾区捐款是人道行为，而现在学习献血是人道行为，就是人道行为这一概念的扩展和精确化。

综上可知，派生类属学习是将新知识纳入原有的旧知识中，原有概念或命题得到充实或证实，其本质属性未变；相关类属学习是新知识类属于相关概念或命题，原有知识的本质属性或被扩展、精确化，或被限制、修饰化。

（2）上位学习

上位学习也称总括学习，当学生的认知结构中已经形成了几个概念，现在要在原有观念的基础上学习一个概括和抽象水平更高的概念或命题，便产生了上位学习或总括学习。例如，根据已知的杏树、桃树、柿子树等的特征，从中概括出果树的概念的学习。果树这个新概念在包摄性、概括性上高于原来的概念，新、旧概念之间相互作用的结果是习得新的上位关系，即当学生学习一种包摄性较广，可以把一系列已有概念类属于其下的新概念时，新学习的内容便成为学生认知结构中已有观念的上位观念。

（3）并列结合学习

并列结合学习也称组合学习，当新的概念或命题与认知结构中的原有观念既不是类属关系，也不是总括关系，但在横向上有彼此吻合的关系，它们在有意义学习中可能产生联合意义，这种学习称为并列结合学习。新、旧知识相互作用的结果是产生一种新的联合的意义。例如，通过呼吸作用与已知的光合作用的关系的比较，知道呼吸作用和光合作用的区别与联系。

2.2.2 基于认知主义学习理论的教学技术

1. 根据学习内部过程设计教学事件

信息加工模型表明，学习的内部活动过程包括注意、选择性知觉、语义编码、提取、反应组织、执行控制和预期这些内部过程，不管是短暂的还是持续的学习活动，都是从感受器接受刺激开始，到学生反应之后的反馈结束。但是，注意的引起、信息的编码、信息的提取、执行控制过程等内部过程不是自然产生的。按照加涅的说法，这些内部过程需要外部教学事件的作用。

教学为学生提供外部刺激，影响学习过程的这些外部刺激即外部教学事件。加涅在《学习的条件和教学论》一书中曾谈道，教学中提供给学生的刺激，具有支持发生在学生身上的各种内部过程的作用，所谓的外部教学事件可通过刺激激活心理定势，即它影响着注意和选择性知觉（支持内部过程），或者外部教学事件通过提供学生所采纳的反应组织促进编码的内部过程。教学的另一种可能性是保持执行控制过程的运作，如对行为结果的预期，这样内部加工就能保持一种明确的方向。表 2－1 列出了学习的内部过程及其所受的外部教学事件的影响。

表 2－1　学习的内部过程及其所受的外部教学事件的影响

内部过程	外部教学事件的影响
注意（接受）	刺激变化产生唤醒
选择性知觉	物体特征的增强和差异促进选择性知觉
语义编码	言语指导、图表等可提供编码方式
提取	提供或呈现如图表、箭头、押韵等线索帮助提取
反应组织	学习目标进行言语指导，告诉学生所要求的行为表现类型
执行控制	通过言语形成定势从而激活并选择合适的策略
预告	告知学生目标，从而形成对行为表现的具体预期

按照加涅对学习内部过程及所受的外部教学事件的影响（刺激）的表述，我们可以采取以下相应的教学技术促进学生的学习。

（1）利用刺激的变化引起学生注意

注意是学习的第一个事件，是心理活动对一定对象的指向和集中，学生注意某个刺激，预示着信息加工过程的开始。

从教学的角度来讲，吸引学生的注意是教学的第一步，也是关键的一步。教师可以采取变换外部刺激的方式，引起学生的注意。例如，通过教师语调的变强或变弱、身体语言的变换等引起学生的注意，把学生的注意力吸引到课堂学习中；或者从教师的讲授变为新意刺激，如运用实验演示、图表、多媒体等呈现知识，引起学生的注意。

（2）突出刺激的关键特征促进选择性知觉

在学习过程中，感觉登记器中已登记的信息将进入下一步以知觉的方式进行加工，知觉是学生获得刺激意义的过程，其运作方式具有选择性。

从教学的角度来看，可以通过突出刺激的关键特征，使学生从其他刺激中区分出某一刺激或从其他刺激中区分出部分刺激，促使学生有选择地知觉某些内容。例如，教师通过设疑、反诘等方式，突出事物的关键特征，使学生选择性地知觉这些特征；在重要部分运用下画线、黑体字、鲜明颜色等，运用概念图、增加色彩对比度和音量等方式突出问题的关键特征，用来区分有关特征和无关特征，这有利于学生对刺激进行辨别，对信息进行筛选，促进选择性知觉，使有关刺激在短时记忆中得以存储。

（3）选择恰当的编码方式促进语义编码

信息加工模型显示，信息进入并存储在长时记忆中，必须予以编码，即信息需要转换成语义的或有意义的形式。语义编码一般主要涉及新、旧知识的联系及其组织，这一过程是学习活动中的关键，作为外部事件的教学，要为新、旧知识之间建立联系提供可能，促进语义编码的形成。具体可采用以下几种教学策略：

① 组织化教学策略

组织化教学策略是指按照信息之间的层次或其他关系对学习材料进行一定的归类、组合，以便学生发现要记忆项目的共同特征或特质，从而帮助学生有效地记忆学习材料，减轻学生的记忆负担。

教学中可以采用图表等形式表示新信息，或表示新、旧知识之间的上、下位关系。例如，教育技术可以分为有形的物化技术和无形的智能技术，将它们进行归类能够帮助学生理解并记忆教育技术的内涵。

② 精致化教学策略

人在学习新的命题时，可能会对原有的命题有所扩展，甚至做出某种推论，这种过程被认知心理学家称为精致。

精致化教学策略是指促使学生头脑中已有的知识与新知识形成额外的联系，从而赋予复杂知识以意义的过程。精致化教学策略能够给记忆提供更多的提取途径，也能够帮助个体推论出自己实际上已经不记得的信息。学生附加在要学习的材料上的信息可能是一个例子、一个相关命题、一个表象或者任何能帮助信息之间形成联结的东西。教学中可以人为地为信息赋予意义或把有待联系的信息整合起来。由此，学生在头脑中将新命题或信息加以精致，做出扩展，形成更大、更细致的网络。

③ 活动策略

在信息加工模型中，学习被看成是积极主动加工的过程，而主动学习能够促进语义编码。

“活动”这个词，不能仅从表面去理解，例如，在理科教学中，“动手做”往往被教师所提倡，学生在对学习材料（如磁铁或其他物体）进行操作时，教师通常认为学生在主动学习，但实际情况可能是，如果学生不清楚学习目标或者没被要求说出自己的想法以及陈述新、旧知识之间的联系，那么这样的学习仍然是无意义的，因此，“动手做”并不一定意味着学生在主动学习。所以，教学活动中教师应引导学生进行积极主动的认知，强调活动必须具有目的性，要在新、旧知识间建立联系并进行深入加工。

（4）提供线索帮助提取

在信息加工模型的各个记忆系统中，信息会以不同的方式或多或少地有所丢失，许多学者认为信息丢失的原因是在学习过程中受到了其他信息的干扰。例如，学生已经学会某种知识并自认为掌握较好，但如果随后学习了非常相似的知识，其结果可能是新知识没有完全掌握，而原有知识也受到负面影响，导致遗忘的产生，造成信息不能被提取。所以，在教学中，教师需要为学生提供提取信息的线索。例如，运用图表，把新知识与已有的相似知识进行比较，引导学生区分异同点，减少干扰；或者把极易混淆的知识放在一起，引导学生发现其中的差异，澄清容易混淆的方面。

（5）告知行为类型和目标形成反应及预期

在信息加工模型中，需要通过反应发生器将学生的反应组织起来，使他们在作业中表现出学到的内容，这一阶段也称为操作阶段或作业阶段。

在这一阶段，需要学生对自己所指向的行为表现出一个明确的认识，如果认识明确，将可以避免行为表现方面的一些错误。教师在这一阶段要提供各种形式的作业，并且告知行为的类型，如陈述某项内容、演示怎样做某件事、执行一个动作程序、生成一个新问题的解法等，同时也要告诉学生学习目标，以便能够形成明确的预期，使学生保持学习的方向，避免错误的产生。

（6）运用激活和选择策略完成控制过程

信息加工过程中的控制过程受外部教学事件的影响（如外部指导、建议等），影响控制过程中的各种选择和应用。

通过一些问题的提出，对某些注意定势的选择和激活，使学生有选择地知觉这些学习内容。学习问题起到指向的作用，而在学生知觉过程中教师的指导或提示会帮助学生对编码策略进行控制。例如，鼓励学生通过自主完成信息编码过程来完成学习项目，如自行完成“自然资源”的概念图，这样学习的效果要高于没有这种教学要求的学习项目。

2. 先行组织者教学

（1）先行组织者教学

所谓先行组织者教学，是指当学生面临新的学习任务时，原有认知结构中缺少同化新知识的适当的上位观念，或者当原有观念不清晰或不巩固时，教师有意识地为学生设计并提供一个先于学习材料之前呈现的抽象性与包摄性较强的引导性材料，这种引导性材料与当前所学的新内容（新概念、新命题、新知识）之间在包摄性、概括性和抽象性等方面应符合认知同化的学习理论要求，即引导性材料要便于建立新、旧知识之间的联系，要能对新的学习内容起到吸收、固定的作用。这个引导性材料被称为先行组织者，这一教学技术被称为先行组织者教学。

先行组织者可以是一个概念、一条定律或者一段说明文字，也可以是通俗易懂的语言或直观形象的具体模型。其主要作用是，在学生能够有意义地学习当前的知识之前，在学生已经知道的内容和需要知道的内容之间架起一座沟通的桥梁。同时，也要求学生用先前学过的材料去解释、融合和联系当前学习任务中的材料，从而使原有观念能对新概念、新命题、新知识真正起到固定、吸收的作用，即实现认知结构的同化。实际上，很多教师在上课时都运用了这样的教学策略，如每讲一个知识点之前，教师最常用的方法是——“我们以前学习过……那么……”（由原有知识引出新知识）。另外，教师为了使学生明确当前的知识与先前自己认知结构中某个类似知识的异同，也就是说，学生以前就听过这两个类似的知识，但是一直不能很好地将两者进行区分，教师在组织教学时就会充分地了解和分析学生的已有知识，了解学生对将要学习的知识的认识以及存在疑惑的地方，从而找到更好的方法让学生同时明白这两个类似知识。

教师需要帮助学生将新知识与旧知识进行分析、对比、综合，从中找出彼此之间的关联，认识到当前所学内容与学生头脑中原有认知结构的哪一部分有实质性联系，从而有效地促进有意义学习的发生和习得意义的保持。

近年来，不少学者在奥苏贝尔原来的研究基础上发展了组织者的概念。组织者一般会呈现在要学习的材料之前（先行组织者），但也可以放在学习材料之后呈现。它既可以在抽象、概括水平上高于原学习材料，也可以在抽象、概括水平上低于原学习材料。组织者可分为两种：一种是陈述性组织者；一种是比较性组织者。前一种的目的在于为新的学习提供最适当的类属者，与新的学习产生一种上位关系；后一种是用于比较熟悉的学习材料中，目的在于比较新材料与认知结构中类似的材料，从而增强似是而非的新、旧知识之间的可辨别性。

（2）先行组织者教学的应用

运用先行组织者教学的关键在于确定先行组织者、设计教学内容，然后确定其实施方案。

① 确定先行组织者

应用先行组织者教学的关键在于确定先行组织者，而确定先行组织者的前提是教师要清楚地了解学生的知识基础，考察其认知结构中的新知识固着点是哪种类型，即确定是上位组织者、下位组织者还是并列结合组织者。

② 应用过程

奥苏贝尔认为先行组织者教学的教学过程主要由呈现先行组织者、呈现学习任务和材料、扩充与完善认知结构三个阶段组成，如表 2－2 所示。

表 2－2　先行组织者教学应用过程

第一阶段 呈现先行组织者	第二阶段 呈现学习任务和材料	第三阶段 扩充和完善认知结构
阐明课程目标 呈现先行组织者 鉴别限定性特征 举例 提供前后关系 重复 唤起学习的知识与经验意识	明确组织 安排学习的逻辑顺序 明确材料 保持注意 呈现材料	运用综合贯通原则 促进学习者积极主动地接受学习 引起对学科内容的评价态度 阐明学科内容

第一阶段：阐明课程目标，呈现作为先行组织者的概念（确认正在阐明的属性，给出例子，提供上下文），唤起与学生意识相关的知识和经验。

第二阶段：明确知识的结构，使学习材料的逻辑顺序外显化。

第三阶段：运用综合贯通原则，促进学生积极主动地接受学习，提示新、旧概念（新、旧知识）之间的关联。

（3）先行组织者教学的策略

① 渐进分化策略

当先行组织者在包摄性和抽象概括程度上均高于当前教学内容时，即先行组织者为上位观念时，奥苏贝尔建议对教学内容的组织采用渐进分化策略。

所谓渐进分化是指，应该首先讲授最一般的（即包摄性最广、抽象概括程度最高的知识），然后再根据包摄性和抽象概括程度逐级递减的次序逐渐将教学内容一步步分化，使之越来越具体、越来越深入。按这种渐进分化策略组织教学内容，人们习得知识的顺序将和大脑认知结构中的组织层次、存储方式完全吻合。显然，这对于学生来说，为了建立新、旧知识之间的实质性联系，这种情况所要求付出的认知加工量是最小的，因而最有利于知识意义的习得与保持。

贯彻这种策略应注意的是，不仅整门课程的内容（学科内容）要按渐进分化策略组织，而且课程内各个教学单元的内容以及各单元之内的各种概念也要按照包摄性和抽象概括程度逐级递减的次序渐进分化地组织。

② 逐级归纳策略

当先行组织者在包摄性和抽象概括程度上均低于当前教学内容，即先行组织者为下位观念时，对于教学内容的组织可以采用逐级归纳策略。

所谓逐级归纳是指，应先讲授包摄性最小、抽象概括程度最低的知识，然后再根据包摄性和抽象概括程度逐级递增的次序逐级将教学内容一步步归纳，每归纳一步，包摄性和抽象程度即提高一级。

就某门课程或某个教学单元来说，当先行组织者为下位观念、教学内容为上位观念时，其教学内容只是在组织顺序上和第一种策略（先行组织者为上位、教学内容为下位时的渐进分化策略）不同（二者相反），而内容本身则毫无差别。

另外，不管新知识是通过类属关系（上、下位关系）习得，还是通过总括关系（下、上位关系）习得，最后都要被归入到学生原有认知结构的某一层次之中，并类属于包容范围更广、抽象概括程度更高的知识系统之下。这就是说，不管是按第一种策略（渐进分化策略）还是按第二种策略（逐级归纳策略）组织教学内容，对于学生来说，只是习得知识的顺序不同，而关于该知识所习得的意义是完全一样的。

③ 整合协调策略

当先行组织者在包摄性和抽象概括程度上既不高于也不低于当前教学内容，但两者之间具有某种或某些相关的甚至是共同的属性时，对于教学内容的组织可以采用整合协调策略。

所谓整合协调是指，通过分析、比较先行组织者与当前教学内容在哪些方面具有相关的或共同的属性以及在哪些方面两者并不相同来帮助和促进学生认知结构中的有关要素进行重新整合协调，以便把当前所学的新知识纳入到认知结构的某一层次之中，并类属于包括范围更广、抽象概括程度更高的知识系统之下的过程。

上述三种教学内容组织策略之所以能有效地促进有意义学习的发生和习得意义的保持，从根本上说是因为它们都能符合认知同化学习理论。

对于第一种策略（渐进分化策略）来说，由于先行组织者是上位观念，当前教学内容是下位观念，两者之间无须做其他的认知加工（认知结构无须重组）就可以直接建立起实质性联系，所以先行组织者所体现的原有观念可以作为同化、吸收新知识的可靠固着点，使认知结构的同化过程很容易完成。

对于第二种策略（逐级归纳策略）来说，由于先行组织者是下位观念，当前教学内容是上位观念，两者之间也无须做其他的认知加工（认知结构也无须重组）就可以直接建立起实质性联系，所以和第一种策略一样，由于有可靠的固着点，认知结构的同化过程也很容易完成。

对于第三种策略（整合协调策略）来说，由于先行组织者和当前教学内容之间不存在上、下位（或下、上位）关系，缺乏同化、吸收新知识的固着点，因而不能直接进行认知结构的同化，只能通过认知结构的顺应引起原有认知结构的改造和重组来吸纳新知识。这种学习本来是相当困难的（因为没有固着点），但是由于采用了整合协调的教学内容组织策略，使得学生能够从与新知识相关的或共同属性的上位观念中找到同化、吸收当前新知识的固着点。这样，就相当于把顺应过程（比较复杂的认知结构的改造重组过程）转化为同化过程（认知结构的简单扩充过程）。整合协调策略能有效地促进有意义学习的发生与保持。

2.3 建构主义理论

行为主义学习理论将知识看成是存在于个体之外的客观存在（完全由客观事物本身决定），把学习看成是把外在的、客观的内容转移到学生身上的过程。行为主义学习理论是以客观主义的哲学传统为基础的。

认知主义学习理论基本上还是采用客观主义的传统，认为信息或知识是以某种先前存在的形式存在的，个体必须首先接受它们才能进行认知加工。所以，与行为主义学习理论一样，认知主义学习理论也是与客观主义传统相一致的；与行为主义学习理论不同的是，认知主义学习理论强调学生内部的认知过程，所以将研究的重心放在认知活动的信息流程上，注重学生对信息的主动选择、编码、存储等，认为学习是使外界的客观事物内化为内部的认知结构的一个过程或结果。

建构主义学习理论与客观主义相对立，是从行为主义学习理论发展到认知主义学习理论之后的进一步发展。现代建构主义学习理论是伴随着不同观点，在对认知心理学的批判和发展的基础上出现的，既是对认知心理学的进一步完善，也是对早期皮亚杰、维果茨基、布鲁纳等人的认知建构主义思想的发展，因而有人称其为当代教育心理学的一场革命。

由于建构主义思想来源复杂，提出问题的角度以及使用的术语不同，因而产生了具有不同倾向的建构主义学习理论流派。如，激进建构主义、社会建构主义、社会文化认知观点和信息加工建构主义、社会建构论和控制论系统等。尽管建构主义学习理论并不是一个统一、完整的理论体系，且众多流派的具体观点也有所差异，但在核心问题——如何看待知识、如何理解学习、如何看待教师和学生等问题上却有着共同之处，本节将对建构主义学习理论的基本观念及其教学技术做简要介绍。

2.3.1　建构主义学习理论的基本观点

建构主义学习理论基本观点主要表现为：认为世界是客观存在的，但是对于世界的理解和赋予的意义却因人而异；认为学习是建构内在的心理表征的过程，学生并不是把知识从外部搬到记忆中，而是以已有的经验为基础，赋予这些知识以新的意义。因而，建构主义学习理论更关注如何以原有的经验、心理结构和信念为基础来建构知识，强调学习的主动性、社会性、情境性。建构主义学习理论对学习和教学提出了很多新的见解，它不仅要求学生由外部刺激的被动接受者和知识的灌输对象转变为信息加工的主体、知识意义的主动建构者，而且要求教师要由知识的传授者、灌输者转变为学生主动建构意义的帮助者、促进者。

1. 建构主义学习理论的知识观

建构主义学习理论认为知识既不是客观的，也不是主观的，而是个体在与环境相互作用的过程中逐渐建构的结果。

（1）知识是个体对信息进行积极建构的主观结果

知识不是客观的东西，它并不是对现实纯粹客观的反映，而是主体在实践活动中面对新事物、新现象、新信息、新问题所做出的暂时性的解释与假设，是人脑对客观世界的属性及其联系的能动反映，是通过新、旧知识的互动而实现的意义建构。同时，知识也并不是问题的最终答案，它会随着人们认识程度的深入而不断地变革、升华和改写，并出现新的猜想、解释和假设。

刘儒德教授在其文章《建构主义：知识观、学习观、教学观》中曾经形象地解释这一论点：某人肚子痛，上医院看病，如果他找的是西医大夫，会说这是胃炎，是因为胃里有病菌。治疗的方法是吃消炎药，杀菌、消炎，这样治疗肚子就不痛了。如果他找的是中医大夫，他会说这是肝脾不和，治疗的方式是吃草药，使肝脾调和，肚子就不痛了。这里肚子痛的现象和问题是客观存在的，但是，对这一现象的解释、对这一问题的解决方法是客观存在的吗？不是的！是人主观创造出来的。随着人们在这一方面的研究和实践的发展，人们还可能想出更多的解释、假设和方法来。人类社会的公众知识如此，个体知识也是如此。

公众知识在每个学习者头脑中的意义不是客观的，而是每个学习者通过主动参与认知活动而主观创造出来的，是每个学习者的一种主观经验、解释、假设。人脑不是电脑，同样一段程序在不同电脑中运行的结果可能是一致的，但同样一段以语言文字为载体的公众知识在不同个体的头脑中形成的意义却是不一样的。总之，无论社会公众知识，还是个体知识，都不是客观的东西，而是人主观创造出来的暂定性的解释、假设。

（2）知识是个体与情境互动的产物

知识具有情境性，它不能提供对任何活动或问题解决都适用的方法。在具体的问题解决中，知识是不可能一用就准、一用就灵的，而是需要针对具体问题的情境对原有知识进行再加工和再创造。

（3）知识是一种主体性的存在

知识不可能以实体的形式存在于个体之外，学生基于自己的经验以及所处的社会、文化、历史背景下，可通过主动建构的方式而获得融入主体世界的知识。尽管通过语言赋予了知识一定的外在形式，并且获得了较为普遍的认同，但这并不意味着学生对这种知识有同样的理解。

真正的理解只能是由学生基于自己的经验背景进行建构，这取决于特定情况下的学习历程，否则，就不是理解，而是死记硬背或“生吞活剥”，是被动的、复制式的学习。

尽管建构主义学习理论的这种知识观有些激进，但它向传统课程和教学理论提出的巨大挑战，是值得我们深思的。按照建构主义学习理论来看，教材知识，只是一种关于某种现象的较为可靠的解释或假设，并不是解释现实世界的“模板”。某一社会发展阶段的科学知识固然具有真理性，但是并不意味着是终极答案，它只不过是对现实的一种尽可能准确的解释，随着社会的发展，肯定还会有更真实的解释。更为重要的是，任何知识在被个体接受之前，对个体来说是没有什么意义的，也无权威性可言。在学习过程中，学生不仅是对新知识的理解，而且是对新知识的分析、检验和批判，学生对新知识的接受，只能是学生按自己的经验为背景来分析其合理性并自我建构完成。所以，教学不能把知识作为预先决定了的内容教给学生，不要用我们对知识正确性的强调作为让学生接受的理由，不能用社会性的权威去压服学生，教师要促进学生思考、尊重学生对问题的个人理解、保护学生的好奇心和探索行动。

2. 建构主义学习理论的学习观

建构主义学习理论的知识观不仅颠覆了我们对知识的传统看法，同时也展示了对如何获得知识的新认识，它强调学习过程的主动建构性、社会互动性和情境性。建构主义学习理论对学习的理解是：学习是获取知识的过程，知识不是把课本“拿过来、装进去、存起来、提取出去”的过程，而是学生在一定的情境（社会文化）背景下，主动选择信息，借助他人（教师和学习伙伴等）的帮助，主动生成自己的经验、解释、假设，实现意义建构的过程。

（1）学习过程是学生主动建构自己知识的过程

学习不是由教师把知识简单地传递给学生，而是由学生自己通过与外界环境的相互作用主动建构知识的过程。建构本来是工业用语，是指为了某种目的把已有的零件、材料制成某种结构。在教学中是指，外部信息本身没有什么意义，而是学生经过建构活动而生成的，即学生不是被动地吸收信息，学习也不是简单的信息积累，而是学生通过新、旧知识经验之间反复的、双向的相互作用，并根据某些线索，调动、综合、重组、转换甚至改造头脑中已有的知识经验，从而生成个人的意义或者是自己的理解。学生个人头脑中已有的知识经验不同，调动的知识经验相异，对所接收到的信息的解释也就不同。

建构过程包括两层含义：

一方面，个体遇到新刺激时，总是试图用原有的认知结构去同化它，以求达到暂时的平衡，即学生对当前信息的理解需要以原有的知识经验为基础，并超越外部信息本身，对新信息进行意义建构。建构主义者古宁汉（D. J. Cunningham）曾经说道：“学习是建构内在的心理表征的过程，学习者并不是把知识从外界搬到记忆中，而是以已有的经验为基础，通过与外界的相互作用来建构新的理解。”也就是说，学习是学生在一定的情境下，根据自己的经验对外部信息进行选择、加工和处理的主动建构知识的过程，这种建构是他人无法取代的。

另一方面，当同化不成功时，个体则采取顺应的方法，即学生通过调动、综合、重组、转换、改造头脑中已有的知识经验，来解释新信息、新事物、新现象，解决新问题，从而通过调节原有认知结构或新建认知结构，来实现新的平衡。

（2）学习是学生与社会的互动过程

学习不是学生单独在头脑中进行的，学生也并非是一个孤立的、自然的探究者，而是一个社会的人（学生的学习总是在一定的社会文化环境下进行），即使学生表面上是一个人在学习，但他所用的书本、纸笔、书桌、计算机等都是人类文化的产物，积淀着人类的智慧和经验。

建构主义学习理论强调，学习是通过对某种社会文化的参与而内化相关的知识和技能、掌握有关的工具的过程，这一过程常常需要通过一个学习共同体的合作互动来完成。所谓学习共同体是由学生及其助学者（包括教师、专家、辅导者等）共同构成的团体，他们彼此之间经常在学习过程中进行沟通、交流，分享各种学习资源，共同完成一定的学习任务，因而成员之间形成了相互影响、相互促进的人际关系，形成了一定的规范和文化。

（3）学习是情境性认知的过程

建构主义学习理论学者提出了情境性认知的观点，强调学习、知识和智慧的情境性，认为知识是不可能脱离活动情境而抽象地存在的，学习总是在一定的社会文化背景（即情境）中发生的。情境总是具体的、千变万化的，传统教育所强调的抽象概念、普适规律学习，往往难以让学生用从学校获得的知识去解决生活中的实际问题，而情境学习则可促使学生利用自己原有认知结构中的有关经验去同化和诠释当前学到的新知识，从而赋予新知识以某种意义。

3. 建构主义学习理论的教学观

根据建构主义学习理论的知识观和学习观，知识不是客观的东西，学习不是接受东西，那么，教学就不是传递东西的过程，不是简单地向学生传递书本知识的过程。

（1）教学是促进学生意义建构的过程

学生是具有一定知识和经验的个体，他要根据自己已有的知识经验进行意义建构，不同的学生对同一知识的理解是不同的。

教学中，教师仅是知识的呈现者，不是知识权威的象征，不能无视学生的已有知识经验，不能把学生当作一个等待灌装的“容器”，简单强硬地从外部对学生实施知识的灌输，而应当把学生原有的知识经验作为新知识的生长点，尊重学生自己对各种现象的理解，倾听学生的想法，分析这些想法的由来，并以此为据，引导学生丰富或调整自己的解释，引导学生从原有的知识经验中生长出新的知识经验，实现知识的同化与顺应过程。

（2）教学是创设互动学习环境的过程

教学要为学生创设一定的学习环境，为学生提供学习的支持，促进学生对信息进行选择、加工，主动建构知识的意义。

因为，在教学中并不是由教师将自己的知识直接传递给学生，为了使学生能够主动探索和完成意义建构，教师必须为学生提供必要的学习资源（图书、多媒体、网络等），并将学习资源的选择、使用和控制权交给学生，教师对学生加以指导，帮助学生学会如何获取信息、加工信息和利用信息，提高学生处理信息的能力。

依据维果茨基（Lev Vygotsky）的“最近发展区理论”，学生的发展存在两种水平，即学生独立解决问题的实际发展水平和在教师的指导下解决问题的潜在发展水平，两个发展水平之间的状态由教学决定。教学不是消极地适应学生的发展水平，而是应该走在发展的前面，即教学可以创造最近发展区。据此，在教学中，教师不能只关注如何呈现、讲解、演示信息，更重要的是要关注学生对知识意义的建构过程，创设一定的情境，为学生提供一定的支持和帮助，促进学生自己主动建构知识意义，促进学生从一个发展水平走向更高的发展水平。

（3）教学是建立有助于交流、协商的学习共同体的过程

建构主义学习理论强调协作学习。要求教师在教学中重视学生的社会参与，强调真实的学习活动和情境化内容，创建实践共同体和实习场，并通过协作学习展开交流和讨论，以便发挥学生的主动性、积极性和创造性，最终使学生有效地实现对当前所学知识的意义建构，使学生在学校所学的知识、能力具有强大的迁移力和生存力。课堂里的互动交流表现为师生之间、生生之间的相互作用，教师作为学生学习的高级同伴和合作者，应尽可能组织各种各样的学习活动，使学生通过与教师、同学之间的交流和讨论，学会表达自己的见解，学会聆听、理解他人的想法，从而进一步完善和深化对主题的意义建构，不断提高自己的认知能力。

（4）教学是促进学生自主学习的过程

在传统教学中，学生对教师有很大的依赖性，教师经常越俎代庖，表面上是为学生的学习铺平道路，实际上却影响了学生学习的主动性、积极性，不利于培养其创新能力和实践能力。

建构主义学习理论强调，教学中要为学生创设自主学习的环境，选择恰当的教学方式（如采用抛锚式教学、支架式教学等），引导学生主动地、创造性地学习，着力培养学生的自主学习能力。

4. 建构主义学习理论的师生观

建构主义学习理论的学习观和教学观，决定了建构主义学习理论新颖的师生观，这种主张主要表现在教师和学生的角色及其作用的巨大改变上。

建构主义学习理论提倡在教师的指导下以学生为中心，既强调学生的认知主体作用，又不忽视教师的主导作用。

（1）学生观

学生是学习的主体，是意义建构的主动者，而不是知识的被动接收者和被填充对象。建构主义学习理论强调，每一个学生都是一个特殊、独一无二的鲜活个体，是一个丰富多彩、与众不同的个性个体，是一个具有发展潜能的主体人，是一个知识的发现者、创造者。学生并不是空着脑袋进入学习情境中的，在日常生活和以往各种形式的学习中，学生已经形成了有关的知识经验，具备了内隐性的认知能力，学生对任何

事情几乎都有自己的一些看法，从自然现象到社会生活再到内心精神世界，几乎都会有所感悟。即使是有些问题学生从来没有接触过，没有现成的经验可以借鉴，但是当问题呈现在其面前时，学生还是会基于以往的经验，充分发挥自身的主观能动性与创造力，形成对问题的某种理解，提出假设。这种假设并不是胡乱猜想，而是从学生已有的经验背景出发推出的合乎逻辑的假设。

（2）教师观

建构主义学习理论强调教师要从传统的传递知识的权威转变为学生学习的辅导者，成为学生学习的同级伙伴和合作者，为学生创设良好的学习环境，成为学生建构知识的忠实支持者以及意义建构的帮助者、引导者、促进者，而不是知识的提供者和灌输者。

教师要善于激发学生的学习兴趣，引发和保持学生的学习动机，通过创设符合教学内容要求的情境和提供新、旧知识之间联系的线索，帮助学生建构当前所学知识的意义。

为使学生的意义建构更为有效，教师应尽可能组织协作学习，展开讨论和交流，并对协作学习过程进行引导，使之朝着有利于意义建构的方向发展。

（3）师生角色

建构主义学习理论的学习观和教学观决定了教师和学生的角色及其作用的巨大改变。建构主义提倡在教师的指导下以学生为中心，既强调学生的认知主体作用，又不忽视教师的主导作用。

教师不是知识的提供者和灌输者，而是学生建构知识的帮助者、引导者、促进者。学生不是知识的被动接收者和被填灌的对象，而是信息加工的主体，是教学活动的积极参与者和知识意义的积极建构者。

2.3.2 基于建构主义学习理论的教学技术

建构主义学习理论的学者以其对学习的基本理解为基础，提出了他们独特的教学技术。

1. 随机通达教学

建构主义学习理论认为，由于在学习过程中对于信息的意义建构可以从不同的角度入手，从而可以获得不同方面的理解。但是，由于事物的复杂性和问题的多面性，从不同的角度考虑往往可以得出不同的理解，要做到对事物内在性质和事物之间相互联系的全面了解和掌握，即真正达到对所学知识的全面而深刻的意义建构是很困难的。

随机通达教学要求教师在教学中注意对同一教学内容，要在不同的时间、不同的情境下，围绕不同的教学目标，用不同的方式加以呈现，使学生可以随意通过不同途径、以不同方式进入同一教学内容，从而获得对同一事物或同一问题的多方面的认识和理解。

这种多次进入同一教学内容的学习不是传统意义上的以重复练习、题海战术为手段的单纯的知识技能的巩固，其结果也绝不是对同一知识内容的简单重复，而是每次进入都有不同的学习目标，都有不同的学习侧重点，可使学生在获得对事物全貌的认识与理解上产生飞跃。

随机通达教学主要包括以下几个环节：

（1）呈现基本情境

它是向学生呈现和当前学习主题的基本内容相关的情境。教师在教学中应避免抽象地谈概念如何运用，而应将概念放到具体的实例中，并与具体情境联系起来。

每个概念的教学都要包含充分的实例，分别用于说明概念不同方面的含义，而且各实例可能同时涉及其他概念。

在这种学习中，学生可以形成对概念的多角度理解，并与具体情境联系起来，形成背景经验，这有利于学生针对具体情境建构用于指引问题解决的图式。

（2）随机进入学习

引导学生随机进入学习所选择的内容而呈现与当前学习主题的不同侧面或特性相关联的情境。这就意味着面对事物的复杂性和问题的多面性，学生可以随意通过不同途径、以不同方式进入同一教学内容，从而获得对同一事物或同一问题的多方面的认识与理解。在此过程中教师应注意发展学生的自主学习能力，使学生逐步学会自己学习。

（3）思维发展训练

由于随机进入学习的内容比较复杂，所研究的问题涉及许多方面，因此教师应特别注意发展学生的思考能力，尤其是学生的发散思维能力。

方法：教师与学生之间的交互应在“元认知级”进行，即教师向学生提出的问题，应有利于促进学生认知能力的发展而非纯知识性提问；要注意建立学生的思维模型，既要了解学生思维的特点（如教师可通过这样一些问题来建立学生的思维模型，“你的意思是指”“你怎么知道这是正确的”“这是为什么”等），又要注意培养学生的发散性思维（这可通过提出这样一些问题来达到，“还有没有其他的含义”“请对 A 和 B 做出比较”“请评价某种观点”等）。

（4）小组协作学习

教学需要围绕呈现不同侧面的情境所获得的认识展开小组讨论。

在讨论中，每个学生的观点在和其他学生以及教师一起建立的社会协商环境中受到考察、评论，同时每个学生也对别人的观点、看法进行思考并做出反应，从而使每一个学生的观点受到考察、评论，以促进学生对问题的全面理解。

（5）学习效果评价

包括自我评价和小组评价，评价内容包括：自主学习能力；对小组协作学习所做出的贡献；是否完成对所学知识的意义建构。

2. 支架式教学

建构主义学习理论反对传统的接受式学习，提倡学生的学习应该是发现式的、探究性的，因此，建构主义学习理论开发了一种相应的教学技术——支架式教学。支架式教学是指“教学应当为学习者建构对知识的理解提供一种概念框架（conceptual framework），这种框架中的概念是为发展学习者对问题的进一步理解所需要的。为此，事先要把复杂的学习任务加以分解，以便于把学习者的理解逐步引向深入”。

在支架式教学中，借用建筑行业中使用的“脚手架”作为基础知识概念框架的形象化比喻，其实质是在教学过程中，首先由教师为学生提供学习的帮助，利用基本知识概念框架作为学习中的“脚手架”，即通过提供恰当的概念框架来帮助学生理解特定知识，并借助该概念框架独立探索并解决问题，掌握、建构和内化所学的知识、技能，促使学生进行更高水平的认知活动，然后逐渐把管理学习的任务由教师转移给学生自己，最后逐级撤去支架，完成教学。

支架式教学包括以下几个环节：

（1）搭建支架

教师围绕当前学习问题，按照最近发展区的要求建立概念框架。

（2）进入情境

教师将学生引到一定的问题情境中，并提供解决问题的工具。

（3）进行探索

探索开始时先由教师启发引导（如演示或介绍理解类似概念的过程），然后让学生自己去分析，独立探索。在学生独立探索的过程中，教师要给学生提供方法和工具，使其能独立探索，并得出自己的结论，然后大家相互探讨。

注意：教师的引导应逐渐减少，以使学生最后能自己在概念框架中继续“攀登”。

（4）协作学习

学生进行小组协商、讨论。讨论有可能使原来确定的、与当前所学概念有关的属性增加或减少，各种属性的排列次序也可能有所调整，并使原来多种意见相互矛盾且态度纷呈的复杂局面逐渐变得明朗、一致起来。学生在共享集体思维成果的基础上达到对当前所学概念比较全面、正确的理解，并最终完成对所学知识的意义建构。

（5）效果评价

对学习效果的评价包括学生个人的自我评价和学习小组对个人的学习评价，评价内容与随机通达教学相同。

3. 抛锚式教学（情境性教学）

建构主义学习理论认为，学习只有在真实的情境中进行，让学生到现实世界的真实环境中去感受、去体验，学生才能通过主动参与去建构知识的意义，才能获取对该知识所反映事物的性质、规律以及与其他事物之间联系的深刻理解，由此，建构主义学习理论提出了抛锚式教学（又称情境性教学）。

抛锚式教学由美国温特贝特大学皮博迪教育学院认知与技术小组开发，是基于建构主义学习理论的重要教学技术。其主旨是使学习在与现实相类似的情境中发生，以解决学生在现实生活中遇到的问题为目标，因此，其学习的内容要选择真实任务。

抛锚式教学是根据事先确定的学习主题在相关的实际情境中选定某个典型的真实事件或真实问题，并围绕该问题展开进一步的学习。抛锚式教学对给定问题进行的假设，可通过查询各种信息资料和逻辑推理对假设进行论证，并根据论证的结果制订解决问题的行动计划，然后实施该计划，并根据实施过程中的反馈，补充和完善原有认识。

抛锚式教学以真实事件或问题为基础，因此，有时也被称为实例式教学或基于问题的教学。

抛锚式教学的显著特点包括：

①学习是在与现实情境相类似的情境中发生，以解决学生在现实生活中遇到的实际问题为目标，学习的内容为真实任务，因此，不能对其做过于简单化的处理，以免使其远离真实的问题情境。

②教师在课堂上应展示出与解决现实中问题类似的探索过程，提供解决问题的原型，并指导学生探索。

③教师模拟的真实任务应具有整体性、复杂性和挑战性，能激发学习动机，学生可用在现实世界真实环境中获得的感受、体验（通过获取直接经验来学习）来完成对所学知识的意义建构（对知识所反映事物的性质、规律以及该事物与其他事物之间联系的深刻理解），而不是仅聆听他人关于这种经验的介绍和讲解。

抛锚式教学由创设情境、确定问题、自主学习、协作学习和效果评价五部分构成。

在进行意义建构的过程中，学生始终处于主体地位，会主动通过收集和分析材料、数据，对所学习问题的各种假设加以验证，并最后在教师的指导下和同学的讨论中得到正确的结论。

抛锚式教学（情境性教学）步骤：

（1）创设情境

教师创设一定的情境，使学习能在和现实情况基本一致或类似的情境中发生。

创设的情境既可在一节课的开头，也可在一节课中某一内容或问题的开头，其目的是使学生的学习能在和现实情况一致或类似的情境中进行，使学生有亲临其境的感受和体验，从而增强学生的兴趣和探索欲望。

（2）确定问题

在上述情境下，当学生已经进入学习求知的状态时，教师应及时选择出与当前主题密切相关的真实事件或问题作为学习的中心内容，让学生面临一个需要立即去解决的现实问题，所选出的事件或问题就是“锚”，这一环节的作用就是“抛锚”。

（3）自主学习

问题确定以后，就进入自主学习和协作学习环节。自主学习指问题确定以后，不是由教师直接告诉学生应当如何去解决面临的问题，而是由教师向学生提供解决该问题的有关线索（如需要收集哪些方面的资料、从何处获取有关的资料、现实中专家解决类似问题的探索过程等），发展学生的自主学习能力（确定完成学习任务所需要的知识点清单、获取有关资料的能力、利用和评价有关资料的能力等）。

（4）协作学习

学生间进行讨论、交流，通过不同观点的交流、补充、修正来加深每个学生对当前问题的理解。

（5）效果评价

由于抛锚式教学要求学生解决面临的现实问题，因此，学习过程就是一个解决问题的过程。该过程可以直接反映出学生的学习效果，对这种教学效果的评价往往不需要进行独立于教学过程的专门测验，只需要在学习过程中观察并记录学生的表现即可。

➤ 思考题：

1. 行为主义理论的基本观点是什么？
2. 斯金纳程序教学的理论基础是什么？它有哪些教学原则？
3. 认知主义理论的基本观点是什么？
4. 建构主义理论的主要观点是什么？
5. 建构主义理论指导下的教学方法主要有哪些？

第 3 章　现代教育技术应用基础

3.1　视听教学论——戴尔的经验之塔

美国视听教育家戴尔（Edgar Dale），1946 年写了《视听教学法》，这是当时具有权威性的视听教育著作。在这本书里，戴尔提出了著名的“经验之塔”理论。

通过“经验之塔”，戴尔回答了经验的由来这一问题，即经验是怎样得来。“经验之塔”认为经验有的是由直接方式得来，有的是由间接方式得来，各种经验依照它们的抽象程度，大致可分为三大类、十个阶层，如图 3 – 1 所示。

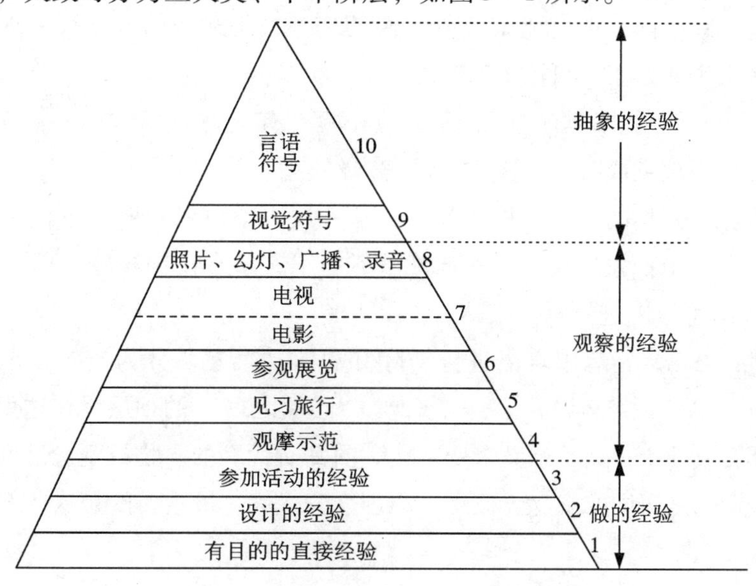

图 3 – 1　戴尔的“经验之塔”理论图

3.1.1　经验之塔详解

有目的的直接经验：是直接与真实事物本身接触的经验，是最丰满的具体经验，也是通过对真实事物看、听、尝、嗅、做取得的经验。

设计的经验：是“真实的改编”，这种改编可以使人们对真实更易理解。如制作模型，模型比原物大小和复杂程度有所不同，但通过制作模型，能比用实物教学获得更好的效果，受到的局限也会更小一些。

参加活动的经验：有许多事，学习者是不能直接体验到的，也不能把它改编成设计的经验。参加活动，可以使学习者尽量体验到近似真实。参与与观察有本质的区别，它可以使人们设身处地地去体验，因此更接近于直接经验。

以上三个阶层的经验，都包含有亲自的动作。这三种方式中，每个人都不是旁观者，而是参与者，因此，经验来源更直接，刺激性和持久性更强烈。

观摩示范：看别人怎么做，通过这种方式，学习者可以知道一件事是怎样做的，以后，他可以自己动手去做。

见习旅行：进入真实环境，看到真实事物和各种景象，进而获取经验。

参观展览：在模拟的环境中去看，而不参与。

电影与电视：电影与电视是把实在的事情用技术的方法转移到屏幕上来。通过看电影、电视，学习者得不到直接经验，但可得到代替的经验。电影、电视虽使学习者的经验失去了直接性，但也让学习者获得了补偿。因为，电影、电视选择的是典型的材料，使学习者能够集中观察重要的地方。电影、电视不受时空限制，能把过去的、遥远的事物呈现在眼前，把变化太快或太慢的现象，用适当的速度去呈现。电影、电视与参观的区别主要在于它可浓缩时空。

广播、录音、照片、幻灯：这一阶层的经验，有人称它为“一种感觉”的经验，因为它着重去加强视觉或听觉某一方面的感观经验。

视觉符号：主要指的图表、地图等。到这一层，学习者获取的不再是事物的实际的形态，而只是一个抽象的代表。视觉符号不是用文字来说明事物，而是用人们称之为“新语文”的符号来进行意义表达。

言语符号：言语，指运用言语进行交际和思维的活动。分为口头言语、书面言语（文字）、内部言语（无声言语）。言语符号是“经验之塔”的顶层，在这里，已把任何事物的原形都变成抽象，除了意义未变，文字同其所代表的事物或观念之间已无类似之处。言语符号可以是实词或观念、概念、原理、公式等，最重要的是这些符号是纯粹的抽象。

3.1.2 戴尔“经验之塔”的理论要点

（1）经验之塔最底层的经验最具体，越往上升，则越趋抽象。

注意：并不是说，求取任何经验，都必须经过从底层到顶层的阶梯；也并不是说，下一层的经验比上一层的经验更有用。划分经验阶层，只是在说明各种经验的具体或抽象的程度。

（2）教育应从具体经验入手，逐步过渡到抽象。

注意：有效的学习之路，必须充满具体经验。教育最大的失败在于使学习者记住许多普通法则和概念，而没有具体经验作为它们的支柱。

（3）教育不能止于具体经验，而要向抽象普遍发展，要养成概念。

注意：概念可以供学习者作推理之用，是最经济的思想工具，它将学习者探求知识的智力过程大为简化。

（4）在学校中，应用各种教育工具进行教学，可以使教育更为具体，从而成就更好的抽象。

（5）位于“戴尔的经验之塔”中层的视听教具，较言语、视觉符号更能为学习者提供具体且易于理解的经验，它能帮助学习冲破时空的限制，弥补其他直接经验方式的不足。

3.1.3　视听教学的局限

视听教学论并不是万能的，也存在着较大局限，主要表现在两个方面：

（1）视听教学论仅重视视听教材本身的作用，而忽略了视听教材的设计、开发、制作、评价以及管理等方面的内容。

（2）关于媒体在教学过程中的作用与地位的问题上，视听教学论把视听教材看成一种辅助教学工具，置其于辅助物的地位。在这种“教具论”的思想指导下，视听教学对教学改革的作用受到了很大的局限。

3.2　教育传播论

3.2.1　传播

1. 传播的含义

传播一词，译自英语 communication，也有人把它译成“交通”“沟通”“传通”“传意”等。这个词来源于拉丁文 Communlcare，意思是“共用”“共享”。

什么是传播？对这个问题的回答，迄今仍是众说纷纭。

在丹斯（F. Dance）和拉森（C. E. Larson）合著的《传播的功能》（*The Function of Human Communication*）一书中，所列举的传播定义共有 126 种之多。他们认为，应建立一个有关传播定义的“观念族”，使各种观念并存，让人们都有表达自己见解的机会。

“传播是借着语言、文字和形象来传送或交换观念与知识。”（英国，《牛津大字典》）

“传播是个人或团体主要通过符号向其他个人或团体传递信息、观念、态度或情感。”（西奥多森，S. A. Theodorson）

“传播是对一系列传递消息的记号所含取向的分享。”（施拉姆，W. Schramm）

“传播是人与人之间为了共享信息，建立共同意识以及协调行动的关系而进行的信息交流活动。”（顾明远，《教育大词典》）

综上，传播其实就是人们通过符号、信号，传递、接收与反馈信息的活动；是人们彼此交换意见、思想、情感，以达到互相了解和影响的过程。世界处处充满了传播现象，生命的每时每刻都在进行传播活动，生命不息，传播不止。

正确地理解传播这个概念，有几点需要注意：

① 传播一般是在两个以上的若干人中进行的；

② 传播是一种过程，以发出刺激为开头，以产生反应为结果，没有反应，不算传播；

③ 传播是一种互动，只有传播者的传递活动，没有受传者的接收活动，是不会有传播产生的，反之也一样；

④ 传播必带信息，必经通道，传播者、受传者和信息、通道是传播的基本条件；

⑤ 传播需以符号和信号为中介，符号是信息的代表，信号是负载符号的实体，运用符号、信号表达意义，才能实现信息的交流活动；

⑥ 传播可以通过语言、文字，也可以通过音乐、图画、戏剧、舞蹈，甚至所有人的行为都可以是传递信息的媒体；

⑦ 传播的目的，在于分享信息，互相影响，建立共识，不断调节各自的行为态度；

⑧ 广义的传播，包括一种机器影响另一种机器的信息传播，即机器的传播，也包括自然界动物、植物之间的信息传播。

2. 传播的类型

传播一般可分为四大类：自然的传播、动物的传播、人的传播、机器的传播，如图 3－2 所示。

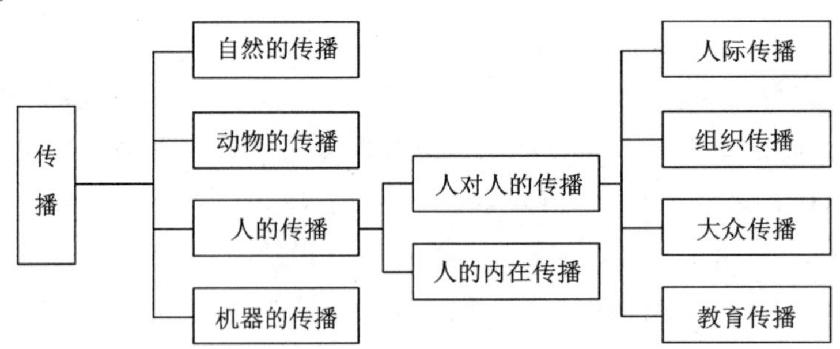

图 3－2　传播的类型

人的传播又可分为两类：人的内在传播、人对人的传播。

通常传播学研究的主要是人的传播，特别是人对人的传播。

人对人的传播主要有四种类型：人际传播（个人与个人之间的传播）、组织传播、大众传播、教育传播。

（1）人际传播（个人与个人之间的传播）

人际传播是个人与个人之间的信息交流活动。人际传播的形式，可以是面对面的直接传播，也可以是用媒体为中介的间接传播。

面对面的传播，主要是以语言表达信息，或用表情、姿势来强化、补充、修正语言不足的传播。这种传播可以使传者与受者直接沟通，能及时反馈信息，并使传者与受者共聚一堂，产生亲切感，从而增强传播的效果。

以媒体为中介的传播，使用的媒体主要有电话、电报、电视、书信、计算机网络等。

人际传播的目的是：了解别人，并使别人了解自己，以实现彼此沟通，建立和谐的关系；进一步认识自己，从了解别人对自己的反应中，不断调节自己的行为和态度，使之符合社会的需要。

（2）组织传播

组织传播是组织与组织之间、组织内部成员之间的信息交流活动。

组织是一群相互关联的个体的组合。组织由个体组成，每一个人都属于一定的组织，一般来说，没有人能够离开组织而独立生活。社会是由各式各样的组织，如工厂、商店、学校、医院等所构成的。传播是组织生存与发展必不可少的条件，没有传播就没有组织。

组织传播的目的是：与其他组织达成有效的沟通，增进了解，建立良好的关系；使组织内部成员贡献出自己的心力并和睦共处，以共同的行动促进共同的利益。

（3）大众传播

大众传播是传播者用专门编制的内容，通过媒体，对广大受众进行信息交流的活动。

在大众传播中，传播者不是某个人，而是有组织的传播机构，如报社、广播电台、电视台、网站等。

传播的内容是经专门人员，如记者、编辑、软件制作人员等，根据预定的计划编写、设计、制作的。大众传播的内容涉及范围很广泛，有文史、哲理、艺术、科技、政治、经济、社会等等，其运用的媒体，有报纸、书刊、广播、电视、计算机网络等。大众传播的受众是广大而不确定的人群，男女老少，各种职业、阶层、文化程度的人都有。

大众传播的目的，是从多方面影响受众，使之接受和认同传播者的意向。

（4）教育传播

教育传播是教育者与学习者之间的信息交流活动。

教育传播的目的是促进学习者的全面发展，培养社会所需的各种人才。

（5）人的内在传播

人的内在传播是在人体内部进行的信息交流活动。

人身上可以有两个“我”：“我 A”和“我 B”或“感性的我”和“理性的我”、

“现在的我”和“过去的我”、“公开的我”和“秘密的我”。

人的内在传播就是这两个“我”之间的信息交流活动。如，“我 A”将信息经过神经通道传给“我 B”，“我 B”对接收到的信息进行加工处理，并作出反馈，如图 3－3所示。

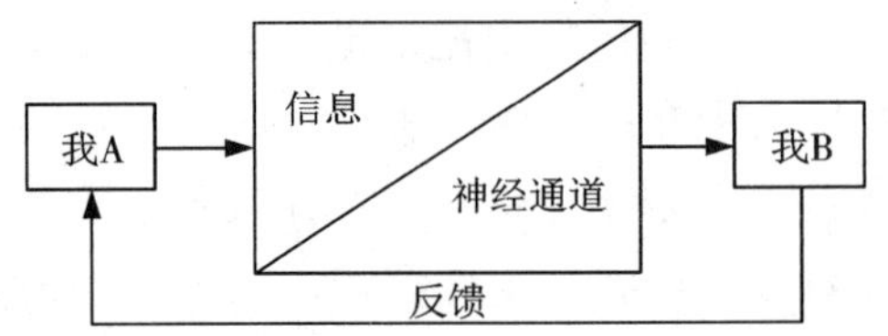

图 3－3 人的内在传播

人的内在传播是外界刺激所引起的人的内部的心理调节。

例如，一事当前，如何办？“我 A”和“我 B”可能意见分歧，通过内在传播，进行心理调节，以求得一致。又例如，朋友送来一张当天晚会的入场券，但手头有一件较重要的工作尚未完成，面对这种情况，去还是不去？“我 A”觉得机会难得，想去，“我 B”则认为应该先做完手头的工作再决定去还是不去。人的内在传播就是这样，通过“我 A”与“我 B”之间的信息交流，为适应周围环境而进行自我调节。

人的内在传播是人的思维活动，是人脑对感性知觉和表象进行加工，从而产生概念和推理，形成思想的过程。

3. 传播的功能

传播的功能是什么？它能做什么？有什么用？

在传播学界，较有影响的是拉斯韦尔（H. Lassweu）和施拉姆（W. Schramm）的传播功能说。拉斯韦尔在他的《传播在社会中的结构和功能》一文中，认为传播有三大功能：

①监视环境：通过传播，人们不断获取信息，并了解自己所处环境。

②应付环境：人们对所了解的各种社会情况，作出解释，并制定对策。

③传递遗产：将社会遗产，如将思想、观念、文化、习俗等传递给年轻一代。

一般来说，传播的主要功能是：沟通、协调、教育、娱乐。

（1）沟通

传播的第一个功能是沟通。通过传播，可以使个人与个人、个人与团体、团体与团体之间沟通信息，使之互相了解，建立关系，发展友谊。

例如，两个互不相识的人同坐火车，进行交谈，您贵姓？家住哪里？在何处工作？去哪里？等等。经过诸如此类的沟通，彼此初步了解，也就可能建立起友谊，在旅途中互相照顾与帮助。

（2）协调

通过传播，可以协调个体或群体的行为。

例如，看电视新闻，获知某商品在市场脱销，并分析出这是由于产量不足造成的。于是，生产者就可调整原定生产计划，增加生产，以满足市场需求。

（3）教育

教育主要是传递前人的思想、经验、知识与技能，这是一种有目的、有组织、有系统的传播行为。

一个人的一生，始终在接受教育。小时候在家里，有家庭教育；进了学校，有学校教育；进入社会就业，有社会教育。无论哪种教育，都有赖于传播才能实现。

当今，传播的教育功能日益显著。现在的孩子相较于过去，知识要广泛得多。不少家长、教师和成年人，对孩子们丰富的知识都感到惊讶，他们以为孩子们并不了解的事物，孩子们都能应答如流，问起缘由，孩子们说，从电视、广播、互联网里知道的。现代青少年的知识结构中，已有相当一部分知识是来自多种传播媒体，而不是来自教师或家长。

（4）娱乐

传播的娱乐功能十分明显。音乐、戏剧、小说、绘画等多种文艺传播形式都具有娱乐的功能。娱乐和消遣是人类的一种本能的需要。广播、电视、互联网等传播媒体进入家庭后，传播特别是大众传播被用于娱乐的比例更是大得惊人。各种节目，除了新闻和广告外，可以说大部分都是为了满足人们的娱乐和消遣需要。

3.2.2　教育传播

1. 教育传播的概念

什么是教育传播？教育传播是由教育者按照一定的目的和要求，选定合适的信息内容，通过有效的媒体通道，把知识、技能、思想、观念等传送给特定的教育对象的一种活动。它是教育者和受教育者之间的信息交流活动。

教育传播是人类传播活动的一种特殊表现形式。它与人类的一般传播活动，除有共性外，还有着自己的个性。

教育传播与大众传播比较有以下相同点和不同点。

（1）教育传播与大众传播的相同点：

两者都是人的传播活动，都以信息传递为核心。

（2）教育传播与大众传播的不同点：

① 大众传播的目的，主要是通报消息、提供娱乐、宣传教育；教育传播的目的，主要是培养合格公民，造就优秀人才。

② 大众传播的对象，主要是成年人为主体的一般大众；教育传播的对象，主要是正在成长的年轻一代。

③ 大众传播的传者，主要是报刊、电台、电视台、网站、记者和节目的制作者；

教育传播的传者，主要是教师、教育管理者和教材编制者。

④ 大众传播主要表现为间接传播，是传者通过媒体（报刊、图书、电影、电视、广播、互联网等）向广大公众进行传播；教育传播既可以是通过媒体的间接传播，又可以是面对面的直接传播。

⑤ 大众传播中的反馈过程，一般迂回缓慢，具有更多的单向传播特点；教育传播能较快地收到反馈信息，具有更多的双向交流特点。

⑥ 在大众传播中，信息的选择，有很大的随意性。在教育传播中，信息的选择，有严格的规定性和高度的科学性。

从教育传播与大众传播以及其他一般传播活动的比较研究中可以看到，教育传播的基本特点大致有以下几点：

（1）明确的目的性

教育传播是以培养人才为目的的一种传播活动。

（2）内容的严格规定性

教育传播的内容是按照教学计划和教学大纲的要求严格选定的。

（3）受者的特定性

教育传播有特定的对象，如大学的教材，不能用作中学的课本。

（4）媒体和通道的多样性

在教育传播中，教育者既可以用口语和姿态作媒体，又可以用板书、模型、幻灯、电视、计算机等作媒体；既可以是面对面的传播，又可以是远距离的传播。

2. 教育传播的构成要素

教育传播是一个系统，任何系统都是由若干要素所组成的。教育传播系统的构成要素是什么？对于这个问题，有多种不同的研究成果。

（1）二要素说

认为构成教育传播系统的要素有两个：教育者和受教育者。

（2）三要素说

认为构成教育传播系统的要素有三个：教育者、受教育者和教材。

（3）四要素说

认为构成教育传播系统的要素有四个：教育者、教育信息、教育媒体和受教育者。

（4）五要素说

认为构成教育传播系统的要素有五个：教育者、教育信息、教育媒体、受教育者和教育效果。

（5）六要素说

认为构成教育传播系统的要素有六个：教育者、教育信息、教育媒体、受教育者、教育效果和教育环境。

本书倾向于四要素说。

教育者、教育信息、教育媒体和受教育者这四个要素，是任何教育传播系统都不可或缺的，且每个要素都可以根据其功能与其他要素相区别，缺少一个就不能构成完整的教育传播系统。

（1）教育者

教育者是教育传播系统的控制者，各种学习条件的安排者，也是教育信息的发送者，包括教师、教材编制者、教育管理者、教学机器等。

在教育传播系统中，教育者的工作，主要是提供和变换信息，对受教育者进行教育，为受教育者创造良好的学习环境。教育者是学习的组织者、引导者和帮助者。

具体地说，教育者在传播过程中承担如下角色：

① 信息的提供者、传播者。

教育者闻道在先，他要把自己拥有的知识、技能、思想观念等传授给学生。

② 传播过程的控制者。

教育者按社会的要求和受教育者的身心发展规律把经过选择的知识、技能、思想观念等信息转换为信号（声光信号、电信号等），有控制地传递给受教育者。

（2）教育信息

教育信息是教育传播的内容，主要指以知识形式构成的各种课程（也包括控制传播过程的控制信息）。教育传播的内容不能凭空传递，它必须转换为某种符号，然后通过“媒体”才能传播出去。

（3）教育媒体

教育媒体是传递信息的工具，是连接教育者和受教育者双方的通道，包括传统教育媒体（非电子媒体）与现代教育媒体（电子媒体）。其作用在于延伸人体器官的功能，包括发出与接收信号的器官以及载送声、光、电信号的空间与线路等。

各种传播媒体具有各自的特性与功能，教育者应根据信息的性质、传播的目的与对象去选择合适的传播媒体。

（4）受教育者

受教育者是教育信息的接受者，包括学生和其他学习人员。

在教育传播系统中，受教育者的工作主要是接收、变换、反馈信息，完成相应的学习任务。

受教育者在传播过程中有如下作用：

① 把接收到的信号转换为自己所熟悉的符号，并按自己的经验译成信息意义。

② 受传者是信息的终端，他接收信息后，会产生一定效果，并据此在知识、思想或行为上产生变化。这些变化部分会以某种方式再反送给传播者，就是反馈，或者再向别人传送他取得的信息，这时受传者也成了传播者。

教育效果和教育环境并不是教育传播系统的要素。教育效果在于表明这个系统是否有效及有效的程度，它是系统的产物，而非要素。

教育环境是教育传播系统的外部条件，不是要素。任何系统都不能忽视环境，系统有大小，环境也有大小。教育传播系统的大环境，指社会环境和自然环境。教育传播系统的小环境，指学校环境，主要是校园环境和教室环境，它包括两个方面：校园内的社会生活和物质条件。前者指师生关系、生生关系、学习风气、价值标准、文明礼貌、闲暇时间的利用等；后者指校舍建筑设计、校园美化、教室内部布置、噪声控制等。对于教育传播系统来说，社会生活环境的影响是主要的，但物质环境的影响也不容忽视，如教室环境的内部设计、色调、照明、家具摆设等，都能影响学生行为的各个方面。

3. 教育传播要素之间的关系

教育传播系统四要素之间有着以下六种关系：教育者—受教育者；教育者—教育信息；教育者—教育媒体；受教育者—教育信息；受教育者—教育媒体；教育信息—教育媒体。如图 3 – 4 所示。

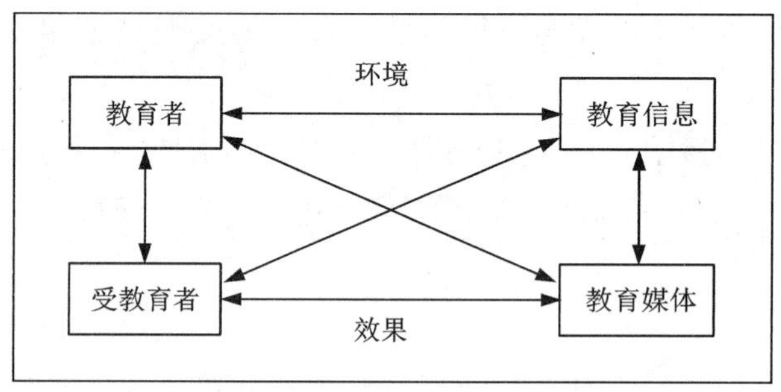

图 3 – 4　教育传播系统各要素之间的关系

每种关系都有三种对应情况：

（1）关系的类型

和谐关系还是对抗关系？两者对教育传播活动的影响大不相同，前者起促进作用，后者起干扰作用。

（2）关系的程度

关系亲密，可增进传播效果；关系疏远，会削弱传播功能。

（3）在不同的情境中，各要素的相互关系也不相同

①教育者与受教育者的关系

在教育传播过程的多种关系或矛盾中，教育者与受教育者的矛盾是主要矛盾之一。因为传播者与受传者都是人，传播者掌握信息，控制传播过程，受传者接受信息，是传播效果的体现者。所以，传播行为实际上主要发生在传播者与受传者之间，能否处理好这两者之间的关系，直接影响到传播能否达到预期效果。

从教学的角度看，教育者闻道在先，他能明确教育目的与要求，掌握教育内容与

方法，他要选择教育内容并对受教育者施加影响，所以教育者是主体，教育信息与受教育者是客体。

从学习的角度看，受教育者是学习行为的主体，学习能取得成效，关键在于其自身主体作用的发挥。学习者要向教育者学习，要学习教育内容，因此，教育者和教育信息又是受教育者认知的对象。从哲学角度看，传播者是外因，受传者是内因，外因必须通过内因才能发挥作用。正确处理教育者与受教育者之间的关系，关键是既要发挥教育者的主导作用，又要发挥受教育者的主体作用。

在传统教育传播中，教育者发挥主导作用时，往往会忽视受教育者的主体地位，教育者越是发挥主导作用，受教育者就越被动；而杜威（J. Deway）的儿童中心主义正好相反，只强调以学生为中心，往往忽视教师的主导作用。

正确的教育传播应把这两者结合起来，既不是以教师为中心，也不是以学生为中心，而是教师主导与学生主体相结合的传播方式。在我国，素有重视教师的传统，容易忽视学生的主体地位，因此，更应吸收建构主义理论的合理思想，改革我国的传统教育，充分发挥学生的主体作用。

②教育者、受教育者与教育媒体的关系

在教育传播过程中，人（教育者和受教育者）与教育媒体是一种人机关系。

人是主体，媒体是应用工具，不能本末倒置。

教育媒体要由人来选择、控制，人有驾驭教育媒体的能力。如果教育者与受教育者善于有效地运用教育媒体，教育媒体就能充分发挥积极作用；反之，教育媒体只能是花架子，有时甚至阻碍教育传播进程。当然，必须充分重视教育媒体对人的作用，它能促进教师和学生更新教育观念，改进教育和学习方法。例如，多媒体计算机网络的应用，使教师的教育方法和学生的学习方法都发生了深刻的变化。

在教育传播中，人和教育媒体是协同发挥作用的。不能只追求教育媒体的花样翻新，而忽视师生应用教育媒体能力的提高和各种媒体的组合与运用；同样，也不能对现代媒体漠不关心，忽视教育技术的改进与更新。只有既重视人的作用、提高人的能力，又重视教育媒体的改进和积极、正确地应用并结合具体的教学情境，使人与工具合理地组合，才能提高教育传播的效果。

③受教育者与教育信息的关系

教育信息（传播内容），在我国主要通过课程计划（教学计划）、课程标准（教学大纲）和教科书表现出来，它实际上代表了一个社会对受教育者的要求，也是受教育者身心发展所必需的。

社会要求与受教育者现有知识经验水平之间的差距，是教育传播赖以存在的必要条件。如果没有这个矛盾的存在，便没有教育传播活动的产生和发展。如果受传者与社会的客观要求没有差距，那么，受传者便不会产生任何学习的欲望，传播活动就无从谈起。从教师的视角来看，教师之所以要进行传播活动，那是因为教师所教授的对象在知识、技能、情感、行为等方面与社会的客观要求有差距，他们需要接受教育传播活动，达成既定的培养目标，实现个体的社会化。因此，教育信息（社会的要求）与受传者的已有知识经验水平之间的矛盾，是教育传播得以开展的前提，传播者与受传者关系的处理也是围绕解决这个矛盾来进行的。

要处理好教育信息与受传者之间的矛盾，关键是正确评估受传者的已有知识经验水平，使教育传播适合受传者的身心特点。所谓受传者的已有知识经验水平是指受传者在接受教育传播活动时已具有的整体智能系统水平，这种水平分为现实水平和潜在水平两个层次。现实水平是接受一定水平层次教育传播的必备前提和条件，认知心理学家皮亚杰称之为“准备度”，布鲁纳则称其为“已有的知识经验结构”，它是产生有意义学习的基础。潜在水平是指受教育者在现实水平的基础上，通过适当内容的教育传播的助长与催化可以达成的可能的知识经验水平高度。

教育传播的成功条件之一，在于能否正确评估受传者已有的现实水平，预测潜在水平，通过系统的传播策略，促使受传者的潜在水平转化为现实水平，并且形成高一层次的潜在水平。教育传播目标若落后于受传者的知识经验水平，则不能激起其接受学习的动机与兴趣，产生不了学习需求；同样，目标要求过于超前，则容易使受传者产生过度的焦虑或紧张的心理压力，阻碍教育传播的成功。

苏联著名的心理学家维果茨基针对教学活动滞后或超前过甚的现象，提出了“最近发展区”的理论。所谓“最近发展区”是指介于学生现有的发展水平和潜在发展水平之间的正处于形成状态的心理机能。“最近发展区”理论有助于我们正确评估学习者的知识经验水平，使传播活动达到预期的效果。

4. 教育传播的演进

教育传播起源于人类从事社会生产和社会生活的需要。自从有了人类社会，就有了教育传播，随着人类社会的不断进步，教育传播经历了几个重要的发展阶段，如表3－1所示。

表3－1　教育传播的演进

发展阶段	时间	特征			
		信息			
口语传播	约公元前3000年以前	量少、零散、无序	原始、简单	口耳相传	听觉为主
文字传播	约公元前3000年以后—公元19世纪末	日益增多，从零散到系统，从无序到有序	逐渐多样	另加读写训练	视觉为主
电子传播	公元19世纪末—20世纪90年代中期	迅速增多，系统化、科学化	多样化、多媒化	再加人机对话	视、听觉并用
网络传播	20世纪90年代后期至今	海量增多，数字化	网络化	再加网上交流	视、听、触觉并用

（1）口语传播阶段

人类最早的传播工具是语言，即传者的口语。恩格斯指出：“语言是从劳动中并和劳动一起产生出来的。”语言的产生，使人类彼此之间的信息交流有了可能。语言是人类交往活动中最重要的一种传播工具，现在世界上大约有 3500 种用于口头交流的语言。

人类社会从原始族群到氏族公社的漫长历史时期，全部属于口头传播阶段。在原始社会，教育还没有从社会生活中分化成为专门的事业，没有专门的教育机构和专职教育人员，人们的教育传播活动是在生产劳动和日常生活中进行的，年长者在带领年轻人狩猎、捕鱼、采集野果、制造工具等生产劳动过程中，或在举行宗教祭典等活动的时候，通过口头语言并辅以动作，向学习者传授这些方面的经验和技术，使学习者获得一定的参加社会生产和生活的能力。

口语传播阶段是传播的初级阶段。主要特征是：信息较少，且零散、无序；传播媒体原始、简单；传播方式是口耳相传；使用的感官主要是听觉。

口语传播具有表达思想、交流信息、传情达意的功能，具有简单、快捷、通俗、及时反馈等优越性，但也有局限性，它只能在有限的距离内面对面地进行，且内容无法保存。

（2）文字传播阶段

文字的产生和发展是在世界上许多民族地区各自进行的，时间也有先后。在中国，最初出现文字，大约在原始社会的末期。据传说，在黄帝时代（公元前 2717 年—公元前 2599 年），史官仓颉由图画整理出最初的文字。汉字的产生，经过了结绳、刻木、图画几个阶段。汉字产生之前，人们以结绳记事达意，“事大，大结其绳；事小，小结其绳”（《周易正义》）。然后，有刻木，在木头上刻线条，以帮助记忆和交流彼此要说明的事情。之后，有图画。再后，才出现了文字。

随着文字的产生，出现了最初的学校和教师，对年轻一代的教育开始有了专门的场所和专职人员。

文字从它的产生到形成体系，经历了一个漫长的岁月。大约在我国奴隶社会的商代（公元前 16—公元前 11 世纪），文字得到进一步发展，数量上已有大约 3500 个字，并已形成体系，具备了今天汉字的基本结构，包括象形字、会意字、表声字等多种类型。

随着文字体系的出现，出现了早期的书：简策、帛书、初期纸书等。

继文字和早期书之后，新出现的强有力的教育传播工具是印刷书。印刷书和早期书有着很大的不同：早期书是手抄的、成卷的，制作难、成本高；印刷书是印制的、成册的，制作易、成本低。印刷书比任何较早的传播工具更有影响力，它至少有四大特色：

① 表达力强——包罗广阔的观念与情感；

② 记录持久——克服了时间上的阻碍；

③ 传递迅速——克服了空间上的阻碍；

④ 扩散面广——多阶层的人都可使用。

印刷书的出现和普遍使用，引发了教育上的巨大变革。它大大地扩大了教育的对象，使知识传播的速度与广度大大增加，可把知识传播得更久更远。

文字传播阶段的主要特征是：信息量日益增大，并从零散逐渐到系统，从无序逐渐到有序；传播媒体逐渐多样，除了口语、印刷书外，普通教具也日益被普遍使用；传播方式除了口耳相传，又增加了读写训练；传播过程中感知器官的重心，从耳朵转到眼睛，从听觉转到视觉。

文字传播打破了时空限制，大大增加了教育传播的速度与广度，但也有局限性。文字是事物和意义的符号，抽象程度高，难于直接传达声音和图像，学习者需透过具体经验，才能理解。

（3）电子传播阶段

自19世纪末以来，随着科学技术的迅速发展，电子传播媒体陆续进入教育传播领域。

19世纪90年代，幻灯开始进入教育传播领域。

20世纪20年代，无声电影和广播开始在教育中应用。

20世纪30年代，有声电影被用于教育。

20世纪40年代，新进入教育传播领域的电子媒体主要有录音，包括唱片录音、钢丝录音、磁带录音。

20世纪50年代，越来越多的电子媒体被用到教育传播中，电视、程序教学机等出现在教育领域。

20世纪60年代，电子计算机等开始被教育传播所应用。

从20世纪70年代起，电子媒体进入系统发展阶段。进入教育传播领域的电子媒体有：录像电视教学系统、计算机教学系统、卫星电视教学系统、多媒体教学系统等。

电子媒体的教育应用，为教育手段的全面改革开辟了一条广阔的新路。

电子传播阶段的主要特征是：信息量迅速增多，达到了系统化、科学化；传播媒体多样化、多媒化；传播方式，除口耳相传、读写训练外，又有了人机对话；传播中使用的感官是视、听觉并用。

（4）网络传播阶段

20世纪90年代后期，互联网开始进入教育领域，这大大增强了人类的教育传播能力和效率，使人类的教育传播活动进入了一个全新的时代。

网络传播阶段的主要特征是：信息海量增多，并实现了数字化；传播媒体网络化；传播方式增加了网上交流；传播中使用的感官是视、听、触觉并用。

5. 互联网引发的教育传播变革

Internet 是由分布在世界各地的众多计算机网络采用 TCP/IP 协议联结在一起的国际性网络，人们称它为国际互联网。Internet 最早形成于美国，由 20 世纪 60 年代末的美国国防部网络 ARPAnet 发展而来。现在，Internet 已经成为一个全球性的网络，遍及世界上 170 多个国家和地区。Internet 的兴起，深刻地改变着我们的生活。20 世纪 90 年代后期，Internet 进入教育领域，引发了教育传播的巨大变革。

6. 教育传播观念的变革

教育传播观念的变革从主要满足“教育者需要”走向主要满足“学习者需求”，教育传播价值的高低优劣则根据在什么范围和层次上满足学习者的需求而定。

当前，学习者的主要需求是：

（1）全面发展和个性发展

教育要求学习者既要全面发展，又要保持个性特长，实现全面发展与个性发展的完满结合。

（2）建立合理的知能结构：“士”字型知识结构和三层次能力结构

“士”字型知识结构：“士”字的下面一横表示一般基础知识，上面一横表示专业基础知识，中间一竖表示专业知识。传统的知识结构是强调下宽上窄的金字塔形的知识结构，越是基础要求面越宽。“士”字型知识结构不讲求下宽上窄，它带有一定的跳跃性，强调在基础与专业的交结处下功夫，主要掌握与本专业有关的基础知识，然后在这个基础上建立一门专业知识。这种知识结构，较能适应信息时代面临的三个挑战：

①无限书籍对有限时间的挑战；

②几何级数膨胀的信息对人的原有接受能力的挑战；

③大量新知识对人们理解能力的挑战。

在信息时代的学习中可以大胆采用“跳”“跨”“绕”手法，以避免在外围知识上兜圈子，从而能集中精力直接捕捉最新最需要的信息和知识。

信息时代学习者也有三个层次的能力结构：

①基础层次能力——听、说、读、写、算、推理、计算机网络应用；

②中间层次能力——数字化学习能力、科研能力、团队协作能力；

③较高层次能力——应变能力、创造能力。

现代的教育传播观念要求教育传播要有助于实现这种价值取向。

7. 教育传播要素的变革

在当代，以互联网为代表的信息技术已成为社会生活的主流，教育传播系统的四大要素也在发生质的变化。

（1）教育者由把关人变成引导者

教育者的权威性受到挑战，对传播过程的控制有所减弱，传什么、通过什么渠道，已不是教育者说了算，教育者只能起引导作用。

（2）教育信息由模拟信息变成数字信息

信息以海量速度巨增，信息的老化与更新加快，信息的新鲜性与趣味性有所提升而其真实性与可信度则有所降低。

（3）教育媒体由单向交流媒体变成双向、多向交流媒体

互联网集图、文、声、像、视频、音频于一身，大大提升了媒体的教育功能，拓宽了教育传播的广度和深度，具有很大的优越性，但也非万能。互联网并不能取代其他媒体，印刷媒体和其他视听媒体仍会存在，并在不断改进中继续发展。

（4）受教育者（学习者）由被动变成主动

主体性得到充分发挥，受教育者在接受信息时会有很大的自由选择度，可以主动选择自己感兴趣的内容和信息的接收形式以及接收时间和顺序，有条件的还可以直接参与到信息的生产和传播过程中去，成为信息的发送者。

（5）教育传播方式由一对一或一对多的传播方式变成多对多的网络传播方式

在学校教学传播中，数字化学习和学生自主学习成为主流的学习方式。

数字化学习（E-learning），就是在现代信息技术环境下，利用多媒体软件和网上资源进行的学习活动，这是信息时代的一种全新的、重要的学习方式，但不是唯一的学习方式。

信息时代，人们需要善于同时在三个世界采取多种方式进行学习：

一是经验世界，“在做中”学习；

二是语言文字世界，“向书本”学习；

三是虚拟现实世界，进行“数字化”学习。

数字化学习是新的主流学习方式，可适当强调，但不能忽视其他两种学习方式，应该实现三种学习方式的有机结合。

学生自主学习，指学习者在学习活动中，具有主体意识，发挥主动性和创造性的一种学习方式。互联网进入教育教学领域，为学生自主学习提供了良好环境，给予了有力的支持。在学校教学传播中，学生自主学习并不排斥教师的指导，教师的指导可使学生的学习少走弯路，提高效率，更好地实现学习目标。学生自主学习也不排斥与他人开展协作交流，应该把自主学习与协作学习有机地结合起来，以实现资源共享、共同提升的学习目标。

3.2.3 教育传播模式

在现代科学研究方法论中，模式方法是一种重要的研究方法。用模式方法分析问

题，可以排除事物次要的、非本质的部分，抽出事物主要的、有特色的部分进行研究。模式使事物的重要因素、关系、状态、过程突出地显露出来，使问题简化，便于更好地认识问题、解决问题。

人类的传播活动是一个极其复杂的过程，它是由许多要素构成的动态过程系统。模式方法的应用，有助于人们对传播现象进行认识，因此，用模式方法分析传播问题，也是传播学研究的重要特点之一。

1. 教育传播模式的概念

（1）模式的含义

关于什么是模式，目前尚无一个公认的定义。《现代汉语词典》中对模式的定义是："某种事物的标准形式或使人可以照着做的样式。"这种静态的界定，显然与我们现在对该词的理解和运用有一定的差距。现在通常把模式定义为"再现现实的一种理论性的简化形式"。把模式看作是经验与科学之间、现实与理论之间转换的中介，它能简约地表现事物和现象的各种关系和变化规则。

把握模式的含义，需注意三点：

第一，模式是现实的再现，即模式是现实的抽象概括，来源于现实。

第二，模式是理论性的形式，即模式是一种理论形式，而非工艺性方法、方案或计划。

第三，模式是简化的形式，它是经过理性思考并高度抽象概括后，以简洁明了的方式表达出来的范式。

一般而言，模式就其性质来说可以划分成两种，一种是结构性模式，另一种是功能性模式。

结构性模式主要是用来描述某种事物或现象的结构，构成事物的主要因素的位置，是对复杂事物以简洁的方式予以复制，具有相对静止的特征。例如一个电路图、一个结构示意图等。

功能性模式则是对事物运动发展的过程、因素与结构的相互变动、作用的一种总体性的把握。通常来说，功能性模式总是以能量、力量及其方向性角度来描述各系统、各部分之间的关系和相互影响，它具有显著的动态性特征。教育传播学中的模式通常采用功能性的模式类型。

建立一个复杂事物、现象的模式，往往是首先把这种复杂事物、现象分解为若干个组成要素，然后分别研究出这些要素的性质、功能以及要素之间的相互作用关系，用理想的、简化的形式表示出来，并最终成为一个复杂事物、现象的模式。

比如，经过分析认识到传播的要素包括传播者、信息、媒体、受传者等几个，并且知道每个要素在传播过程中的地位作用以及各个要素间的相互关系等等，然后用一定形式表示出来，就构成了传播的模式。

模式的表示可以有多种形式，通常有：

① 语词的形式，对事物现象用语言或文字进行叙述说明；

② 图解的形式，它以图画、图解或流程图等方式来描述；

③ 数学的形式，它是以数学符号及数学公式来表示各要素的相互关系，描述事物现象的规律。

研究社会现象或自然现象，建立一种模式是很重要的。模式可以为我们提供一种框架，我们可以据此来思考问题。即使最早提出的模式未必得到预见的成功，它也能指出我们尚未认识的问题，指出需要加以研究的领域。即使实践证明某一模式是不对的，它也有可能会引出一个更完善的模式来。

值得我们注意的是，模式的运用能把社会科学与自然科学结合起来，促进了社会科学研究的科学化。

（2）教育传播模式及其构建原则

教育传播系统各要素不同的组合与联系方式，构成了不同的教育传播系统结构。不同的教育传播系统结构，会有不同的功能。在教育传播实践中，人们总结出了一些非常有效的教育传播系统结构，将这些结构用文字或图表等形式表达出来，就成为教育传播的模式。由此可见，教育传播模式是再现教育传播现实的一种理论性的简化形式，是对教育传播现象的概括和简明表述，是对教育传播过程中各要素的构成方式与关系的简化形式，它反映了教育传播现象中主要的、本质的特征。

构建教育传播模式应遵循以下原则：

① 科学性

这里的科学性是指构建教育传播模式所依据的理论是正确的，必须科学地反映教育传播的规律，揭示教育传播各要素的关系。比如，所构建的新模式的主题要符合教育学与传播学的有关理论，正确反映传播者与受传者的关系，突出双向互动等。

② 现实性

模式源于现实，是对现实的归纳，不能凭空想象。因此，所构建的模式要有一定的现实基础，反映现实情况。

③ 简明性

模式是对现实的一种简化形式，要突出事物的主要特征，而不是面面俱到。模式应让人一目了然，而不是眼花缭乱。

④ 操作性

构建教育传播模式除了能帮助人们认识教育传播现象外，更重要的是提供一种操作的样式，让人能参照实施。构建的模式应思路清晰，符合逻辑，所需的条件应容易实现。

⑤ 创见性

这里的创见性包括两层含义：一方面，因为人们对事物的认识有一个过程，所以新建的模式应比原有的模式更能反映现实，发现事物的新的联系；另一方面，一个好的模式不仅要能反映现实，而且要高于现实，体现理论对实践的指导作用。

上述关于构建教育传播模式的原则，也可以看作是评价一个模式完善的依据。

2. 教育传播的基本模式

作为人类传播活动中的一种形式，教育传播必然遵循人类传播活动的一般规律，通过对历史上一些著名的传播模式进行研究，有助于正确理解和认识教育传播过程。下面，本节将先介绍几种著名的传播模式，然后再介绍教育传播模式。

（1）几种著名的传播模式

① 亚里士多德模式

亚里士多德（Aristotle）的传播模式，如图 3 –5 所示，是最早阐述传播过程的一个模式。这模式虽很简单，但扼要地列出了五个传播的要素：演讲者、演讲内容、听者、场合及效果。

亚里士多德指出，演讲者为了取得不同的效果，要在不同的场合为不同的听众构思其演讲的内容。这种模式被认为最适合用于公众演说这类传播过程。

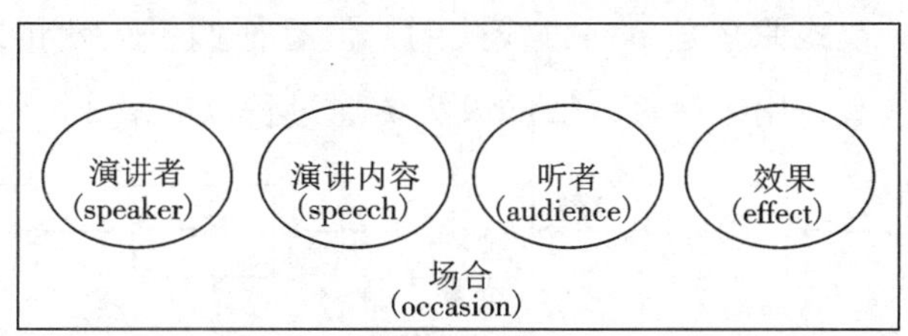

图 3 –5　亚里士多德的传播模式

② 拉斯韦尔模式

哈罗德·拉斯韦尔（Harold Lassweu）提出了一个用文字形式阐述的线性传播过程的模式。他认为，描述传播行为的一个简便的方法就是回答以下几个问题：who，says what，in which channel，to whom，with what effects（谁，说了什么，通过何种通道，对谁，取得什么效果），这就是经典的五 W 传播模式，如图 3 –6 所示。

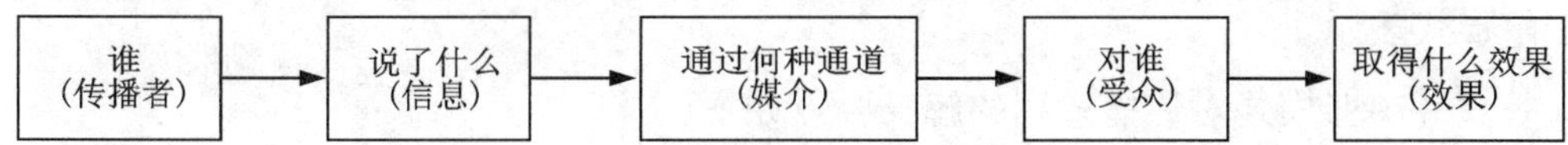

图 3 –6　拉斯韦尔传播模式

从拉斯韦尔传播模式的五个传播要素，我们可得到传播研究的五大内容；

A. 控制分析：研究“谁”，也就是传播者，进而探讨传播行为的原动力。

B. 内容分析：研究“说了什么”（或称信息内容）以及怎样说的问题。

C. 媒体分析：研究传播通道，除了研究媒体的性能外，还要探讨媒体与传播对象的关系。

D. 受众（对象）分析：研究庞大而又复杂的受传者，了解其一般的和个别的兴趣与需要。

E. 效果分析：研究受传者对接收信息所产生的意见、态度与行为的改变等。

拉斯韦尔的五 W 模式在大众传播中得到了广泛的应用，它开创了传播学模式研究方法的先河。但这一模式过于简单，具有以下明显的缺陷：

首先，它忽略了“反馈”的要素，是一种单向的传播模式。受拉斯韦尔模式的影响，过去的传播研究忽略了反馈过程的研究。

其次，这个模式没有重视“为什么”或“动机”的问题研究。在动机方面，有两种值得重视的动机：

一是受众为何使用传播媒体；

二是传播者和传播组织为了什么去传播。

最后，该模式重视传播者的地位，忽视甚至剥夺了受传者的“主体参与”地位。

③ 香农—韦弗模式

香农（C. E. Shannon）和韦弗（W. Weaver）在研究电报通信问题时，提出了一个新的传播模式。这一模式原来是单向直线式的，但是他们不久就将这一模式加入了反馈系统，并引申其含义，用来解释一般的人类传播过程，如图 3 – 7 所示。

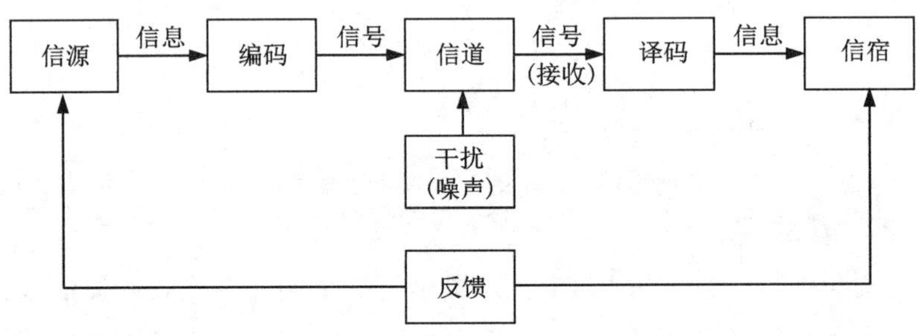

图 3 – 7　香农—韦弗传播模式

这是一个把传播过程分成七个组成要素，带有反馈的双向传播模式，这一模式可用图解形式表示。

香农—韦弗模式对传播过程的解释要点如下：

A. 从信息源中选出准备传播出去的信息，然后，这一信息经编码器转换为符号与信号，信号通过一定的信道传送出去。

B. 在接收端，接收到信号之后，经编码器转换成符号并解释为信息的意义，最后为信宿（受传者）所接受利用。

C. 受传者收到信息后，必然在生理、心理上产生反应，并通过各种形式给传播者反馈信息。另外，在传播过程中还存在有干扰信号，干扰信号可以影响到信源、编码、信道、译码、信宿等部分，图式为了简化，只集中表示对信道的干扰。

香农—韦弗传播模式，虽然是从特殊的电报通信中发展起来的，但该模式能用来解释人类的一般传播过程，成为后继传播模式的基础。该模式系统考虑了“信息”与“信号”之间的转换关系，运用数学模式测量信息量、信号与通道容量，同时还分析了传播中不可避免的障碍因素——“噪声”的问题。

④ 奥斯古德—施拉姆的循环模式

1954 年，奥斯古德（C. E. Osgood）在充分认识到香农—韦弗模式的“非人类”的缺点后，采用了其中的合理内容，提出了双行为模式，如图 3－8 所示。

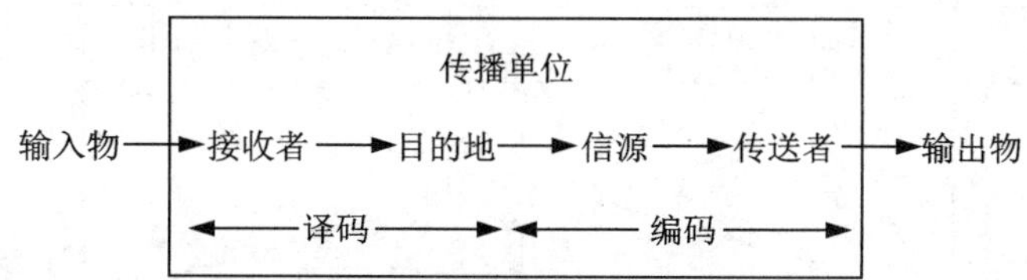

图 3－8　奥斯古德的双行为模式

他解释道：“每一个合适的模式至少要包括两个传播单位，一个是来源单位（说话的人），一个是目的地单位（听话的人），连接两个单位的是讯息。”

在传播活动中，每个人既是发送者，又是接收者，既编码又译码，都具有双重行为。这种双向互动的情形，既可以是直接的，也可以是间接的。一般在面对面交谈中是直接的，在大众传播（音乐、录音、艺术等等）中则是间接的。

同一年（1954），施拉姆（W. L. Schramm）在《传播是如何进行的》一文中提出了一系列的传播模式，其中一种是受奥斯古德双行为模式启发下提出的循环模式，因此人们将其称为奥斯古德—施拉姆循环模式，如图 3－9 所示。

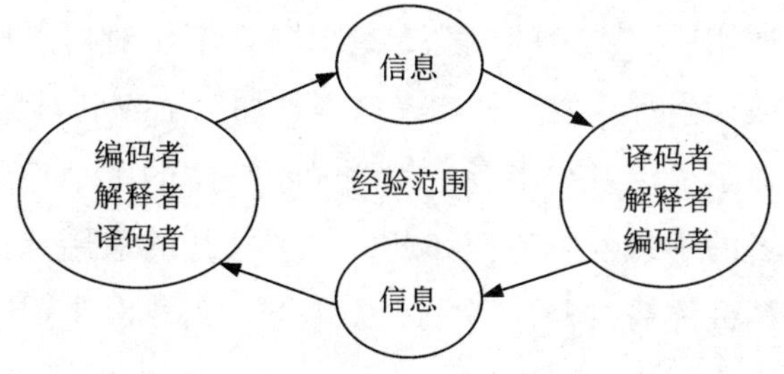

图 3－9　奥斯古德—施拉姆的循环模式

循环模式与单向传播模式有很多的区别。

首先，它强调在信源与信宿（目的地）之间，即传者与受者之间，只有在共同的经验范围内才能真正进行传播，因为只有这样信号才能被传受双方所共享。

其次，传受双方在编码、解释、译码和传递、接收信息时，是相互作用、相互影响的。

最后，传播信息、分享信息和反馈信息的过程是循环往复、持续不断的。

这种模式较好地反映了人际传播的情况，但不太适合大众传播，模式中所暗含的传受两者的平等、等量的传播观念，在大众传播中从未体现。

⑤ 德弗勒的互动传播模式

1966 年，德弗勒（M. L. Defleur）在论述发出信息的含义与接收信息的含义之间的一致性时，提出了互动的模式，如图 3－10 所示。

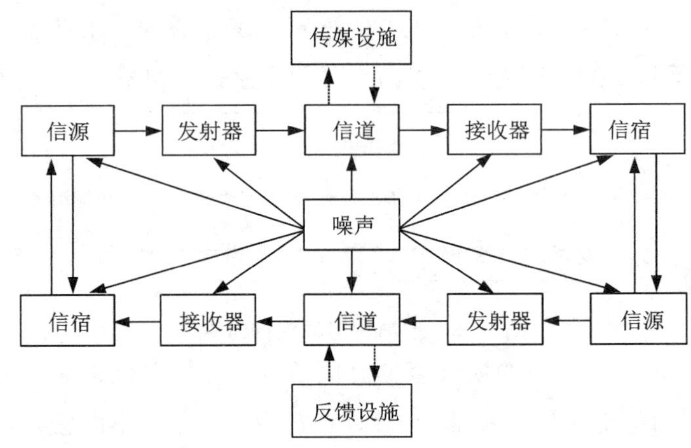

图 3－10　德弗勒的互动传播模式

德弗勒互动传播模式提出，在传播过程中，如果发出的信息与接收的信息在含义上一致，那么就是传通；相反，若两者的含义截然不同，即等于没有传通。

该模式的主要优点是：

首先，它克服了单向直线模式的缺点，明确补充了反馈的环节和渠道（大众媒介设施和反馈设施），使传播过程更符合人类传播互动的特点。

其次，这个模式还拓展了噪声的概念，指出噪声不仅对信息而且对传达和反馈过程中的任何一个环节或要素都会发生影响，这一点加深了我们对噪声作用的认识。

再次，该模式也显示了传者与受者产生含义不一致的一个重要原因，即噪声的干扰。反馈可以增加两者的一致性。不仅如此，这个模式的适用范围也比较普遍，包括大众传播在内的各类社会传播过程，都可以通过这个模式得到一定程度的说明。

当然，德弗勒的模式同样有其局限性：

一是对人类传播，特别是报纸、广播、电视等媒介为主的大众传播过程要素的众多性和复杂性反映不够，有简单化倾向。

二是对人类传播的新媒介和新技术未能足够重视，甚至“往往有低估新的传播技术效果的倾向”。

因此，罗密佐斯基（A. J. Romiszowski）在其基础上综合了工程学模式和心理学模式的优点，形成了一个比较适用于教育的双向传播模式，如图 3－11 所示。

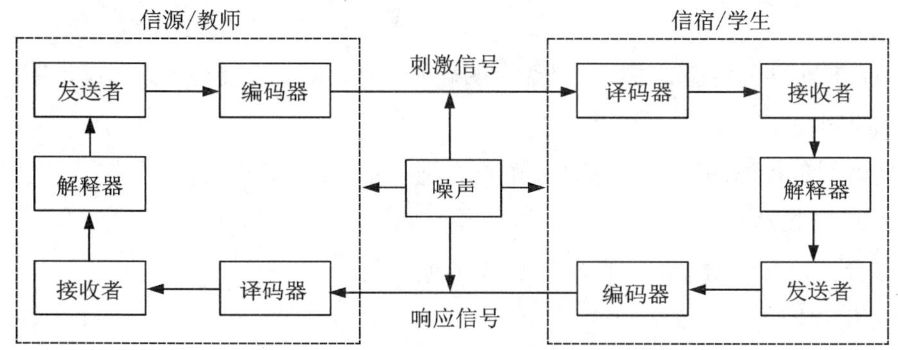

图 3－11　罗密佐斯基的双向传播模式

⑥ 贝罗的 S－M－C－R 模式

贝罗（D. Berlo）的传播模式综合了哲学、心理学、语言学、人类学、大众传播学、行为科学等理论，去解释在传播过程中的各个不同要素，如图 3－12 所示。

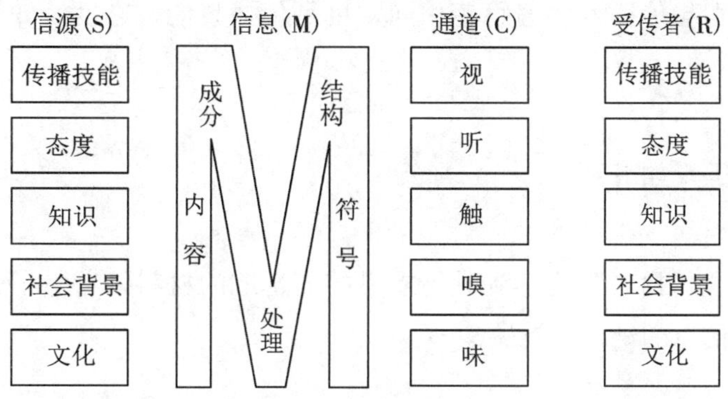

图 3－12　贝罗的传播模式

这一模式把传播过程分解为四个基本要素：信源（source）、信息（message）、通道（channel）和受传者（receiver），所以简称 S－M－C－R 模式。在该模式中，每个要素又各含有几个因素。用此模式来解释传播过程，说明在传播过程中，影响传播效率和效果的因素有很多且很复杂，各因素间又相互制约，要提高传播效果，必须综合研究和考虑各方面的因素。

A. 信源（编码者）

研究信源（编码者），需要考虑他们的传播技能、态度、知识水平和他们所处的社会背景及文化背景等。

a. 传播技能：

信源与编码者不论以说话还是写作来传播，都必须讲究传播的方式，才能保持信息本身的真实性和趣味性。传播技能包括有语言（如语言的清晰和说话的技巧）、文字（如文字写作的技巧）、思想（如思维周密）、手势（如动作自然）及表情（如逼真）等。

b. 态度：

传播者是否喜爱传播的主题？是否有明确的传播目的？对受传者是否有足够的了解？

c. 知识水平：

传播者对传播的内容是否彻底了解？是否有丰富的知识？

d. 社会背景：

传播者在社会中的地位、影响与威信如何？

e. 文化背景：

传播者的学历、经历和文化背景怎样？

B. 受传者（译码者）

信源、编码者与受传者、译码者，虽然在传播过程的两端，但是在传播过程中，信源（传播者）可以变为受传者，受传者也可以变为传播者（信源）。所以影响受传者与译码者的因素与传播者、编码者相同，也是传播技能、态度、知识水平、社会与文化背景等。

C. 信息

影响信息的因素如下；

a. 内容：

信息内容是“传播者”为达到其传播目的而选取的材料，它除了包括信息的成分之外，还包括有信息的结构。

b. 处理：

是“传播者”对选择内容进行安排，形成一定的结构，并转变为符号传递出去。

c. 符号：

包括有语言、文字、图片与音乐等。

D. 通道

通道就是传播信息的各种工具。如各种感觉器官，载送信息的声、光、空气、电波、报纸、杂志、播音、电影、电视、电话、唱片、图画、图表等。

在传播过程中，信息的内容、符号及处理，均能影响通道的选择。比如：何种信息该用语言传送？何种信息该用视觉的方式传送？何种信息该用触觉、嗅觉、味觉方式传送？总之，通道的选择会影响信息的传送与接收效果。

贝罗的 S－M－C－R 传播模式，原本是一般传播的模式，但由于其揭示了教育传播的规律，后来被认同为教育传播模式。这个模式的出现，把人们的注意力从“物”引向人，从信源引向受传者。但该模式是单向的和线性的，缺少反馈环节，后来的研究者在贝罗的解释基础上增加了反馈环节。另外，该模式对传播过程中存在的干扰因素也未考虑。

⑦ 加涅的学习信息流程结构模式

加涅（R. M. Gagne）利用信息加工理论，模拟学习过程，提出了一个学习信息流程结构模式，如图 3－13 所示。

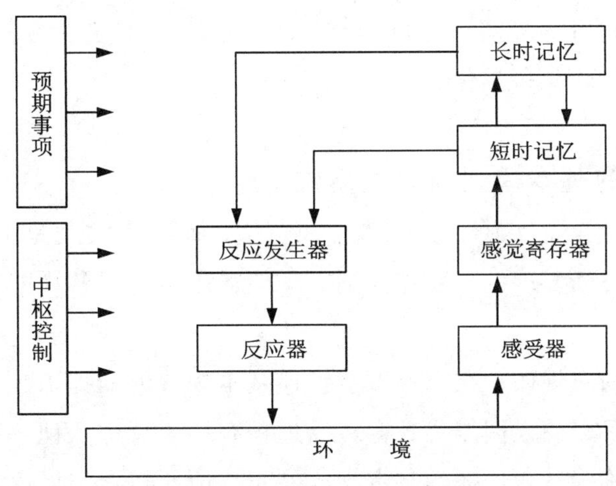

图 3－13　加涅学习信息流程结构模式

该模式说明，人类的所有学习过程都是通过内在的一系列心理操作，对外来信息或已存在人类记忆中的信息进行不断的加工而完成的。这一过程包括五个环节。

A. 信息的输入

感受器、感觉寄存器从外部环境中获得刺激的过程是信息的输入过程。

B. 信息的存储

信息的存储分短时记忆和长时记忆。短时记忆的信息存储时间短，经过复述可进入长时记忆，长时记忆则是信息的永久存储器。

C. 信息的加工处理

存储结构内部互相转换以及它们作用于反应发生器的过程，构成了信息的加工处理过程。短时记忆是信息加工的主要场所，它将来自感觉寄存器和从长时记忆中提取出来的信息进行加工。加工的结果，一方面送至长时记忆，另一方面则送至反应发生器。

D. 信息的输出

反应发生器的作用是把经过加工处理的信息转化为学习者的行为，这个转化过程也是信息的输出过程。

E. 信息的反馈

反应器的活动作用于环境的结果会立即反馈于感受器，并产生新的信息加工活动。

图 3－13 中的“预期事项”和“中枢控制”就是我们平时所说的学习得以发生和

进行的主体因素，其中包括学习的需要和目的以及学习者的身心发展状况。图中的环境是指学习者所处的学习环境。从环境作用开始，经过感受器—感觉寄存器—短时记忆—长时记忆—反应发生器—反应器—环境这一系列的过程，就是人类学习的过程。

虽然有关信息加工理论的研究取得了一定的成果，但人的信息加工机制与过程，是一个非常复杂且至今尚未被人们彻底弄清的过程。当前，国内外的研究者，都在致力开展这一领域的研究。弄清这些机制与过程，能大大加快学习者掌握知识的进程，促进教育传播的现代化与科学化。

3. 教育传播的基本模式与典型模式

教育传播模式是教育实践经验的概括和总结，而教育实践是不断发展的，因此，教育传播模式也是不断发展的，要想找到一个能适用于各种各样的教育传播活动的万能模式，是不可能的。

教育传播有其内在规律，在掌握教育传播基本规律的前提下，构建一个教育传播模式的总体框架，可以使人们能对教育传播过程有一个总体认识。我们把这个教育传播模式的总框架，称为教育传播的基本模式，而其他的教育传播模式则是在此框架的基础上，通过增加一些因素或改变各要素间的联系方式形成的新模式。

下面，我们将先探讨教育传播的基本模式，并介绍几种典型的教育传播模式。

（1）教育传播的基本模式

要构建教育传播的基本模式，首先必须明确教育传播系统的构成要素。教育传播系统是由传播者（教师）、受传者（学生）、教育信息和教育媒体四个要素构成，这四个要素缺一不可。

同时，传播是在一定的环境中进行的，环境对传播的效果也有重要影响。

此外，要使传播能有效进行，还必须对传播的效果进行考察，即需要一个反馈环节。由此，我们可以构建如图 3－14 所示的教育传播基本模式或教育传播模式的总体框架。

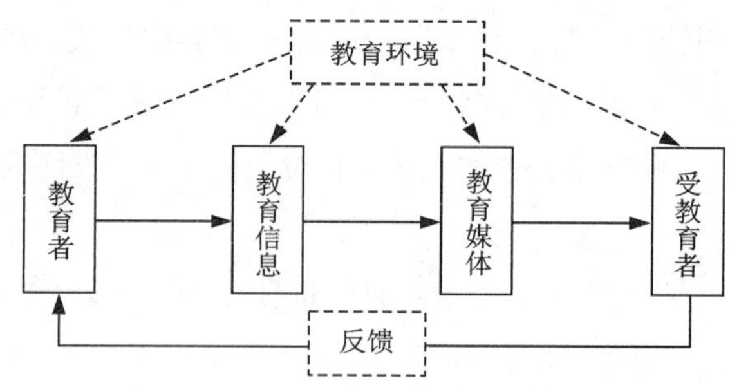

图 3－14 教育传播的基本模式

这一模式或框架揭示了在教育传播中，教师是根据某种需要（如年青一代身心发展需要等）选择教育信息和教育媒体，并通过教育媒体（这里的媒体包括教师的语言符号和体态等非语言符号）将教育信息传递给学生，学生主动地接受通过教育媒体传来的信息并进行反馈的过程。教师收到反馈后会根据反馈信息进一步调整，以达到优化传播过程、提高传播效果的目的。

传播环境对传播系统的各个要素都有一定的影响。

注意：反馈和传播环境虽然对传播效果有重要影响，但它们不是传播过程的构成要素。因此，在模式图 3 – 14 中用虚线框表示。环境对传播过程的影响，不是人为控制的主要信息流向，所以也用虚线表示。

此外，当代著名传播学家施拉姆（W. Schramm）和余也鲁根据现代教育新秩序理论也勾勒出一个基本的教育传播模式。这个模式比较全面、具体地反映了教育传播的基本规律，可以作为教育传播基本模式的具体化展示，如图 3 – 15 所示。

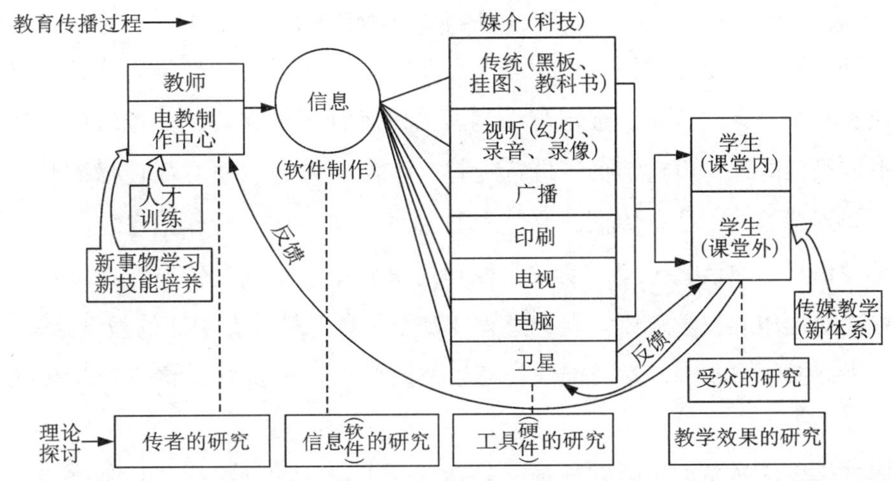

图 3 – 15　施拉姆 – 余也鲁教育传播模式

施拉姆 – 余也鲁教育传播模式全面系统的概括了教育传播系统构成的要素和传播过程的基本阶段，反映了教育传播系统各要素之间的关系，总结了面对面传播和远程传播的共同特点，直观清晰，可操作性强。

该模式指出教育传播必须全面关注传者、信息（软件）、工具（硬件）、受众、效果等五方面的理论研究，这些对深入研究教育传播规律具有重要意义。

该模式指出，要提高传播效果，传播者必须更新教育观念，注重对新事物的学习和新技能的培养，以利于科技与媒体在教育中的应用。传播者不仅是单个个人，更是集体，作为一个传播组织来说，还应注重人才的训练以适应当代教育的要求。因此，要发挥集体的合作精神，搞好分工协作。

（2）几种典型的教育传播模式

复杂的教育传播现象可归结为面对面、远程、自主和协作互动这四种典型的传播类型，其他任何具体的教育传播模式都是从这四种模式中演绎、分化或重组得来的。

因此，研究这四种典型的教育传播模式具有非常重要的意义。

① 师生面对面教学传播模式

在学校课堂教学中，教师利用多种媒体进行教学活动，这种教育传播模式是一种典型的师生面对面，以教师为中心的传播模式，如图 3－16 所示。

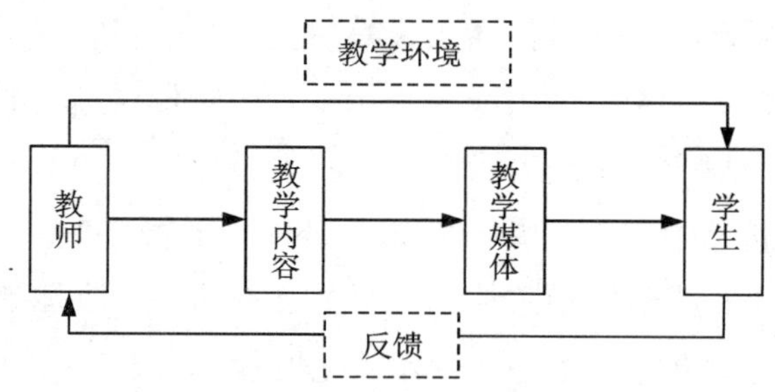

图 3－16　师生面对面传播模式

在课堂多媒体教学传播模式中，教师分析教学目标，选择教学内容，根据教学内容的性质和教学对象的特征去选定与编制所需的各种教学媒体，并把多种媒体进行有机组合形成最佳的课堂教学结构，进行施教。该模式为突出面对面传播的特点，在教师与学生间连接了一条信息传输线，表示教师可直接向学生传输信息，学生也可直接向教师反馈信息。在信息传递活动中，教师还得根据学生接受情况的反馈信息去调整教学内容和所运用的教学媒体。整个过程体现了一种以教师为中心的教学活动。因此，教师的水平、教学准备、教学技能与技巧以及教学媒体的选择，将对教学传播效果产生重大的影响。

在课堂多媒体教学模式中，教师既能在课堂上运用多种媒体传授教学内容，也能面对面直接运用自身的语言与体态作为教学媒体去传递教育信息，进而增加信息传送的通道，使学生有一种直接的亲近感。此外，除了教师用自身的语言与体态作为教学媒体外，多媒体教学模式并不排斥直接采用板书、挂图、模型、标本等教具和演示实验等传统媒体去呈现教学内容，也不排斥利用课堂上的光学投影、电视、电声和计算机等媒体将教学内容用更形象生动的方式呈现出来。在多媒体教学模式中，教师应该有机组合上述多种媒体，以获得更为理想的教学传播效果。

在课堂多媒体教学传播活动中，由于是在教师与学生面对面的情况下进行，因此教师更容易即时获得学生学习的反馈信息，从而调整教学内容与教学媒体，使之更符合学生的学习程度及增强教学传播效果的需要。

课堂多媒体教学活动是当前学校课堂教学的主要教学形式。教师认真分析教学内容、选择教学媒体、设计好课堂教学结构是成功采用这一模式进行教学的关键。

示例：小学语文《趵突泉》的课堂教学传播流程，如图 3－17 所示。

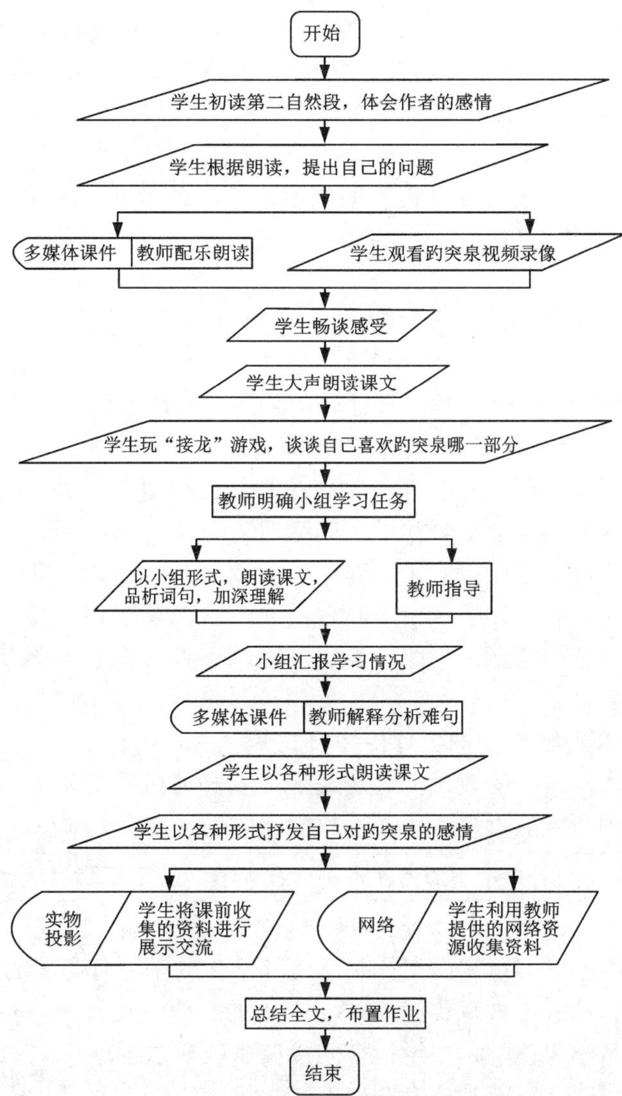

图3－17 《趵突泉》课堂教学传播流程

② 远程教学模式

远程教学传播模式是一种以教学媒体为中心的传播模式，如图3－18所示。当前广播电视大学、卫星电视教学系统、网络学院、函授等，基本上都属于这一类型的教育传播模式。

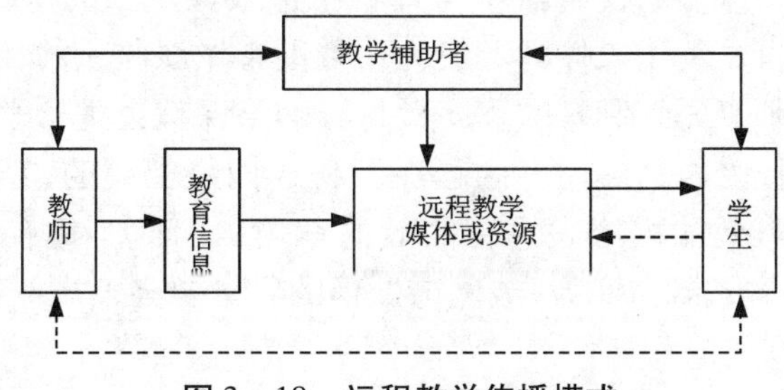

图3－18 远程教学传播模式

在远程教学传播模式中，教师利用书本、广播、电视、互联网等能远距离传送教育信息的媒体去传送教育信息，学生主要通过这些媒体进行学习。因此，远程教学基本上是一种以教学媒体为中心的教学传播方式，教学媒体编制的质量会直接影响到教学传播效果。

在这一教学传播模式中，教师基本上不直接面对学生，教师的主要职责是根据培养目标，确定教学内容并编制远程传播的教学媒体，如教科书、录音教材、电视录像教材、数字视频教材、计算机课件、网络课程等。学生的学习方式，主要是通过媒体传送的方式来进行。

目前，远程教育通常还设有教学辅助者或组织机构，以帮助、组织学生，起到辅助学生学习、反馈教学信息的作用。另外，学生还可以通过网络反馈信息、远程视频及少量的面授与教师交流，但这种反馈比较弱，所以在模式中用虚线表示。

辅助性教育组织机构在远程教育中起到特殊作用，这些机构主要包括广播电视大学、函授大学、函授部、视听中心等，他们在制订计划以及准备学习资源等方面起到重要作用。同时，这些机构会负责教学及其管理工作，同师生保持双向交流。

远程教育的最大优点是可以容纳大量的教育对象同时学习。因此，它与课堂班级的教学相比，大大的扩展了教学规模。而它的缺点是教师难以与学生直接见面，难以及时获得教学传播的反馈信息，因此，不能及时调整教学内容与教学方法，从而部分影响了教育传播的效果。

③ 个人自主利用媒体自学的教育传播模式

个人自主利用媒体自学的教育传播模式是学生自主利用教学媒体学习的一种方式，学生无须教师作为中介就能直接利用多种教学媒体进行学习，如图 3－19 所示。

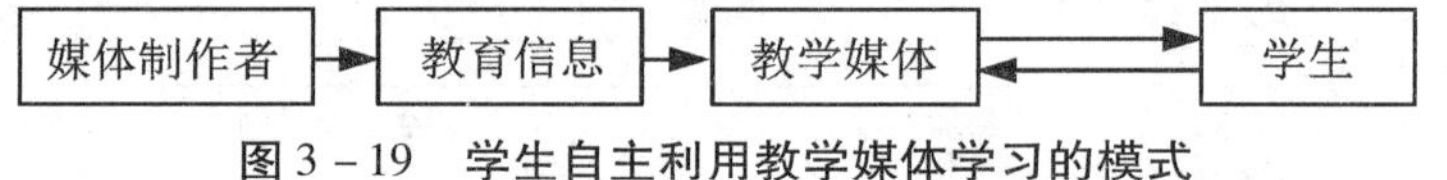

图 3－19 学生自主利用教学媒体学习的模式

在该模式中，控制学习过程的主体是学生，学生的学习有高度的独立性与主动性，是一种以受教育者为中心的教育传播模式。教师的工作主要体现在间接为学生编制教学媒体，或者通过教学媒体的程序设计来间接控制教学过程。

实现这种教学模式，目前主要有两种方式。

一是学生充分利用学校和社会上的视听教材和文字教科书，按需要确定学习的目标，选定合适的教材进行自学。

这种学习，要求学生有很高的独立性与自主性，但他们能充分享受到学习的欢乐。随着现代信息科技的发展，与文字教材配套的视听教材与资料越来越多，图书馆中视听资料也越来越丰富，众多的视听器材与资料已进入家庭，为这种学习方式的实施提供了充分的条件，使自主利用媒体学习成为一种很有发展前途的教学模式。

二是学生利用教师事先编制好的程序教材或网络课程去进行学习。

这类学习能间接接受教师编制好的程序教材或网络课程的指导，同时也能按学生的接受程度，提供最有效的内容去进行高效的学习，因此，具有相当好的学习效果。这一学习模式的实施，要求程序教材或网络课程的质量要高，当然也可以是这上述两种教学方式的结合。

随着科学技术的发展，人民生活水平的日益提高，各地区、学校都建立了多种多样的媒体资源中心、电子计算机中心，家庭里也有众多的视听器材与计算机终端。因此，人们不一定要去学校学习，在社会上、在家里，都可以按自己的需要进行有效的学习。利用媒体自主学习的模式已成为一种重要的教育传播模式，教育也因此产生了一次新的飞跃与革命。

④ 协作互动教育传播模式

协作互动教育传播模式突出师生通过媒体互动，师生直接互动；生生通过媒体互动，生生直接互动，如图 3 – 20 所示。

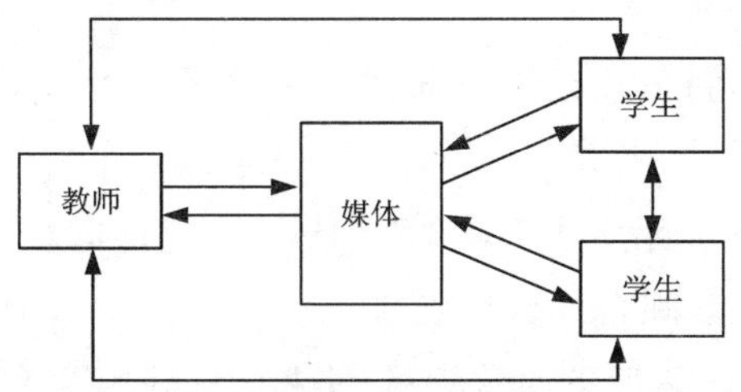

图 3 – 20　协作互动传播模式

这是一种多向互动模式，是现代教育传播的突出特点。该模式能达到意义共享，会极大地提高教育传播的质量。

示例：初中生物课《小小营养家》协作互动教学的传播过程，如图 3 – 21 所示。

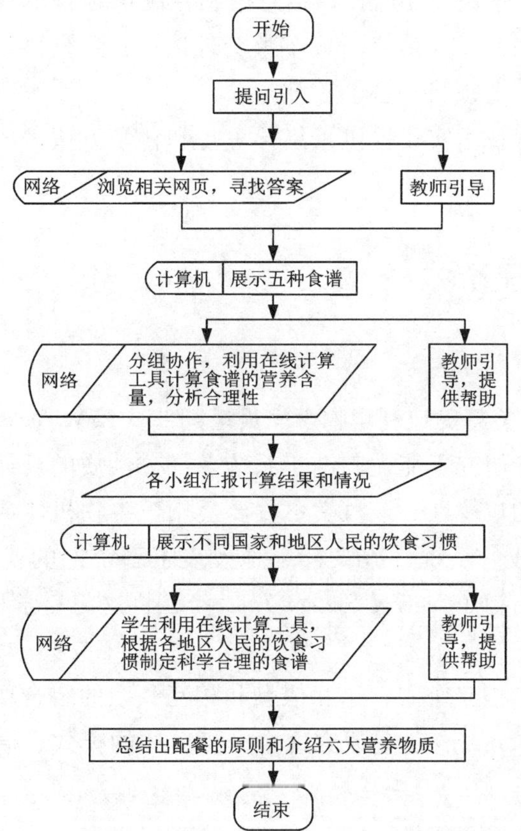

图 3 – 21　初中生物课《小小营养家》的教学传播过程

3.3 系统科学论

系统科学是系统论、信息论和控制论的统称。

系统科学产生于20世纪40年代，20世纪80年代到21世纪初出现了大的发展，产生出以下几个重要的论调。

耗散结构论：非平衡的开放系统，通过与外界不断交流物质与能量，可能变为稳定有序的状态。

协同论：不同的系统从无序走向有序，从不稳定走向稳定都具有目的性的特征，这是研究不同领域中多元素间合作效应的理论。

混沌理论（突变论）：该理论用数学的理论方法研究多种形态结构非连续性突变的现象，它以耗散结构理论和协同理论为桥梁与系统论联系起来，并推动其发展（超循环理论）——蝴蝶效应和博弈理论。

系统科学既是现代自然科学、社会科学、思维科学综合发展的结果，又是现代科学研究共同的一般性方法论。系统论、信息论和控制论各自都有自己的理论体系，但它们相互渗透、相互联系，并最终形成一整套理论——系统科学论，普遍地应用于社会科学、自然科学等多个领域和多个学科。

系统科学论为教育技术实践提供了指导思想和科学方法，成为教育技术重要的理论基础。

3.3.1 基本理论体系

1. 系统论

20世纪30年代，美籍奥地利生物学家贝塔朗菲（L. V. Bertalanffy）主张建立一门独立的科学，专门用于研究不能被归结于系统各部分性质的规律性，即协调与组织的规律性，也就是系统的规律性。该科学不仅要适用于生物机体或某几种具体的物质系统，还应当适用于一般的系统。1963年，他发表了系统论的代表作《一般系统理论——基础、发展与应用》（*General System Theory*），将这门科学称之为“一般系统论”或“普通系统论”。

系统是由两个以上相互作用、相互依赖和相互联系的组合要素结合而成的，具有特定功能的有机整体。系统论就是研究这个有机整体的模式、原则和规律，并对其功能进行合理描述的科学。

系统的构成至少有三个条件：

（1）构成系统的元素至少有两个以上，也可能很多，往往把主要元素称之为要素。

（2）系统不是孤立元素的复合或叠加，各元素之间有相互作用，即彼此具有联系并构成一定的关系，它们形成的整体决定着系统的结构和特征。

（3）系统处在一定的环境之中，又作用于一定的环境。它从环境中获得一定的输入，而又给环境一定的输出。系统是一定环境中的系统，没有环境也就没有系统本身。

系统论认为，世界上一切事物、现象和过程几乎都是有机整体，但又都自成系统、互为系统；每个系统都是在与环境发生物质、能量、信息的交换中变化发展的，是动态稳定的、开放的；系统内部都可以含有子系统，系统内部及系统之间保持着一种有序状态。系统论和系统分析方法具有整体性、全面性、结构层次性、相关性、动态平衡性、综合与分析的统一性等特点，是解决政治、经济、教育、科学等问题的方法论基础。

教育技术是一个运用系统方法分析教育问题并开发和使用各类学习资源的科学，其目的是优化教与学的过程。

2. 信息论

信息论的创始人是美国贝尔电话研究所的数学家香农（C. E. Shannon）。1948 年，香农发表了一篇论文《通信的数学原理》，奠定了现代信息论的基础。

人类应用信息有着悠久的历史，信息论的产生不是偶然的。信息论的直接起因是第二次世界大战期间和战后通信技术的需要。雷达的发明和真空电子管的广泛应用，造成了信息传输、变换技术的迅速发展，促成了信息论的诞生。不仅香农，同时还有其他学者，对信息理论进行了大量的研究工作。如美国的维纳（N. Wiener），就对信息论有着独特的贡献，并独立地提出了信息量公式。

早期的信息论基本上局限于通信技术领域，我们称之为狭义信息论（香农信息论）。随着研究的深入，信息论不再仅仅局限于某一领域，包括所有与信息有关领域的信息论都被称为广义信息论。

信息普遍存在于自然、社会和人类思维之中，是事物存在的方式或运动状态。信息论是关于各种系统中信息的传递、变换、贮存和使用规律的科学。信息论认为，系统正是通过获取、传递、加工与处理信息而实现其有目的的运动的。

信息论被引入教育技术领域的主要是其基本观点与方法。该理论启发了我们，让教育者能以信息的方法来分析教育教学的系统。

3. 控制论

控制论的某些思想可以追溯到近代乃至古代，但它产生的直接原因，是 20 世纪 20 年代以来的科学技术革命。

控制论的创始人是维纳（N. Wiener）。在二战期间，维纳参加了火炮自动控制的研制工作。在研究中，他发现了重要的反馈概念。于是，维纳与另外两人一起，在1943年发表了《行为，目的和目的论》，这是控制论萌芽的重要标志。其后，1946年，电子计算机的诞生和运行，是控制论思想的进一步实践。此外，维纳亲自参加了涉及反馈的神经实验，并指导他人运用控制论思想设计制造了“以耳代目”的盲人阅读装置，大大地推动了控制论的建立。1948年，维纳在法国出版了《控制论》一书，宣告这门学科正式诞生。

控制论是关于控制系统的一般规律和控制过程的科学。它是自动控制、电子技术、通信、生物学、统计力学等多种学科和技术相互渗透的一门综合性科学。控制论的研究对象是控制系统。这类系统的特点是，要根据周围环境的变化来决定和调整自己的运动，而系统与环境之间及系统内部的通信信息的传递是实现系统目的的基础。控制论不仅从事物“质”的方面，而且着重从“量”的方面去发现各种控制系统的共同规律，并把反馈作为提高系统的稳定性、达到优化控制的有效方法。

控制论观点对于我们实现教学过程的最优化，构建优化的教育教学系统，有着重要的理论价值。

4. 系统论与信息论、控制论之间的关系

系统论、信息论与控制论这三论的诞生时间几乎是相同的，而且许多基本概念、基本思想、基本方法都雷同，这在控制论中表现得最为明显。

控制论的创始者们，如维纳（N. Wiener）、艾什比（W. R. Ashby）在创立这门科学的过程中，同时对一般系统论和信息论都提出了独立的见解，共同成为这三门学科的奠基人。贝塔朗菲（L. V. Bertalanffy）、香农（C. E. Shannon）等人，在当时的历史条件下，也各自从不同的角度提出了解决问题的方法、原则，实际上都是应用系统的观点从不同的侧面研究了同一个问题。

必须指出，三论并不属于同一层次。从其历史渊源和研究领域来说，系统论更为广泛，抽象程度更高，更接近于哲学。控制论和信息论则属于技术基础科学。但“三论”归根到底是一论——“系统论”，所以国外学术界一般称“系统论”为现代科学方法论的新流派，并把它列入科学哲学之中。

3.3.2 系统科学的基本原理

系统科学理论可以归结为六个基本原理，即整体原理、有序原理、反馈原理、有机相关性原理、目的性原理和动态性原理。本节将重点阐述整体原理、有序原理和反馈原理。

1. 整体原理

任何系统都是由若干相互联系、相互作用的要素（部分）构成的整体。但在功能上，整体功能并不等于部分功能的总和。整体功能与部分功能的关系有三种情况："小于""等于"和"大于"。前两种情况在非优化系统中或机械组成范围内是存在的，但不会在优化系统中出现。

一般来说，事物功能可以分为三个层次：基本层次是事物的"元功能"，即事物中各孤立部分元素的功能；其次是各部分相加的功能，称为"加功能"；再就是由事物的各部分按一定"有序组合"形成的结构所产生的功能，可以称为"构功能"。"构功能"只存在于整体状态中，不存在于整体内的要素中。"构功能"以元功能为基础，但又不等于元功能的"加和"。当要素或元素的结合是有序的、有目的的，并形成优化系统时，系统就获得了一种系统效应和系统功能的"附加量"，于是，在宏观上就呈现出整体功能优于部分之和的现象。这种大于元功能"加和"的系统"构功能"就是一种新的系统特质。

系统整体原理要求我们注意以下几个方面：

第一，整体性是系统的本质特征，是系统理论的核心。任何系统都是由要素构成的，系统的要素是相互关联的，它们之间受一定规律的制约，要素之间的联系形成系统的结构，不同的结构，具有不同的功能。无论研究一个要素或子系统，还是认识它们之间的联系和作用，都要从系统整体出发，以整体为准绳，以整体为归宿。

第二，系统都是由要素构成的，但不能孤立地考察一个要素，应把要素置于系统之中去考察。系统也不是孤立的，它与环境紧密相关，应把系统置于环境中去考察。要把对象作为一个由诸多要素或子系统构成的系统来考察，把握其整体构成和整体运动规律。

第三，任何系统虽是由若干部分（要素）所构成，但在功能上，各部分功能的总和不等于整体的功能；任何系统的整体功能应大于各部分功能的总和。研究系统时，应该把对象放到它所属的系统之中去考察，因为，系统的整体与规律只存在于组成它的诸要素的相互联系和相互作用之中。

第四，系统中各要素间的联系不是线性的因果链，而是互为因果的网络，整体联系将存在于非线性作用之中。

2. 有序原理

（1）系统要发展，要从无序到有序，第一个必要条件是系统必须是开放的；另一个必要条件则是系统必须是有涨落的作用，即远离平衡态。

系统由要素构成，要素的排列方式不同、运动秩序不同，会形成不同的系统。如，化学中的同素异形体，如金刚石和石墨，就是一个明显的例子。

（2）系统的有序是系统的本质属性之一，无序不成其为系统。

“序”是指一定系统保持自己整体特性和功能的内部结构方式和运动秩序。“序”体现了整体与部分的对立统一。

有序是指一个系统的性质、结构、功能，由简单向复杂、由低级向高级的发展。它不是简单地反映时间的先后，空间的位置，而是反映系统组织程度的提高。

“序”包含三方面的内容：

一是动态有序、过程有序。优化系统的发展一般是从较低的有序状态走向较高的有序状态，系统的有序联系是在发展中构建和完善的；但有序不是永恒不变的，有序与无序是对立统一、相互转化的。

二是纵向有序。从垂直方向看，大系统—系统—子系统—要素……，等级分明、井然有序，稳定的层次联系构成了系统的纵向有序。

三是横向有序。从水平方向看，各系统之间、系统与环境之间、各要素之间，也构成了有序联系。

这三方面的“序”构成了系统的有序。

3. 反馈原理

反馈是一种很普遍的现象。有关反馈的思想和实践可以追溯到古代。在人类社会，古代中国的“铜壶滴漏”、指南车、自鸣钟和怀表，以及19世纪蒸汽机上的离心调速器，现代轮船上的操舵机等，都是机械反馈装置。在生物界，动物的血压、体温、血糖含量的自我调节，高级神经活动的条件反射等则是生理反馈现象。反馈现象可以说与生物在地球上的产生共始终，但把它概括为一个科学概念，作为一种科学原理加以应用，却是从20世纪中叶开始的。

从系统科学的观点来看，反馈（feed back）就是信息的反向输送，即信息输入控制系统以后，系统会有信息输出，输出结果的反送对系统的再次输出会产生影响，起调节和控制的作用。

任何系统只有通过反馈，才能维持稳定。没有反馈，就没有各种自动调节和自动控制系统，也就没有动植物的生长发育和各种动物的有目的的活动，更不会有人的理性思维活动；没有反馈，也不可能实现人类对自然、社会和思维的控制。反馈体现了系统能动、积极的本性。

一个控制系统，既要有控制部分的控制信息输入到受控部分，更要有受控部分的反馈信息回送到控制部分，这样才能形成一个闭合回路。没有反馈信息的非闭合回路是不可能实现控制的。

反馈分为两种，如果反馈信息能够加强控制信息的作用，则这种反馈称为正反馈；反之，如果反馈信息的作用与控制信息的作用相反，则这种反馈称为负反馈。负反馈能维持系统的稳态，是可控过程。

3.3.3　教育技术的系统方法

1. 系统方法的概念

系统方法是教育技术学研究的核心方法，也是教育技术理论体系中的一个不可分割的重要部分。

在 1977 年，美国教育传播与技术协会（AECT）年度教育传播与技术学术会议上提交的学科分析报告中认为，“系统方法在教育的技术学层次中的应用，对于具体的研究和解决教育、教学的问题带来了新的思路。”

对于复杂的教育、教学问题的解决，人们可以通过像工程中使用的系统方法一样，广泛采用定义系统和子系统的方法来定义问题和解决问题。如此对待教育、教学问题，那么一个极为复杂的问题就可以分解成几个或许多相关的的局部问题，并通过系统的方法找到令人满意的答案。

所谓系统方法，就是按照事物本身的系统性把研究对象放在系统的形式中加以考察的一种方法。即从系统的观点出发，始终着重从系统与要素之间、系统与外部环境之间、要素与要素之间的相互联系、相互作用、相互制约的关系中综合地、精确地去考察，以取得最佳处理方案的一种方法。它的显著特点是整体性、综合性、最佳化。

2. 应用系统方法的步骤

在教育技术实践中使用系统方法，共包括六个基本步骤，如图 3 - 22 所示。

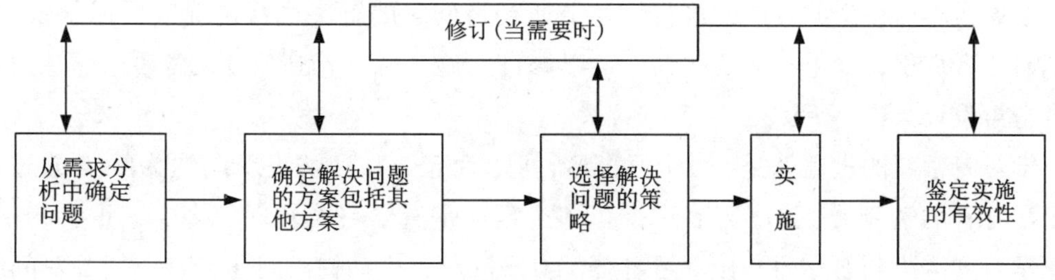

图 3 - 22　用系统方法解决问题的过程

第一步，从需求分析中确定问题。

需求分析通常都是对现状和希望的结果之间的差异分析。这种需求分析应提供两方面的情况：

一是对于教育、教学活动内部状况的描述；

二是对教育、教学系统与其外部矛盾的对立的描述。

应用系统方法都是从需求分析评定开始的。需求分析评定是一个极为重要的过程，在没有根据需求确定问题以前，任何方法都是无目标的，即便是有效的，充其量也仅仅是一种偶然的巧合。所以一般应用系统方法的第一个步骤通常是根据需求评定、分析、鉴定存在的问题的过程。

第二步，确定解决问题的方案和可替换的解决方案。

根据需求分析的结果，确定了需要解决的问题，同时也提出了需要达到的目标，就需要提出解决问题的方案，而且一般是多种方案。

第三步，从多种可能的解决方案中选择问题解决的策略。

这一步骤在系统方法中是关于“怎样去做”的一个步骤。在这个步骤里，要选择完成目标的工具和方法。通常选择方法和工具的标准是“费用—效果”的比值，即期望以最小的消耗来取得最大的效益。

第四步，实施问题求解的策略。

在这个步骤中，对产生出的计划和选择解决问题的方法与策略要具体地加以实施。前面系统分析中提到的方法和手段将被采纳、应用或者修正。为了确保解决问题的计划的顺利进行，必须构造一个管理的子系统。这个子系统可以管理各种复杂的事物和处理各种在研究计划执行中产生的信息。

第五步，确定实施的效率。

在实施过程中，收集的信息包括两部分：一部分是过程信息，另一部分则是系统的产出信息。将这些信息同在需求分析评定和在系统分析中所得到的各种详尽的需求信息进行比较，并据此解决现行系统同所要求的理想化系统之间的差异，同时，也为下一步考虑修正提供诊断性的信息。

第六步，如果有必要，对系统加以修订。

根据实施所得出的具体的执行信息，所构造问题的解决执行情况就可以很快地反映到研究者那里，如果有必要的话，可以修订实施步骤。构造解决方案可能需要对系统进行再设计。

学习者学习的过程就是一个由发现新问题为起点，到解决新问题为终点的过程。衡量学习者的学习不是看学习者掌握了多少，而是看学习者发现了多少；重要的不仅是要学习者解决问题，而是让学习者善于发现问题，主动提出问题，有勇气面对问题。只有学习者以自己敏锐的洞察力发现了问题，学习才有强大的动力，才能真正开启心智的大门，才能真正激发学习的热情，也才能让学习者真正领略到学习的乐趣与魅力。

➤ 思考题：

1. 简述“经验之塔”理论的内容和基本观点。
2. 教育传播的基本要素是什么？
3. 教育传播有哪些基本模式？它们有什么特点？
4. 谈谈如何将教育传播的基本原理用于课堂教学。

5. 简述系统科学论的基本理论体系。

6. 简述教育技术的系统方法。

➤ 课外实践活动：

理解教育技术内涵。

查阅相关文献，试着从教育技术的产生发展与内涵作用出发，谈谈自己对教育技术的理解。比如它是一门什么学科、研究什么、它的应用发展方向等问题。

第4章　教学设计

4.1　教学设计理论

教学设计是一门独立的学科，它在提高教学质量、促进学习方面比其他相关领域的研究与实践更加专业、更有实效。

4.1.1　教学设计的目的

教学设计以解决实际教学问题为主旨。教学问题是指学习者绩效（learner performance）现状与教学目标之间存在的差距。

学习者绩效是其在学习方面的表现，主要指所形成的态度、运用所学知识与技能解决实际问题的能力与业绩。

教学目标是期望学习者（通过教学活动以后）达到的绩效指标（现状与目标之间存在差距）。例如，某中学21%的学生体能测试结果不达标；某大学新闻学专业毕业生不能胜任报社新闻采访工作；某企业销售部员工由于不了解新产品的性能而无法向顾客进行专业的产品介绍；等等。

开展教学设计首先应聚焦“差距”，因为教学设计的最终目的是为了提高学习者绩效水平，缩小其与教学目标之间的落差。

教学设计的主旨是有效地解决教学问题。教学是促进学习的一个重要方面，因此，教学设计的根本目的就是有效地促进学习。

4.1.2　教学设计的本质

解决教学问题有不同的思路与方法。教学设计不同于其他教育学学科相关研究与实践，它的独特之处就在于，教学设计是运用系统的方法来分析和解决教学问题。教学设计因此也被称为教学系统设计（instructional systems design，ISD），它是20世纪60年代末至70年代初形成的一项现代教学技术。

教学设计一般包括以下具体工作：

（1）进行前期分析

前期分析包括了确证开展教学是解决问题的合适手段（或合适手段之一），了解目前和以后对教学活动产生影响的各种因素，如学生的特点、可利用的资源、环境的制约等。同时，前期分析还需确定教学目的，制定教学设计项目的工作计划等。

（2）根据教学目的设计教学方案

教学方案包括组织教学内容、阐明学习目标、选用教学方法、制订学习考核标准等。教学方案是实施教学的蓝图。

（3）根据教学方案开发教学材料

具体的教学材料制作工作被称为教学开发（instructional development）。在教学方案与教学材料原型完成后，在教学过程中还需对它们进行测试，评价其效果并做必要的调整和修改。

（4）实施教学方案

教学方案的实施固化在教学过程中，将为教学实施者提供指导与支持。

（5）评价学习效果、教学效果与教学设计效果

这项工作实际上贯穿了整个教学设计过程，既是完善教学方案的依据，也是管理教学设计项目的重要手段之一。

以上工作是一个系统计划的过程，包含“分析（analysis）、设计（design）、开发（development）、实施（implementation）与评价（evaluation）”等要素，如图 4－1 所示，英文的缩写是 ADDIE。

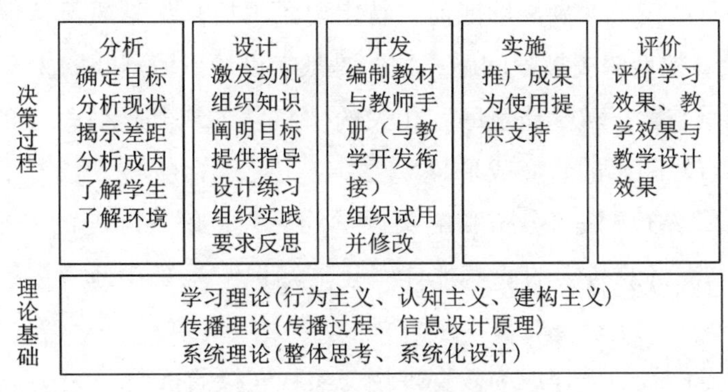

图 4－1　教学设计的决策过程与理论基础（ADDIE）

教学设计实质上是一个决策过程，它旨在解决教学中的问题，其各环节都需要综合考虑许多相关的因素，如图 4－1 所示。

教学设计强调把教学决策建立在科学的基础之上，系统论是其指导思想和方法论基础。教学设计的分析、开发和实施环节的决策依据包括了本领域的研究报告、理论

成果、教学逻辑等，其设计和评价环节的决策依据又包括了传播学、心理学（学与教的原理）、形成性评价和标准参照评价等理论与方法。

教学设计的最终成果是可以直接用于教学的资源（resources）和过程（processes）。教学资源是为实现教学目标而准备的教学材料，如印刷教材、多媒体教材、学习指导手册、测试题和教师用书等。教学过程则是对所有教与学活动和教学过程中所需的辅助工作做出的具体说明的实施计划，如一门课的教学大纲、一个教学单元或一节课的授课计划（亦称教案，可包括课题、教学目的、知识要点、教学方法和媒体的使用、课程的进程和时间分配、作业等项目）等。教学设计的成果可以是供给教师使用的教学方案或教材等，也可以是直接供给学生学习的独立课程，如网络课程等。

教学设计之所以能在提高教学质量方面比其他相关研究与实践做得更加专业、更有实效，是因为它把学习环境作为一个整体来创建，将教学活动建立在科学的基础之上。

教学设计的目的是为了提高教学绩效，其追求教学卓越主要体现在三个方面：

第一，注重教学效果，希望达到切实可行的目标；

第二，讲究教学效率，希望在时间和费用上是经济的；

第三，提高教学的吸引力，希望学生乐于学习。

综上所述，教学设计本质上是一种分析和解决教学问题的系统方法，它包括了一整套相关的教与学的原理、指导的原则和创新性的做法。教学设计是技术的范畴，是“科学的或其他体系化的知识在完成实际任务中的系统化的应用”。

教学设计有三个基本特点：

第一，它的目的定位明确。即如何在特定情景下提高教学质量，促进学习（“实际任务”），能否有效地解决教学问题，这些是教学设计价值判断的主要依据。

第二，它拥有与解决教学质量问题相关的“科学的或其他体系化的知识”（如心理学、传播学和自身积累的研究成果）。

第三，它运用系统方法来分析和解决教学问题，把解决问题的一般性模型（ADDIE）作为基础，能将“科学的或其他体系化的知识”系统化地应用于完成“实际任务”。

以上基本特点使教学设计成为教育理论与实践连接的桥梁。

4.1.3 教学设计的基本内容

教学设计一般围绕四个基本问题展开，即为什么要开展教学？需要学习者学习什么内容？如何帮助学习者达到预期的教学目标？教学的效果如何？如图 4－2 所示。

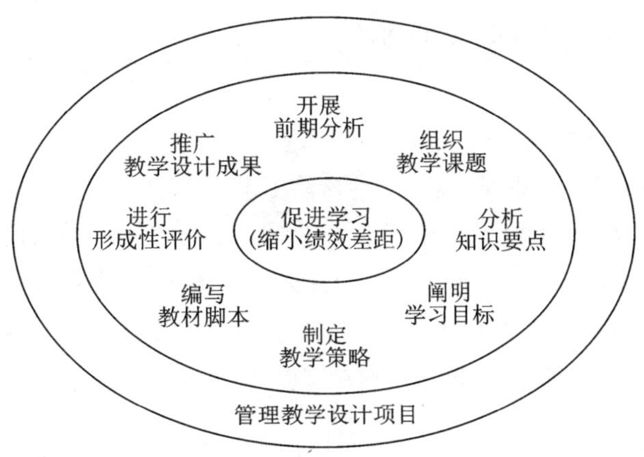

图4-2 教学设计工作模型

具体又可分为以下九项工作内容：

1. 开展前期分析

前期分析（front-end analysis）是一系列调查研究活动，能为后续工作提供决策依据。

开展前期分析主要是确定“为什么要开展教学?”通过调查研究，教学设计一般需要搞清楚以下七个问题：

（1）教学目标是什么？教学目标是依据什么制定的？

（2）学习者绩效现状如何？与教学目标相比有多大差距？

（3）绩效差距的主要成因是什么？教学是否是改进绩效的有效手段或手段之一？

（4）学习者的哪些特点需要在后续教学设计工作中加以考虑？

（5）环境尤其是组织文化将对教学产生什么影响？

（6）要开展教学，改进学习者绩效，有哪些相关的资源（如师资、资金、时间、教学设施等）可以利用？又将受到哪些限制？

（7）在资源有限的情况下，什么问题应优先得到解决？

2. 组织教学课题

教学设计在前期分析的基础上需确定学习者学习的内容，并根据前期分析确定教学目的，组织教学课题。组织教学课题时，教学设计者首先要考虑采用何种基本教学策略，是基于行为主义和认知心理学的教学方法，还是基于建构主义学习观的教学原则？或者综合运用多种教学策略？如需要采用基于行为主义和认知心理学的教学方法，那么，为了达到教学目标，学习者应学习哪些课题？如何安排这些课题的教学顺序，即决定哪个课题先学，哪个课题后学的问题；如需要采用基于建构主义学习观的教学原则，那么，为了达到教学目的，如何为学习者创设合适的学习环境等等，这些都是在教学设计中组织课题应该考虑到的问题。

3. 分析知识要点

组织教学课题这项工作的成果是一套系统化的教学内容提纲，包括一系列明确的教学课题和比较具体的单元教学目的。这些课题包含的要点分析有：陈述性知识（declarative knowledge，即关于"是什么""为什么"的知识）有哪些？程序性知识（procedural knowledge，即关于"如何做"的技能的知识）有哪些？这些知识与技能之间有怎样的联系？学习者是否具备了学习相关知识与技能的基础？等等。

4. 阐明学习目标

阐明学习目标就是对学习者通过教学活动以后的预期绩效提出明确、具体的考核指标，并将这些绩效指标转化为考核学习效果的测试手段。

教学设计会以一定的教育理论为背景。这个环节的做法主要是基于行为主义的学习观点和认知心理学的学习研究进行结论。在这项工作中，教学设计一般需要阐明以下几点：

（1）期望学习者掌握哪些知识？具体的绩效指标是什么？

（2）期望学习者掌握哪些技能？能解决什么问题？具体的绩效指标是什么？

（3）期望学习者形成怎样的态度？具体表现在哪些方面？

（4）如何知道是否达到绩效目标？怎样才能判断教学产生了效果？

5. 制定教学策略

明确的教学目标和任务需要有效的教学策略来实现。在这项工作中，教学设计需要解决的问题包括以下几点：

（1）采用什么样的教学内容顺序更有利于学习者的习得？

（2）设计哪些教学活动才能有效地推动学习活动的进行？

（3）可以选择哪种或哪些教学方法和形式来确保教学活动的有效开展？

（4）可以选择哪些教学媒体？如何组合这些媒体来促进教学任务的完成？

（5）在进行上述决策时，如何依据或接受相关理论的指导？

6. 编写教材脚本

编写教材脚本是教学设计的重要环节，为了更清楚的了解这个环节的工作，我们可以把教学设计者与工程师做类比。

两者都需要先对自己计划中的"产品"进行构想，然后为这个"产品"的"生产"制定详细的方案，但并非所有的工程师和教学设计者都必须把自己构建的方案转换成实际的产品。例如，工程师会把自己设计的大楼蓝图交给建筑承包商，而教学设计者则可能把自己设计的教材制作方案交给由媒体制作专家组成的开发团队，由他们去完成具体的教材制作任务。

编写教材脚本就是绘制教材制作的“施工蓝图”，并将教学方案转化为媒体专家制作教材所依据的文本。在这项工作中，教学设计者需要应用教学信息设计的原理和相关的研究成果，如设计和制作教学媒体的研究结论及经验，对教学内容的表现形式和教学方法等进行细致的处理，以提高教学传播的效果。

当教学不采用师生面授方式，而是通过其他传播媒体进行传播时，教学信息设计就更加重要。因为，有经验的教师能够当场根据学习者的需求和反应来调整教学措施，而其他教学媒体，如课本、教学录像带、计算机课件和网页等，却做不到这一点。

7. 进行形成性评价

形成性评价几乎渗透于教学设计的全过程，它主要为完善教学设计的过程和成果提供“差距”信息。在教学的形成性评价设计中，教学设计者需要运用科学的评价方法，搞清楚以下问题：

（1）如何确定教学设计成果的评价标准？

（2）用什么方法或工具来进行评价？

（3）需要收集哪些类型的评价资料？哪些被评价人员能够提供这些评价资料？

（4）学习者对教学活动的反应如何？教学活动是否具有吸引力？

（5）通过新的教学方案的试行，学习者的学习成绩是否发生了值得关注的变化？

（6）从教学设计成果的试用效果看，该教学方案还需做哪些修改？

8. 推广教学设计成果

教学设计成果对于教学改革和发展具有推动作用，但只有通过推广并得到采用才能实现其价值。因此，成果的推广也应是教学设计的有机组成部分。教学设计者为了达到推广的目的，需要考虑如下问题：

（1）如何向目标用户或潜在用户宣传教学设计的新成果？

（2）如何制定教学设计成果在教学情境中进行实施的方案？

（3）在实施教学设计成果时必须注意哪些重要事项或因素？

（4）教学设计者如何在教学设计成果的总结性评价中发挥自己的作用？

9. 管理教学设计项目

教学设计工作需要有整体的计划和协调，并以合理的方式使用现有的人力和物力资源，具体涉及以下问题：

（1）如何制定教学设计项目的管理计划？

（2）如何监控教学设计项目的流程和实际运行？

（3）如何在设计团队中进行思想的沟通和行动的协调？

（4）如何提升教学设计团队成员的基本素质？

4.1.4 教学设计的学科

教学设计是一个跨学科的应用研究，包含许多来自其他学科和相关领域的概念、原理、方法和技能等。

学科是组织化的知识体系，从这个意义上讲，教学设计的关键是看它为了达到提高教学质量、促进学习的目的时，如何把相关的不同学科的研究和开发活动整合到一起，并把相关的知识组织起来，形成一个有机整体。

教学设计的根本属性是系统方法构成了组织相关知识的框架，解释了在提高教学质量的过程中，理论和方法是如何相互联系、如何构成一个知识体系的。借助这个框架，我们可以理解“已知的已知”（What is known to be known），即对已有的研究成果进行分类，并说明它们之间的联系，即关于教学设计的知识是如何被组织起来的，为什么如此组织；这个框架还揭示了“已知的未知”（What is known to be unknown），即认识本领域研究的薄弱环节和知识差距；探索了“未知的未知”（What is unknown to be unknown），为专业交流提供了一个基础。目前，教学设计已成为国内外高等学校教育技术学专业本科和研究生培养方案中的一门主要课程。

由于教学问题的多样性和复杂性，因此，教学设计学科是一个开放的知识体系。教学设计要进一步发展成为一门成熟的学科，一定要明确它要解决的课题，要坚持自己的核心价值观。此外，教学设计还必须依靠教师们去进一步创新、实践，推动其知识体系的发展，并为教学设计系统的提出实际建议，以帮助广大教师和教学设计人员更有效地开展教学、促进学习。

4.2 教学设计的基本要求

4.2.1 掌握学习方法

当代著名教育家布鲁纳（J. S. Brunev）认为，一个人学习一门学科的知识，不是要建立有关这门学科的小型图书馆，而是要掌握其知识结构和方法原理，只有这样，我们才能从知识的成品仓库进入到知识的生产车间。

学习和研究教学设计，离不开掌握教学设计的知识，但这不仅仅意味着一个人知道些什么，了解了什么，而是表示一个人有了独立思考的力量和自由。对教学设计的掌握必须同研究和应用的过程结合起来，做到三位一体，彼此促进。

掌握学习的方法，可借鉴“系统化解决问题”的方法，如表4－1所示。

表4－1　系统化解决问题的方法

项目	当前的事实	理由	可能选择	目标核查
何事	现在“学”什么	为什么“学”它	能否“学”其他的	应该“学”什么
如何	如何“学”	为什么这样“学”	能否用其他方式来“学”	应该如何“学”
何时	何时“学”	为什么在那时“学”	能否在其他时间“学”	应该在何时“学”
何地	何地“学”	为什么在那里“学”	能否在其他地方“学”	应该在哪里“学”
何人	谁来“学”	为什么是我来“学”	能否由其他人来“学”	应该由谁来“学”

表中所选用的动词是“学”，其实完全可以用“做”“读”“写”“看”“想”等各种动词来替换，但没有替换，其原因如下：

（1）学习是自己独立思考的结果

学习不能全部或者主要建立在教科书的结论和教师的讲授上。尽信书，不如无书；尽信师，不如无师，不能惟书惟师。正像美国人本主义心理学家罗杰斯（C. R. Rogers）认为的那样，凡是能够由教师直接教给你的东西，总是无用的。也就是说，有用的东西不可能完全由别人教给你，只能靠自己建构。教师只是一个促进者，教科书仅是学习资源，真正的学习主要靠学习者自己的独立思考。

（2）读书和听课主要应该把握教师和作者的思路

教师和作者是如何确定一个问题，分析一个问题的？

作者写书，教师讲课都要讲思路，学习者就是要模仿、研究乃至质疑这一思路，而不是花许多不必要的力气去记住细节，要广泛采用列表格、画示意图、写摘要、提问题等学习方式来把握他们的思想，并最终形成自己的认识。

（3）注意教师讲授的观点和教科书的结论

教师讲授和各种学术著作、论文中的阐述，都只是一家之言，最好的情况下只是能够自圆其说。

科学理论在很多情况下只是研究者觉得的一种方便的叙述，并不是“科学”的。尤其是教育科学，它要回答的是“非良构”问题，合理的答案不止一个。因此，不要总是试图去寻找权威说法，不要以为只有一种见解才是合理的。

学习中的一个重要任务是发现不合理之处、矛盾之处，并不断学会提出问题。能够正确地提出问题是解决问题的一半，剩下的一半便是如何调动已有的知识和个人的见解去论证和解决。学习时要淡化教材和教师的支配和决定作用，有参与研究的意识，勇于探讨的气魄。

（4）学会抓住核心要旨

在当代的学习中，由于信息激增，学习者在学习某一学科时，面对海量的信息，除了训练快速阅读的技能之外，还必须明白一个道理，许多书不是要全部读完的，更不是要全部记住的，重要的是要知道哪本书里大概讲了哪些问题，哪些信息可以通过哪些渠道去寻找。也就是说，要在你的头脑中建立一套索引装置，将力气从信息贮存转移到信息检索，这样，既减轻了记忆的压力，也能够留出更多的时间来思考。而且，学会信息检索的方法，那么，从信息检索到信息组织乃至知识创新也就只有几步之遥。

（5）不要焦虑，甘受寂寞

读书的过程就是研究和应用的过程，要舍得时间去查阅文献，浏览网址，做文献索引，写读书笔记，写摘要。要耐得住寂寞和甘于承受思考带来的焦虑，会吃苦，有毅力，瞄准方向沉下心来“等”热点，而不是一味去“追”热点，这也是学习和研究成功的保障。

4.2.2 实现知识交叉

教学设计从应用的角度上看，隶属于教育技术学领域，但是在对教育技术的理解上，有的学者倾向于将技术分为硬技术（硬件，hardware）、软技术（软件，software）和潜技术（潜件，under ware）。所以，学习教学设计，一定要重视做到教育理论、学习理论（教育心理学）和教育硬技术的三者并重。

对一个普通的教师而言，他可能在教育技术方面并不擅长，他所关注的是学科，希望教学设计能够使得自己在学科教学上如虎添翼。怎样才能如愿以偿呢？本书的观点是既要基于学科，同时又超越学科。

所谓超越学科界限，不是不要学科界限，而是要进一步，同时也习惯于用学习任务的类型来施教，这是提高教学绩效的一个突破口。否则，不同学科甚至同一学科不同年段的教师之间就很难进行彼此的学习交流。

现代教学设计甚至课程设计一直强调的是超越学科界限，依据学习任务类型（如认知、情感与心理动作等）来选择教学策略。所以，一个真正的优秀的学科教学设计应该是超越学科本身的。作为一个成功的教学设计，如果能够让其他学科教学也能有启发，也能受用，这个教学设计就是一个优秀的设计。

每一个学科教师，在自己的学科教学领域学有专长，这是搞好教学设计的基本前提，同时也应该努力掌握教学设计理论中所包含的教育学、心理学和教学法的知识技能，这才是教师专业成长的必由之路。教师不仅应该表现出在他所擅长的领域，同时也应该努力在他所不擅长的领域比别人更有热忱地去追求新知。

4.2.3　关注教学实践

系统有效的设计教学，是一个教师专业发展的可靠保障。有效设计教学是一个长期的过程，其重心应落在减负增效和转变教师教学的指导方式上。

教师会经常遇到有许多事情要做的问题，这样还能够腾出精力来细致地开展教学设计吗？如了解学情、确定目标、分析内容、选择策略、实施教学与评估、诊断困难等等。其实，在最初开展教学设计时，教师的确会耗费一些时间，但这仍然是一件值得去做的事情。而且，随着教学经验的不断积累，在系统设计教学时就会更加得心应手、更加熟练。所有的教学设计工作并不都需要伏案疾书，有些工作只要在心里过一遍就可收到很好的效果。

值得注意的是，学生的学习程度参差不齐，这是很正常的，并不能成为远离教学设计的理由。学生的差异是客观存在，但并不是不可逾越的障碍。作为任课教师，我们更应该适当地处理课程标准、教科书和学生实际情况之间的落差，而不是盲目地追求所谓达标，简单地赶进度、覆盖教材内容。教师应当从自己所任教班级学生的实际情况出发来制定教学目标，将班上学生的差异作为一种建设性的力量予以利用。为此，我们才可以以各种手段，在各门学科的教学中很好地开展教学设计。

教学设计的应用取决于教师个人的意愿和态度。目标导向的教学设计需要教师付出更多的努力、毅力和思考。想让学生介入有兴趣的活动并不是一件太难的事情，重要的是要让学生从这些活动中学到一些新东西，这就离不开持续的思考、计划、评估和反思。

4.3　教学设计方案实例

吉首大学教育技术应用课程信息化教学设计

2017年10月，教育部出台了《普通高等学校师范类专业认证实施办法（暂行）》，对高校师范专业教育给出了具体的要求。2018年3月，在十三届全国人大一次会议新闻中心，应中外记者问，教育部长陈宝生阐述了“师范教育是经营未来，为未来生产人才的人必须是高素质的人”的观点。

面对宏观的国家政策和微观的教学要求，以师范生信息素质培养为教学目标的课程——教育技术应用，必须应对要求，走在信息化教学改革的前列。营造环境，让学生切身体会到信息化教学的优势；转变策略，让师范技能学习变得更加高效；辐射周边，让一课资源带动周边课程的进步；提高素养，引导学生从传统思维向信息化教学思维转变。

一、课程简介

教育技术应用是高等院校师范类专业的公共必修课程。根据吉首大学师范专业教学改革要求，该课程教学课时36，周学时2，教学对象为各师范专业的大二学生。

作为师范技能类学习的导入性课程，课程教学直接关系到后续的学科教学法、微格实训、教学媒体开发、远程教育等课程的学习。因此，本课程具有极强的指导性、实用性和扩展性，需要帮助师范生了解信息化教学概念，掌握相关基础技能，并结合具体需要进行综合应用。

参照教育部对中小学教师教育技术能力的要求，课程将自编教材，自建平台，围绕与师范生信息技能素养密切相关的“三单元七模块”内容展开。

课程的三个单元分别是：“教育技术应用理论基础”“教育技术应用专项实训”“教育技术应用综合实训”；

课程的七个模块分别是：“教育技术理论讲授”“教育技术应用讨论”“教学设计”“静态教学图片媒体开发”“动态教学图片媒体开发”“音频教学媒体开发”“微课开发与制作”等模块。

课程单元与教学对应模块具体如图4－3所示。

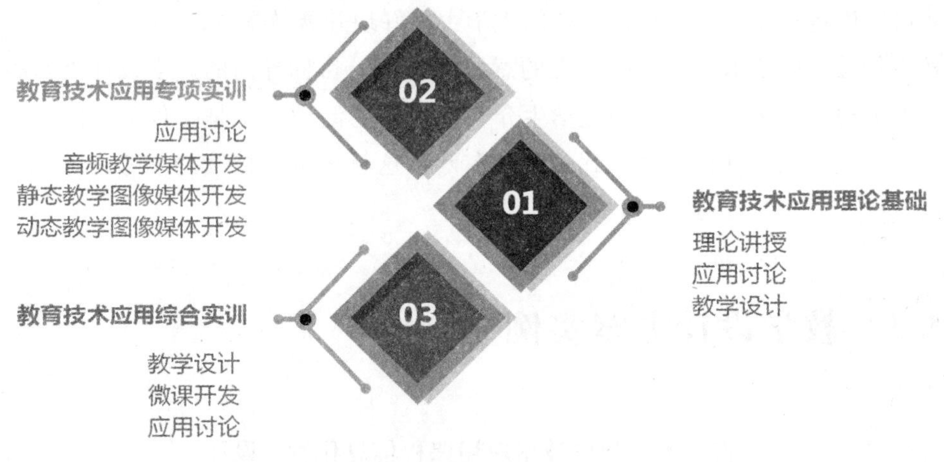

图4－3　三单元七模块对应图

二、教学目标

结合当前社会需要和课程性质，教育技术应用将以引导师范生从传统教学向信息化教学转变作为课程教学总体目标。要求学生能“厚学”知识，“重用”技能，将“形成性评价”任务“迁移”到后续学习当中。目标分为三级。

1. 知识与技能目标

在本课程中知识与技能二位一体，构成了课程形成性评价体系重要的一环——“厚学”。

知识目标为理解基本概念、掌握相关理论基础、学会创新综合应用，如图4－4所示。

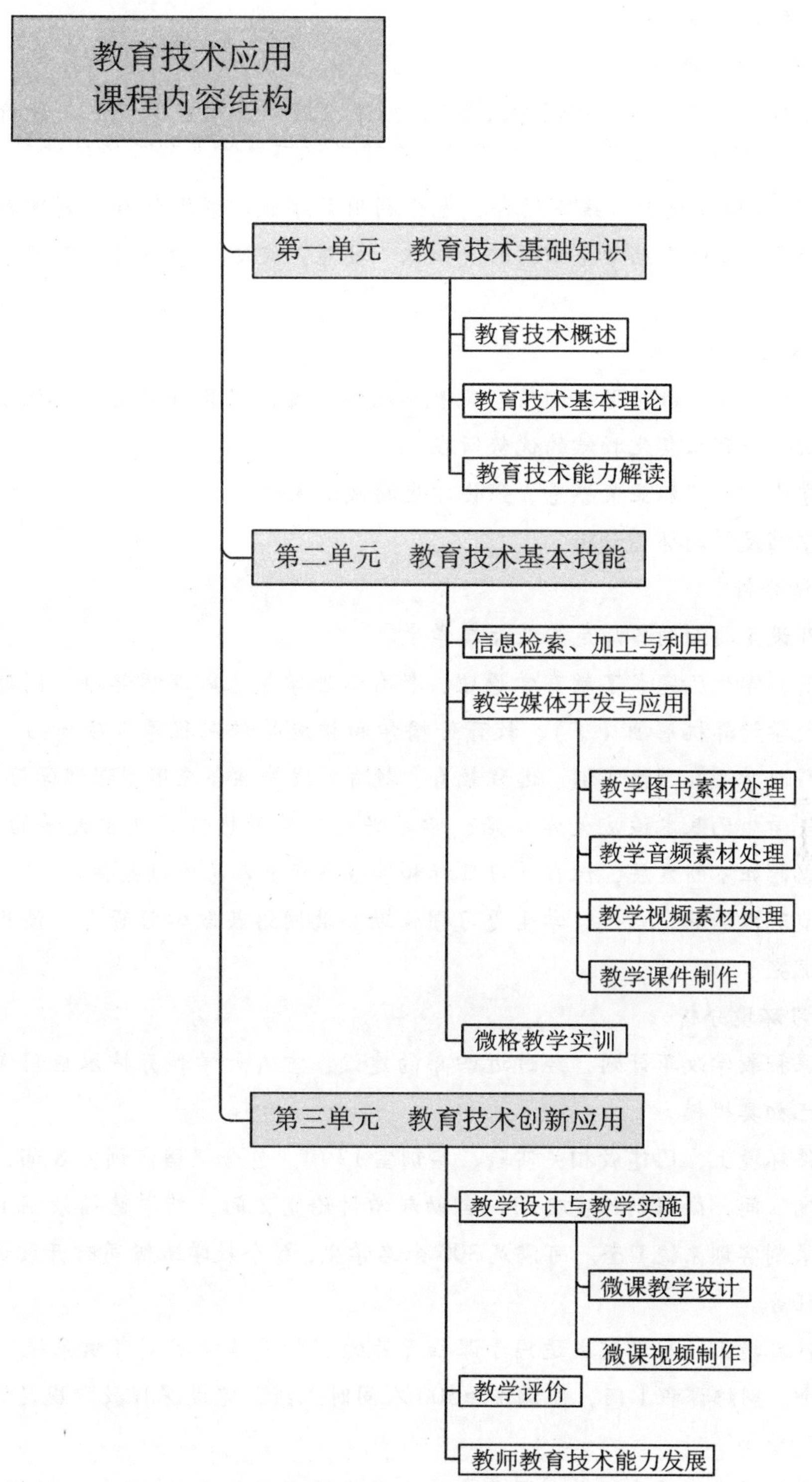

图4－4　教育技术应用课程内容结构图

技能目标为以数字微课制作为线索，要求学生掌握相关资源设计、开发、利用、管理、评价的基本技能。

2. 过程与方法目标

依托自建的“师范技能实训考核系统”，课程教学将构建课程形成评价体系的另外一环——“重用”。

“重用”将通过线上与线下结合，充分利用数字教学资源优势，突破物理时空限制，从过程和方法上帮助学生掌握相关知识、技能，促使“学中用、用中学”学习状态的出现。

3. 情感与价值目标

引导学生从传统教学思维向信息化教学思维转变，让其习惯用信息化手段传递知识，并真实体会到信息化教学的优势所在。

强化学生的教师职业荣誉感，强化学生的诚信意识。

三、学情及学习环境分析

1. 学情分析

课程开设主要面向各师范专业大二学生。

开课前，学生已完成了教育学原理、教育心理学等基础课程学习。同期开设课程一般包含大学计算机基础（下）、教育传播学和相应学科课程等专项学习。后期即将进入到学科教学法、微格实训、远程教育、教育实践等综合应用型课程学习。

该阶段学生已基本适应大学生活，学习兴趣和学习热情正处于大学的全盛时期，学以致用思想正不断发展，但在学习目标和学习态度上容易出现差异。

受当前环境影响，当代大学生更习惯借助公共网络获取学习资源，使用智慧终端进行自主探究。

2. 学习环境分析

根据课程教学改革计划，经过近四年的建设，吉首大学教育技术应用课程信息化学习环境已初具规模。

在硬件环境上，已建成相关实验、实训室 17 间。包含微格实训室 8 间，教学媒体开发实训室 3 间，微课制作室 2 间，自助教学讨论室 2 间，教学蓝箱录制 1 间，自助课堂教学录制实训系统 1 套。可满足 300 余名学生，6 个教学班级同时开展课程线下教学和实训任务。

在软件环境上，自建完成适用于课程开展的“师范技能实训考核系统”1 个，QQ 教学群 1 个，网络课程 1 门，能满足≥500 人同时上线，完成课程教学规定的线上评价任务。

在信息化教学资源建设上，课程已迭代开发课堂教学课件 18 个，数字微课 13 类 396 个，学生课外学习拓展材料 3 类 151 个，能满足课程课堂及课外学习需要，可支撑学生自主完成课程学习任务。

四、教学策略设计

课程信息化教学将结合实际，从学生最关心的课程评测开始，采用一改革、两介入、三支持的教学策略。

1. 一改革“评测”

信息化教学改革的目的是为了提高学习有效率。受思维惯性影响，摆在学习有效率面前的拦路虎是持续“学习”和学习“评测”。因此，课程信息化教学开展必须改革传统的“一卷评测”方式，采用“形成性评价”体系，将学习过程化、在线化、模块化、任务化，如图4-5所示。

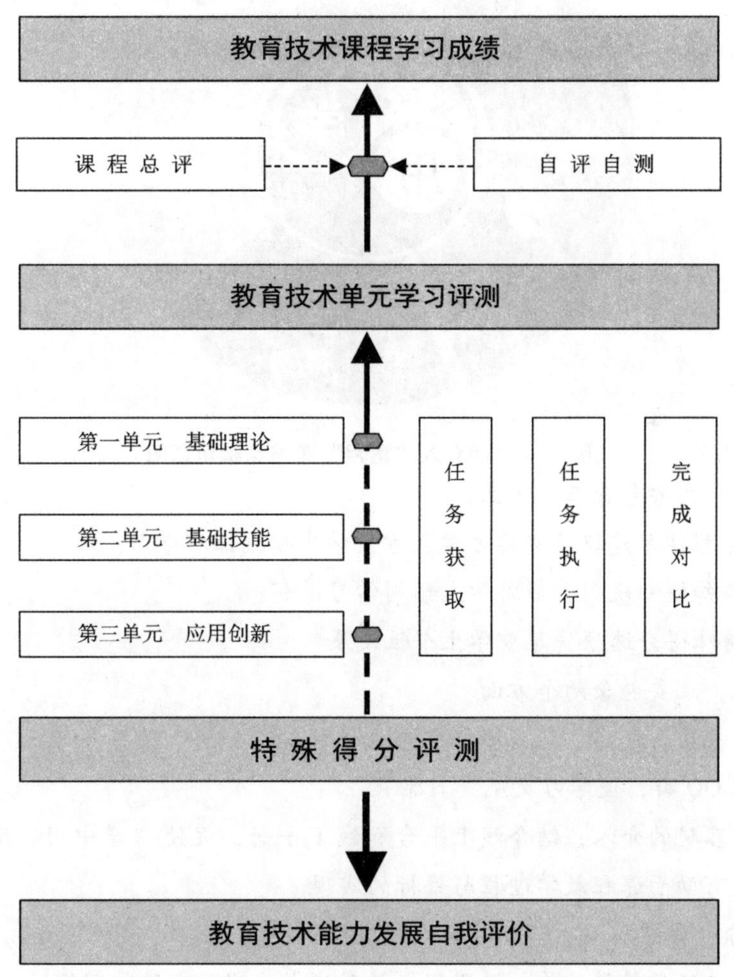

图4-5 教育技术应用课程形成性评价体系示意图

“评测”将采用形成性评价“24+1”模式，配合拓展学习任务，线上线下同步开展，增加学生课外“在学”时间。

为规避线上“任务”操作的某些弊端（如简单复制、待机刷分等），课程的“形成性评价”体系还必须配套线下《教育技术应用学习评价手册》。一任务一评价，不但能提高学习效率，还能增强学生的诚信意识，帮助课程教学情感与价值目标的实现。

2. 两介入“重用”

学习行为发生来源于主观、客观双层需求。为保证课程信息化教学改革的高效，教学必须结合课程的实用性、拓展性特点，从主观和客观两个层面介入，强调“重用”，促成“学中用、用中学”的个体学习行为发生，如图4－6所示。

图4－6 两介入“重用”策略结构示意图

主观介入，主要包含三个方面。

A. 发布课程学习建议、实施方案，方便学生规划课程学习。

B. 预先告知评测规则，帮助学生预判学习进程。

C. 提供特殊得分选项，尊重学生个性发展。

客观介入，主要包含两个方面。

通过网络平台，发布、完成课程“形成性评价”任务，使任务学习“泛在化”。

组建课程QQ群，使学习交流“日常化”。

通过主、客观的介入，结合线上平台和线下手册，促使“学中用、用中学”的学习行为发生，有助于课程教学过程与目标的实现。

3. 三支持“厚学”

作为师范技能类教学的导入性课程，教育技术应用既有教学理论，又有教学实训。在有限的课时内要实现规定的课程教学知识与技能目标，除了需要大量借助信息化手段外，教学还必须在课内外从三个维度来支持学生“厚学”。

这三个维度分别是“课堂改革”“资源供给”“过程管控”，对应了学习行为中的“思”“学”“做”，详见图4－7三支持“厚学”策略结构示意图。

图 4－7　三支持“厚学”策略结构示意图

“课堂改革”对应“思”。

根据课程教学改革需要，课堂应回归到“引起思考”的本质。为避免课堂成为“笔记海洋”，教学需充分利用平台优势，在课堂中用“二维码笔记”代替传统笔记。帮助学生适当“减负”，让他们有更多的时间来思考、讨论，从而提高课堂教学的有效性。

“资源供给”对应“学”。

纯粹的资源供给确实能在一定程度上帮助学生学习，但缺乏具象的指导，学生容易迷失。因此，在课程具体教学资源供给上，必须结合课程实训特点，以具象微课为主，抽象文本为辅。结合评价任务需要，教师还应利用平台手机直播功能，根据需求开设直播，增强教学直观性。

“过程管控”对应“做”。

结合学情分析，学生缺乏具体的教育实践，在本课程学习过程中容易出现目标和态度的偏差。尤其是刚进入课程学习，面对大量的“评价”任务和“与众不同”的教学要求时，学生会出现“增负”的直接感观，进而影响其学习兴趣和热情。因此，课程教学过程中“过程管控”至关重要。

“过程管控”，一方面将通过客观的线上实训任务和线下“评价”手册来实现；另一方面，教师还应通过主观引导，用“交流”促“过程”，用“比赛”促学习。

五、信息化教学流程设计

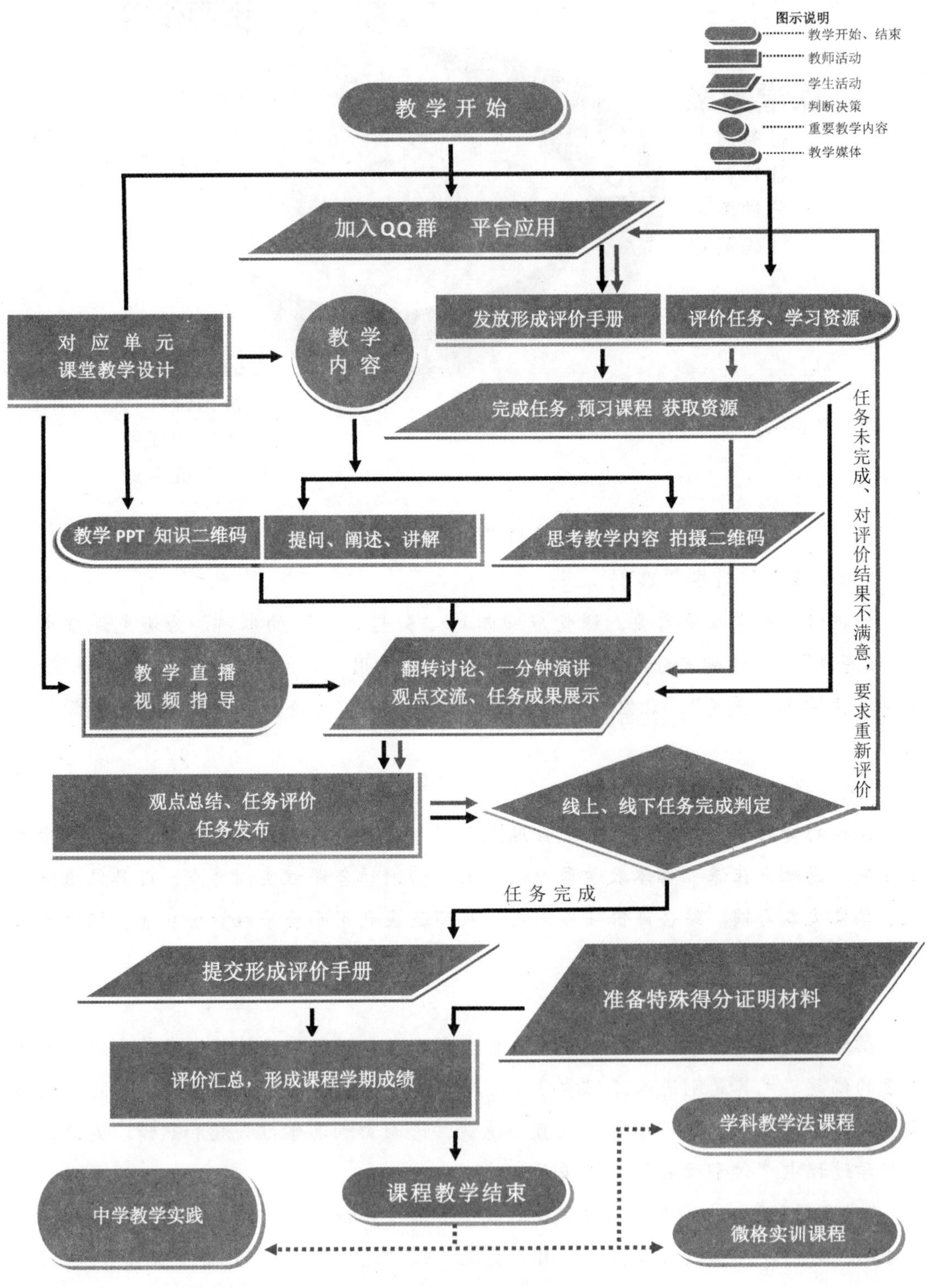

图4－8 信息化教学流程示意图

六、教学反思

信息化教学是一个系统工程，教学应用必然面临手段选择、教材改编、资源建设、信息交流、课程评测等一系列的改革。为保证教育技术应用课程的信息化教学深入开展和持续进行，在课程信息化应用上我们分三步两跳。

第一步，看全盘、执牛耳。

选择“评测”作为教学改革的切入口。用“形成性评价”替代“一卷式考核”，从顶层设计上推动课程开展与信息化教学手段、数字资源的深度融合。

2015年，课程正式开始了信息化教学改革的设计工作，并同年制定了课程“厚学重用”的教学目标，完成了课程教学“形成性评价”体系的设计和面向师生的课程教学指南、学习建议等的相关指导文件的编写。组建了课程教学师生交流群，借助公共平台，初步实现课程教学指导和交流的信息化。

第二步，分难易、找重点。

从最基础的教师课堂教学课件开始，到课程群资源的微课建设，课程用数字资源建设来促进教学信息化的应用。

2016年，课程正式进入信息化教学改革的实践。同年，课程开始了教学课件、微课及相关资源的迭代开发工作。并配合课程信息化教学开展，完成了课程学习评价手册的印刷、教学讲义的编写。借助学校“师范技能实训课程群”的申报与建设，从“教”的层面开始全面实现课程的信息化教学应用。

第三步，有延续、重拓展。

学习是一个过程。作为师范技能类导入性课程，教育技术应用不仅要实现本课程的教学目标，还必须为后续课程学习打下良好的基础。

通过教学实践我们发现，单纯的课程内容信息化供给，并不能很好地让学生将本课程内容与后续课程学习进行联结。为此，从2017年起，课程开始大量建设课外学习拓展资源。一方面，用以帮助本课程学习；另一方面，通过资源拓展学生的学习思考，促进“迁移”产生，联结后续课程。

借助学生课外拓展资源建设，课程教学从“学”的层面反哺“教”，并以点带面，带动思考，形成“迁移”，达到一课资源多课用的改革目标。

第一跳，提高效率，自建平台。

作为教育技术应用课程，教学必须尽可能多地向学生展示当前流行的信息化教学手段。在前些年的教学中，课程应用过“QQ群”“微信公众号”“微云”“拇指课堂”“雨课堂”“湖南微课网”等信息化教学手段。但通过实践，我们发现，公共平台的广泛应用虽然能扩展学生的学习视野，但也有很大的弊端。多平台共用，一方面分散了学生的学习注意力；另一方面也不能很好地实现本课程的教学目标。

为此，我们从2017年3月开始进行调整，自建集评价任务、资源供给、在线直播等功能于一体的“教师技能实训考核评价系统”作为课程的唯一线上平台，保留QQ群作为教学交流的主要途径，将原有“微信公众号”“微云”“拇指课堂”“雨课堂”“湖南微课网”等的使用作为学生课外学习的拓展内容。

自建平台，既聚合了应用，又保证了课程信息化教学的特色，能为“厚学重用”的课程教学目标实现提供平台保证。

第二跳，结合实际，自编教材。

完整的信息化教学，必须结合教学实际，将线上与线下进行融合，将资源与教材进行匹配。

为了保证本课程信息化教学的效果，课程通过四年时间，编写了《教育技术应用学习评价手册》和本教程，分别针对线下课程学习评价和学习指导。

结合线上平台，教育技术应用课程已能在信息化教学应用上步履和谐，齐头并进。

通过四年的信息化教学应用，教育技术应用课程信息化已初具规模，也获得了一些成绩，但同样也存在一些值得思考的问题。

七、课程信息化教学中的问题及解决方案

作为打破传统教学模式的系统工程，本课程在教学信息化实施时也遇到了种种困难。面对这些困难，为实现教学目标，提高教学效率，我们用课题资助支撑资源建设，用教学成果获取师生认可。

课程在信息化教学应用中遇到的问题及解决方案如下：

A. 资源的“开发”与“迭代”

课程资源是信息化教学必不可少的基础，但开发工作是一个费时费力的工作。为保证课程资源建设的顺利开展，课程教学群策群力，联系相关任课教师，联合申报课题，获取资助。既解决了课程资源迭代开发的人力物力问题，又保证了课程资源的应用推广。

B. 课堂的“思考”与“记录”

在信息化教学实施过程中，教育技术应用课堂表现出更多的翻转讨论态势。但通过随堂调查，我们发现部分学生认为做笔记会干扰思考，因此放弃笔记，而与之矛盾的是，超过90%的同学却希望能在课堂内实时记录课程要点和内容。

为了解决这个矛盾，在课程信息化教学应用的前期，我们鼓励学生使用手机拍摄课堂教学内容，但受环境、条件及课外学习关联等诸多因素的影响，效果并不理想。为此，在后期教学实践中，我们在自主平台上开发了“任务笔记”和“二维码笔记”功能。使课程“任务资源”、课堂“强化资源”、课外“拓展资源”以二维码的形式集成到课堂教学课件中，学生只需拍摄二维码，便可将需要的学习资源更新到自己的平台空间，方便课程学习。

通过这个功能，课程既还原了课堂“思考”的教学本质，又解决了课后“强化”的笔记问题，关联了课堂内外，提高了教学效率。

C. 学习的“管控”与“调整”

学习是一个过程，通过课程“形成性评价”体系我们能从结果上促使这个过程发生，但在教学上还必须加强“管控”与“调整”，因为只有“管控”过程，适时“调整”，才会产生优秀的学习结果。

教育技术应用课程以实训为主，学生必须花费大量的时间来完成课程评价任务。

虽然有线下课堂民主讨论和线上教学资源支撑，但在具体的课外实训环节，学生还是会出现很多不可预知的个体学习问题。为了帮助学习，保证效率，课程的“管控”和“调整”贯穿教学始终。

具体来说，课程会借助平台的任务数据分析，实施“管控”。对出现的个性问题，教师会利用平台直播功能，在约定时间直观解决；对出现的共性问题，教师则利用“二维码笔记”功能，“调整”课堂教学，进行群体“强化”，既保证了群体教学效率，又尊重了个体学习发展。

D. 评测的“一般”与“特殊”

形成性评价是对学生课程学习过程的认可。考虑到课程的特性，在教育技术应用“形成性评价”体系建设中，评价体系既包含了一般“任务”，又设计了“特殊”得分。课程设定一般任务24项，占总评成绩的90%，特殊任务1项，占总评成绩的10%。一般任务针对课程内容，导向“厚学”，促使学生重视课程学习内容；特殊任务针对课程联结，导向“重要”，要求学生能够“迁移”，综合应用。

教育技术应用鼓励高分，但获取高分的前提是课程学习必须重视“一般”与“特殊”相结合的“厚学重用”。

八、结论

A. 结合实际、逐步开发

信息化教学是系统工程，不能一蹴而就。教学改革必须按部就班，看全盘、分难易，有延续、重配套，从顶层设计开始逐步开发课程评价体系、教学资源、配套教材、专属平台等。通过脚踏实地、循序渐进的改革建设，课程教学与信息化资源、手段必然深度融合，教学开展自然一帆风顺。

B. 利用环境、精讲多练

有了信息化资源和手段的教学环境支撑，课堂应该成为思想碰撞和观点辩论的主战场。课堂精讲，讲的是教学联结点，思维发散点。课外多练，则是调动学生的观察力、思考力、想象力在课内外去实践。

利用环境，通过精讲多练，能真正凸显学生的学习主体地位，能使教学主客观协调，共同促进效率的提高。

C. 过程评价、尊重个性

为实现既定的课程教学目标，教学实施需要重视过程，实时调整。课程基于信息化的“形成性评价”系统应用，既能帮助教师“管控”学习过程，又能促进教学实时“调整”。系统中“一般”与“特殊”的结合，既保证了群体教学效率，又尊重了个体学习发展。

信息化是现代教学相长的润滑剂，二者的深度融合，是教育发展的必然。面向未来，教育技术应用课程信息化，不仅应完成课程的信息化建设，还必须结合课程的导入性特点，用信息化资源、手段将相关课程集群化，以点带面，实现师范技能实训类课程的全面信息化。

➤ 思考题：

1. 谈谈你对教学设计概念的理解。
2. 简述教学设计的基本内容。
3. 教学设计的前期分析主要分析什么？
4. 选择你熟悉的教材中的一章内容，制订该内容的教学目标。
5. 简述教学设计的基本要求。

➤ 课外实践活动：

微课教学设计方案制定。

选择特定学科的某一学习任务，试根据教学设计原理，设计一个完整、规范的微课教学设计方案。

第二单元

数字教学媒体开发

➤ **教学模块**

数字静态图片教学媒体开发

数字动态影像教学媒体开发

数字音频教学媒体开发

➤ **单元学习目标**

了解各教学媒体资源的开发流程及软件

能独立开发教学用媒体资源

➤ **重点**

独立开发教学用媒体资源

第5章 数字静态图片教学媒体开发

5.1 数字图片及采集设备

5.1.1 数字图片

实验心理学家赤瑞特拉（D. G. Treichler）作过一个著名的心理实验，是关于人类获取信息的来源，即人类获取信息主要通过哪些途径。他通过大量的实验证实：人类获取的信息83%来自视觉，11%来自听觉，3.5%来自嗅觉，1.5%来自触觉，1%来自味觉。

视觉是人们获取信息的主要方式，现代有效教学研究者们也很重视图片信息的功能。计算机中的图片从处理上可以分为图像（位图）和图形（矢量图）两种，虽然在视觉上难以区分，但它们的成像机制却各不相同。

1. 图像（位图）

图像是用像素点的形式来描述事物影像的方式，如图5-1所示。

图5-1 位图示例

位图的成像机制是把一幅图片分成若干个像素点，再用数据来进行描述。用这种方式记录的图像文件存储量较大，为了减少所占存储体积，一般需要对数据进行压缩处理，经过处理的图像在缩放过程中会损失细节或产生锯齿。在显示方面，图像是将对象按一定的分辨率分辨以后，再将每个点的色彩信息以数字化的方式进行传输，可直接快速在屏幕上显示。分辨率和灰度是影响图像显示的主要参数。图像适用于表现含有大量细节（如明暗变化、场景复杂、轮廓色彩丰富）的对象，如风景照、肖像照、高质量绘图等。

2. 图形（矢量图）

图形是指由外部轮廓线条构成的矢量图，矢量图一般由简单的线条构成轮廓，并在内部填充颜色。即由计算机绘制的直线、圆、矩形、曲线、图表等进行的组合，如图5－2所示。

图5－2　矢量图示例

图形是用一组指令集合来描述内容，如描述构成该图的各种图元位置维数、形状等，描述对象可任意缩放不会失真（损失）。在显示方面，图形需使用专门的软件将描述图形的指令转换成屏幕上的形状和颜色。图形适用于描述轮廓不是很复杂、色彩不是很丰富的对象，如几何图形、CAD、工程图纸、3D造型等。

3. 图形与图像的区别

在计算机科学中，图形和图像这两个概念是有区别的。

图形一般指的是用计算机绘制的画面，如直线、圆、圆弧、任意曲线和图表等；

图像则指由输入设备捕捉的实际场景画面或以数字化形式存储的任意画面。

图像由一系列排列的像素共同组成，在计算机中的存储格式有BMP，JPG，PCX，TIF，GIF等，一般数据量比较大。它除了可以表达真实的照片外，也可以表现复杂绘画的某些细节。

与图像不同，图形文件只记录生成图的算法和图上的某些特点。用计算机还原时，相邻的特征点之间会用特定的很多段小直线连接形成曲线，若曲线是一条封闭的图形，也可靠着算法来填充颜色。矢量图形最大的优点就是容易进行移动、压缩、旋转和扭曲等变换，主要用于表示线框型的图画、工程制图、美术字等。常用的矢量图形文件有3DS（用于3D造型）、DXF（用于CAD）、WNF（用于桌面出版）等。图形文件只保存算法和特征点，所以相对于图像（位图）文件的大量数据来说，图形占用的存储空间也较小。但由于每次显示时都需要重新计算，故显示速度没有图像快。

5.1.2 数字图片采集

数字图片采集离不开数字影像系统，完整的数字影像系统包括了对数字图片的采集、加工处理、存储、呈现、传播、应用等几个方面。

传统绘画是人类获得自然界事物图片最古老的方式，除此之外，获得图片的方法就是传统摄影和数字影像技术。现在的数字图片采集基本上可通过以下几种方式：扫描仪扫描、数字影像设备捕获、数字照相机拍摄、电子绘画、计算机图形程序编写等。

1. 扫描仪扫描图片

扫描仪是一种计算机外部仪器设备，是通过捕获图像并将之转换成计算机可以显示、编辑、储存和输出的数字化输入设备。对照片、文本页面、图纸、美术图画、照相底片、菲林软片，甚至纺织品、标牌面板、印制板样品等对象都可以进行扫描提取。扫描仪可将被扫描对象的原始线条、图形、文字、照片、平面实物转换成可以编辑的图像文件。具体使用步骤如下：

（1）连接电脑和扫描仪

将扫描仪的电源线连到电源插线板，把扫描仪数据和电脑相连（一般用USB线连接），如图5－3所示。

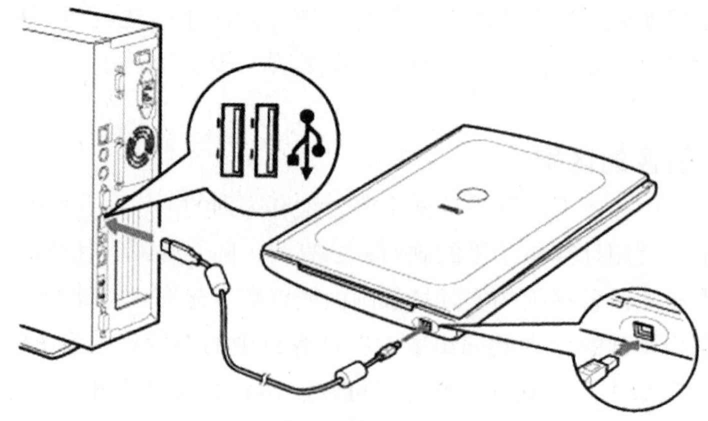

图5－3 扫描仪与电脑连接示意图

（2）启动扫描软件，设置扫描参数

启动扫描软件，在扫描仪上放好照片，通过预览设置扫描尺寸。同时设置输出图像格式、分辨率、扫描类型。

（3）选择扫描区域，执行扫描操作

调整扫描范围的四角，选择好要扫描的范围，然后启动扫描，如图 5－4 所示。

图 5－4　扫描仪操作界面

（4）通过软件调整图片、保存文件

所有的扫描仪几乎都不同程度地存在四个方面的问题：整体反差失真、图像偏色、图片出现网纹（网点）、焦距不准。尽管很多扫描仪通过提供硬件或软件、在驱动程序中设置滤镜等方式来减少这些不利因素的影响，但为了获得最佳效果，对扫描的图片进行后期处理仍然必不可少。

扫描时，为保证图像的逼真，需调整反差。调整整体反差失真，可依次选择“图片/调整/色阶”，在所弹出的窗口中，调节左、右两个小三角形或滑块的位置，并通过预览窗口观看调节后的效果，直到满意为止。通常可将两个小三角形或滑块向中间移动，这样经过反复调节，就能将该扫描仪的整体反差失真程度“量化”，即确定左、右两个小三角形或滑块的移动方向和幅度。若扫描结果仍然偏色，可以依次选择“图片/调整/变化”，在弹出的窗口中选择最接近原图片的效果图。

2. 摄像头捕获图片

摄像头也是捕获图片的重要设备，而且摄像头在简单微课制作、图片信息采集，监视、监控、侦查等领域也被大量使用，如图 5－5。

图 5-5　摄像头

摄像头在教育领域内的远程监视、报名考试、学生图片信息采集、校园基础设施维护等方面发挥着重要作用。随着摄像头在手机、笔记本等设备上的嵌入和与新型通信技术的结合，摄像头小巧、方便的特点将会得到更充分的展现。

电脑摄像头捕获图片很方便，只需把摄像头和电脑相连（一般用 USB 线连接，无须另外再接电源线），然后安装摄像头附带的驱动程序，安装完毕就可以采集并录制所看到的图片。因此，它在简单的微课制作及线上远程教学中意义重大，如图 5-6。

图 5-6　摄像头远程教学发布

3. 数码相机拍摄

数码摄影是指使用数字成像元件（CCD，CMOS）替代传统胶片来记录图像的技术。配备数字成像元件的相机统称为数码相机，如图 5-7 所示。

图 5-7　数码相机机构透视图

对于数码相机来说，图像的捕获依然运用的是透镜成像原理，成像元件会将投射在其上面的光学影像转换为可被记录在存储介质（CF卡、SD卡）中的数字信息。其成的像可被生成标准的图像格式，并借助如Photoshop等图像编辑软件进行各种修改，再经由数字冲印或打印机输出为实物照片，也可用显示器、多媒体投影仪、电子相册等展示工具进行直接展示，或直接转换为各种适用的格式用于网络发布或电子邮件传送。

（1）影响数码相机影像清晰度的因素

影响数码相机成像清晰度的因素主要有对焦、曝光量、感光度、景深、光线与拍摄姿势等。

① 对焦

任何距离的景物要清晰成像，都必须对焦。现在的数码相机都带有自动对焦功能，在半按快门时可实现自动对焦，并用颜色或声音给予提示。如果在光线比较暗或反差小出现对焦困难甚至对不上焦时，就需要启用对焦辅助灯（一般都自带，自动开启）或手动对焦（高级相机有手动功能）。对焦的模式一般有三种类型可选，多点对焦，中心对焦，裂缝对焦。

② 曝光量

在拍摄时，数码相机一般都会自动给出一个合适的曝光量（一定感光度下）。曝光量是由光圈与快门的组合决定的。比如光圈f 8快门1/200秒的曝光，和光圈f 11快门1/125秒的曝光量是一样的。

光圈的数值是镜头透光口径和光圈大小的比值，如图5-8所示。数字越大，光圈越小，通光量越小，就需要较长时间的快门。数字越小，通光量越大，快门就可以更短。光圈不仅能控制通光量的大小，还会影响照片的景深（焦平面前后清晰的范围）。

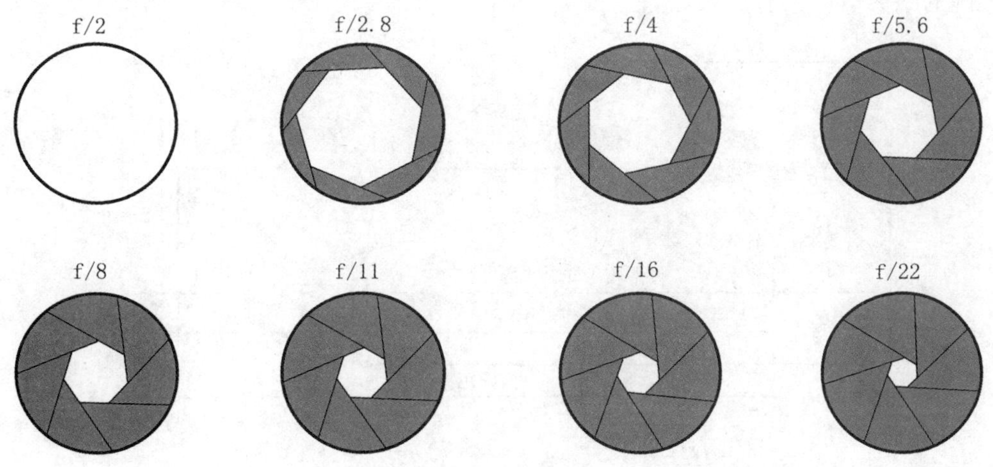

图5-8　镜头透光口径和光圈大小的比值关系

③ 感光度

传统意义上的感光度是指胶片对光线的敏感程度。数码相机的感光度是通过调整感光器件的灵敏度或者合并感光点来实现的，即通过提升感光器件的光线敏感度或者合并几个相邻的感光点来实现提升感光度的目的。

我国常用 ISO（International Standards Organization）作为标记单位。低感光度指 ISO 50 及以下，中感光度指 ISO 100 ~ ISO 200，高感光度为 ISO 400 以上。在相同曝光量参数设置下，用不同的感光度拍摄的同一幅图片，感光度过低画面会曝光不足，画面显得阴晦；感光度过高画面曝光过度，画面则泛白无层次感，如图 5 - 9 所示。

图 5 - 9　感光度效果对比示意图

④ 景深

景深是指焦点平面前后的清晰范围。它与光圈、镜头焦点距离以及照相机离被摄体之间的距离等因素有关，如图 5 - 10A 所示。

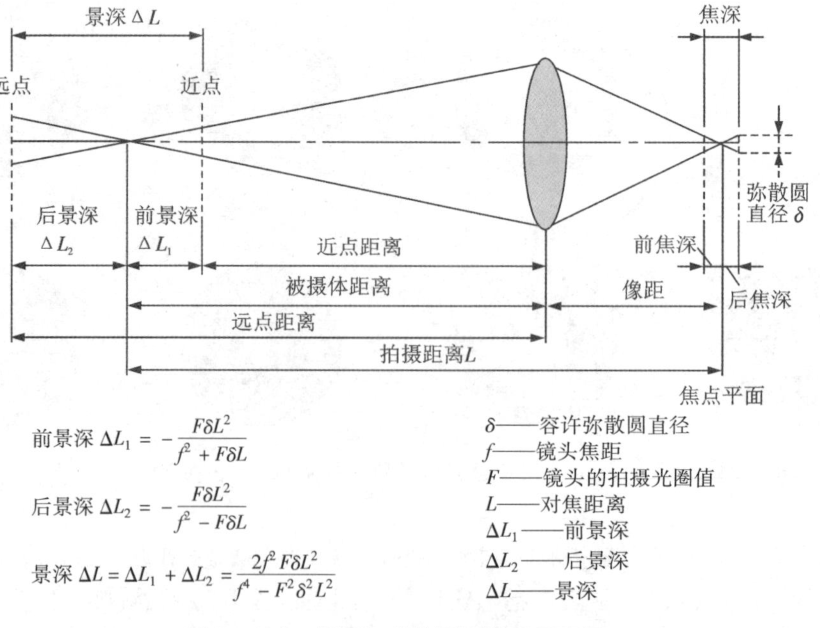

图 5 - 10A　景深与其他因素关系示意图

在具体条件下，光圈数值越小，光孔越大，景深越小；反之，景深则会越大，如图 5 - 10B 所示。

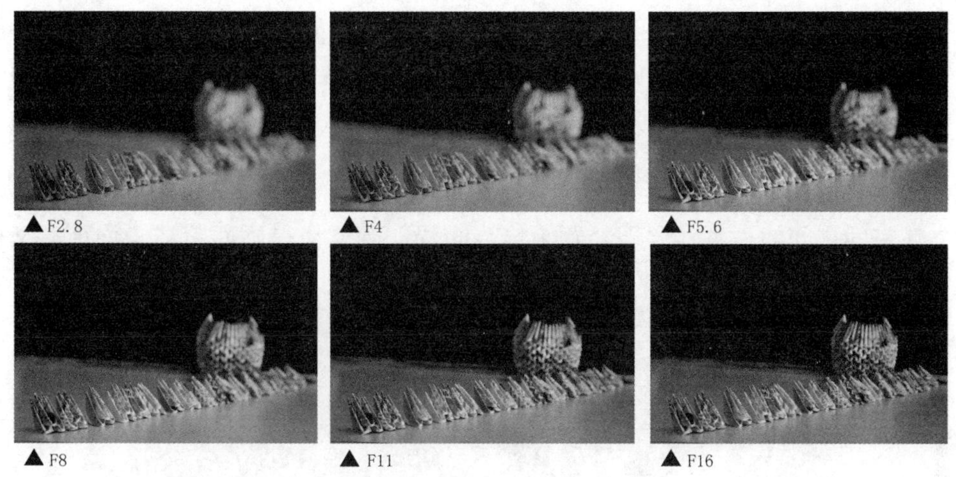

图 5 - 10B　景深与光圈大小关系示意图

⑤ 快门速度与清晰度

拍摄时光线的强弱与快门速度会影响成像的清晰度。在光线充裕的情况下，快门速度越快，拍出来的景物越清晰，反之则会很模糊。需要特别注意的是，手持相机会造成无意识震动，进而影响成像清晰，不稳定的拍摄姿势也会造成相机晃动，成像模糊，如图 5 - 11 所示。

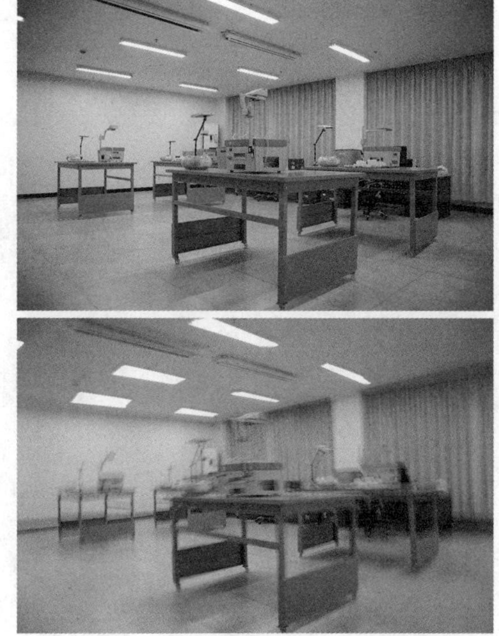

图 5 - 11　快门速度快慢对比拍摄示意图

（2）摄影创意与构图

摄影是艺术创作活动，包含了精神、技术、艺术三者的融合。摄影创意有拍摄创意和制作创意两个阶段。

前期创意是拍摄创意。拍摄者需根据表现主题，通过造型、用光、构图、使用特殊附件等手段，充分利用摄影器材的技术特性展现拍摄者追求的精神主旨，一幅好的摄影作品是拍摄者思想和智慧的结晶。摄影不仅需要真实记录，还需要适当“截取”，即构图。

构图就是合理取舍拍摄的对象，巧妙安排画面上这些对象的位置，选择恰当的拍摄机位。艺术源于生活，拍摄的画面不仅要满足人们审美的要求，还要把握点、线、面、立体空间之间的关系，合理经营，恰当布局，既要使得画面简洁、均衡，又要使得画面有视觉冲击力和意韵，如图 5 – 12 所示。

图 5 – 12　路

4. 屏幕抓图

在浏览网页或者观看视频时我们经常会碰到精美的画面和难忘的片段，想把其中的画面保存下来就需要抓取屏幕图片。

抓取屏幕图片可以直接按键盘上的 PrtScr（Print-Screen）键抓取（非视频屏幕图片），或同时按下 Alt 组合键只抓取当前窗口。除此以外，抓取屏幕中的图片或者某个特定区域（对象）图片还可使用屏幕抓图软件。屏幕抓图软件很多，如，红蜻蜓抓图精灵、360 浏览器截屏、QQ 抓屏等都是不错的抓屏软件。本书将以 360 浏览器截屏为例向大家介绍抓屏软件的使用。

（1）打开 360 浏览器后进入主页，在右上角将显示多种图标，点击打开由 4 个小方块组成的图标，如图 5 – 13 所示。

图 5 – 13　360 浏览器功能拓展按钮

（2）在打开的扩展栏中，选择管理，如图 5－14 所示。

图 5－14　360 浏览器功能管理界面

（3）进入扩展管理界面，找寻截图工具，下载并安装到扩展工具中或点击右上角的“添加更多扩展”，如图 5－15 所示。

图 5－15　360 浏览器功能拓展管理添加按钮

（4）在“更多扩展”界面，通过在右侧“360 应用市场”的搜索框输入“截图”，就可以搜索到许多对应的截图软件，选择一款点击下载并安装即可，如图 5－16 所示。

图 5－16　360 应用市场界面

（5）安装完成后，截图工具就会出现在工具栏中，如图 5－17 所示。

图 5－17　360 浏览器截图按钮

（6）当需要截图时，只需要点击截图图标（如图 5－18A 所示），就会出现截图提示（如图 5－18B 所示），这时就可以单击鼠标左键进行截图。

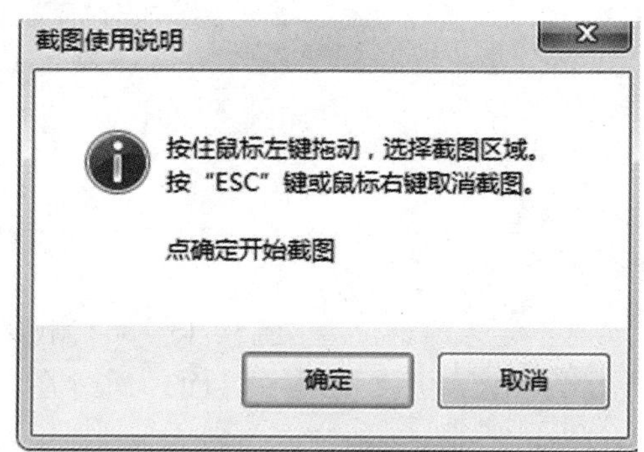

图 5－18A　360 浏览器截图图标

图 5－18B　360 浏览器截图对话窗口

5.2　数字图片的加工与处理

5.2.1　数字图片加工技法

数字影像技术革命为摄影创作者提供了广阔的创作空间。数码摄影十分灵活，可以拍摄出更有创意的图片，也能处理工具，充分发掘创作者的灵感，进而创作出更加有创意的图片。诸如 Adobe Photoshop 这样功能强大的图片编辑软件，如图 5－19 所示，就能够随心所欲地对数字图片进行加工处理。

图 5－19　Adobe Photoshop 软件启动画面

5.2.2　数字图片加工环境

数字影像技术是影像技术的全新变革，也改变了胶片暗房冲洗的传统影像成像方式。数字影像技术的即拍即显、计算机软件加工处理的制作模式给创作者带来了更大的创意空间。数字图片加工有着干净清洁的工作环境，液晶取景器可以直接看到拍摄的实际效果，计算机图片处理软件则提供了多种多样的后期加工方法。因此，后期制作可以完全脱离原本影像的种种限制，制作出超现实的作品。如图 5－20 和图 5－21 两幅作品就都是通过数字图片处理软件加工才完成的。

图 5－20　时间

图 5－21　憨豆美女

5.2.3　数字图片制作需要创意

图片的加工和处理是二次创作活动，创意非常重要。一个好的创意可能给加工的图片带来质的变化。创意离不开现实的需要以及丰富的想象，加工处理数字图片应该要进一步明确图片表达的主题，并在主题下选择素材、元素、技法。数字图片表现的主题需依照源于生活又高于生活的思想，通过写实、夸张、幽默、讽刺、超现实等手法来展现作品的精神追求，凝聚作者想要表达的意涵，如图 5－22 所示。

图 5－22　读书启迪智慧

5.3　Adobe Photoshop 操作指南

5.3.1　图片处理软件 Photoshop

数字图片的加工处理离不开图片处理软件，这些软件是数码影像加工的基础。数字图片加工处理软件种类很多，总体上可分为简易型和专业型两大类。

简易型操作方便、加工简单，一般会给用户提供很多模板，因此处理速度相对较快。但是简易型软件的加工精度不是很高，绝大多数处理方式都类同。这类软件的代表有“我形我速”、Photo Deluxe 等。

专业型图片处理软件操作复杂，一般都含有大量的工具、菜单、属性等设置，界面复杂但功能强大，可进行高精度个性化的加工处理，代表软件有 Adobe Photoshop，Fireworks 等。

Adobe Photoshop 在摄影、印刷、出版、美术、广告设计以及教育等领域被广泛使用，也被称为“图片梦工厂”。本书将重点探讨该软件的具体使用方法。

1. Photoshop 图片处理软件界面（如图 5－23 所示）介绍

图 5－23　Photoshop 典型界面

Photoshop 顶部的区域是菜单栏，色彩调整之类的命令都存放在其中。左侧区域为工具栏，也称为工具箱，修饰、绘图等工具需在这里调用。工具栏上方与菜单栏之间的区域为选项栏，主要用来显示工具栏中所选工具的一些选项，不同的工具出现的选项也不相同。中间大块的区域是图片工作区，用来显示制作中的图片。右侧区域称为调制面板区，用来安放制作需要的各种常用调板。底部区域为状态栏，会显示图片的缩放比例、计算机内存的占用、目前所选工具的使用方法、处理的进度等。

在 Photoshop 软件中，除了菜单的位置不可变动外，界面内其余各部分都可自由移动，用户可以根据自己的喜好来安排界面。调板在移动过程中有自动对齐的功能，这可以让界面看上去更为整洁。

Photoshop 界面右下角有缩放标志的调板是可伸缩调板，用鼠标拖动此处即可拉伸调板，一般可伸缩调板都有一个最小尺寸，不能无限缩小。双击面板的标题区可以折叠展开面板，也可以通过关闭工具关闭不用的面板。注意，当调板的位置找不到时，可能是更改屏幕分辨率等一些原因造成的，此时可通过【窗口/工作区 > 复位调板位置】来将所有调板（包括工具栏）进行归位。

2. Adobe Photoshop 工具栏（工具箱）

（1）选取工具，用来执行选择操作，工具包括选框工具、套索工具以及魔术棒等。

选框工具，共有四种，分别是矩形选框工具、椭圆选框工具、单行选框工具和单列选框工具。

套索工具，是一种经常用到的制作选区的工具，可以用来制作折线轮廓的选区或者徒手绘制不规则的选区轮廓。套索工具共有三种，分别是自由套索工具、多边形套索工具、磁性套索工具。磁性套索工具有自动识别图片边缘的功能。

魔棒工具，可以制作一些轮廓复杂的选区，该工具可以把图片中连续或者不连续的颜色相近的区域作为选区的范围，以选择颜色相同或相近的色块。

（2）裁切工具，可以对图片进行任意的裁减并重新设置图片的大小。

（3）几何绘图工具，在 Photoshop 中可以通过几何绘图工具方便地制作出各种各样的矢量图形。

（4）文字工具，可以在图片中直接键入文本，并能够对文本进行直接编辑和操作。

（5）笔刷工具，笔刷工具是常用的绘图和修图工具。

在使用笔刷工具时需要指定一种前景色并设置好画笔的属性，然后才能用鼠标在图片上进行描绘。在笔刷工具选项栏中，用户可以选择 Photoshop 中自带的各种形状的画笔并对它们的属性进行设置。

（6）仿制图章工具、修复画笔工具、历史画笔工具。

仿制图章工具，可以依据选取点来绘制相同图片，但绘制前需先用 Alt 键来选取原点像素信息。仿制图章工具的作用相当于复印机，可以将图片中一个地方的像素原样搬到另外一个地方，使两个地方的内容一致。

修复画笔工具，该工具包含修复画笔工具和修补工具，它们都是基于图章工具的派生工具，能弥补图章工具的一些不足。

历史记录画笔工具的作用是可以按操作者的想法去修饰或恢复细节，也可加深局部。

（7）橡皮工具、油漆桶工具。橡皮工具可用来擦除图片；油漆桶工具则可以填充选取区域颜色。

（8）模糊、锐化和涂抹工具。

模糊工具是一种通过笔刷绘制，使图片局部变得模糊的工具。

锐化工具与模糊工具相反，它是一种可以让图片色彩变得锐利的工具，即增强像素间的反差，提高图片的对比度。

涂抹工具好比人的手指，它可以模仿我们用手指在图片中进行涂抹操作，从而得到有趣的变形效果。

（9）加深、减淡和海绵工具。

这三个工具都可以对图片的细节进行局部的修饰，使图片得到细腻的光影效果。

减淡工具和加深工具用于改变图片的亮调与暗调细节，两者的作用刚好相反。

海绵工具可以用来调整图片的色彩饱和度。通过提高或降低色彩的饱和度，可达到修正图片色彩偏差的效果。

（10）辅助编辑工具。

常用的辅助编辑工具有吸管工具、抓手工具和缩放工具。吸管工具用于拾取选取点的颜色；抓手工具则用来移动图片在屏幕上的位置；缩放工具能放大或缩小图片区域。

5.3.2 Adobe Photoshop（PS）教学应用实例

1. 最美证件照制作详解

（1）首先用 PS 软件打开要制作的照片，如图 5－24 所示。

图 5－24 在 PS 中导入素材

（2）在上方工具栏点击“图片—调整—替换颜色”，鼠标会变成一个吸管，用吸管在照片的红色底色上任意一个地方单击左键，并在弹出的对话框中将容差选最大值“200”，如图 5－25 所示。

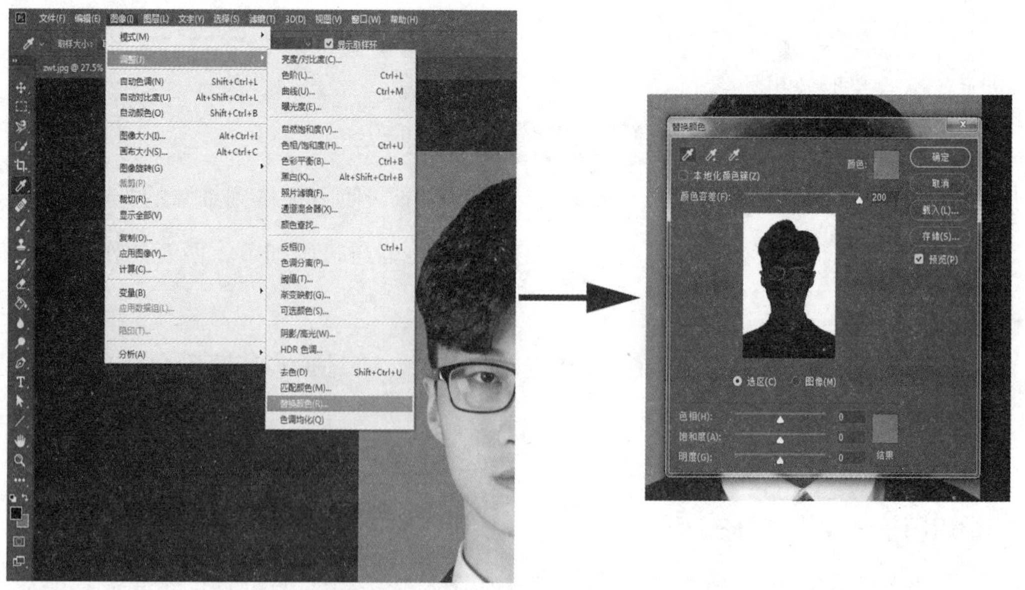

图 5－25 替换颜色操作步骤

（3）在对话框下方的「结果」处单击鼠标左键，弹出拾色器，选择要换成的背景颜色——蓝色，点击确定，如图 5 – 26 所示操作。

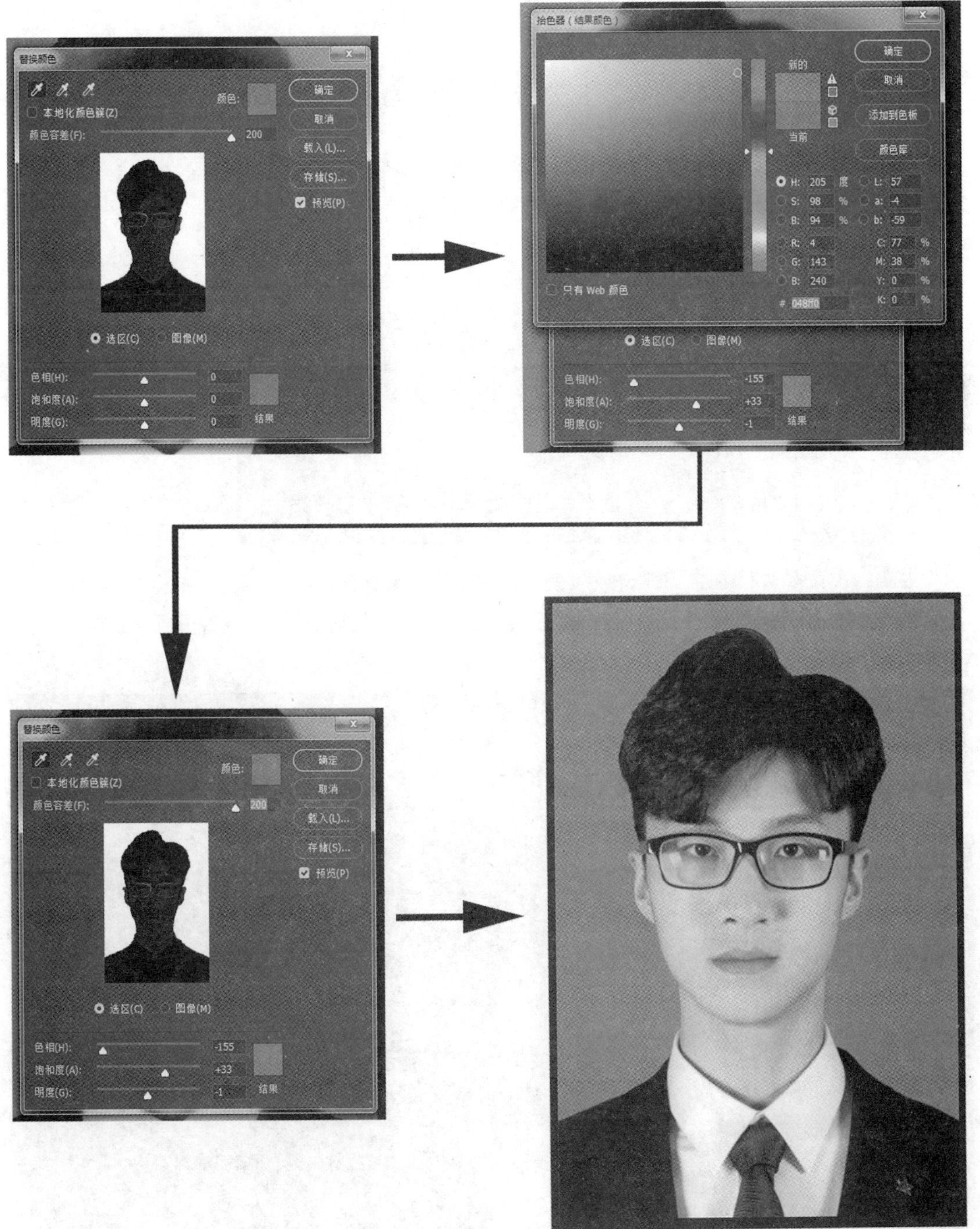

图 5 – 26　PS 拾色调整步骤

（4）回到 PS 右侧区域的图层调板，选中背景图层副本，点下方的蒙版工具添加一个蒙版，如图 5 – 27 所示。

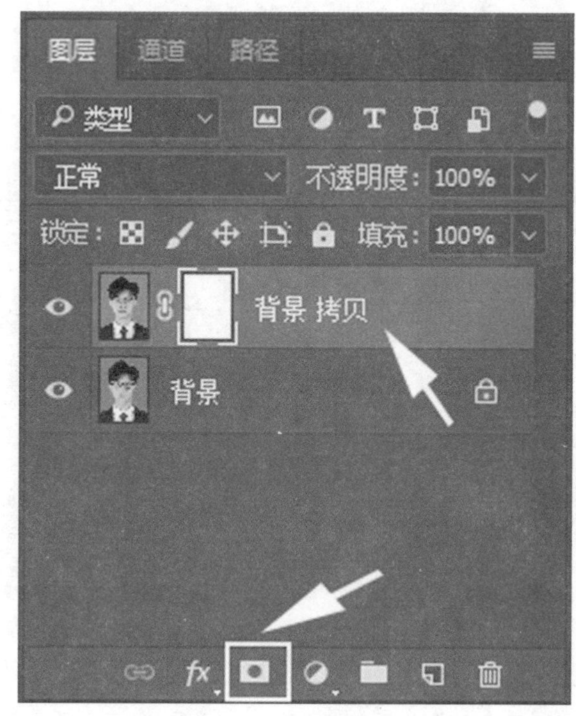

图 5－27　PS 添加蒙版步骤

（5）添加完以后，背景图层副本旁边会出现一个蒙版，选中这个蒙版，并且确保前景色是黑色，如图 5－28 所示。

图 5－28　PS 蒙版图层位置

（6）选择画笔工具，在颜色不对的地方用画笔工具涂抹。如果不慎涂抹出界，选择「后退一步」或是「把前景色换成白色」，再操作即可，如图 5－29 所示。

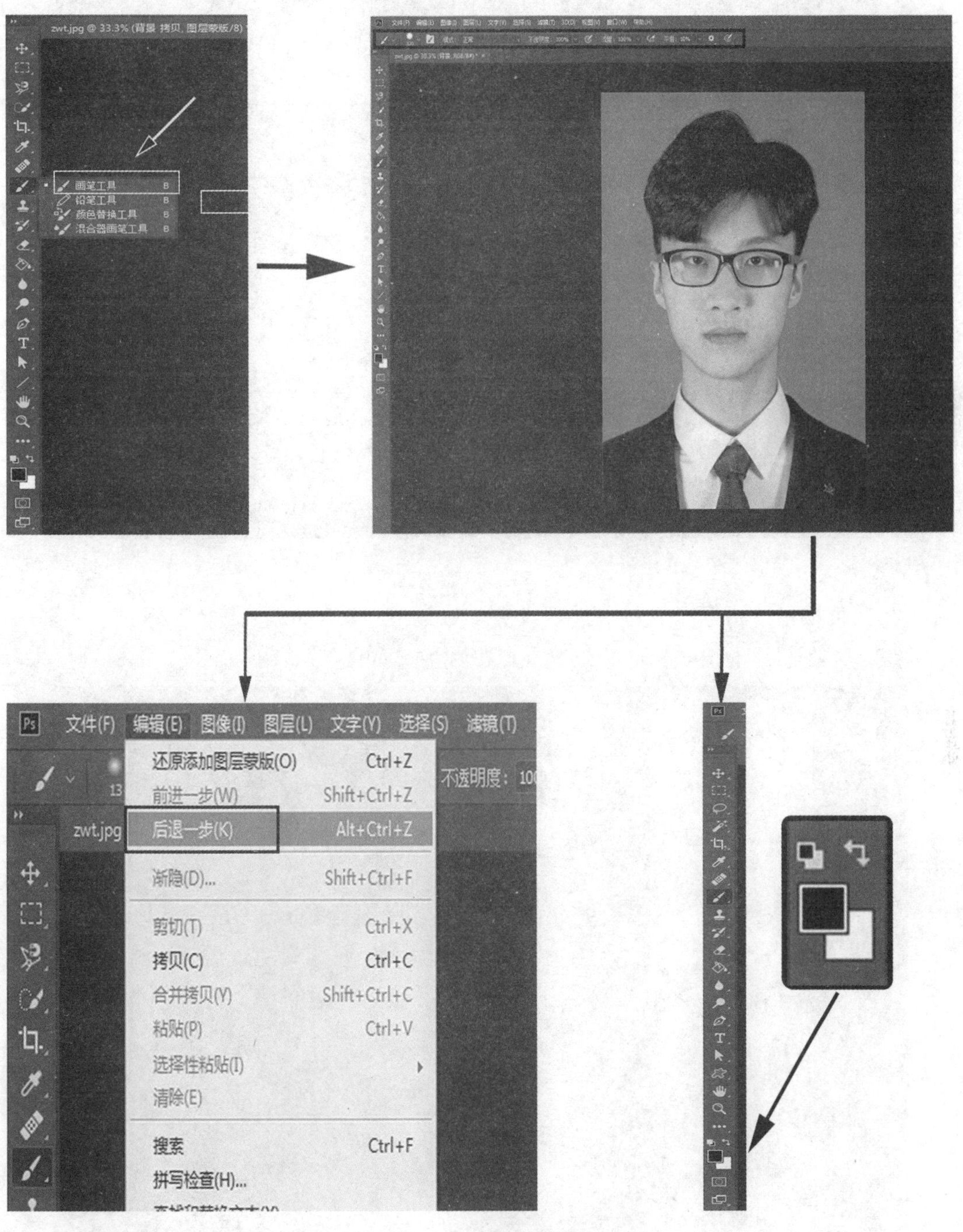

图 5－29　PS 更改前景色步骤

（7）剪裁并保存为寸照。

注意：1 寸照片尺寸：2. 5cm ×3. 5cm；2 寸照片尺寸：3. 5cm ×5. 3cm。

① 在 PS 左侧工具栏选择「裁剪工具」，如图 5－30 所示。

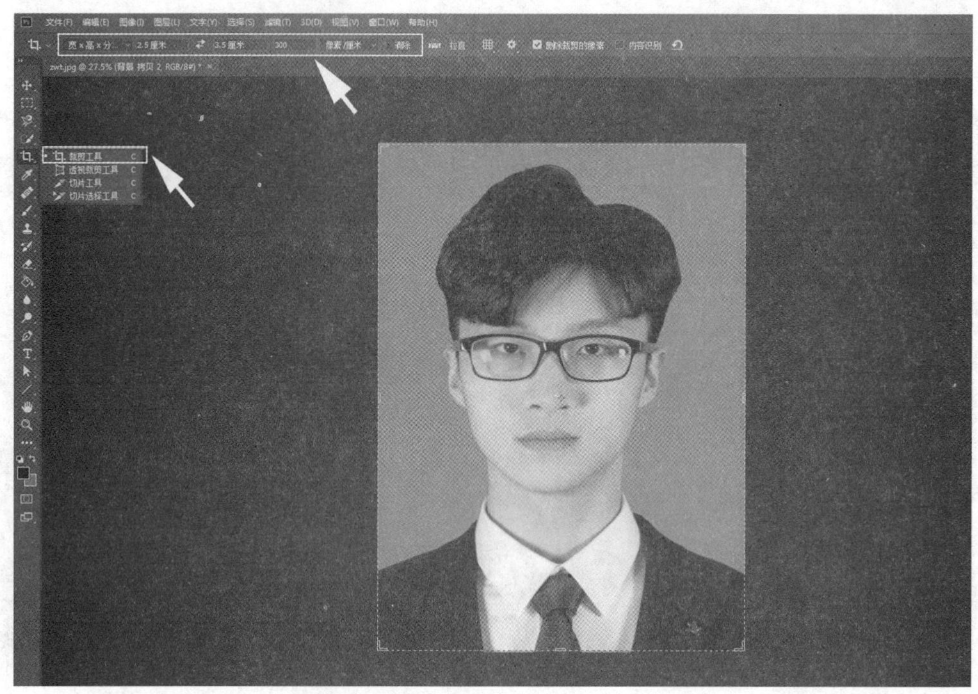

图 5－30　PS 裁剪工具

② 在菜单栏—图像—裁剪中进行设置，“宽度：2.5cm，高度：3.5cm，分辨率：300 像素”，在照片上选取合适的位置，点击裁剪，如图 5－31 所示。

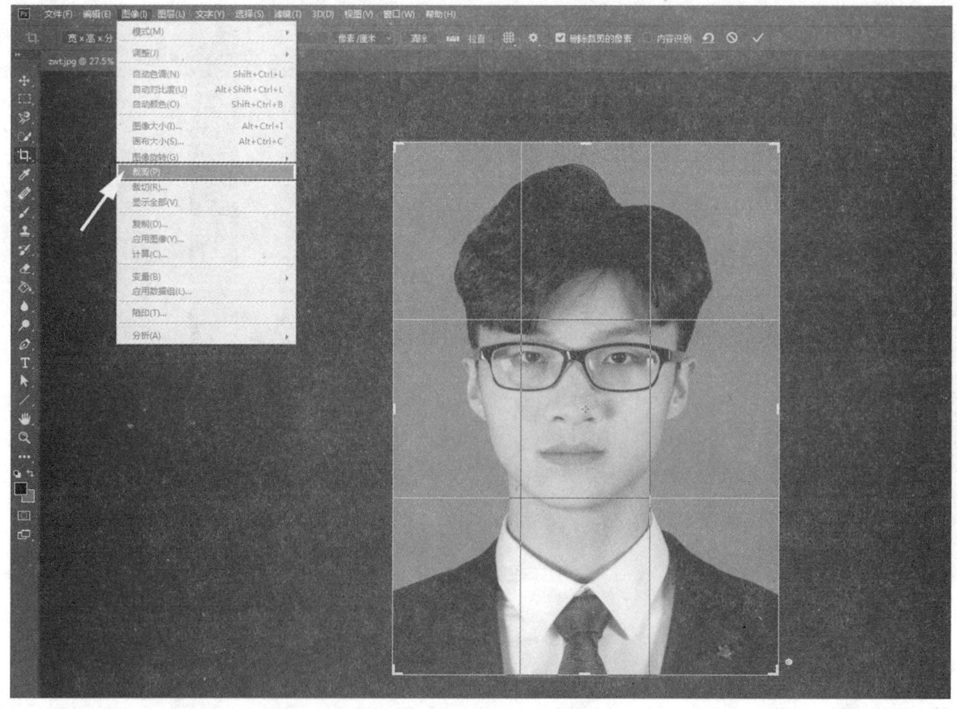

图 5－31　PS 裁剪步骤

③ 点击上方工具栏“图像—画布大小”，调节宽高均为 0.4 厘米，「相对」要打钩，点击确定，如图 5－32 所示。

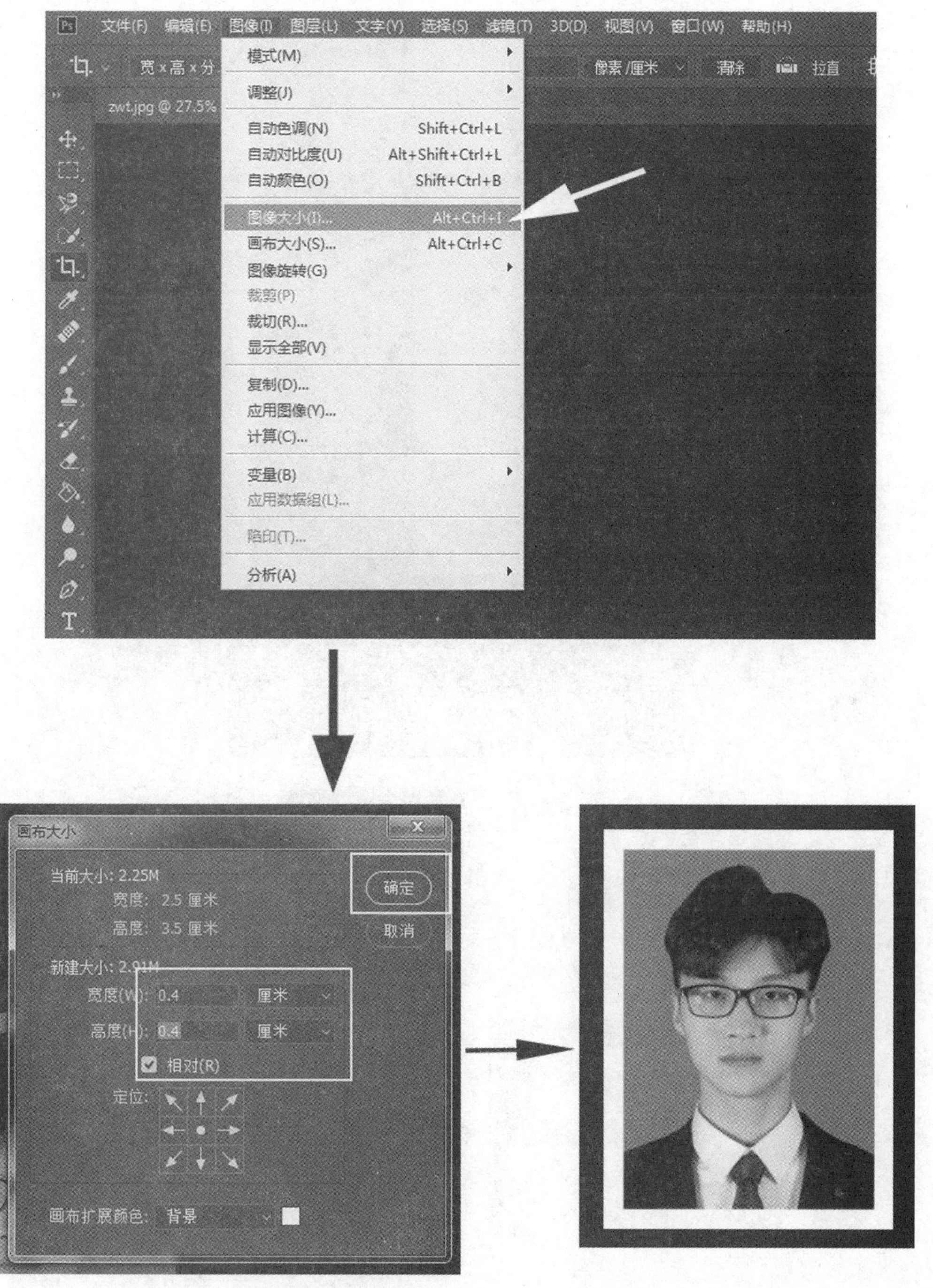

图 5－32　PS 画布大小调整步骤

④ 点击上方工具栏“编辑—定义图案”，将裁剪好的照片定义为图案，点击确定，如图 5－33 所示。

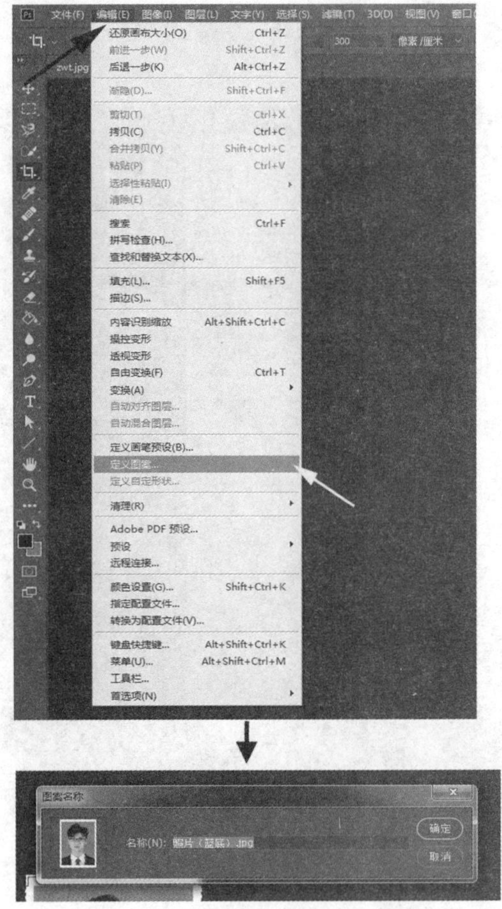

图 5-33　PS 自定义图案设置步骤

⑤ 利用工具栏新建一个画布，“文件—新建”，设置“宽度：11.6 厘米，高度：7.8 厘米，分辨率：300 像素/英寸”，点击创建，如图 5-34 所示。

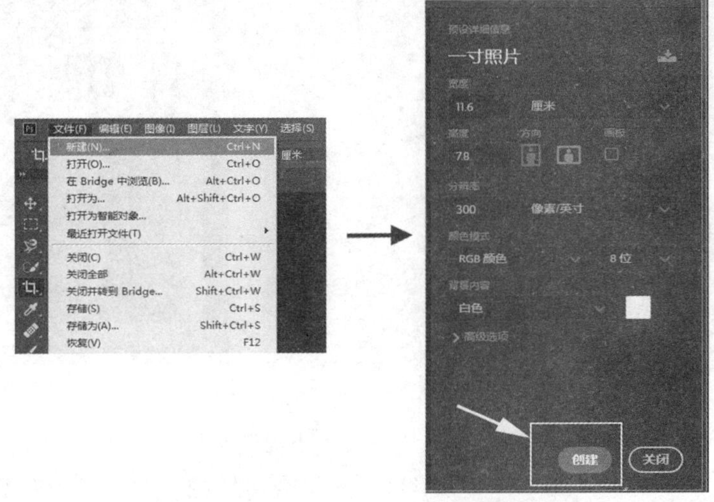

图 5-34　PS 新建空白文档步骤

⑥ 选择工具栏“编辑—填充”，选择图案，点击确定，得到排版寸照并保存即可，如图 5 - 35 所示。

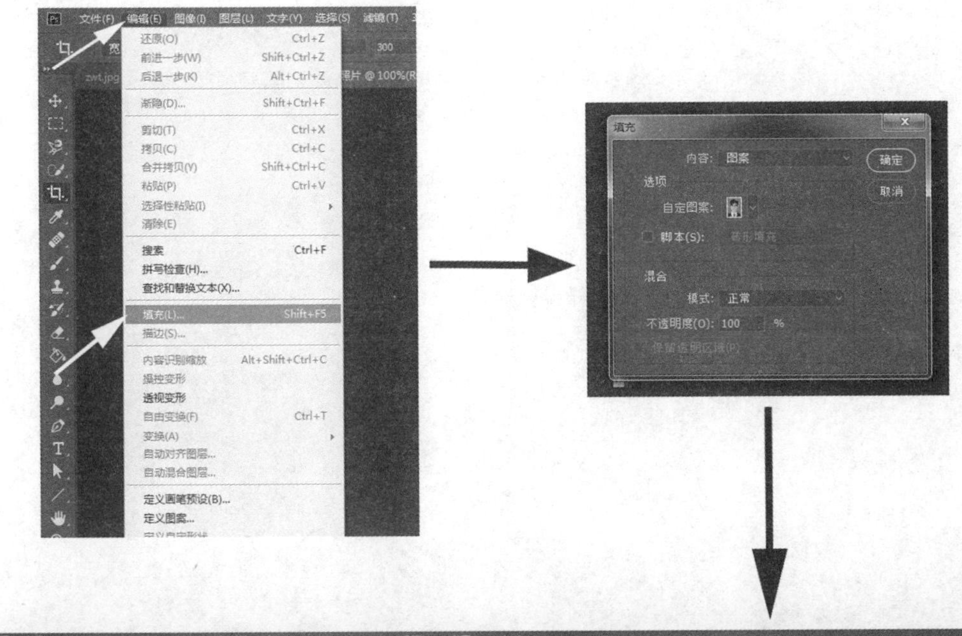

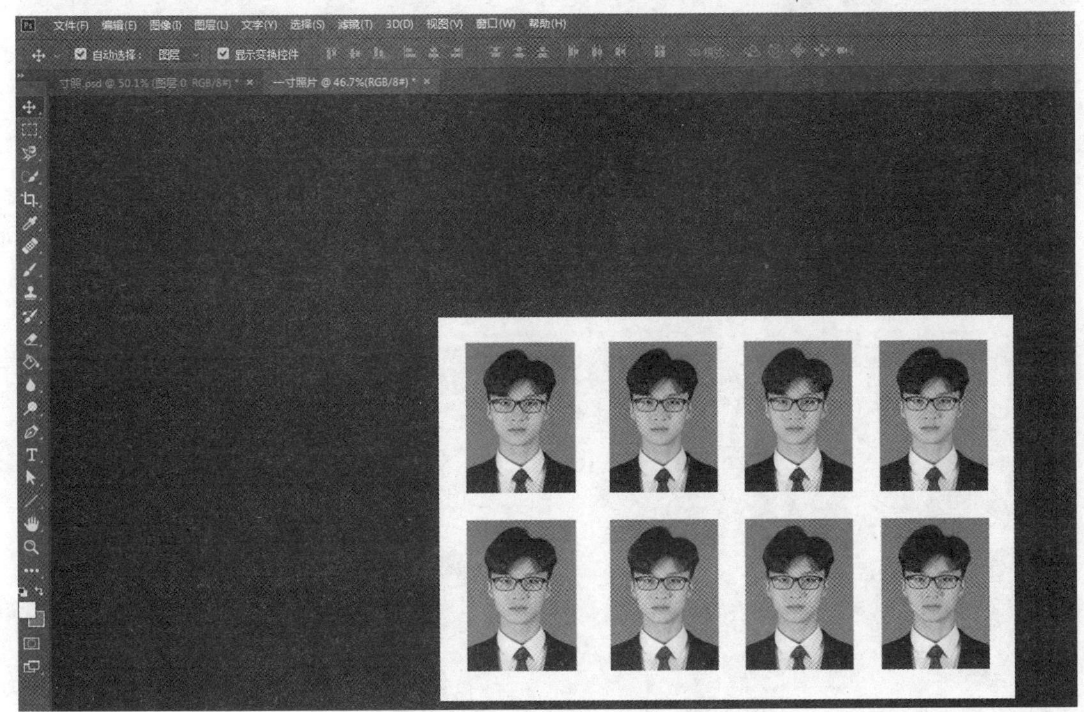

图 5 - 35　PS 编辑—填充步骤

2. 炫酷背景（PPT、桌面、网页背景）图片制作详解

本节以三角形的栅格化背景为例，效果如图 5 - 36 所示。

图 5－36　效果图例

（1）选取素材，可上网找一张色彩明丽的照片作为基础，如图 5－37 所示。

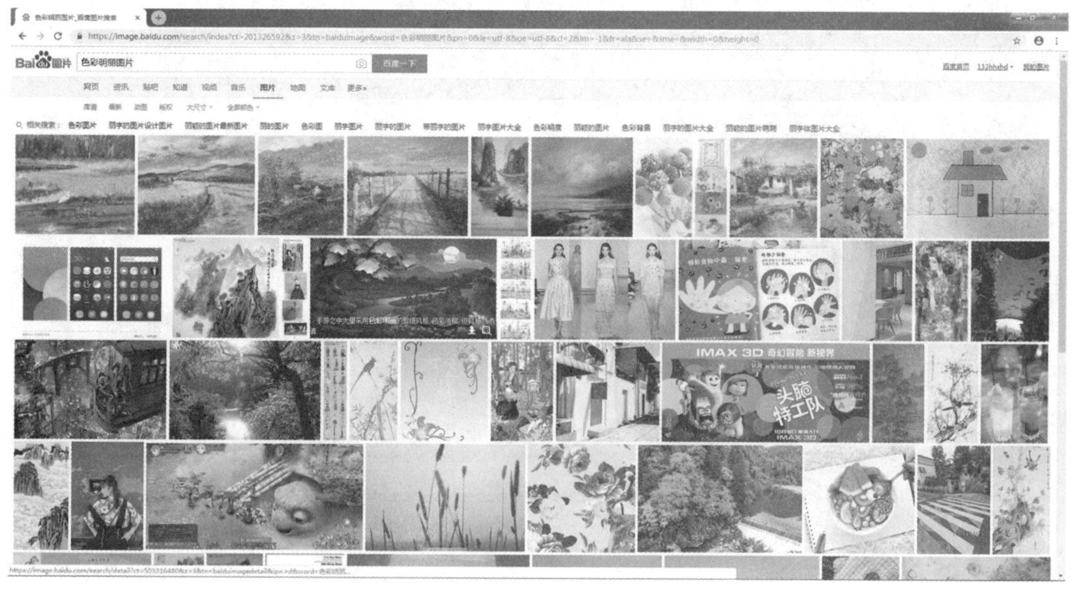

图 5－37　网上素材

（2）执行滤镜—像素化—马赛克命令，如图 5－38 所示。

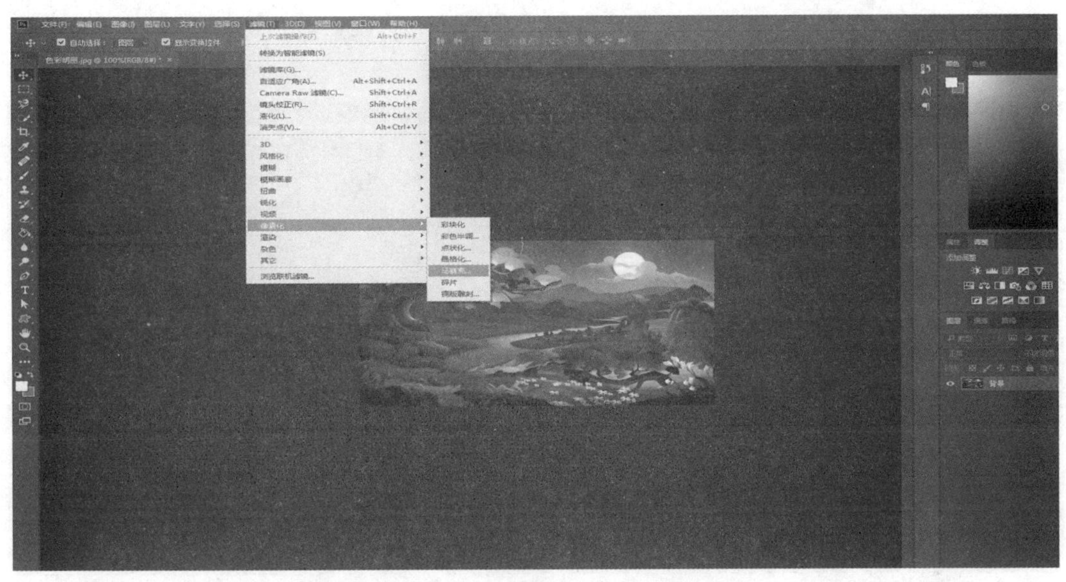

图 5－38　PS 马赛克命令执行步骤

（3）① 复制被像素化过的图层；② 自由变换；③ 变换其中一个图层斜切角度为 45°，如图 5－39 所示。

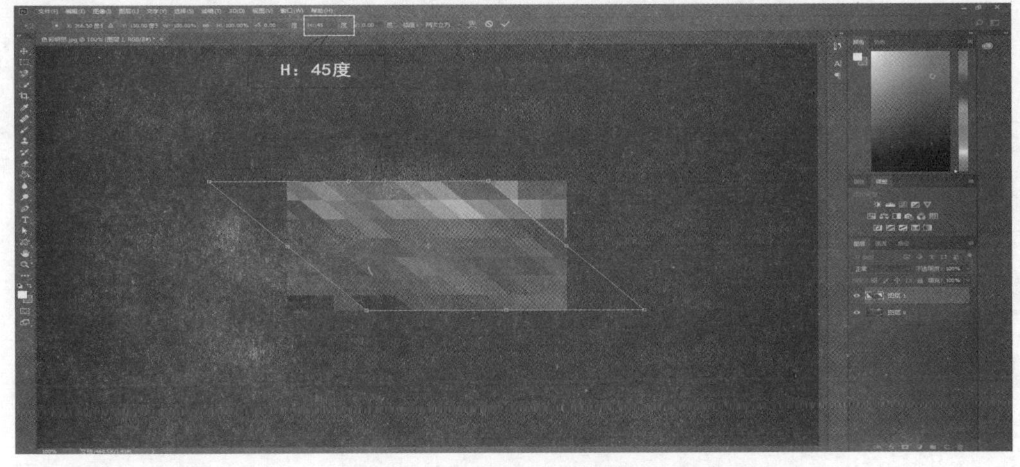

图 5－39　PS 自由变换操作步骤

④ 在背景图层上双击鼠标左键，将背景图层变为普通图层，变换该图层角度为135°，如图 5－40 所示。

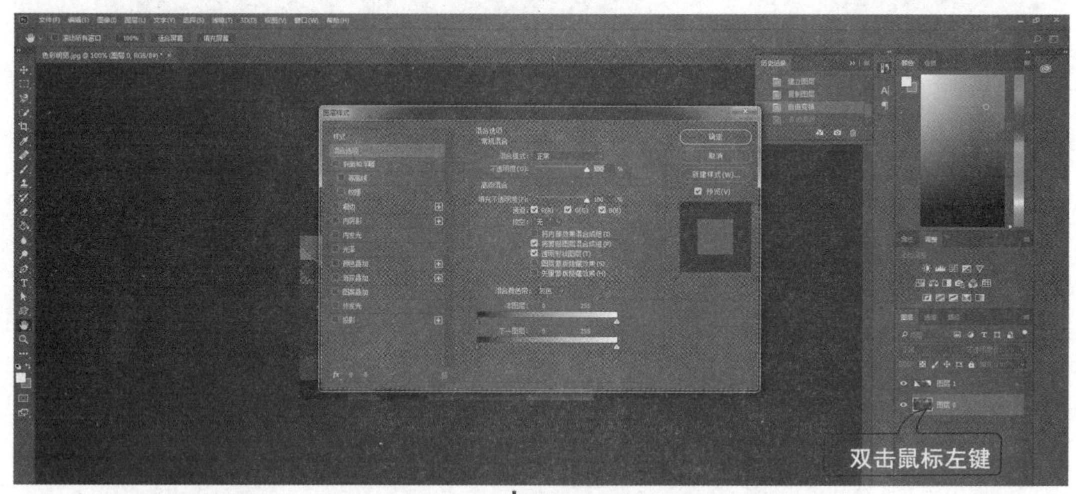

↓ CtrL+T

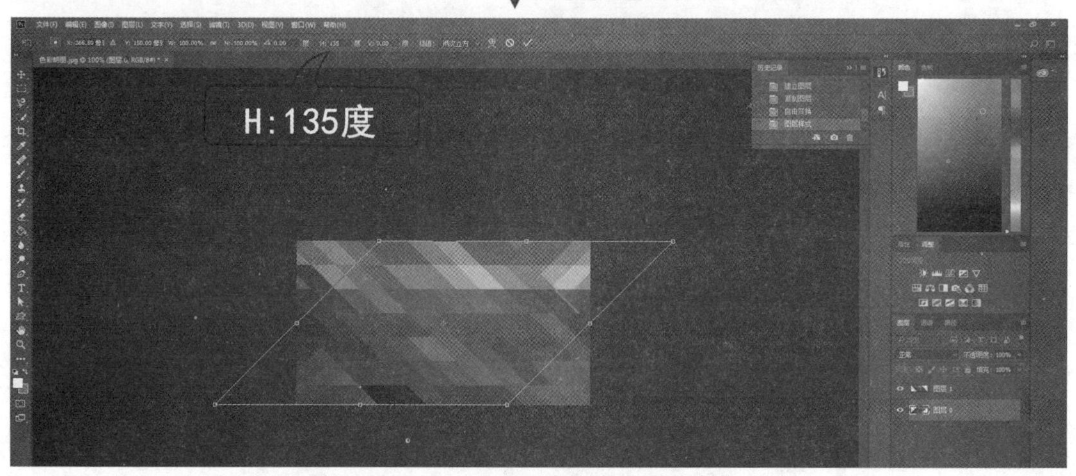

图 5－40　PS 图层转换操作步骤

⑤ 将上面的图层叠加模式改为“正片叠底”，如图 5－41 所示（也可以尝试其他叠加模式，会出现不同的效果）。

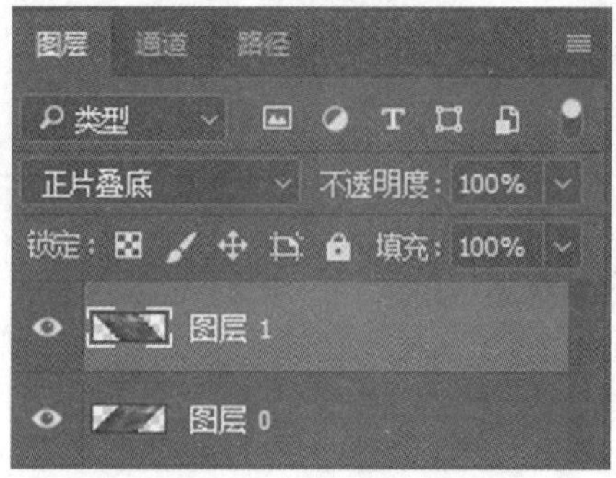

图 5－41　PS 图层效果

⑥ 左右移动图层，让两个叠加的图层重叠出现三角形，一张三角形栅格化的背景便制作完成。

➤ 思考题：

1. 简述图形和图片的区别。
2. 简述数字图片采集的主要方式。

➤ 课外实践活动：

用 Photoshop 为自己制作一张证件照。

用 Photoshop 制作炫酷背景图片。

第 6 章 数字动态影像教学媒体开发

影像是人对视觉感知的情景再现。影像可以由光学设备获取，如摄像机、镜子、望远镜及显微镜等；也可以人为创作，如电脑制图等。影像是一种视觉符号，通过设计的影像，可以发展成人与人沟通的视觉语言，也可以用于教学的信息传递。

数字影像是指被数字化了的视觉感知再现。数字动态影像则是指随时间流动而改变形态的图形，因为其内涵丰富，也常被我们广泛地应用于现代教学当中。

本书所指的数字动态影像，主要包含了数字视频和动画两种。

6.1 数字视频制作

6.1.1 数字视频

数字视频在文化教育和科技普及中发挥着巨大作用，是目前应用最广的信息资源之一。数字视频技术是在传统电视技术的基础上发展起来的，是一项综合性技术，它涵盖摄像、电视节目编辑、计算机技术和通信技术等几个方面。在学校教育、公司培训、政府视频会议等活动中都离不开数字视频。随着智慧终端的普及，数字视频已成为人们生活和学习的重要伙伴。

1. 数字视频（Digital Video）

数字视频是指以数字形式“0”和“1”记录的视频，与模拟视频相比，数字视频有不同的产生方式、存储方式和播出方式。数字视频一般是由数字摄像机直接产生数字视频信号并存储在数字磁带、存储卡、蓝光盘或者磁盘上，从而得到的数字视频文件。数字视频可以通过电脑采集、编辑、存储、播放，因此，相较于传统视频制作，数字视频更容易实现策划、编导、制作和包装等电视创作手段。数字视频技术的发展大大降低了视频制作的技术门槛。

2. 数字视频特点

和传统模拟视频相比较，数字视频具有成本低、效率高、质量好、制作技巧多、复制便捷以及易于传播等优点。数字视频一般需要数字摄像机采集影像信号，产生的数字视频文件一般由硬盘和存储卡等设备存储，从而降低拍摄和制作成本。这些存储设备不会像磁带录像机存储的模拟文件一样出现磨损或丢失的现象，更易于视频内容的保存。

数字视频是以“0”和“1”的方式记录信号，信号损失小，所以，数字视频一般比模拟视频的画面质量更好。模拟视频一般使用隔行扫描，数字视频则多使用逐行扫描，因此，数字视频画面会更细腻。

相较于模拟视频的线性编辑方式，数字视频的非线性编辑技术大大提高了视频编辑的工作效率。非线性编辑无须大量前进、后退操作搜索素材，寻找镜头方便快捷，只要一次下载素材无须反复磁带操作，节目制作相对快速，表现手段了也更为丰富。

3. 数字视频教育应用

（1）课堂教学视频制作

利用数字视频硬件和软件设备可以将课堂教学的过程制成视频文件，将这些视频文件存储在网络服务器上便可以让更多的人共享。优质课程教学视频可成为教学、研讨的重要素材，利用数字视频制作系统可以将优秀教师的讲座或课堂进行实录，为更多的人提供学习机会。

（2）网络直播课堂

网络直播课堂是指通过互联网进行的一点对多点的实时交互式的远程视频教学方式。通过网络视频技术可以将课堂教学实时直播，也可以实现不同地区视频画面的切换，方便专家、学者、学员等不同人群间的信息互动，进而分析解决深层次的学习问题。网络直播课堂可以让更多的学校共享优质教育资源，促进教育资源的均衡协调发展。

（3）远程教育、培训

利用数字视频可以实现实时和非实时的远程教育、培训。在教学培训过程中利用光盘、卫星、网络三种形式都可以把数字视频传输到各个学校，学生利用数字视频索取课程，接受教育。国培计划就采用视频课程为主的网络远程培训，该计划不但省去了教师培训的旅途颠簸和经费开支，还可以使教师随时抽空学习，自由支配听课时间而不影响正常的工作。

4. 数字视频文件格式

（1）MPEC

MPEG 是 Motion Picture Experts Group 的缩写。

MPEG－1 被广泛地应用在 VCD 的制作和一些视频片段下载的早期网络应用上，

该格式可以将一部120分钟长的电影压缩到1.2GB左右大小。

MPEG-2主要应用在DVD和一些HDTV（高清电视广播）的制作上，使用MPEG-2的压缩算法可将一部120分钟的电影压缩到5.8GB左右。

（2）AVI

AVI，音频视频交错（Audio Video Interleaved）的英文缩写。AVI是由微软公司开发的视频格式，它调用方便、图像质量好，但缺点是文件体积过于庞大。

（3）RM，RMVB

RM，是Rea1Networks公司所制定的音频/视频压缩规范，是为了适应网上视音频实况转播而开发的文件格式。它适合低网速环境下的视音频播放，但是其图像质量比VCD差。

RMVB是一种由RM视频格式升级延伸出的新视频格式，它大幅地提高了数字影像的画面质量。

（4）WMV

WMV是一种独立于编码方式的在互联网上实时传播多媒体信息的技术标准。WMV的主要优点是可扩充的媒体类型，支持本地或网络回放。

（5）FLV

FLV是随着Flash MX的推广而发展起来的新型视频格式，其全称为Flash Video。由于它形成的文件量级小、加载速度快，使得网络观看视频文件成为可能，它的出现有效地解决了视频文件导入Flash后，使导出的SWF文件体积庞大，不能在网络上很好地传输等缺点。

目前各在线视频网站大都会采用此视频格式，如新浪播客、优酷、土豆、酷6、YouTuBe等。

（6）MP4

MP4是一种流媒体视频格式，MP4使用的压缩方式为DivX和XviD。

经过以DivX或者XviD为代表的MP4技术处理过的视频，图像的视频、音频质量下降不大，但体积却缩小到原来的几分之一，而且画面质量也明显优于VCD。

（7）3GP

3GP是一种3G流媒体的视频编码格式，主要是为了配合3G网络的传输速度而开发的，也是一种手机常用视频格式。

3GP是MP4格式的简化版，3GP是智能移动设备的标准格式，可大量应用在手机、PSP等移动设备上。其优点是文件体积小，适合移动设备使用，缺点是播放质量差，帧数低，在5G来临的时代，3GP格式已逐渐被广大使用者所放弃。

6.1.2　数码摄像

摄像是获得视频信号的主要方式，也是视频制作的基础。通过摄像得到的视频素材的效果直接决定后期编辑的质量，拍摄得越好，后期制作的节目就越好。

摄像是摄影艺术与摄像技术共同作用的产物，摄影艺术决定拍摄画面的艺术效果，而摄像技术则决定拍摄画面的视觉效果。数码摄像机是当前数码摄像的主要设备。

1. 认识数码摄像机

数码摄像机（Digital Video，DV）进行工作的基本原理简单地说就是光、电数字信号的转变与传输。即通过感光元件（CCD、CMOS）将光信号转变成电信号，然后将模拟电信号转变成数字信号，再将转变成的数字信号存储于特定的介质上，在播放时把数字文件由专门的芯片进行读取并处理后还原出原来的动态画面。

数码摄像机具有清晰度高、色彩还原性强、信号不会因磁带磨损而损失、体积小便于携带等优点。

数码摄像机是由镜头、光电转化器、A/D 转换器、数字视频处理系统（DSP）、寻像器、液晶显示器、存储器、D/A 转换器、中央控制器以及电源等构成，详见图 6－1。

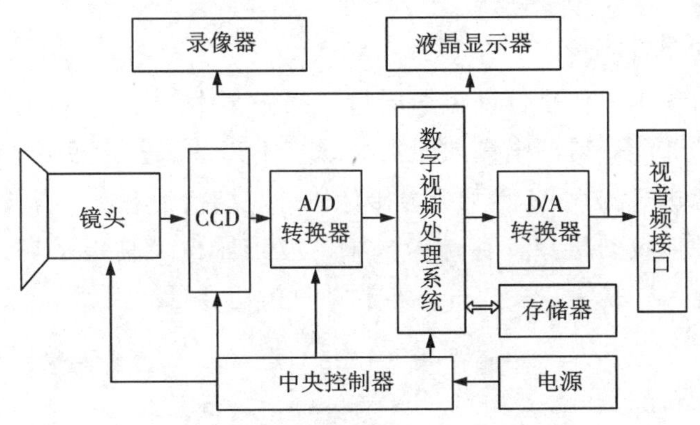

图 6－1　数码摄像机系统原理图

镜头是一个透镜组，主要作用就是将外界的景物在感光元件上进行呈现。

CCD 光电转化器的作用是将光信号转换为电流信号。专业摄像机一般使用 3 块 CCD 分别转换红、绿、蓝三种不同颜色的光，从而提高色彩还原的效果。

A/D 转换器实现模拟电流信号到离散数字信号的转换。

数字视频处理系统（DSP）的作用是把数据按照一定的方式编码。存储器的作用是存储数据，现在数码摄像机主要有硬盘存储和存储卡存储二种方式。

D/A 转换器的作用是将数字信号转变为模拟信号在显示设备上或者输出接口上输出视频信号。

寻像器和液晶显示器的作用是输出影像，呈现拍摄的效果。

所有这些设备都受中央控制器的控制，电源则给摄像机系统提供所需的能源。

按照设备档次高低及用途不同，数码摄像机分为广播级、专业级、家用级。

广播级是影视专业电视节目制作和新闻采访摄像机，广播级摄像机又分为演播室座机和现场移动摄像机。

专业级摄像机是指用于工业、气象、水文、医疗、航天等行业不同用途的摄像机。

家用级摄像机图像清晰度较低、色彩还原性较差、对光线要求较高，但价格低廉、小巧灵活、操作简单、携带方便，主要用于对视音频质量要求不高的环境。

图 6－2 是一款介于广播级和家用级之间的摄像机，该款摄像机除了家用级的功能外还具有滤色片选择、手动聚焦、外置麦克风等功能。

图 6－2　SONY HXR-NX5 型摄像机

衡量一款数码摄像机的技术指标包括存储类型、光学变焦、液晶屏尺寸、感光元件像素、传感器尺寸、录制格式、拍摄性能、录音设备、接口类型、电池容量等。在选购摄像机时应综合衡量以上技术指标，根据实际用途选择不同价位的机型。

2. 摄像机的基本操作

对摄像机进行正确操作是保证摄像质量和摄像艺术效果的基础，摄像时需实施恰当合理的操作技巧才能获得清晰高质量的影像，不当的操作会使影像失真，错误的操作甚至会损伤摄像机。图 6－3 是某型号摄像机外观结构示意图，从图中可以看出，摄像机外观包括电源、数据接口，存储卡插槽，取景器，录制指示灯，手柄录制按钮，液晶显示器，麦克风，镜头，变焦杆，电源开关按钮和录制按钮等。

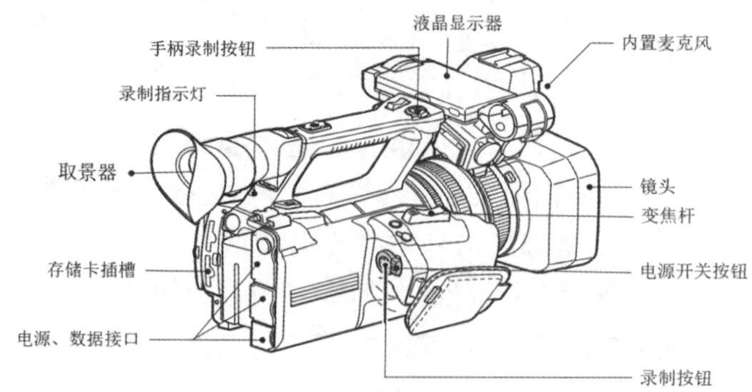

图 6－3　SONY HXR-NX5 外观结构示意图

拍摄之前我们应该首先要仔细阅读购机时附带的说明书。说明书会详细描述摄像机的性能、基本操作、常见故障处理以及养护方法，能方便我们充分了解摄像机的功能。

其次，要熟悉摄像机的各个按键，并知道每个按键的含义。摄像机型号不同，按键多少也不同，家用级按键较少，广播级按键较多。

再次，在使用过程中我们要尽量减少开关机次数，千万不能摔打摄像机，更不能把摄像机正对强光源（太阳）拍摄。平时也要防止摄像机被弄脏，下雨天要保护摄像机不能被雨水淋湿。

最后，在拍摄过程中不要随意操作各种按钮。如果某些按钮功能不能确定请不要轻易操作，否则可能带来不必要的麻烦。

不同型号的摄像机操作的方法也不尽相同，但绝大多数摄像机操作的具体步骤如下：

（1）正确连接各种设备，准备存储介质并给摄像机供电。

（2）打开摄像机电源和镜头盖，测试摄像机是否完好，进行拍摄。

（3）调整摄像机系统参数，如白平衡、滤色片、记录格式等。

（4）在取景器内取景，并按下录制键开始录制，录制结束按录制键停止拍摄。

（5）利用播放功能浏览拍摄效果，检查拍摄质量。

（6）关闭电源，取下连线，取出存储介质（或导出数据），拍摄完毕。

3. 摄像技术入门

摄像是一门艺术，它包含用光、构图、拍摄机位、拍摄技巧等艺术技巧。

摄像的基本原则是持机要“稳”、画面要“平”、拍摄要“准”、摄速要“匀”。

拍摄过程中持机要“稳”，要求持机拍摄不能晃动，如果摇摇晃晃地拍摄，拍摄的影像会让观众看起来头晕。画面要“平”，指拍摄过程中要尽量保持画面水平线水平，如果水平线不平，拍摄的人或物就会有倾倒的感觉，会让观众极不舒服。拍摄要“准”是指拍摄的视觉重心和时间要选择恰当，如果抓得不准就会出现“欲拍红花结果拍了绿叶，欲拍马头却拍了马尾”的现象，因此，拍摄者往往要提前做好准备，要在动作发生之前预料到下一步将要拍摄的镜头。摄速要“匀”是指使用推、拉、摇、移时动作要均匀，不能忽大忽小、忽左忽右、忽快忽慢，在使用变焦杆时动作更要均匀。除此以外，我们还要注意拍摄机位、构图、用光以及摄像技巧等。

（1）拍摄机位

拍摄机位是指拍摄时摄像机镜头轴线与被拍摄物体之间的位置、高度和距离等关系。拍摄机位是画面构图的重要方式，不同的机位表现出来的景物大小和角度各不相同。

拍摄机位包括拍摄方位、拍摄高度和拍摄距离等，如图 6－4 所示。不同拍摄机位会产生不同的画面构图，拍摄距离的远近会影响景别和景深，此外，镜头焦距相同的情况下拍摄画面会出现近

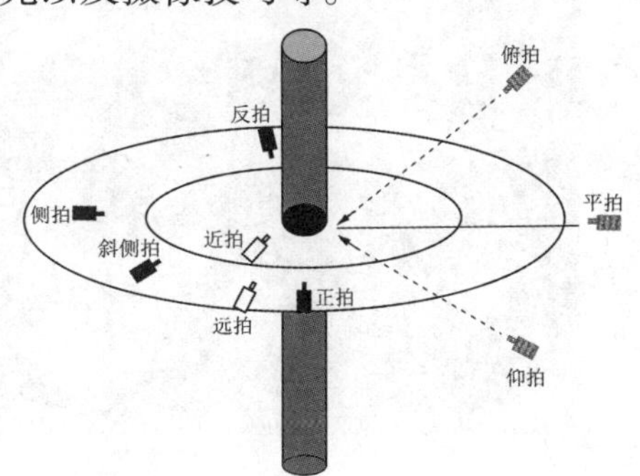

图 6－4　不同拍摄机位示意图

大远小、近浓远淡，近处显局部，远处看整体的透视效果。

不同的拍摄方位可产生正面、侧面、斜侧面以及背面的构图变化，分别形成正拍、侧拍、斜侧拍、反拍四种拍摄方式。

正面拍摄时主体常处于画面中心，给人平稳、宽广、安静的感觉。

斜侧面拍摄则是在物体的斜侧面进行拍摄，拍摄的立体感和纵深感较强。

侧拍及背面拍摄，是对着拍摄物体侧面或背面进行拍摄，主要用于表现景物的轮廓线。

拍摄高度不同可产生平视、俯视、仰视的构图变化，分别形成平拍、俯拍、仰拍三种拍摄方式。

平拍是摄像机与被摄物体在同一水平线上的拍摄，平拍的景物不变形，具有真实感，但画面显得平淡。

俯拍是摄像机高于被摄物体水平线向下拍摄，俯拍容易产生景物变形，善于表现广阔的景物，如拍摄河流、公路等。注意，俯拍拍人会给观众以压抑、低沉的感觉，教学拍摄时需谨慎使用。

仰拍是摄像机低于被拍摄物体水平线向上拍摄，仰拍给人庄重、高大、威严的感觉，经常用于拍摄雕像、塔、碑、建筑物等。

（2）拍摄构图

人眼观察事物的视野非常广阔，而利用摄像机拍摄景物则受尺寸的限制，拍摄的景物和人们观察到的事物间差别很大，这就要求在摄像时进行合理构图。

构图是指对拍摄对象的取舍以及对其在画面空间中的位置所做的安排。按照拍摄对象侧重点不同有主体、陪体、前景、背景、空白等。拍摄时通过主次、前后、大小形成画面节奏，通过点、线、面、色彩的有效应用来提高画面的艺术效果，一般会通过对比与调和、对称与均衡的构图法则在画面布局、色彩选择、空间安排中巧妙应用，得到达意准确、吸引观众的效果。

拍摄构图的空间位置安排可以利用黄金分割构图、三角形构图、S 形构图（分别如图6－5、图 6－6、图 6－7 所示）等常见的构图方法。

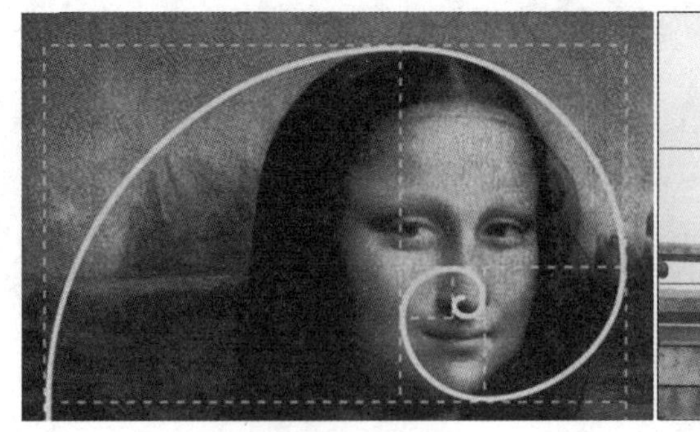

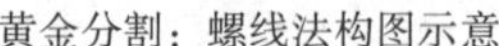

黄金分割：螺线法构图示意

黄金分割：九宫格法构图示意

图 6－5　黄金分割构图

三角：元素单一三角构图示意

三角：元素多三角组合构图示意

图 6－6　三角形构图

S 形：弧线曲折构图示意

S 形：直线曲折构图示意

图 6－7　S 形构图

构图提示：巧妙留白与补白，可让画面疏密有序、主次分明；对于运动物体的拍摄，在运动的方向前要留有一定的空白，否则运动物体会出现飞出画面的感觉。构图的过程是拍摄者展现智慧和创造性的过程，不能刻板地套用现成理论，要根据实际情况灵活变通。

（3）拍摄用光

按照拍摄环境的不同，拍摄用光分为室内人造光源布光、室外自然光采光以及混合布光等。

室内拍摄主要是在人造光源的环境下进行，可以人为地布置光源的强弱和距离远近。室内布光一般使用三点布光法（如图 6－8 所示）、环形布光法（如图 6－9 所示）。

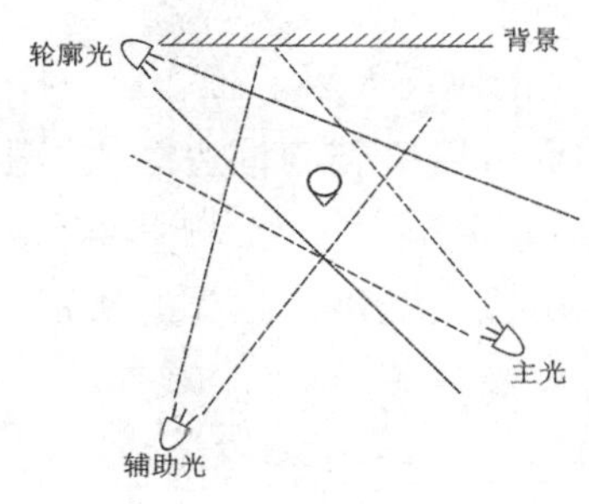

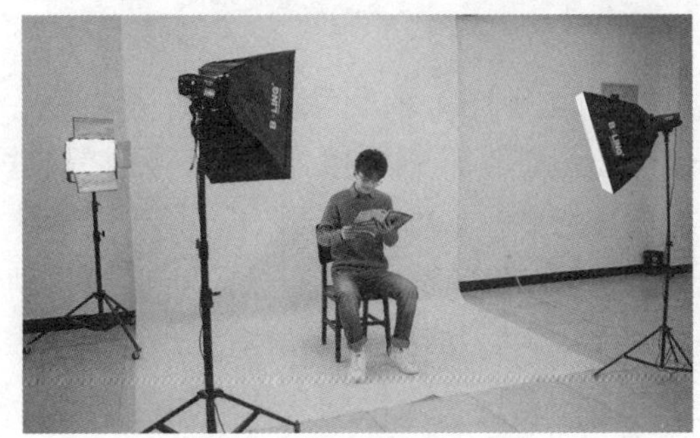

图 6－8　三点布光法

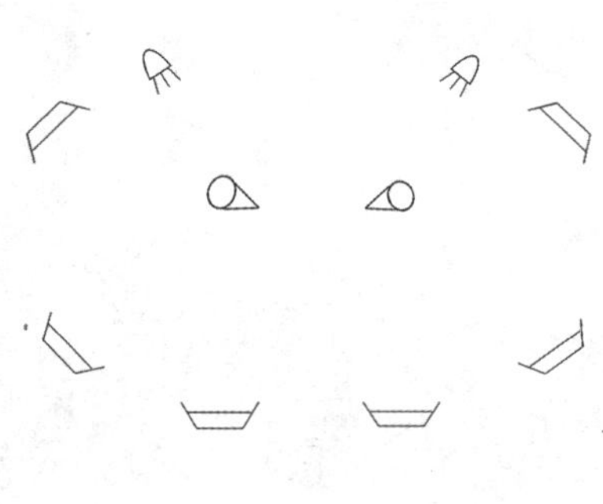

图 6－9　环形布光法

室外按照光源照射的方位不同分为顺光、侧光、斜侧光、逆光、侧逆光，如图 6－10所示。

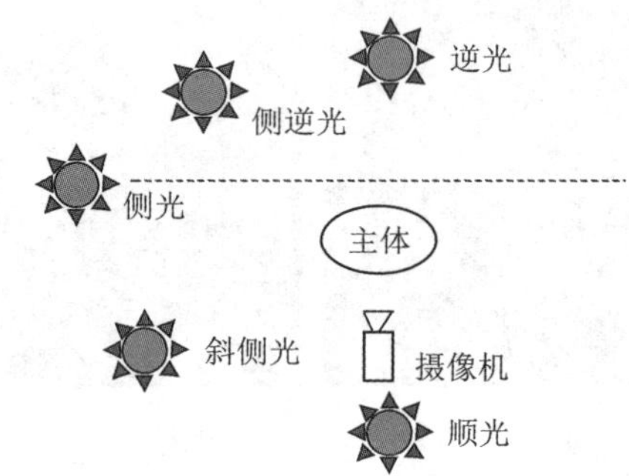

图 6－10　室外光源示意图

顺光又称平光，景物面向镜头的方向被光源照射，从摄像机方向看被摄体没有阴影和反差。因此，影像缺少层次、影调平淡，但顺光拍摄的人物，肌肤光洁细腻。

侧光是指被拍摄物体侧面受到光线照射，未照射区域处于阴影中。因此，景物轮廓明显，纹理清晰，影像影调反差大，层次丰富，立体感、空间感明显。

逆光又称轮廓光，光源位置处在被摄体的正后方。逆光可以勾画出被拍摄物体的轮廓，能很好地表现透明物体的质感，例如用逆光拍摄水面就会光斑闪闪、波光粼粼。

需要注意的是，进行摄像创作时很少会使用单一光源，在拍摄中巧妙利用光源位置拍摄常常会带来意想不到的特殊构图效果。

（4）摄像技巧

摄像技巧是由于摄像机镜头机位的运动变化而产生的画面效果。推、拉、摇、移、跟、升、降、甩都是常用的摄像技巧，用它们进行拍摄可以突破画框边缘的局限、扩展画面的表现形式。

推，指摄像机正面拍摄时通过向前直线移动或使用镜头变焦使拍摄的景别从大景别向小景别变化的拍摄手法。

拉，是从小景别向大景别变化的拍摄手法。

摇，指拍摄时以摄像机为轴心从左向右或从右向左成弧线移动的拍摄手法。

移，指拍摄时镜头方向与摄像机移动方向成直角移动的拍摄手法。

跟，指拍摄运动对象时跟随拍摄对象运动的拍摄手法。

升，指拍摄镜头沿着垂直方向从下往上移动的拍摄手法。

降，指拍摄镜头沿着垂直方向从上往下移动的拍摄手法。

甩，指拍摄时以摄像机为轴心快速从一个固定场景摇到另一个固定场景的拍摄手法。

摄像技巧的应用会丰富画面视觉效果，但不能滥用，恰当的技巧可以锦上添花，不当的技巧反倒画蛇添足。

拍摄要根据拍摄主体、场合、情景的不同灵活应用技巧。在表现宏大的气势和广阔的空间时可以使用“摇”的技巧，在快节奏的文艺节目中可以用“甩”的技巧，而在教师讲课、专家作报告等严肃场合则不能滥用“推、拉、摇、移”。

6.1.3　数字视频非线性编辑

影视编辑历经了物理剪辑方式、时码编辑方式、电子编辑方式等变革发展到现在的非线性编辑方式。每一次技术变革都是科学技术发展的巨大飞跃，也推动了编辑理念的发展，促进了影视事业的繁荣。数字视频非线性编辑系统克服了传统编辑过程中编辑定位点难以把握的技术瓶颈，它利用计算机软件和硬件结合的方法解决了数字视频编辑的诸多问题。

1. 非线性编辑

非线性编辑是相对于传统以时间顺序进行线性编辑而言的。传统的录像编辑机是从素材带上搜索某个视频片段，然后在节目带上按照时间顺序将该片段组接到确定的磁带位置上，原来同等时间长度的内容在节目带上会被抹去，如图 6－11 所示。非线性编辑则借助计算机来进行数字化制作，几乎所有的工作都在计算机里完成。素材可以从素材库中方便调用，不用反反复复在磁带上搜寻，突破单一的时间顺序编辑限制，可以按各种顺序进行排列，可覆盖节目带的片段或者后移编辑点后面的内容。非线性编辑只要上传一次素材就可以被多次编辑，信号质量始终不会变低，所以节省了设备、人力，提高了编辑效率。

非线性编辑系统可以任意打乱、随意调整镜头素材的顺序，完全抛弃线性编辑系统按照工作顺序和节目顺序完成相应操作的工作方式，节目素材可以随意裁剪长度和任意选择顺序，素材也可以反复多次使用，产生的节目还可以重新作为二次编辑的素材，如图 6－12 所示，A 和 A′两个镜头间可以任意插入镜头 B、镜头 C，而镜头 A′也不会被抹去，镜头 A、B、C 以及 A′间的顺序也可以随意调整，相较于传统视频编辑来说，已是革命性的进步。

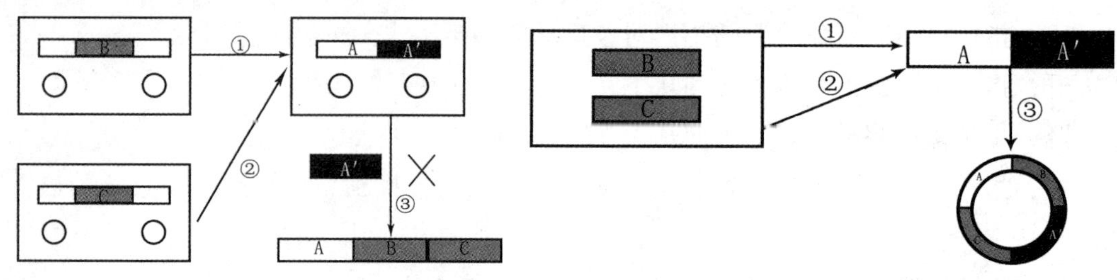

图 6－11　磁带线性编辑示意图　　　　图 6－12　数字非线性编辑示意图

2. 非线性编辑系统

非线性编辑系统是能够对视频、音频信号进行采集、加工、存储、录放和编辑的计算机和摄录像系统。一般由数字录像机、非线性计算机工作站、录像机等设备组成，通常认为系统包含了硬件平台和软件平台两大部分。一个非线性编辑系统从硬件上看，可由计算机、视频卡或 1394 卡、声卡、高速硬盘（磁盘阵列）、专用板卡（如特技卡）以及外围设备构成。

硬件平台结构如图 6－13 所示，由摄像机记录视音频信号，再通过计算机系统用视音频处理卡将信号采集为素材文件并存储于磁盘，然后通过计算机系统编辑处理后生成节目文件，最后再把视频节目文件存储在磁盘上或者直接录制到磁带上的一个系统。

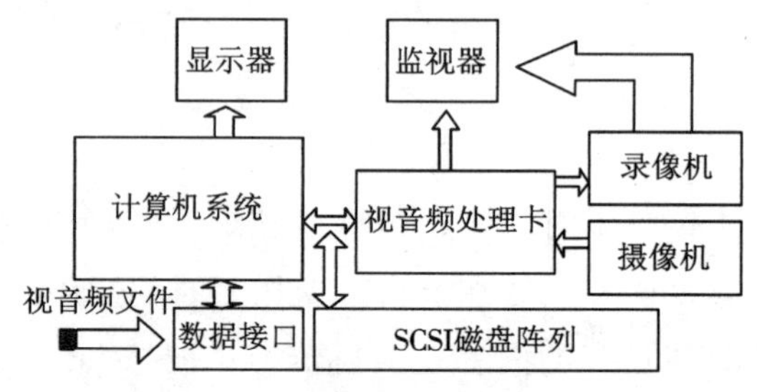

图 6－13　非线性编辑系统结构图

随着科技的发展，目前很多摄像机直接带有硬盘或存储卡，摄录的素材会被直接保存为视音频数据文件。因此，可通过数据接口将素材复制到非线性编辑系统中直接使用。视音频处理卡是系统硬件的核心部分，也决定了非线性编辑系统的主要性能。过去，很多视音频处理卡具有实时功能和特技功能，不过功能越强大价格就越高，如加拿大 Matrox 公司研制的 DigiSuite LE 双通道视音频采集卡性能优越，集采集、压缩、实时特技为一体，索贝、大洋、新奥特等非线性编辑系统都采用此卡，但价格很高。现在，伴随着计算机硬件技术的发展，强大的显卡已能替代视音频处理卡的功能，减少了视音频处理卡的采购费用，非编系统硬件平台的价格已非常亲民。因此，在教学视频的制作过程中，非编硬件平台建设已不再是限制教学的条件。

非线性编辑系统的硬件平台只能进行视音频素材的采集、存储及播放工作，要完成非线性编辑还要有软件平台的支持。国内外不同的软件厂商推出了很多的三维、特技、动画软件，它们可以相互配合，共同完成高质量的视频编辑工作。例如Adobe公司的Premiere配合After Effect后期制作软件使用，就可以创造出精致的视频效果。

目前常用的非线性编辑软件有Adobe Premiere、Vegas Video、Final Cut Pro、Media Studio Pr、会声会影、影音宝典、Windows Movie Maker等。

3. 非线性编辑的规则

非线性编辑的过程是一个艺术创作的过程，更是一系列复杂的技术操作过程。使用非线性编辑不能随心所欲，编辑需要符合观众的生理和心理规律，其特技使用也要符合人类审美和视听觉的心理规律。非线性编辑规则包含了镜头、蒙太奇、景别、组接等要素。

（1）镜头——视频编辑的基本单位

镜头是指在视频编辑的过程中从开机到关机所拍摄下来的一段连续的画面，有时也会把两个剪接点之间的片段也叫一个镜头。

镜头是影视造型语言中最基本的单位，一部影片一般是由若干个镜头组接而成的。镜头有长有短，长的镜头可能有几十分钟，短的镜头仅有几秒钟。画面不等于镜头，有时候一个镜头包含了好几个画面，有时一个画面也会使用了不同的镜头。画面侧重艺术造型，镜头侧重时间结构。

（2）蒙太奇——镜头间的逻辑

蒙太奇（montage）在法语中是“剪接”的意思，但在视频编辑中它被发展成一种镜头组合的理论。

蒙太奇是根据影片所要表达的内容和观众的心理顺序，将一部影片分别拍摄成许多镜头，然后再按照编辑者的构思进行组接，一般包括画面剪辑和画面合成两方面。画面剪辑是指由许多画面并列或叠化而成的一个统一作品，画面合成则指制作这种组合方式的艺术或过程。视频就是将一系列在不同地点、从不同距离和角度、以不同方法拍摄的镜头排列组合起来，用以叙述情节，刻画对象的声画蒙太奇作品。

不同的镜头组接在一起时，会产生各个镜头单独存在时所不具备的含义。例如卓别林将工人赶进厂门的镜头与被驱逐的羊群的镜头衔接在一起，普多夫金把春天冰河融化的镜头与工人示威游行的镜头衔接在一起，就使原来的镜头表现出新的含义。

视频的制作需遵循电影蒙太奇原理，导演按照剧本或影片的主题思想，分别拍了许多镜头，然后再按原定的创作构思，把这些不同的镜头有机地、艺术地组织、剪辑在一起，使之产生连贯、对比、联想、衬托悬念等逻辑关系以及具有快慢不同节奏的影片。

（3）景别——镜头的达意方式

景别是指因摄影机与被摄体距离的不同，而造成被摄体在电影画面中所呈现出的范围大小的区别。以人在画面中的大小为参照，景别的划分一般可分以下五种，如图

6－14 所示。

图 6－14　五种景别划分示意图

特写（人体局部细节）、近景（人体胸部及以上）、中景（人体膝部及以上）、全景（人体的全部和周围背景）、远景（被摄体所处环境）。

远景具有广阔的视野，常用来展示事件发生的时间、环境、规模和气氛。全景用来表现场景的全貌或人物的全身动作，在影片中主要用于表现人物之间、人与环境之间的关系。中景是叙事功能最强的一种景别，重点在于表现人物的上身动作。人物胸部以上或局部称为近景，近景着重表现人物的面部表情，传达人物的内心世界。拍摄画面在人头部以上或其他被摄对象的细部被称为特写，特写镜头能细微地表现人物的面部表情，主要用来描绘人物的内心活动。在电影、电视中，导演和摄影师利用复杂多变的场面调度和镜头调度，交替地使用各种不同的景别，可以使影片剧情的叙述、人物思想感情的表达、人物关系的处理更具有表现力，从而增强影片的艺术感染力。

（4）组接——镜头的衔接方式

把两个镜头连接在一起的过程称为“组接”。镜头间使用切换技巧的组接方式称之为“转场”。

镜头组接要符合生活和思维的逻辑，既要符合人类的思维习惯，又要遵循影视表现的规律。常用的组接技巧有利用动作组接、利用出入画面组接、利用物体组接、利用因果关系组接、利用声音组接、利用空镜头组接等。

镜头组接时景别的变化要循序渐进原则，不能跨越太大。镜头组接时要动接动，静接静，两个组接镜头在影调、色彩上要统一。镜头除了直接组接外，还可以使用一定的切换特效组接，也就是利用转场组接。

4. 非线性编辑的特效

（1）转场

转场是指两个相邻视镜头画面间的过渡方式，常用的转场有淡出、淡入、划变、

3D、色键等。在平淡的镜头间添加转场，会改善视觉效果，提升影片的表达效率。

转场的主要作用是展示空间的推移、时间的更迭和情节的变化。例如，从夜晚的镜头到黎明的镜头间采用转场进行逐渐过渡，其视觉效果就要比硬切好；从一个小孩的镜头到青年的镜头使用淡出、淡入会给观众一个心理缓冲；利用翻页转场效果会缩短镜头间的时空跨度；利用色键效果可以使不同画面的镜头进行顺利切换。

（2）字幕

字幕泛指出现在荧屏上的对话文字、解说文字以及其他性质的文字。

字幕一般叠加在视频或者图像上，是影视表达中不可缺少的元素。字幕包括标题字幕、滚动字幕、语言字幕、说明字幕等。字幕提高了单元时间内信息传播的速度和质量，可减少听觉误差，减少不必要的解说时空。字幕参与视觉构图，能强化视频中的重要信息。

标题字幕是影片的门面，优秀的标题字幕无论从艺术造型还是技术制作上都是非常唯美的。

语言字幕是视频中最常见的字幕，语言字幕是语言更准确的表达，或者是对方言、外语的翻译，它是使观众更加准确地了解画面信息的重要元素。

说明性字幕是对画面的进一步补充和说明，它能强化表达的主题，丰富画面视觉效果。

滚动字幕是对演职部门、人员和制作部门、人员的翔实说明，一般放在视频结尾。

（3）音效

非线性编辑处理的是视听综合媒体。在视频信息的表达过程中，声音是画面的补充、说明和深化。声音和画面相辅相成、相互支撑、和谐统一，缺少了音效的画面苍白无力，没有声音的视频会让观众难以理解。

在视频编辑中音效包括语言、音响、音乐。

语言包括同期声、解说词、对白、旁白等。语言在视频中起到叙述、抒情、议论等作用，利用语言可表现画面中蕴藏的深层含义。

音响是指自然界的各种物体发出的声音，如鸟叫的声音、汽车鸣笛的声音、水流的声音等，音响会增强表达的现场感和真实感。

音乐在表达的过程中起到填补画面空白、烘托气氛、激发情感、深化主题的作用。

（4）视频滤镜

为了达到更好的视觉艺术效果，在后期视频编辑的过程中需要对视频素材添加视频滤镜。不同非编软件的视频滤镜效果各不相同，但大致都包括了色彩调整滤镜、模糊与锐化滤镜、融合滤镜、扭曲滤镜、效果滤镜等。

6.1.4 视频教材创作

文字教材是抽象的文字，需要转换才能获取信息；视频教材则是具体的影像，通过看就能理解。与冷冰冰的文字教材相比，视频教材是“活”教材，因其直观形象的表达和动态化的呈现方式深受学习者的喜爱。

1. 视频教材

教材是指载有教学信息的一切物质和信息资源。教材的发展经历了口语语言媒介、文字媒介、印刷媒介、电子媒介四个阶段。

视频教材是利用视音频把教学的内容和教学过程录制下来供学习和研究的信息资源，它是根据课程教学大纲（课程标准）的要求，利用视频制作技术进行记录、编辑、存储、传播以及重放的视听教材。

视频教材可以突破时空限制整合人力、设备、技术优势提高信息呈现的效果。利用视频教材可以将不同空间的风土人情、地域地貌、特色动植物呈现到课堂，拓展学生的视野，也可以通过编辑特效改变时间的正常流动，方便学生对瞬间的现象进行观察。

2. 视频教材的创作过程

视频教材的创作是一项技术与艺术相结合的综合性创作过程，创作人员既要有一定的艺术涵养，又要具备视频制作的专业技能。好的视频教材既能呈现美观的画面又能展示高超的制作技巧。

视频教材的创作是从教学过程的需求出发，首先提出了利用视频手段解决教学问题的摄制方案，然后根据摄制方案拍摄制作出视频教材，最后经试用、评价，并根据反馈信息进行修改完善的过程。图 6－15 是视频教材创作过程示意图，包括选题、编制摄制提纲、拍摄、后期制作、试用评价、包装发行等环节。

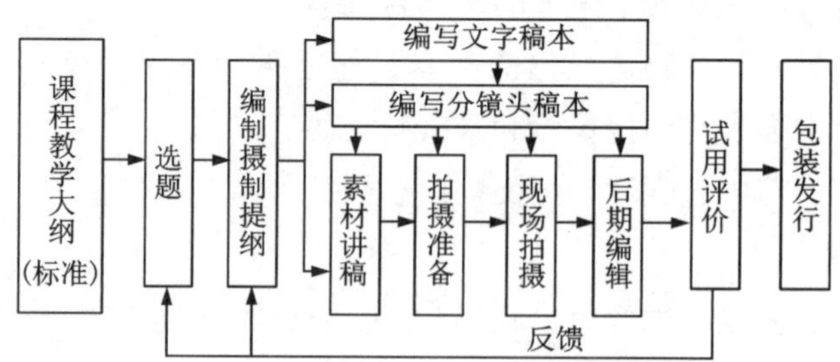

图 6－15 电视教材创作过程示意图

（1）选题

选题是选择、确定视频教材的表现形式和制作方式，包括教学方式的选择、教学手段的应用、教学素材的准备、地点和道具的确定等。视频教材选题的依据是教学内容、教学对象、教学组织形式以及当时、当地的教学条件。在选题时首先要明确所选内容是否适合用视频的手段去呈现，其次要弄清楚用怎样的教学组织形式最终效果会更好，最后还要确定使用哪种方案制作出的视频教材学习效率会更高。选题的关键是要选择适宜于活动影像呈现的课程内容。选题恰当与否关系到视频手段的优势能否得到充分发挥，也是决定视频教材质量高低的关键。

（2）编写摄制提纲

摄制提纲包括讲稿、文字稿本、分镜头稿本、摄制说明等。编制流程是，首先依据课程教学大纲（标准）编写讲稿和文字稿本，讲稿和文字稿本是在文字教材的基础上发掘而产生的，如果没有文字教材就必须先编写文字教材或讲稿。然后在讲稿和文字稿本的基础上再编写分镜头稿本，分镜头稿本是电视教材拍摄和制作的根本依据。为了保障电视教材摄制的顺利进行还应附带摄制说明，摄制说明详细描述了摄制人员和演职人员的具体分工、拍摄注意事项、经费开支等。接下来的环节就是拍摄准备阶段，这个阶段演职人员和摄制人员要明确各自分工、准备各自用具、调试设备、熟悉环境。拍摄准备工作要在分镜头稿本和文字稿本的指导下开展，演职人员和摄制人员不能自作主张，如果有更好的意见或建议则应及时和视频教材负责人沟通。

（3）拍摄

现场拍摄是视频教材编制的关键环节。拍摄成功与否直接关系到视频教材的优劣及后期制作的难度和工作量。这一环节的工作是按分镜头稿本的要求和拟定的拍摄计划进行具体工作的。拍摄应尽量一次完成，避免多次重复拍摄，拍摄过程中要注意各个环节以防止拍摄出现问题。拍摄完成需及时观看拍摄效果，保护好拍摄的素材，有条件的话还要对拍摄的素材进行备份，以免后期错误操作而丢失。主讲教师要充分熟悉拍摄内容，了解拍摄的要求，尽量避免因主讲教师出错而反复多次拍摄。

（4）编辑

后期编辑是在所有拍摄完成以后利用编辑设备制作视频教材的过程。后期编辑的过程需要添加图文和声音，有时根据视频教材要求还需配音或者录制解说词，在编辑的过程中如果缺少镜头还需要补拍。编辑的过程要以文字稿本和分镜头稿本为依据，在编辑过程中如果发现文字稿本或分镜头稿本的缺陷，则应进一步完善文字稿本和分镜头稿本，在保证视频教材质量的前提下可允许后期编辑人员进行适当的调整。制作完成后需对做好的视频教材做初步评价，然后通过相关部门评审，在试用的过程中再进一步完善，最后包装发行。

3. 视频教材分镜头稿本写作

视频教材由画面与声音的结合来共同表现教学内容，一个十几分钟的视频教材会由若干个镜头构成。分镜头是将文字稿本上描述的画面意义分成若干个镜头，并将它们编成镜头组来表现的文字稿本内容。

例如文字稿本描述为“在泥泞的操场上，高高飘扬着五星红旗”，应包括远景泥泞的操场和五星红旗高高飘扬的镜头。文字稿本创作是视频教材制作的基础，分镜头稿本则是视频教材制作的指南。

分镜头稿本描述了所要拍摄的镜头和制作的技巧，利用分镜头稿本拍摄者可把文字描述变成可以执行拍摄的具体镜头，是一个从主观到客观的过程。同时，分镜头稿本还描述了解说词、镜头切换技巧、拍摄时间长短、音效等。

不同类型的视频教材分镜头稿本的复杂程度也有所不同。讲授式的视频教材主要以拍摄主讲教师为主，分镜头稿本在文字稿本的基础上注明拍摄的类别和技巧就可以，而专题片、纪录片类的视频教材分镜头稿本就需非常详细，要具体描述每个镜头的内容。

常见的分镜头稿本格式如表 6 – 1 所示。

表 6 – 1　分镜头稿本基本格式

镜号	机号	景别	技巧	时间	画面内容	解说词	音响	音乐	备注

（1）镜号：是指在整个影片中的镜头排位编号；一个 10 分钟的电视教材如果平均每个镜头为 8 秒钟，那么这个影片就要包含 75 个镜号。

（2）机号：是指用于拍摄的所有摄像机的编号。在视频教材的制作过程中很少只用一台摄像机从头至尾进行拍摄的，一般要使用两台以上甚至更多台摄像机。如果拍摄过程中只用了一台摄像机，那么这一项内容则可以省略。

（3）景别：是指因摄影机与被摄体的距离不同，而造成被摄体在画面中所呈现出的范围大小差异。景别主要反映拍摄对象整体、部分以及环境三者之间的位置关系。

（4）技巧：主要包括在拍摄时所有的摄像技巧和镜头之间的切换技巧。摄像技巧包括推、拉、摇、移、跟、降、甩，镜头切换技巧包括硬切、淡出淡入、划像、叠加、分割画面、键控画面等。

（5）时间：表示镜头持续的时间长短，一般以秒为单位。

（6）画面内容：是用文字简述所要拍摄的画面。

（7）解说词：是指和画面对应的解说语言。

（8）音响：是为相应的镜头标注的效果声音。

（9）音乐：是指在特定镜头或镜头组中添加的乐曲，应注明乐曲的内容以及起始位置。

（10）备注：是方便在摄制的过程中还有不明事项或者附带内容填写而设置的项目。

表格项目不是所有的电视教材分镜头稿本都必须具备的，根据拍摄的实际情况可以省略部分项目和内容。

6.1.5　Adobe Premiere Pro 操作指南

1. Premiere Pro 安装的系统要求

（1）Windows 系统

项目	最小规范	推荐规范
处理器 CPU	Intel © Intel 第 6 代或更新款的 CPU 或 AMD 同等产品	Intel © Intel 第 6 代或更新的 CPU 或 AMD 同等产品
操作系统	Microsoft Windows 10（64 位）版本 1703 或更高版本	Microsoft Windows 10（64 位）版本 1703 或更高版本
内存 RAM	8 GB RAM	16 GB RAM，用于 HD 媒体 32 GB，用于 4K 媒体或更高分辨率
显卡 GPU	2 GB GPU VRAM 有关推荐的图形卡列表，请参阅 Adobe Premiere Pro CC 的推荐图形卡	4 GB GPU VRAM 有关推荐的图形卡列表，请参阅 Adobe Premiere Pro CC 的推荐图形卡
硬盘空间	8 GB 可用硬盘空间用于安装；安装期间所需的额外可用空间（不能安装在可移动闪存存储器上）用于媒体的额外高速驱动器	用于应用程序安装和缓存的快速内部 SSD 用于媒体的额外高速驱动器
显示器分辨率	1280 × 800	1920 × 1080 或更大
声卡	与 ASIO 兼容或 Microsoft Windows Driver Model	与 ASIO 兼容或 Microsoft Windows Driver Model
网络存储连接	1 GB 以太网（仅 HD）	10 GB 以太网，用于 4K 共享网络工作流程
网络 Internet	您必须具备 Internet 连接并完成注册，才能激活软件、验证订阅和访问在线服务	

（2）Mac OS（苹果系统）

项目	最小规范	推荐规范
处理器	Intel © Intel 第 6 代或更新款的 CPU	Intel © Intel 第 6 代或更新款的 CPU
操作系统	Mac OS v10.12 或更高版本（硬件加速要求必需 v10.13 或更高版本）	Mac OS v10.12 或更高版本（硬件加速要求必需 v10.13 或更高版本）

项目	最小规范	推荐规范
内存 RAM	8 GB RAM	16 GB RAM，用于 HD 媒体 32 GB，用于 4K 媒体或更高分辨率
显卡 GPU	2 GB GPU VRAM	4 GB GPU VRAM
硬盘空间	8 GB 可用硬盘空间用于安装；安装过程中需要额外可用空间（无法安装在使用区分大小写的文件系统的卷上或可移动闪存设备上） 用于媒体的额外高速驱动器	用于应用程序安装和缓存的快速内部 SSD 硬盘 用于媒体的额外高速驱动器
显示器分辨率	1280×800	1920×1080 或更大
网络存储连接	1 GB 以太网（仅 HD）	10 GB 以太网，用于 4K 共享网络工作流程
Internet	您必须具备 Internet 连接并完成注册，才能激活软件、验证订阅和访问在线服务	

2. Premiere Pro 工作界面

（1）项目窗口（如图 6－16 所示）

项目窗口主要用于导入、存放和管理素材。编辑影片所用的全部素材应事先存放于项目窗口内，再进行编辑使用。项目窗口的素材可用列表和图标两种视图方式显示，包括素材的缩略图、名称、格式、出入点等信息。在素材较多时，也可为素材分类、重命名，使之更清晰。

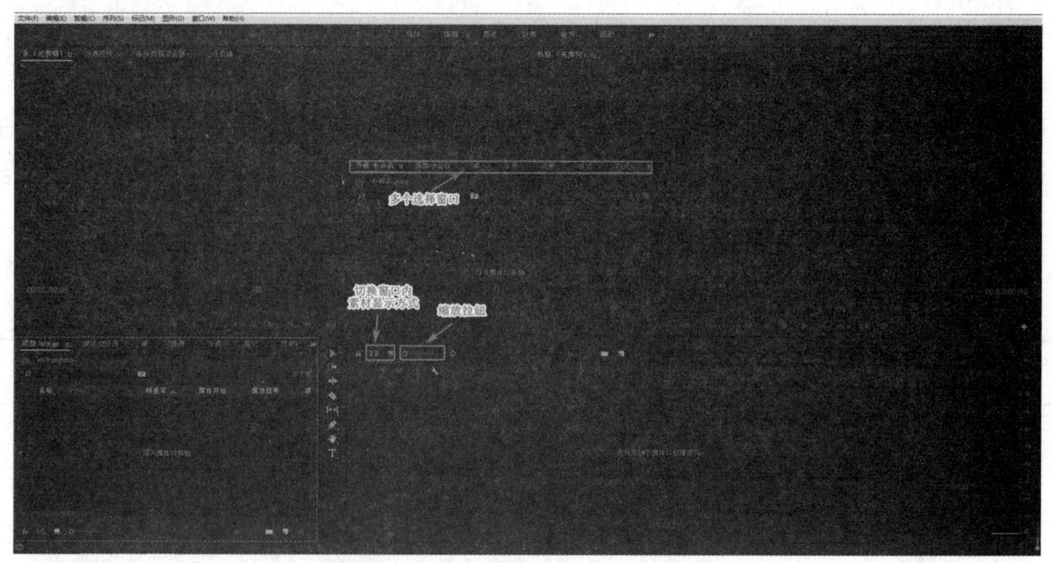

图 6－16　Premiere Pro 项目窗口

（2）时间线窗口（如图6－17所示）

时间线窗口是以轨道的方式实施视频音频组接、编辑素材的阵地，用户的编辑工作都需要在时间线窗口中完成。素材片段按照播放的先后时间顺序及合成的先后层顺序在时间线上从左至右、由上至下排列在各自的轨道上，可以使用各种编辑工具对这些素材进行编辑操作。时间线窗口分为上下两个区域，上方为时间显示区，下方为轨道区。

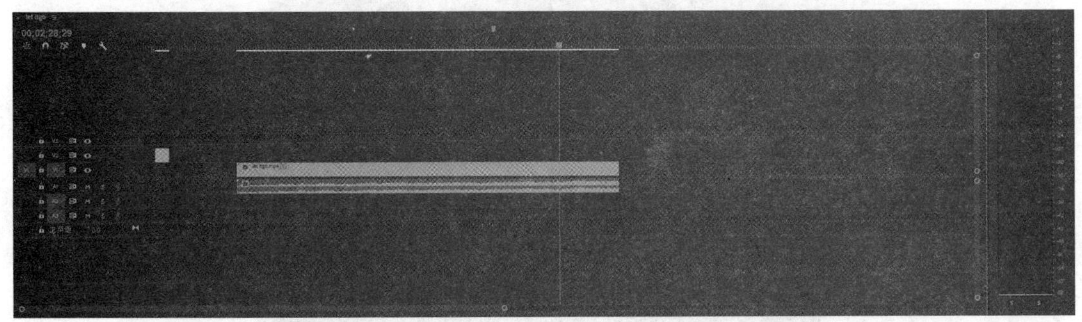

图6－17　Premiere Pro 时间线窗口

（3）监视器窗口（如图6－18所示）

左侧是“素材源”监视器，主要用于预览或剪裁项目窗口中选中的某一原始素材。右侧是“节目”监视器，主要用于预览时间线窗口序列中已经编辑的素材（影片），也是最终输出视频效果的预览窗口。

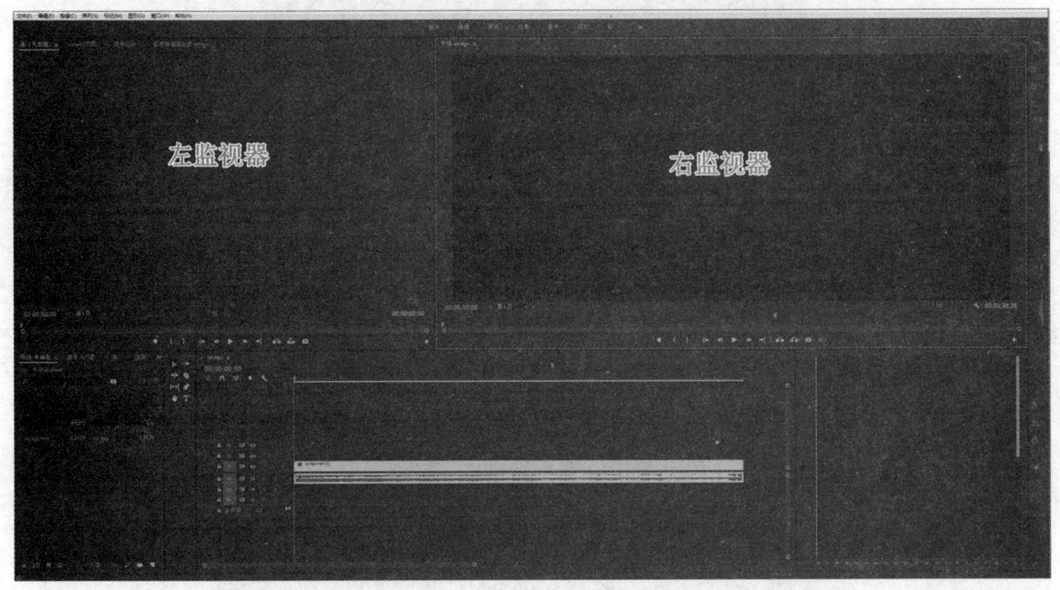

图6－18　Premiere Pro 监视器窗口

（4）面板

① 媒体浏览器面板（如图6－19所示）

用于查找或浏览用户电脑中各磁盘的文件。

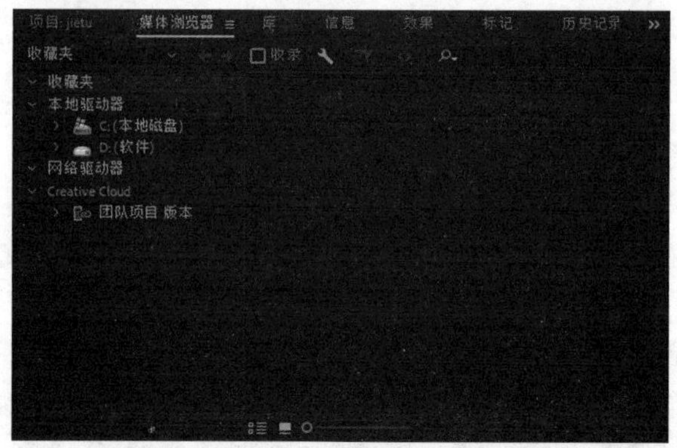

图 6－19　Premiere Pro 媒体浏览器面板

② 效果面板（如图 6－20 所示）

存放 Premiere Pro 自带的各种音频、视频特效，切换效果和预设效果，通过它编辑人员可以方便地为时间线窗口中的各种素材片段添加特效。

图 6－20　Premiere Pro 效果面板

③ 特效控制台面板（如图 6－21 所示）

当为某一段素材添加了音频、视频特效之后，还需要在特效控制台面板中进行相应的操作，制作画面的运动或透明度效果也需要在这里进行设置。

图 6－21　Premiere Pro 特效控制台面板

④ 调音台面板（如图 6－22 所示）

调音台面板主要用于完成对音频素材的各种加工和处理工作。

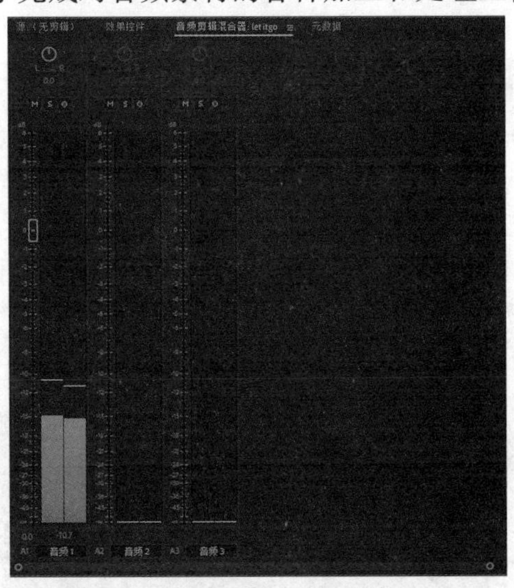

图 6－22　Premiere Pro 调音台面板

⑤ 主声道电平面板（如图 6－23 所示）

主声道电平面板是显示混合声道输出音量大小的面板。当音量超出安全范围时，在柱状顶端会显示红色警告，用户应及时调整音频的增益，以免损伤音频设备。

图 6－23　Premiere Pro 主声道电平面板

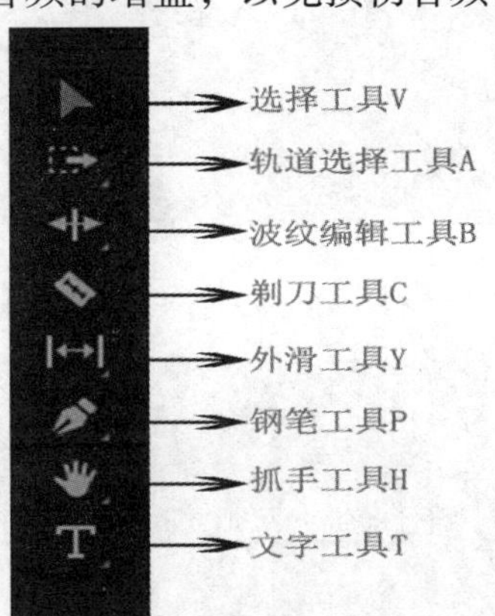

图 6－24　Premiere Pro 工具面板

⑥ 工具面板（如图 6－24 所示）

工具面板集合了 Premiere 的基本编辑工具。

包含有选择工具、轨道选择工具、波纹编辑工具、滚动编辑工具、比率拉伸工具、剃刀工具、外滑工具、钢笔工具、抓手工具、缩放工具、文字工具等 11 个常用视频编辑工具。

（5）菜单栏（如图 6－25 所示）

菜单栏位于软件的左上方，所有操作命令都包含在这些菜单及其子菜单中。

文件(F)　编辑(E)　剪辑(C)　序列(S)　标记(M)　图形(G)　窗口(W)　帮助(H)

图 6－25　Premiere Pro 菜单栏

3. Premiere Pro 的一般性操作

（1）启动 Adobe Premiere pro

（2）新建一个项目

项目是一个包含了序列和相关素材的 Premiere Pro 文件，它与包含的素材之间存在着链接关系。其中储存了序列和素材的一些相关信息和编辑操作的数据。

新建项目后，Premiere Pro 会跳出新建项目对话框，用户需要在其中为项目的一般属性进行设置，并在对话框下方的位置和名称中设置该项目在磁盘的存储位置。设置好以后，点击“确定”，才能进入 Premiere Pro 的工作界面，如图 6－26 所示。

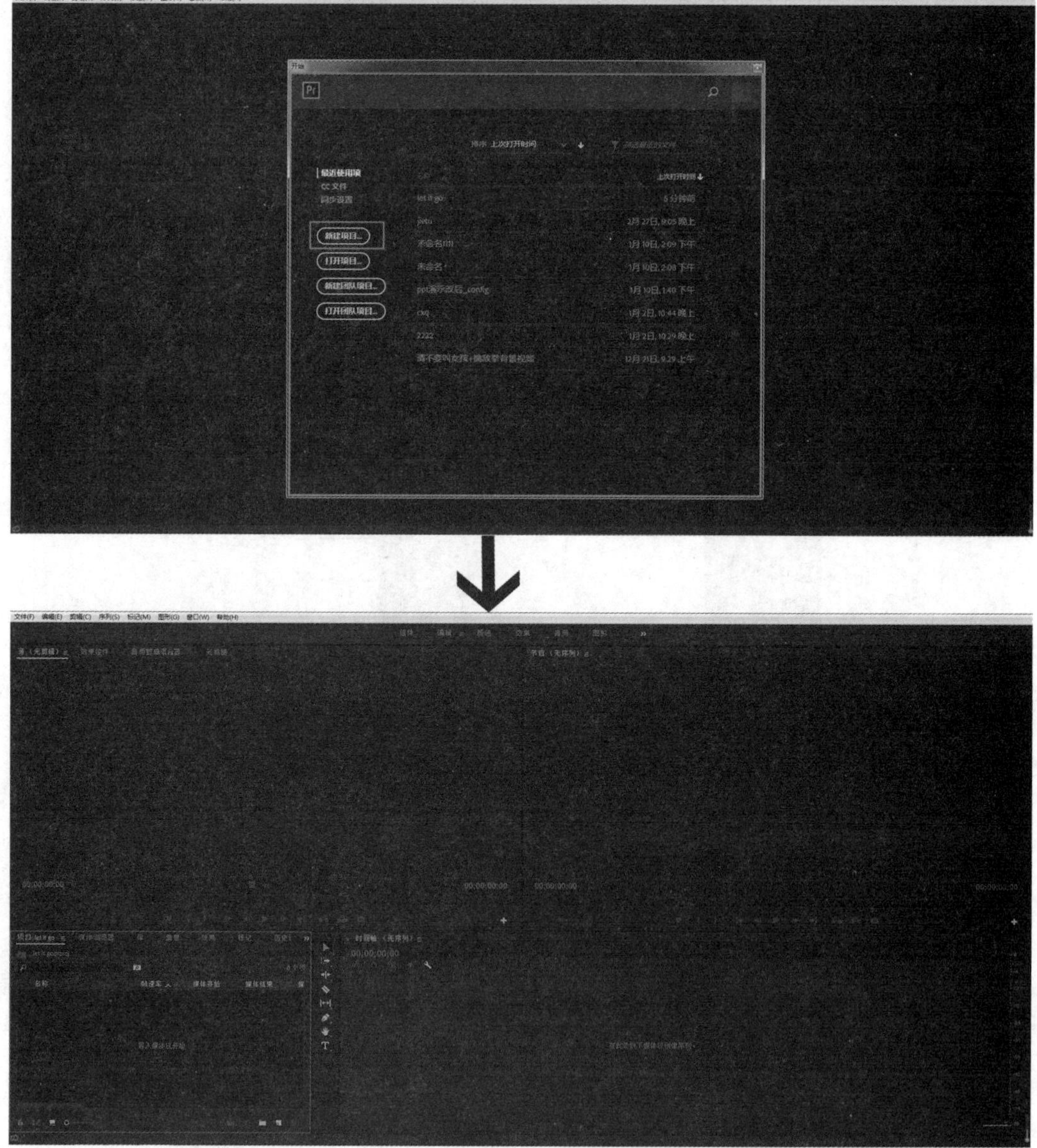

图 6－26 新建项目并进入 Premiere Pro 工作界面

（3）导入素材

可以通过双击项目窗口导入，或者在媒体浏览器中浏览，也可以通过“文件”“导入”，如图6－27所示。

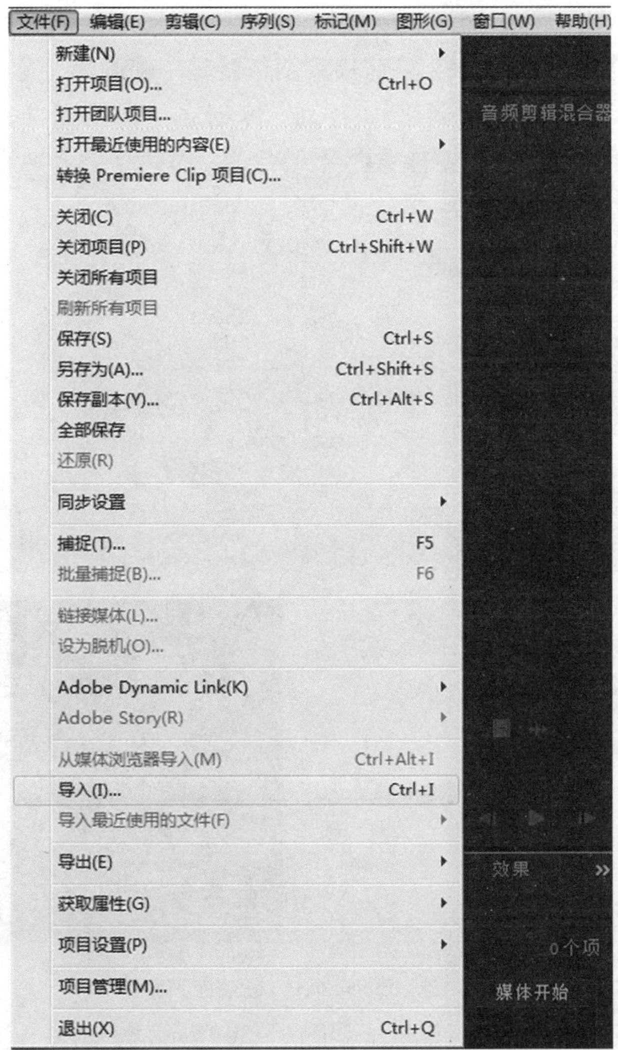

图6－27　Premiere Pro 导入素材菜单

（4）拖动素材至时间线窗口（如图6－28所示）

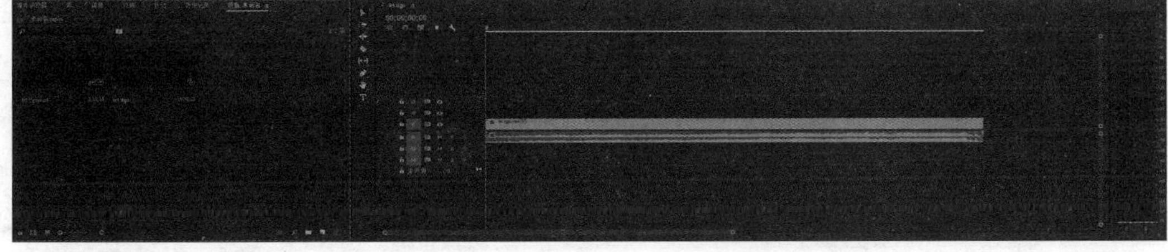

图6－28　Premiere Pro 拖动素材至时间线窗口

（5）新建一个序列

要了解序列，首先要理解“帧”的概念。一帧就是一幅完整的图像，一段视频是由多个帧构成。比如帧率为30，长度为1秒的视频，就是由30幅完整的图像连续播放构成。

序列则是将这些帧独立出来，一张序列图像就是一帧画面，这样便于精确编辑每一帧。用户可以通过“文件”“新建”“序列”来创建一个序列，如图6－29所示。

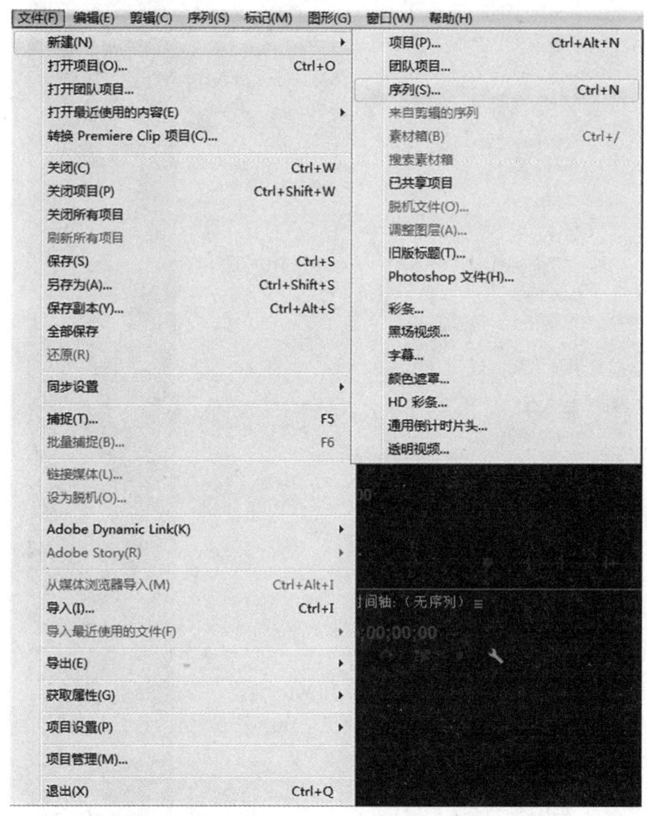

图6－29 Premiere Pro 新建序列菜单

（6）对项目序列的参数进行设置（如图6－30所示）

在新建序列对话框中，根据视频的拍摄的参数设置不同，可选择不同的分类预设。如，DV分类中有DV-24p，DV-NTSC和DV-PAL三种。不同的分类代表不同的制式。

世界上主要使用的电视广播制式有PAL，NTSC，SECAM三种，德国、中国使用PAL制式，日本、韩国及东南亚地区与美国使用NTSC制式，俄罗斯则使用SECAM制式。

预设还包括视频画面的长宽比，标准和宽屏分别对应“4:3”和“16:9”两种屏幕的屏幕比例（又称长宽比）。16:9主要用于电脑的液晶显示器和宽屏幕电视播出，4:3主要用于早期的显像管电视机播出。随着高清晰电视越来越多采用宽屏，16:9的长宽比在剪辑中会更多被选择。需要特别注意的是，若拍摄的素材是4:3的比例在剪辑时选择“16:9”的预设，画面上的物体会被拉宽，造成图像失真。

图 6－30　Premiere Pro 序列参数调整窗口

项目序列的参数设置还包括对音频进行设置，32kHz 和 48kHz 是数字音频领域常用的两个采样率。采样频率是描述声音文件的音质、音调，衡量声卡、声音文件的质量标准。采样频率越高，即采样的间隔时间越短，在单位时间内计算机得到的声音样本数据就越多，对声音波形的表示也越精确。

需要注意的是，项目序列一旦建立，很多设置将无法更改！

（7）在时间线窗口剪辑、加工、处理视频（如图 6－31 所示）

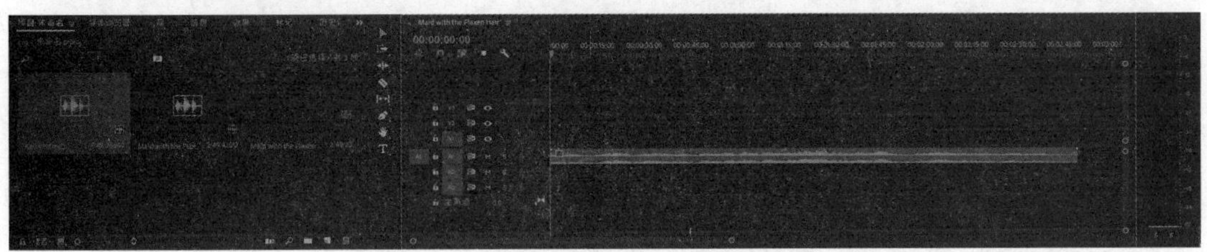

图 6－31　Premiere Pro 时间线窗口

（8）添加字幕

在菜单栏中，点击“文件”—“新建”—“字幕”，或使用快捷键 Ctrl＋T，便会出现新建字幕窗口（如图6-32所示）。点击确定，即出现字幕设计窗口（如图6-33所示）。

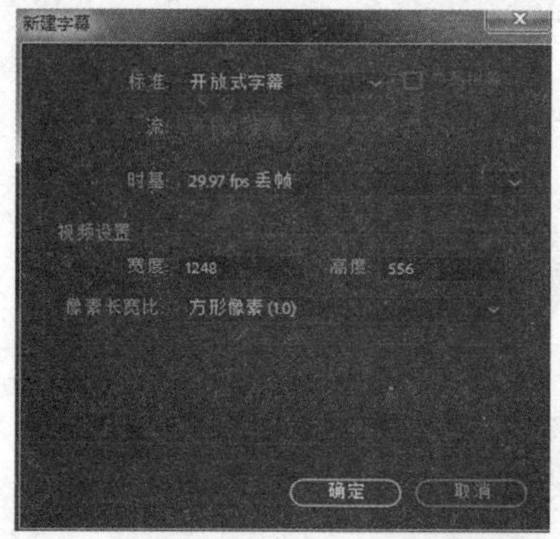

图6-32　Premiere Pro 新建字幕窗口

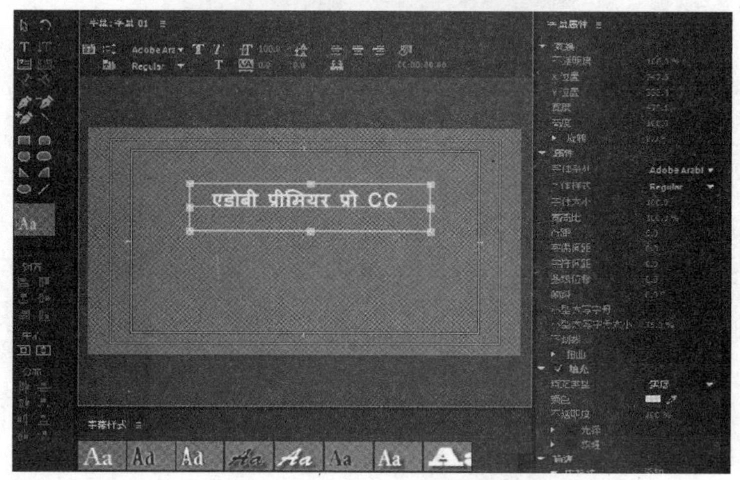

图6-33　Premiere Pro 字幕设计窗口

字幕设计窗口主要分为6个区域：

正中间的是编辑区，字幕的制作会在编辑区域内完成。

左边是工具箱，里面有制作字幕、图形的20种工具按钮以及对字幕、图形进行排列和分布的相关按钮。

窗口下方是字幕样式，其中有系统设置好的22种文字风格，也可以将用户设置好的文字风格存入样式库中。

右边是字幕属性，里面有对字幕、图形进行设置的属性、填充、描边、阴影等栏目。在属性栏目里，用户可以设置字幕文字的字体、大小、字间距等；在填充栏目里，可以设置文字的颜色、透明度、光效等；在描边栏目里，可以设置文字内部、外部的描边；在阴影栏目里，可以设置文字阴影的颜色、透明度、角度、距离和大小等。

窗口的右下角是转换区，可以对文字的透明度、位置、宽度、高度以及旋转进行设置。

窗口的上方是其他工具区，有设置字幕运动或其他设置的一些工具按钮。

当用户对字幕设置完成后，点击关闭字幕设计窗口，系统会自动对字幕保存，并将其作为一个素材出现在项目窗口中，如图 6－34 所示。

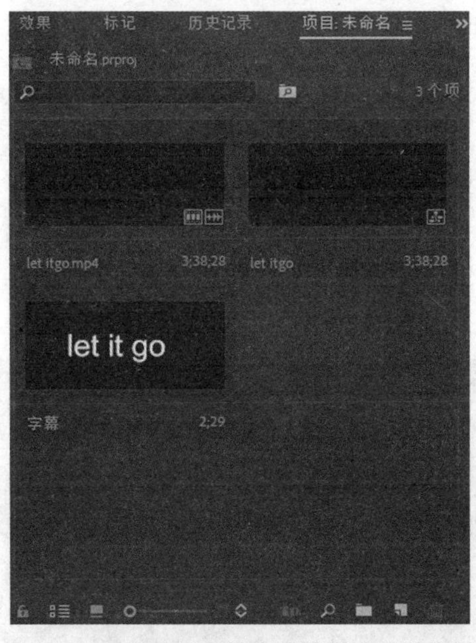

图 6－34　自动保存的字幕素材出现的位置

将保存后的字幕文件（素材）直接从项目窗口中拖入到时间线窗口内对应的视频素材上方轨道上即可预览字幕的显示效果，如图 6－35 所示。

图 6－35　将字幕素材拖入时间线窗口

当用户需要对已作好的字幕进行修改时，只需双击该字幕素材，即可重新打开该字幕的设计窗口，再次对字幕进行修改。修改后，同样点击关闭字幕设计窗口，系统会自动将修改后的字幕保存。

（8）输出影片

当用户编辑完成一部影片后，就该将其导出。点击菜单栏的“文件”—“导出”—“媒体”，会出现“导出设置”窗口，如图6-36所示。选择“格式”窗口中的不同格式预设，双击“输出名称”，为视频命名，如需高清模式，可以在右下方勾选“使用最高渲染质量”，然后点击导出，即可输出影片。

图6-36 Premiere Pro 导出设置窗口

6.2 数字动画制作

6.2.1 数字动画

动画是一门综合艺术，它融合了绘画、摄影、电影、音乐、文学等众多的艺术表现形式。动画更是一门幻想艺术，它通过各种技术手段创造出人类不可能看到的影像。

相较于其他媒体，动画更容易直观表现和抒发人们的感情，激发人类的想象力和创造力。

数字动画是技术与艺术的融合，是动画艺术表现形式与计算机图像技术相互渗透的产物。

1. 数字动画

动画的汉语意思为活动的图像，英文是 animation。数字动画是指根据创作者的想象，把人、物的动作、表情等用计算机绘制出，然后利用视觉暂留原理用计算机连续播放而形成的活动影像（动图）。

数字动画是计算机图形学与造型艺术相结合的产物。

按照展示空间维度的不同，数字动画分为二维平面动画和三维立体动画。

按照制作工具不同，数字动画分为手工绘制为主的传统动画和以计算机制作为主的数字动画。

从播放效果来看，数字动画分为顺序动画和交互式动画。

2. 数字动画制作软件

数字动画由电脑代替传统绘制工具，制作的流程也被计算机动画制作软件所代替。制作数字动画的软件有很多，二维动画制作软件有 GIF Animator，Flash，Fire-work，GIFCON，Photoshop 等；三维动画制作软件有 Animator Pro，3DSMAX，Morph，Cool 3D，MAYA 等。

以上软件虽然都是动画制作软件，但由于侧重点不同，软件的界面和操作也各不相同。例如 Photoshop 可以制作课件中简易的动画；Flash 和 Firework 则用于制作网页动画软件，其中 Firework 侧重于强大的文字艺术效果，而 Flash 的优点是交互性强；Cool 3D 侧重于简单片头三维动画制作，而 3DSMAX 功能则可以开发各种综合性动画；MAYA 在影视动画制作上功能强大。

3. 动画制作的基本过程

动画制作过程包括动画的创意策划、剧本编写、分镜头稿本编写、角色形象创作、动作表情绘制、场景绘制、摄影、剪辑、配音、字幕、合成等环节。

在创作动画前要做好筹备工作，包括剧本的创作、素材取合、角色形象的创作。

在动画制作过程中，剧本编写非常关键，一个好的角色形象需要在动人的故事中显现。动画的绘制也是保证动画质量的重要环节，没有优美的画面，动人的故事就会变得苍白无力。制作出来的动画还需要经过剪辑、配音、字幕、合成等环节才能成为一个成熟的动画作品。

4. 制作动画应具备的知识

首先，制作者应具备文学创作能力。动画故事情节和角色形象的创意都需要发挥创作者的聪明才智，制作的方法和理念是作者人文素养的体现。

其次，要懂得美学方面的知识，特别是艺术设计方面的知识。

再次，要了解心理学、音乐、电影方面的知识。动画的画面要符合观众视觉生理和心理特性，需要创作者了解视听心理方面的知识，由于创作过程中动画还需要配音，因此创作者还需要懂得音乐方面的知识。

动画的剪辑要符合视频制作的理论，其创作的过程还要符合视频创作的要求。因此，创作者还要学习电影方面的知识。

最后，创作者还必须要熟练掌握计算机及动画制作软件的操作技能。

6.2.2 使用 Photoshop 制作教学所需的简易动画（动图）

1. 放大镜观察小毛驴

（1）动画设计思路

用放大镜在小毛驴身上移动，产生放大镜放大观察的动态效果。

（2）收集原始素材，如图 6－37 所示。

素材 1 小毛驴　　素材 2 放大镜

图 6－37 所需素材

（3）将素材导入 Photoshop（PS）

在 PS 里新建一个文档，使用快捷键 CTRL＋V 将素材 1 粘贴至新文档，如图 6－38 所示。

图 6－38　置入素材 1 步骤

（4）调整图像大小

使用快捷键 Ctrl + Alt + I 打开图像大小对话框，然后将后面的像素改为百分比，并缩小为 50%，如图 6－39 所示。

图 6－39　Photoshop 图像大小调整对话框

(5) 高斯模糊

使用“滤镜”—“模糊”—“高斯模糊”，如图6-40所示。

图6-40 高斯模糊调整步骤

(6) 新建图层

在图层1的上面建立新图层（图层2），将素材1粘贴至新图层，根据第（4）步结果，新图层素材将比现有素材大一倍，如图 6－41 所示。

图 6－41　新建并放大图层操作步骤

（7）置入素材 2（放大镜）

置入放大镜并调整大小和角度，如图 6－42 所示。

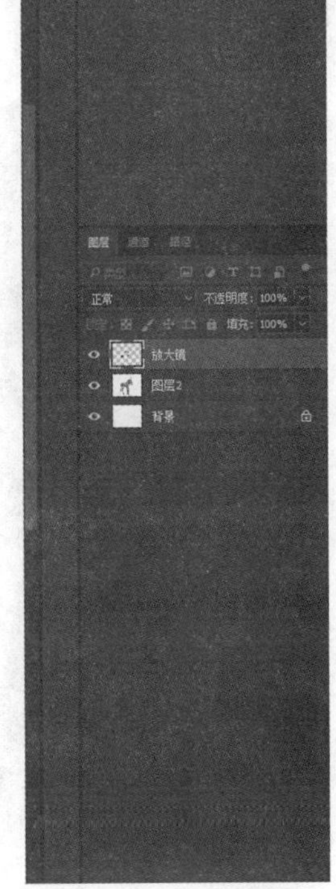

图 6－42　置入素材 2 步骤

（8）隐藏掉大尺寸的小毛驴，在它下面画一个填充任意颜色的圆形，如图 6－43 所示。

图 6－43　**隐藏并填充步骤**

（9）将大尺寸的小毛驴剪贴并蒙版到红色圆形上，再给放大镜添加反光和内发光的效果，如图 6－44 所示。

图 6－44　**添加效果步骤**

（10）将内发光和反光效果和放大镜合并，如图 6－45 所示。

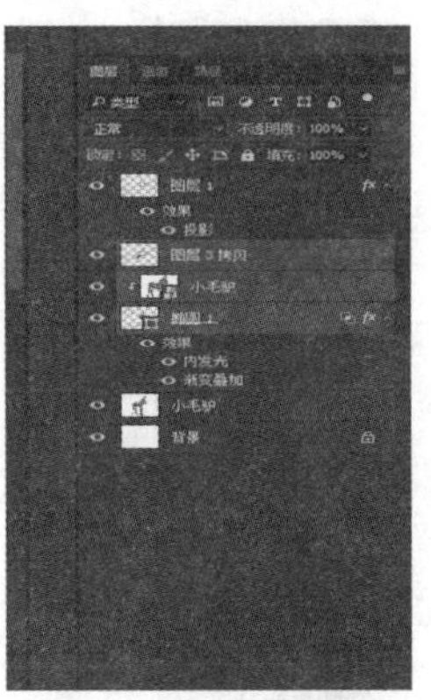

图 6－45　效果合并步骤

（11）打开时间轴，如图 6－46 所示。

图 6－46　Photoshop 时间轴

（12）在放大镜里安排几个“关键帧”

移动放大镜位置添加一个关键帧，输入完毕后点击前面的“位置”全选所有的关键帧，右键拷贝，如图 6－47 所示。

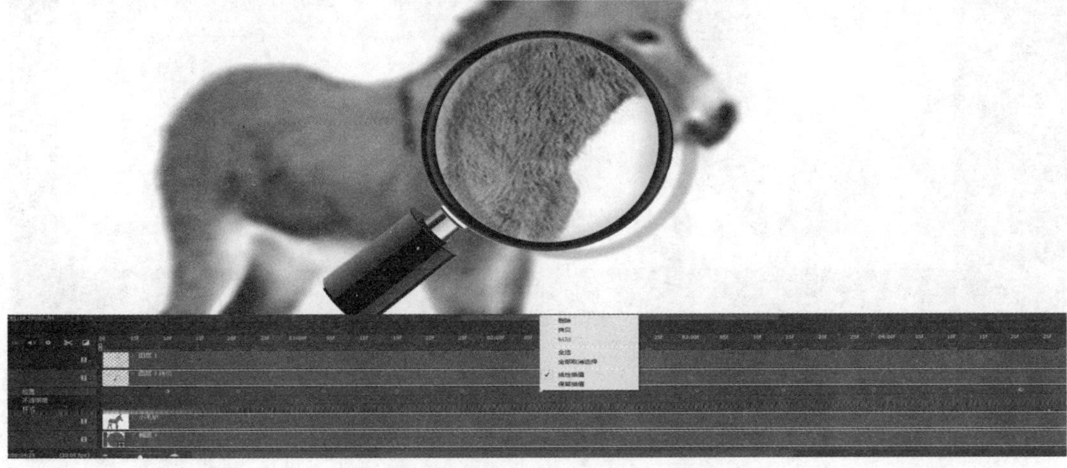

图 6－47　在 Photoshop 中添加关键帧

（13）选择红色圆形，回到开始位置，点击位置输入一个关键帧，如图 6-48 所示。

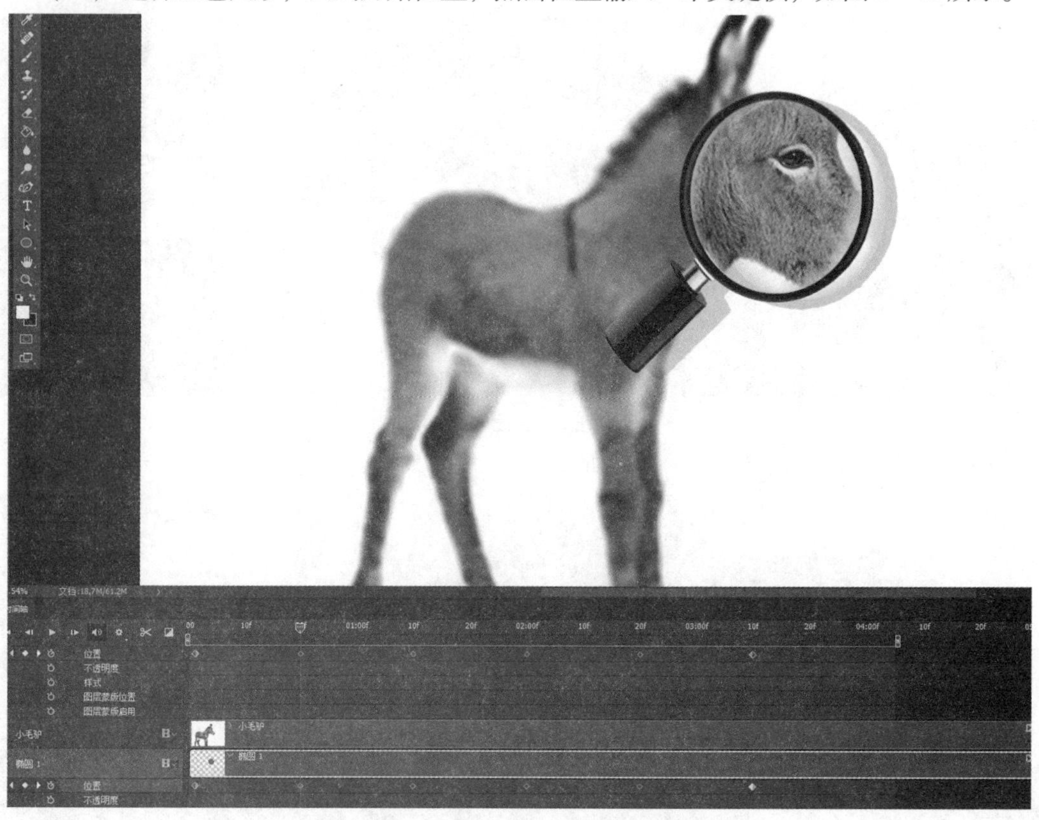

图 6-48　**在时间轴上多次添加关键帧**

（14）右键粘贴关键帧，如图 6-49 所示。

图 6-49　**粘贴关键帧**

（15）选择大尺寸的小毛驴，按照各个放大镜的位置输入相同位置的关键帧，并相对地移动放大镜到小毛驴该放大的地方，如图 6 - 50 所示。

图 6 - 50　根据关键帧调整对应效果

（16）导出

将最终制作结果导出为 GIF 文件即可得到我们需要的动图，如图 6 - 51 所示。

图 6 - 51　Photoshop 导出 GIF 文件菜单

最终动图，如图 6－52 所示。

图 6－52　放大镜观察小毛驴 . gif

6. 3　Camtasia Studio 操作指南

6. 3. 1　Camtasia Studio 软件简介

Camtasia Studio 是由 Tech Smith 公司开发的一款功能强大的屏幕动作录制工具，能在任何颜色模式下轻松地记录屏幕动作（屏幕/摄像头），包括影像、音效、鼠标移动轨迹、解说声音等。

Camtasia Studio 中内置的录制工具 Camtasia Recorder 可以灵活地录制屏幕：录制全屏区域或自定义屏幕区域，支持声音和摄像头同步，录制后的视频可直接输出为常规视频文件或导入到 Camtasia Studio 中剪辑输出。

软件提供了强大的屏幕录像（Camtasia Recorder）、视频的剪辑和编辑（Camtasia Studio）、视频菜单制作（Camtasia Menu Maker）、视频剧场（Camtasia Theater）和视频播放功能（Camtasia Player）等。

使用 Camtasia Studio，用户可以方便地进行屏幕操作的录制和配音、视频的剪辑和转场、添加说明字幕和水印、制作视频封面和菜单、视频压缩和播放。对于教育来说，该软件在制作微课等小型视频教材上有很大的优势。

6.3.2　Camtasia Studio 软件操作

1. 软件安装

喀秋莎软件（如图 6－53 所示）的安装对系统的硬件配置要求不高。一般来说，只要 CPU I3 以上，显存大于 512M，内存大于 2G，就可以运行。考虑到不同的版本，电脑硬件配置越高，软件运行也将越流畅。

图 6－53　Camtasia Studio 软件图标

2. Camtasia Studio 界面

Camtasia Studio 界面包含了菜单栏、工具栏、编辑区、预览窗口、任务栏与时间轴五大部分（如图 6－54 所示），界面布局类似于 Adobe 公司的 Premiere 软件，只是相较更为简单。

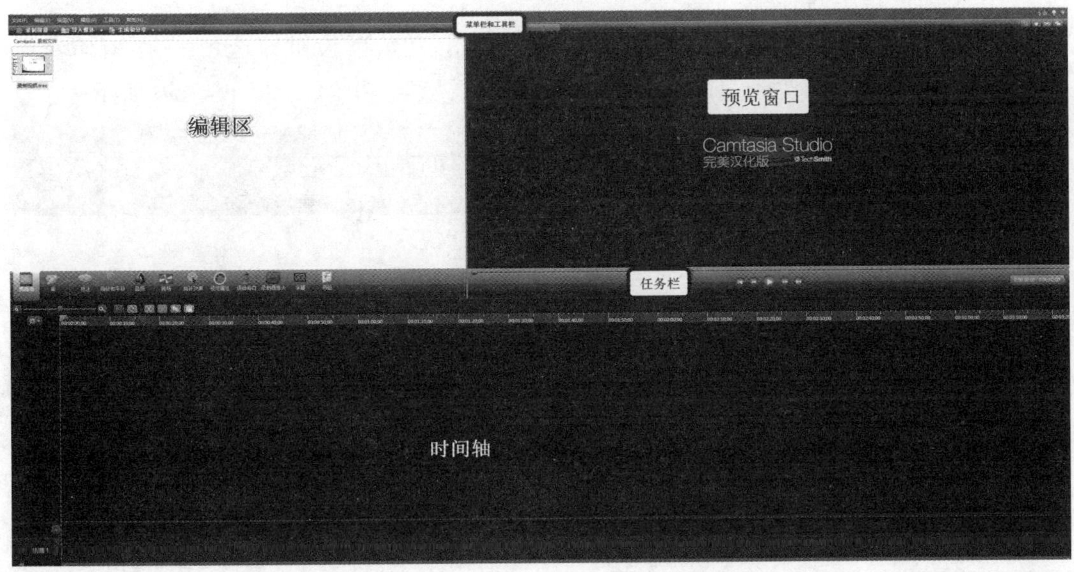

图 6－54　Camtasia Studio 界面区域布局

编辑区：导入媒体文件的存放窗口，还包含了一些编辑时会用到的工具；

预览窗口：用于查看视频编辑后的效果；

时间轴：视频编辑时的处理区域。如图 6 – 55 所示。

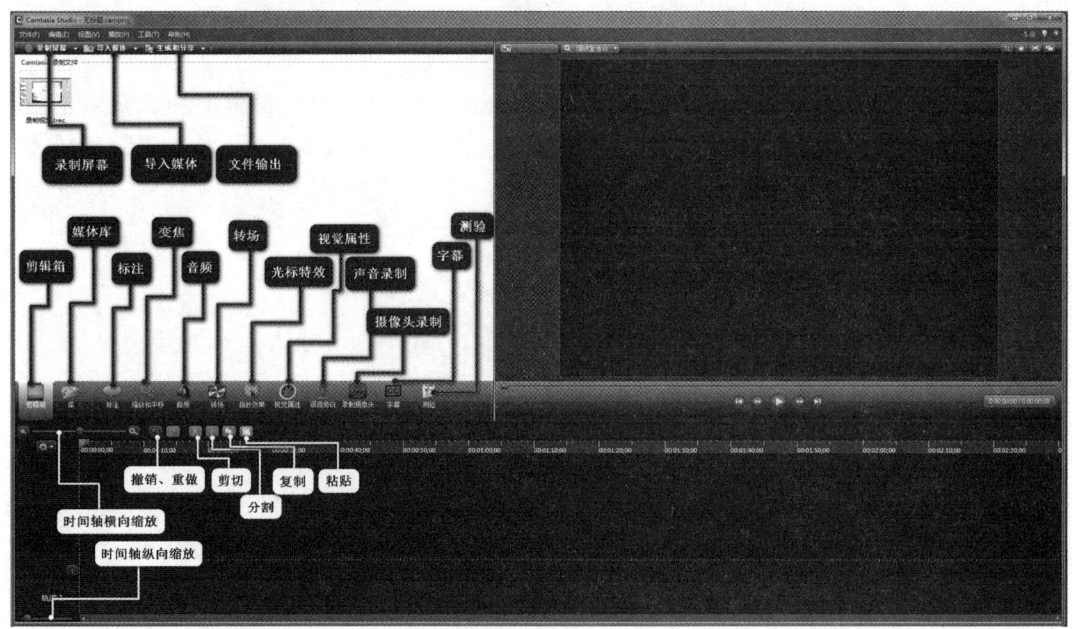

图 6 – 55　Camtasia Studio 功能菜单布局

3. Camtasia Studio 录屏

（1）选择录制内容

选择工具栏中的 Record the screen 功能，点击三角下拉键，选项一是 Record the screen（录制屏幕），选项二是 Record PowerPoint（录制 PPT），如图 6 – 56 所示。

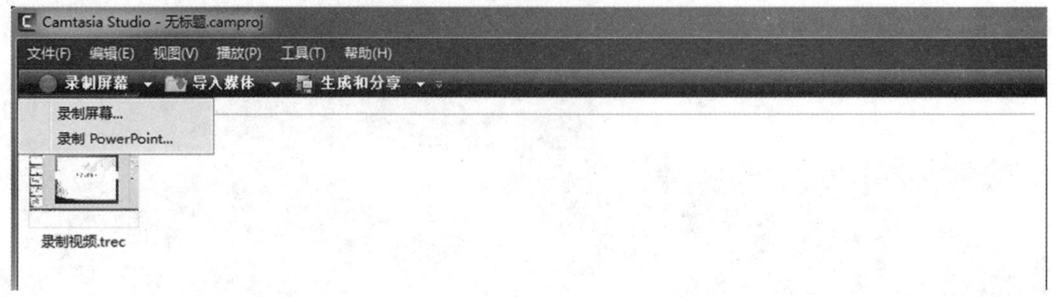

图 6 – 56　录制屏幕选择菜单

（2）认识录制工具

选择录制内容后，计算机的右下角会弹出录制选择工具面板。面板中包含了“录制全屏”“录制区域选择”“开启摄像头”“设置麦克风”“开始录制”等功能键，如图 6 – 57 所示。

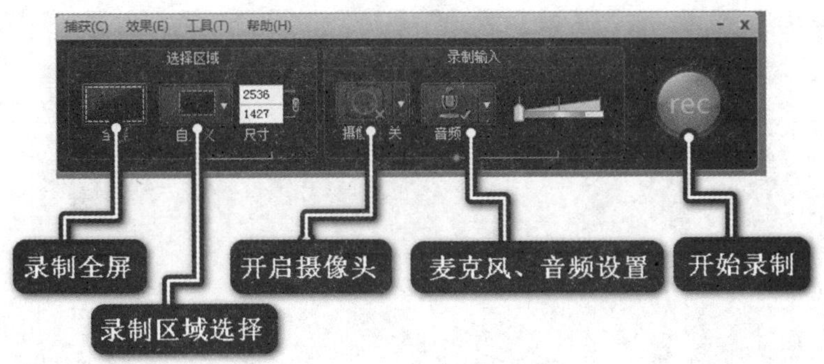

图6－57　Camtasia Studio 录制工具

（3）开始录制

调节摄像头、麦克风及音频参数后，确定录制全屏或录制范围，点击开始录制，Camtasia Studio 会弹出预备录制画面，提示按 F10 停止录制，如图6－58 所示。提示3 秒后正式开始录制，用户只需按预定计划操作屏幕内容即可。

图6－58　预备录制画面

开始录制后，会在录制区域之外弹出录屏控制面板，面板中包含了“录制时长”“删除录制内容”“暂停录制”“停止录制”等重要控制按键，如图6－59 所示。注意：正式开始录制时，录屏控制面板不会被软件抓屏。

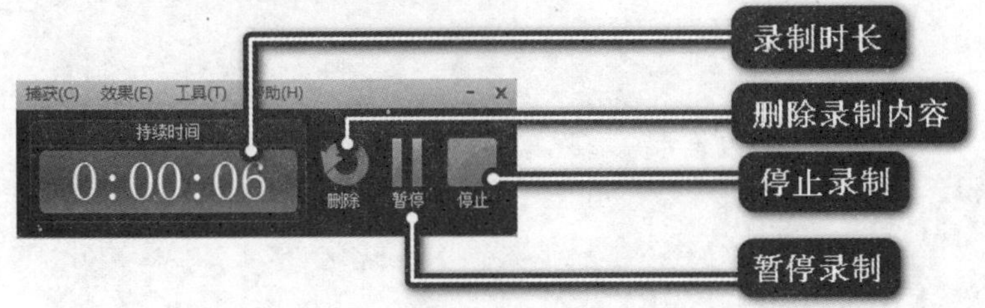

图6－59　录制屏幕控制面板

（4）结束录制

点击结束录制或按 F10 键结束录制后弹出录制内容预览窗口，窗口中包含了“保存并编辑”“制作独立素材”“删除录制内容”等重要的功能按键，如图6－60 所示。

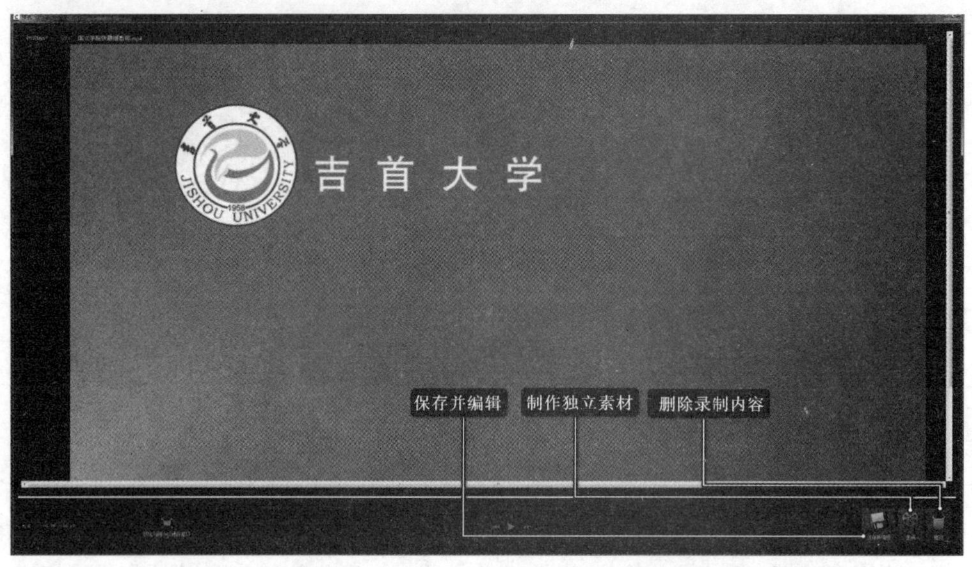

图6－60 Camtasia Studio 录制预览窗口

4. Camtasia Studio 媒体编辑

（1）导入外部媒体素材

通过工具栏的“导入媒体”按键，用户可以将各种媒体导入编辑区，如图6－61所示。Camtasia Studio 支持目前主流的视音频及图像媒体的直接导入。

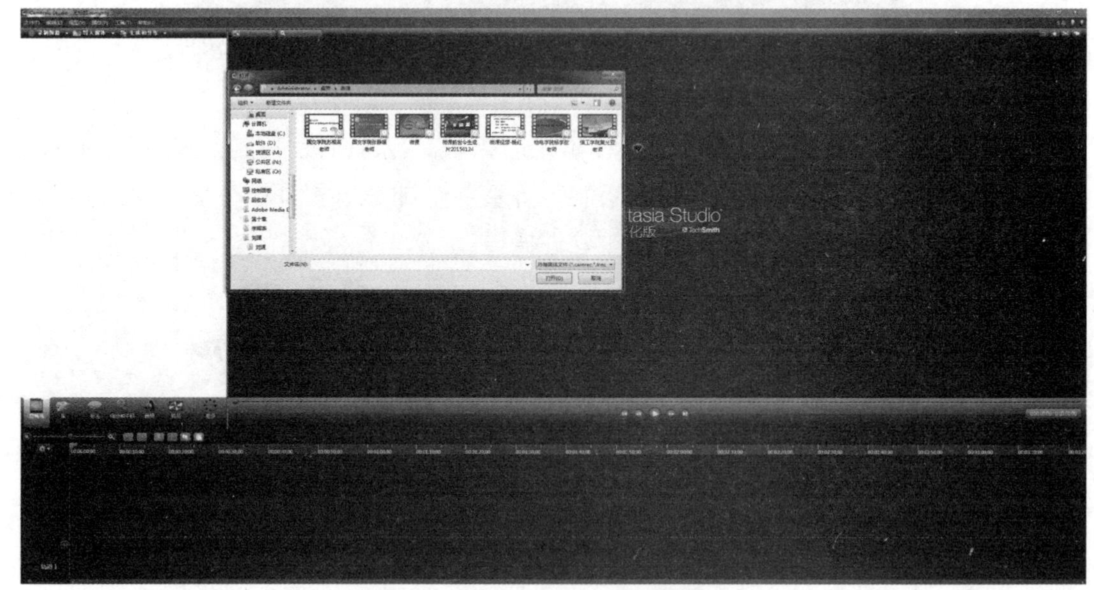

图6－61 Camtasia Studio 媒体导入窗口

（2）分割时间轴上的媒体片段

使用时间轴区域的“分割”按钮，用户可以拖动时间轴上的“出入点定位光标”，点击“分割”按钮，对媒体片段进行分割处理，如图6－62所示。

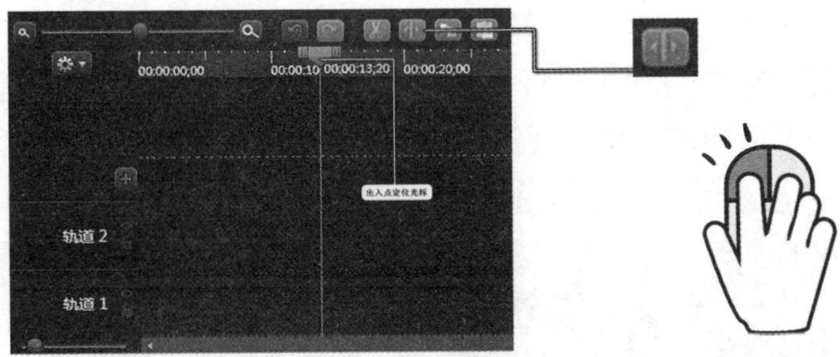

图 6－62　媒体片段整体分割

(3) 剪切时间轴内媒体的中间片段

使用时间轴区域的“剪切”按钮，用户可以拖动时间轴上的“出入点定位光标”，确定出/入点，点击“剪切”按钮，对媒体片段进行中间分割处理，如图 6－63 所示。

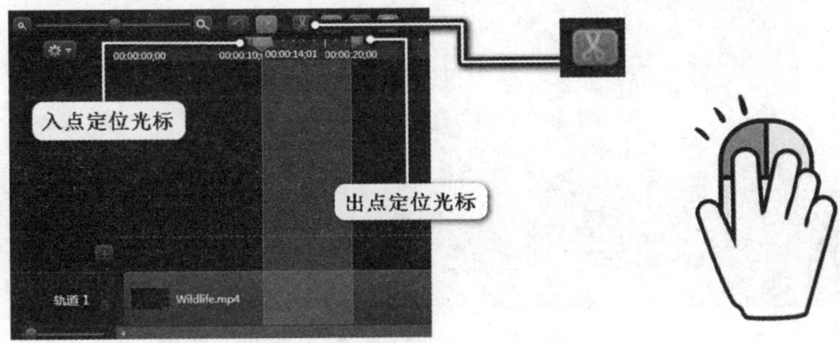

图 6－63　媒体片段中间分割

(4) 添加标注

通过任务栏的“标注”控制面板，在时间轴上添加标注特效，标注特效有系列矢量图可选。用户可以通过面板上的功能菜单对“标注”的“文字”“颜色”及“特效”进行调整，如图 6－64 所示。

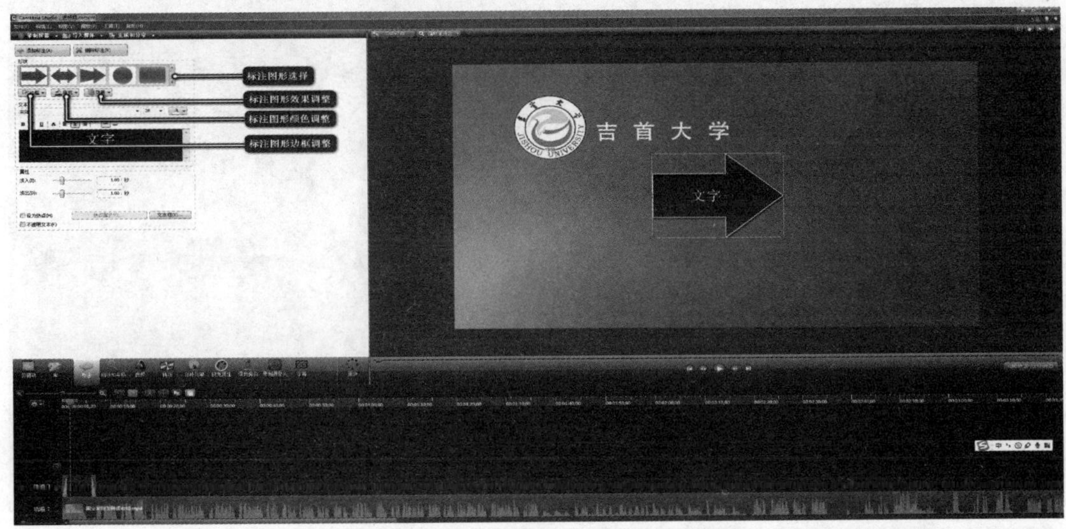

图 6－64　Camtasia Studio 添加标注

（5）添加媒体局部放大、缩小特效

通过任务栏的“变焦”控制面板，用户可在时间轴上添加媒体局部放大、缩小特效。也可通过面板上的功能菜单对媒体局部放大、缩小进行调整，并通过时间轴媒体内的箭头来调整变焦的持续时长，如图 6－65 所示。

图 6－65 Camtasia Studio 添加媒体局部特效

（6）音频媒体处理

通过任务栏的“音频”控制面板，用户可以对时间轴上的音频进行优化。优化主要包含了“音量调整”“降噪处理”及“语音优化”等；也可通过使用编辑工具对时间轴上的音频进行淡入淡出的基本处理，如图 6－66 所示。

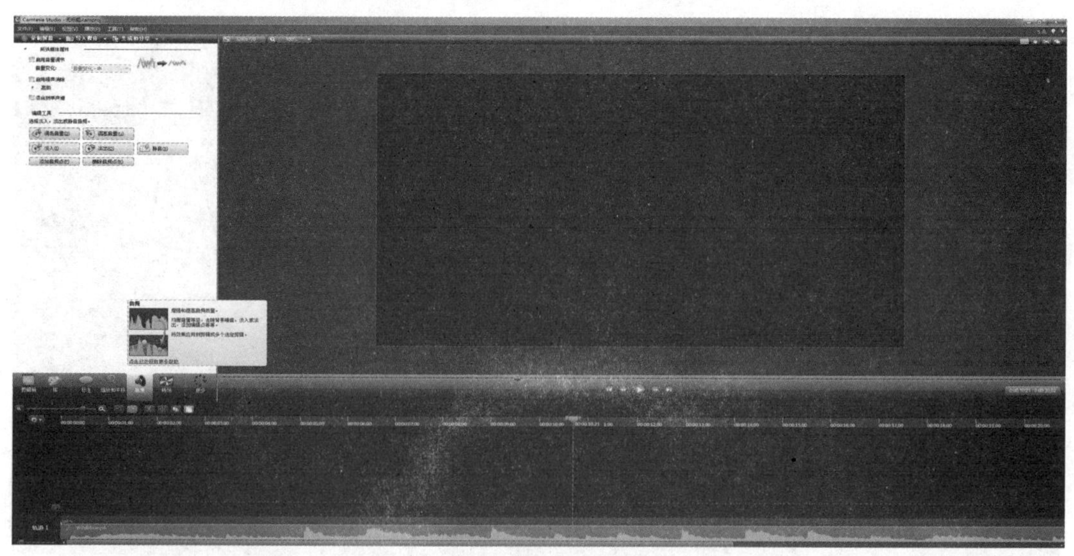

图 6－66 Camtasia Studio 音频媒体处理

（7）添加转场特效

在前面的学习中，我们已经了解了，影片在内容上的结构层次是通过段落表现出来的。而段落与段落、场景与场景之间的过渡或转换，就叫作转场。

通过 Camtasia Studio 任务栏的“转场”控制面板，用户可以在视频场景之间添加“转场”特效。操作时，只需在“转场”库中选择需要的特效，按住鼠标左键将其拖拽至两个视频片段之间即可（片头、片尾可直接添加），如图 6－67 所示。

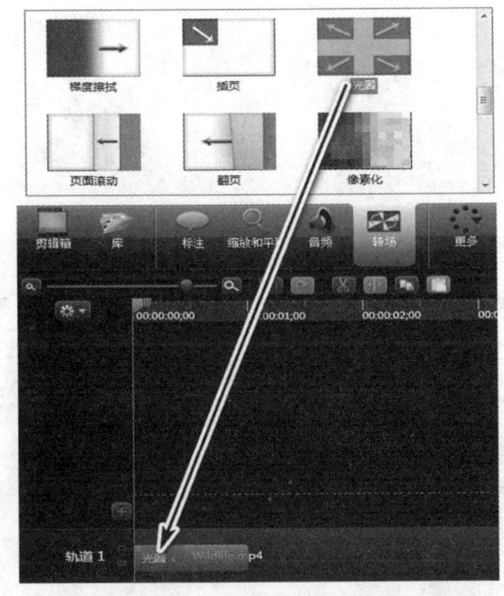

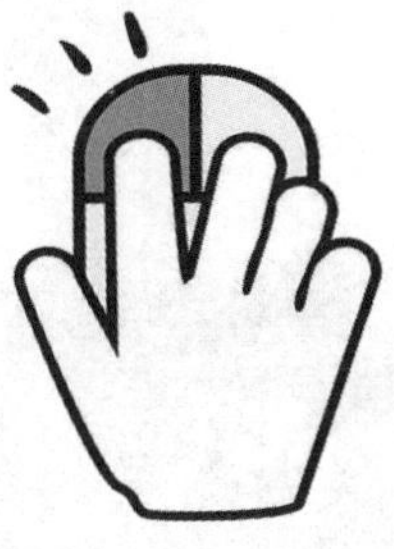

图 6－67　Camtasia Studio 转场控制面板

（8）添加字幕

通过任务栏的“字幕”控制面板，我们可以在时间轴中添加“字幕”轨道，从而实现文字解说，增强视频信息的可读性，如图 6－68 所示。

图 6－68　Camtasia Studio 字幕控制面板

5. Camtasia Studio 输出

Camtasia Studio 提供了多种媒体形式的输出，不仅能输出 Web 页面，也能输出各种格式的视频文件，如图 6 – 69 所示。

通过工具栏的“Produce and share（生成并共享）”按键，可以将编辑好的工程文件导出为用户需要的视频或页面文件。

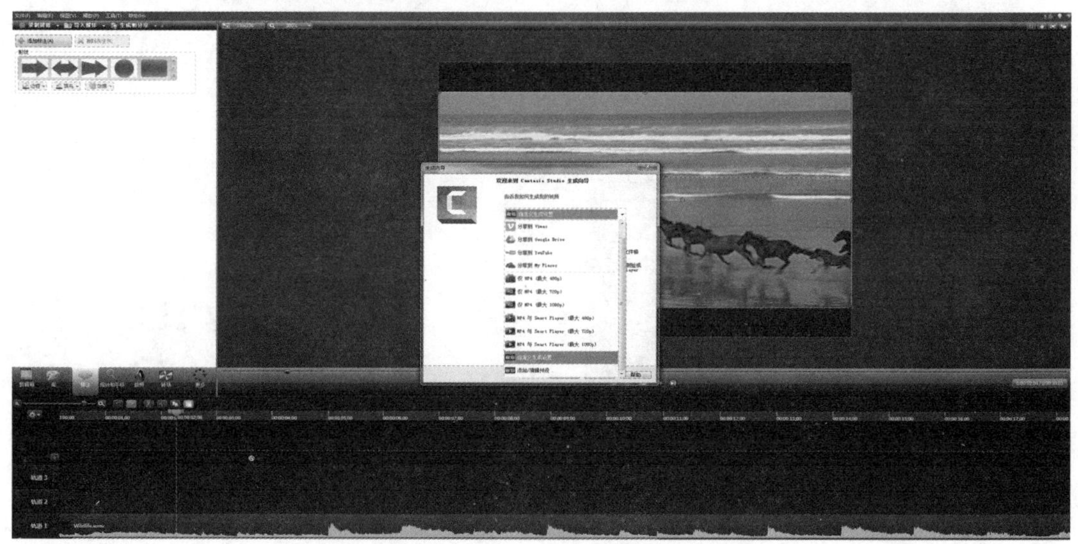

图 6 – 69 Camtasia Studio 输出控制面板

6. Camtasia Studio 编辑过程中的常见问题

（1）录制声音音量小怎么处理？

方法一：打开 CamRecorder，点“工具”—“选项”—“输入源”—“选择麦克风”—“调节音量”。

方法二：右键单击电脑右下角喇叭，选择录音设备。打开声音录制属性框，选择麦克风并右键单击属性，打开属性设置对话框，切换到级别标签，通过调整麦克风和麦克风加强来调整输入音量大小。

注意：麦克风加强不宜过大，否则录制会产生较大噪声。

（2）既要录制麦克风声音，又要录制系统声音，怎么设置？

打开 CamRecorder，在音频输入下拉列表中，勾选 Record system audio 即可。

（3）如何去除杂音？

Camtasia Studio 里进入 Audio 面板，其中有使用降噪选项。如果噪声比较厉害且不规律的话，一般采用专业的音频编辑软件如 Cool edit 或 Sound Forge 等进行编辑。

注意：只能最大限度地去除环境和硬件设备上的干扰才能解决根本问题。

（4）导入媒体素材如视频，格式不兼容如何处理？

可先通过视频转换软件如格式工厂或者 MediaCoder 等先进行格式转换，然后导入。

(5) 视频和音频默认是连接在一起，如何分解？

“视频”的左边有一小白点，单击，会打开确认对话框，选“是”，即可解决视频和音频之间的连接关系。

注意：一旦取消连接，就无法再重新建立两者连接关系。

(6) 编辑时，如何避免轨道之间的误操作或干扰？

可通过单击轨道前端的锁定与解锁按钮进行操作。

(7) Camtasia Studio 软件中，如果先只录制视频，还能不能再补录声音？

方法一：打开配音面板，点击开始录制按钮，即可边播放视频，边进行声音录制。

方法二：导入已录制声音，然后将声音添加到音频轨，进行同步操作即可。

(8) Camtasia Studio 软件中 . camproj 和 . camrec 的区别是什么？

Camtasia Studio 默认的视频录制格式是 . camrec，. camproj 是它的工程文件，该文件记录了 . camrec 视频文件的引用路径和后期剪辑信息。注意，在 Camtasia Studio 中所进行的编辑操作，并不会改变 . camrec 文件。

(9) 安装的是英文版，里面的主要英文界面对应的中文是哪些？

如下表：

英文	中文	英文	中文
Record the screen	录制屏幕	Import media	导入媒体
Produce and share	制作和分享	Clip bin	剪辑箱
library	库	callouts	标注
Zoom - n - pan	缩放	audio	音频
transitions	转场效果	Cursor effect	光标特效
Title clips	标题剪辑	Voice narration	旁白
Record camera	记录摄像头	Picture in picture (pip)	画中画
captions	字幕	qizzing	测试
Select area	选择区域	Recorded inputs	录制输入
Full screen	全屏	Custom	自定义
Webcam on	摄像头开	Audio on	音频开

(10) 录制过程中讲错话或者表达错误，需要重新录制吗？

不需要，因为 Camtasia 具备编辑功能，录制中如果出现错误，只需要停顿 1 ~ 2 秒，纠正后接着录制，在后期加工中将错误的地方剪掉即可。

(11) 录制的视频用多大的分辨率保存最合适？

为了取得最好的效果，软件要求使用 1280 × 1024 或更小的分辨率，但最小不要低于 640 × 480。经过测试，在 Window 7，32 位系统下，使用 1024 × 768，清晰度是最高的。

（12）Camtasia 支持多少个视频轨和音频轨？

8.0 以下的版本只支持两个视频轨和三个音频轨，8.0 以后的版本可以任意添加音视频轨。所以如果需要使用多路视频源的话，可以安装 8.0 以后的版本。

（13）如何在录制的视频中，局部添加马赛克效果？

点击 Callouts，在弹出的对话框中，单击 Shape 右面的箭头，可以添加任意标识，包括马赛克。

（14）音视频分离后，怎么样才能再连接到一起？

一旦分离，将无法连接，所以分离时一定要注意。

（15）Camtasia Studio 如何隐藏鼠标？

方法一：点击录制按钮，跳出窗口选择 Effects→Eptions→Cursor。

方法二：取消 Make cursor effects 的选项 3，后再点击 Effects 会有个 Cursor 的选项，点击它以后选择 Hide cursor。

方法三：在录制完成后，点击 Tools 选择 Cursor effects，然后按提示操作。

（16）Camtasia 如何选择录制电脑里的声音还是麦克风的声音？

在录制窗口中，单击 Audio on 右面的小三角号，在弹出的菜单中进行选择。

（17）录制时鼠标闪烁怎么办？

先启动录像机录制屏幕，然后选择“Tools”，再点“Options…”—“Apture”选项卡中，取消掉“Capture layered windows”这个选项前的钩，然后点“OK”。

（18）如何进行屏幕绘制？

屏幕绘制针对一些特殊知识点可以用屏幕绘制的功能来加强教学效果，在录制时只需要按 Ctrl + Shift + D 即可，再次按可以取消屏幕绘制的效果。如果想改变屏幕绘制的形状，在录制的工具栏下方设置即可。

➤ 思考题：

1. 简述数字视频的概念及其特点。
2. 简述数字视频文件的主要格式。
3. 举例说明常见的拍摄构图方法。
4. 简述非线性编辑规则。
5. 简述动画制作基本过程。

➤ 课外实践活动：

使用视频编辑软件进行简短的视频素材处理。

第 7 章　数字音频教学媒体开发

数字音频技术是指利用数字技术处理声音的方法。它是将音频信号通过计算机进行加工和处理，如编辑、合成、静音、增加混响、调整频率等，使得声音效果能更有力地烘托主题和气氛。在教学中适度使用数字音频媒体，不仅可营造教学情境，增强真实感，还能增强美感与艺术感染力，对教学的整体质量提升可起到重要作用。因此，高质量的数字音频教学媒体的开发是教育技术应用不可或缺的重要一环。

7.1　数字音频媒体

7.1.1　音频、数字音频

音频，作为一般性描述音频范围内和声音有关的设备及其作用，人类将能够听到的所有声音都可称之为音频，它刺激人类听觉的产生。

听觉是人们获得信息的重要方式，听觉本身是一个复杂的物理—生理—心理过程，由发声音源的频谱特性和主体感受音频的生理机能共同决定。

1. 声音的物理特性

声音本质上是一种机械振动。

声音由物体振动引起，以声波的形式在一定的介质中进行传播。通常情况下它通过空气传播到人耳，刺激神经后使大脑产生一种感觉。在一些专业场合，声音通常被称为声波或音频。

声音有乐音和噪声之分，乐音能烘托气氛、揭示主题、激发情感；噪声则是由各种不同频率、不同强度的声音杂乱、无规律地组合而成，会让人烦躁。

声音有响度、音调、音色三种基本属性。

响度（loudness），指人主观上感觉的声音大小（俗称音量），由振幅（amplitude）决定，振幅越大响度越大（单位：分贝 dB）。

音调（pitch），指声音的高低（高音、低音），由频率（frequency）决定，频率越高音调越高（单位：赫兹 Hz），如女高音男低音。

音色（music quality），指声音的特性，由发声物体本身的材料、结构决定，又称音品，泛音多少对其有很大的影响，如管乐、弦乐、打击乐等。

2. 数字音频

数字音频是一种利用数字化手段对声音进行录制、存放、编辑、压缩以及播放的技术，它是随着数字信号处理技术、计算机技术、多媒体技术的发展而形成的一种全新的声音处理手段。从信号波形来看模拟音频是连续的波形，数字音频是离散的数字序列，如图 7－1 所示。

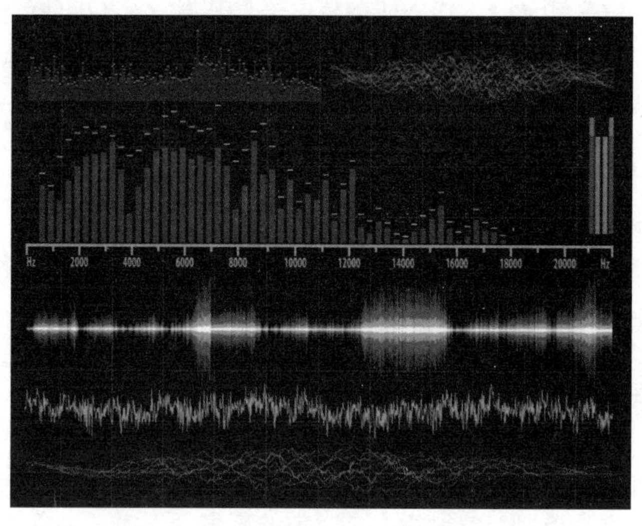

图 7－1　模拟和数字音频波形对照示意图

相比而言，数字音频具有存储方便、存储成本低廉、存储和传输的过程中没有声音的失真、编辑和处理非常方便等特点。

计算机只能处理数字化的信息，因此需要将以模拟信号表示的声音转化为以数字信号表示的声音。经过数字化处理（数模 A/D 转换）才能把连续的电流信号转化为有一定序列的离散数据 0 和 1，播放的过程刚好相反，如图 7－2 所示。

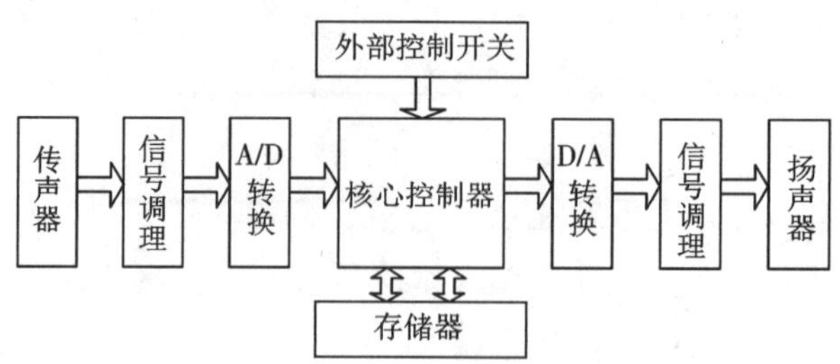

图 7－2　数字音频系统结构示意图

7.1.2　数字音频媒体

1. 数字录音设备

1877 年托马斯·爱迪生发明的留声机拉开了人类录音技术的序幕，录音技术历经数次技术变革，数字录音成为当前音频处理的主流技术。

在模拟时代，声音是被记录在模拟录音机磁性介质上的，在磁带上的磁畴是以模拟音频波形的图形来排列的。

数字录音就是把声音信号变成由离散的“0”和“1”组成的数字序列，然后把这些数字序列编码成特定格式的文件，再通过存储器对其进行存储的过程。数字录音不会出现磁带录音造成的杂音，其音源品质非常高。

便携式数字录音设备由于其耗电量小，录音时间长，不需另外购买磁带，存储器小巧而被广泛的使用。在教学中，便携式数字录音设备因其录音时间长、录音效果好等特点深受教师喜爱。

不同厂家生产的便携式录音设备样式和功能各不相同，外观和操作界面也不尽一致，如图 7－3 所示。

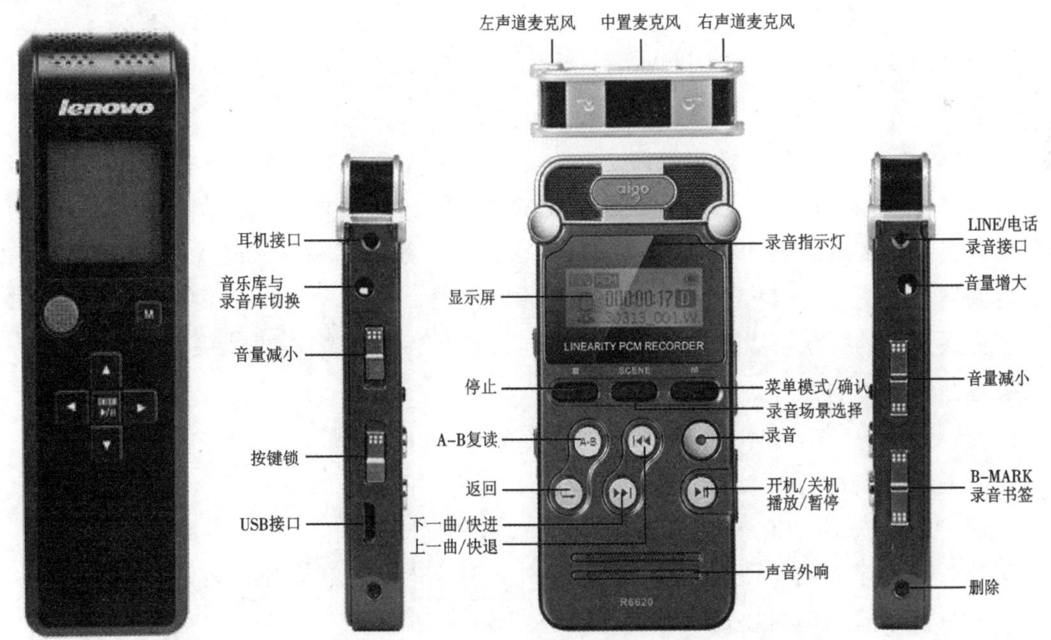

图 7－3　便携式数字录音设备

教师在选配便携式数字录音设备时，一般要考虑以下几个因素：

（1）存储容量

指录音设备存储数据能力，目前一般在 32MB 到 8GB 之间。

（2）播放性能

指播放声音文件的格式和音质，如 PCM，MP3，WMA 等。

（3）传输接口

指音频信号输入和输出的接口，如 USB、耳机、麦克风等。

（4）频率范围

指录制声音的频率范围，范围越广记录的声音音质越好。

（5）录音时间

指 LP（最佳长度）和 SP（最佳质量）方式录音的时长。

（6）录音设备

指麦克风、扬声器的类型和相关参数。

（7）输出功率

指输出声音信号的功率大小。

（8）录音功能

指记录声音的方式和录音模式，如声控功能。

（9）信噪比值

设备的信噪比越高表明它产生的杂音越少，一般不应低于 70dB。

（10）其他功能

数字附属功能，如 FM 调频收音机、内录、数码复读等。

2. 数字广播系统

数字广播系统是指音频信号在数字化的状态下进行各种编码、调制与传播的系统总成。有别于传统所熟知的 AM，FM 的广播技术，数字广播系统除了传播传统意义上的音频信号外，还可以传送包括音频、视频、数据、文字、图形等在内的多媒体信号。数字广播系统的听众可以通过手机、电脑、便携式接收终端、车载接收终端等多种接收装置获取资讯内容。

相较于传统广播媒体，数字广播系统具有以下几个优势：

（1）音质纯净，可与 CD 媲美。

（2）抗干扰能力强，收听效果好。

（3）适合于固定、便捷和移动收听，快速移动时效果也非常出色。

（4）除了音频节目，还可以提供数字多媒体广播和数据服务。

现代校园离不开数字广播系统，系统的结构，如图 7－4 所示。

校园数字广播系统具有数字化、智能化、自动化等优点。除了可被用于播放课间音乐、音乐打铃、发布消息、新闻播报、外语教学、分区寻呼等外，还可以存储大量的音频节目用于校园网点播。同时，存储于网络服务器的数字音频素材也可便利地服务于现代教学。

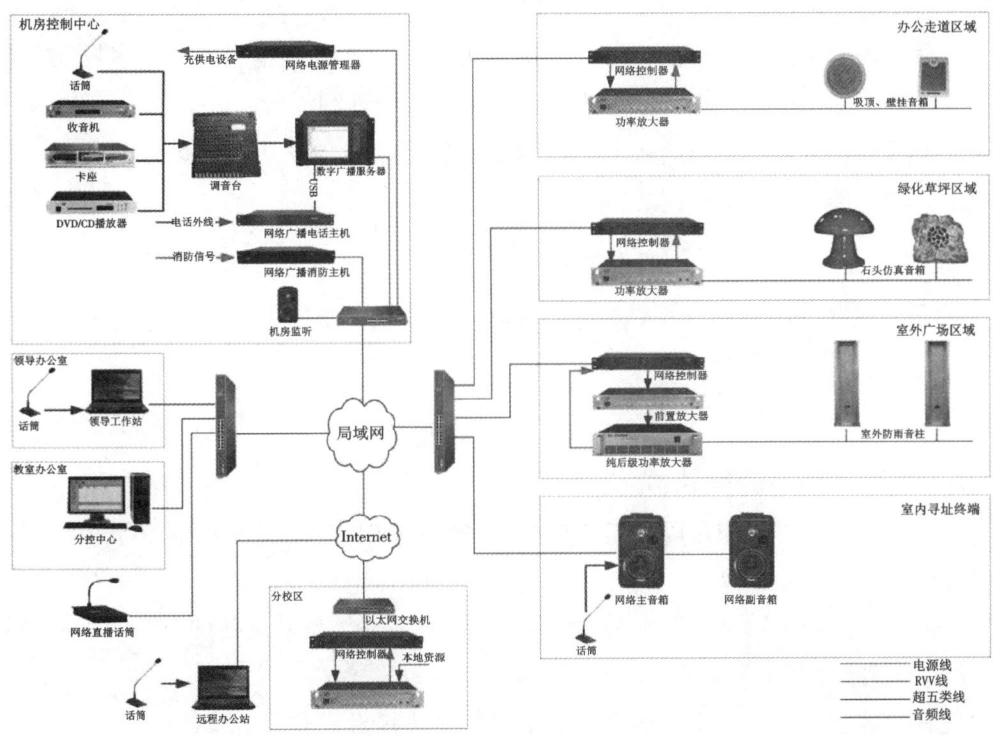

图7-4　数字广播系统拓扑示意图

3. 数字音频工作站

数字音频工作站（Digital Audio Workstation，DAW）是一种加工、处理以及交换音频的计算机系统，如图7-5所示。

图7-5　数字音频工作站示意图

数字音频工作站除了能实现了广播系统高质量节目的录制及自动化播出外，同时也创造了更加良好、高效的工作环境。

随着使用数字音频信号技术的出现和成熟，尤其是计算机软硬件技术和多媒体技术的日趋完善，利用数字音频工作站可以实现更为先进的音频信号编辑及处理等功能。

数字音频工作站具有较强的信息处理能力、非线性音频编辑功能、多样化的加工技巧等优点，主要用于对声音信号的录音、剪辑、处理和混合。

由于数字音频工作站是声音工厂，因此学校会大量地使用它来为现代教学进行配音配乐，进而提高教学质量。

7.2 数字音频格式及转换

1. 常见的数字音频格式

数字音频在计算机中是以特定格式存储的音频文件，广泛应用的数字化音频文件主要有两类：

一类是专门用于记录乐器声音的 MIDI 文件；另一类是采集各种声音的机械振动而得的波形文件。

现有的数字音频文件格式很多，常用的数字音频格式有以下几种：

（1） MIDI

MIDI（Musical Instrument Digital Interface）原指电子乐器数字化接口。

MIDI 数据不是数字的音频波形，而是音乐代码或电子乐谱。

如果在计算机上装备了高级的 MIDI 软件库，用户可将音乐的创作、乐谱的打印、节目的编排、音乐的调整、音响的幅度、节奏的速度、各声部之间的协调、混响等都由 MIDI 来控制完成。

（2） WAV

WAV 波形文件是声音模拟信号的数字化结果，是通过数码设备录音获取的波形文件。

波形文件的形成过程包括：

① 音源发出的声音（机械振动）通过麦克风转换为模拟信号。

② 模拟的声音信号经过计算机声卡的采样、量化、编码，得到数字化的音频文件。

采样的频率和量化的精度直接影响声音的质量和数据量。

在录音过程中可以选择不同的采样频率、量化字长、压缩编码方法，也可以在得到数据文件后通过转换软件调整文件的精度、格式。

（3） MP3

MP3 是 MPEG1 标准中的声音部分，也叫 MPEG 音频层。

它根据压缩质量和编码复杂程度划分为三层，即 Layer-1，Layer-2，Layer-3，分别对应 MP1，MP2，MP3 这三种声音文件。

MPEG 音频编码的层次越高，编码器越复杂，压缩率也越高。MP1 和 MP2 的压缩率分别为 4∶1 和 6∶1 至 8∶1；而 MP3 的压缩率则高达 10∶1 至 12∶1。

MP3 对音频信号采用的是有损压缩方式。为了降低声音失真度，MP3 采取了感官编码技术，使压缩后的文件在回放时能够达到比较接近原音源的声音效果。

（4）WMA

WMA 就是 Windows Media Audio 编码后的文件格式，是由微软开发的针对网络传输的音频文件格式，可轻松地实现在线广播。

WMA 支持防复制功能，通过 Windows Media Rights Manager 可加入版权保护。

（5）ACC

AAC（Advanced Audio Coding）遵循 MPEG-2 的规格开发，是杜比实验室为音乐社区提供的高级音频编码技术，最大能容纳 48 个通道的音轨，该格式采样率达 320kbps 时能够制作出 5. 1 声道的音乐节目。

相较于 MP3 格式，ACC 音质更好，也更节省储存空间与传输带宽。

（6）APE

APE 是 Monkey-s Audio 提供的一种无损压缩格式，这种格式的压缩比远低于其他格式，能够做到真正无损。在现有不少无损压缩方案中，APE 是一种有着突出性能的格式。

2. 数字音频格式转换

在多媒体教学软件制作的过程中由于软硬件商家不同，支持的音频文件格式也各不相同，因此我们在教学应用中经常会遇到音频文件格式不兼容的问题，这时就需要对音频文件进行格式转换。

音频格式转换的主要作用是对数字音频进行再编、解码，并根据编码规范保存为新的音频格式。

注意：前面介绍的 Camtasia Studio 和 Premiere Pro 软件都具有数字音频编辑、提取、处理等功能！

常见的转换软件有很多，比如“迅捷视频转换器”“格式工厂”“狸窝软件”以及“QQ 音乐”“酷狗音乐”等等。其中，前三种软件可从视频中单独提取音频文件，后两种则有非常巨大的音频库供用户在教学中下载并转换使用。

本节将简要介绍两种不同类型软件的操作方法：

（1）从视频中提取音频文件（迅捷视频转换器）

第一步，下载迅捷视频转换器，双击安装包进行安装，如图 7 -6 所示。

第二步，安装完成之后运行软件。

图 7－6 迅捷软件安装界面

右边是输出设置，左边是添加进来的文件列表。用户可以通过“添加文件”或者“添加文件夹”来导入文件，也可以通过直接拖拽的方式来添加文件，如图 7－7 所示。

图 7－7 迅捷软件运行界面

第三步，将文件添加进来之后，可以看到文件列表上面有显示视频文件的各种信息，只需点击文件缩略图（方框位置处），就可以进行文件预览，如图 7－8 所示。

图 7－8　**文件预览窗口**

第四步，进行输出设置。

软件界面右上方为输出设置选项，用户只需点击倒三角符号，下拉框中便会弹出许多的选项，在出现的选项中我们可以在音频栏目中找到对应格式，如图 7－9 所示。

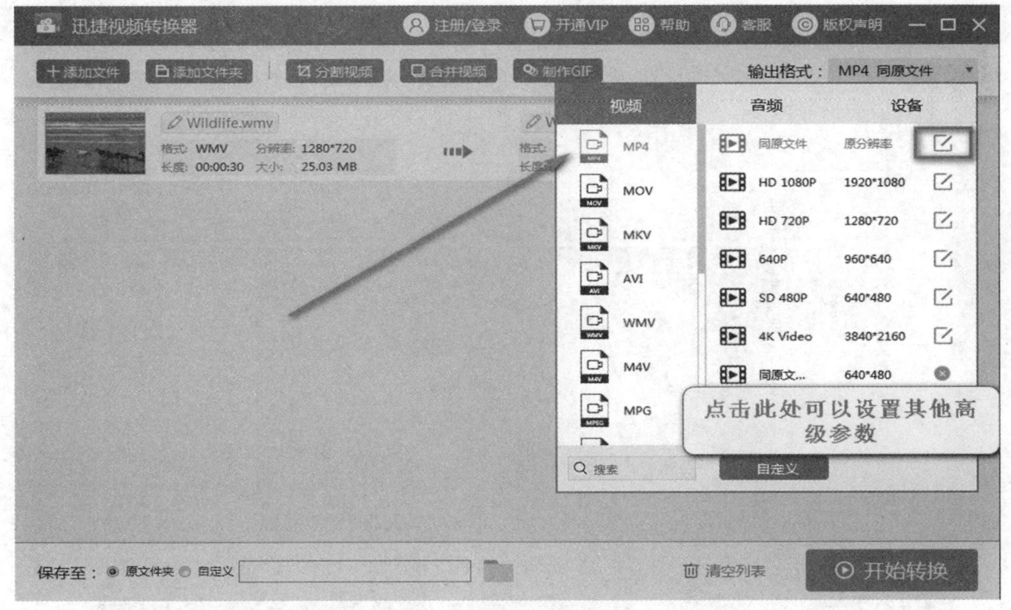

图 7－9　**音频输出选项窗口**

第五步，输出音频的设置。

点击“自定义”选项后，用户在弹出的选项中可以设置音频编码，比特率，取样频率，声道等参数，用户可以根据教学需求进行设置。一般来说设置“自动”即可，如图 7 - 10 所示。

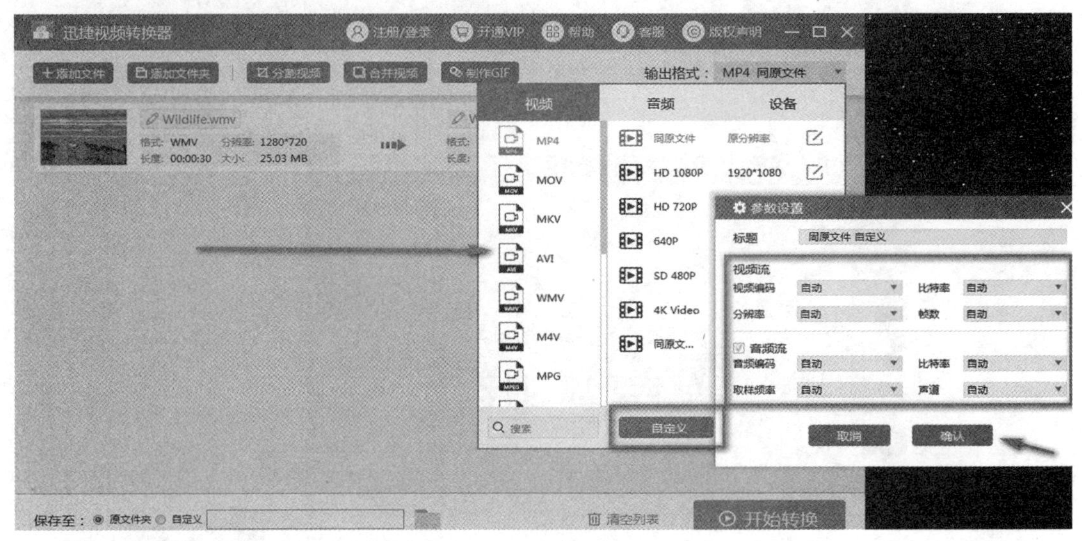

图 7 - 10　音频参数设置窗口

第六步，选择需要的片段。

在视频文件右边有一个“剪切”图标，点击“剪切”图标按钮，在弹出来的选项中我们可以设置教学需要的输出片段（不设置的话，默认就是整个视频的音域），如图 7 - 11 所示。

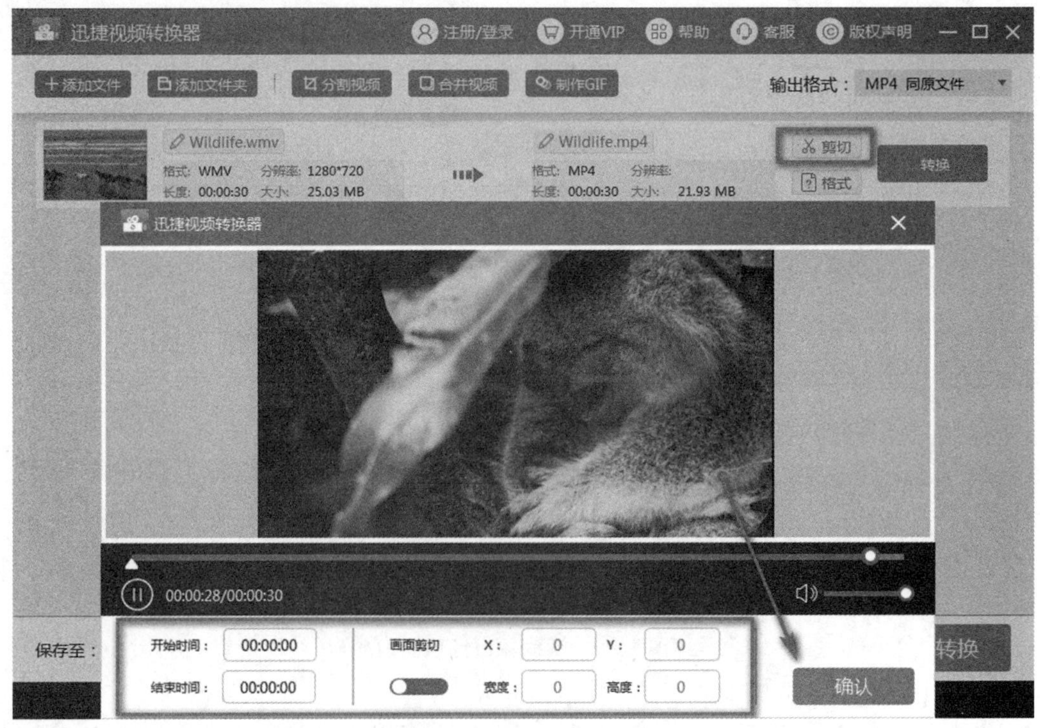

图 7 - 11　片段选择窗口

第七步，开始进行转换。

找到“转换”按钮，点击之后就会开始进行转换，如图 7 – 12 所示。

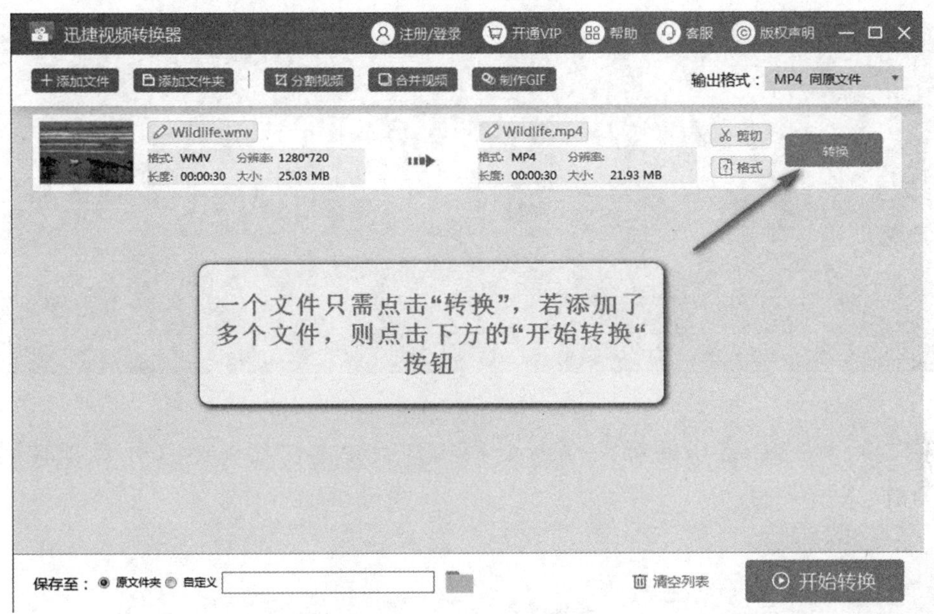

图 7 – 12　输出确认窗口

第八步，转换完成之后，点击“打开”可直达输出目录，就可以找到转换完成之后的音频文件，如图 7 – 13 所示。

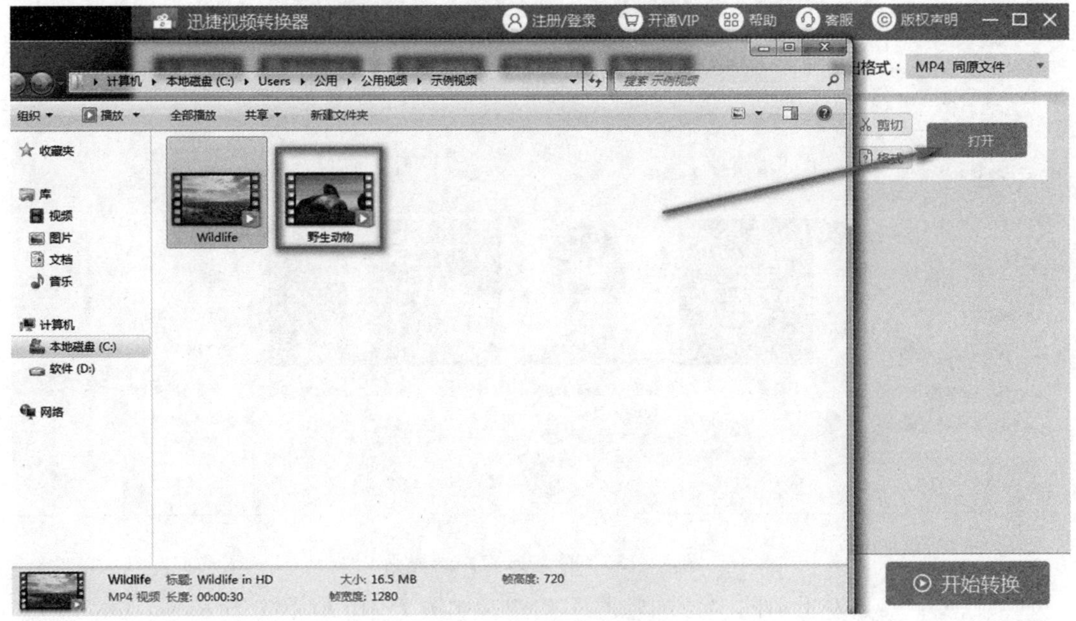

图 7 – 13　输出后文件存储位置

（2）使用流行的音乐软件转换音频（QQ 音乐）

第一步，下载，安装最新版的 QQ 音乐，如图 7－14 所示。

图 7－14　QQ 音乐 Logo

第二步，在 QQ 音乐的客户端右上角找到菜单，在菜单中打开音频转码，如图 7－15所示。

图 7－15　QQ 音乐客户端界面

第三步，点击左上角的“添加歌曲”按钮，如图 7－16 所示。

第四步，在电脑文件夹中找到我们想要进行音频转码的歌曲，点击“打开”按钮，如图 7－17 所示。

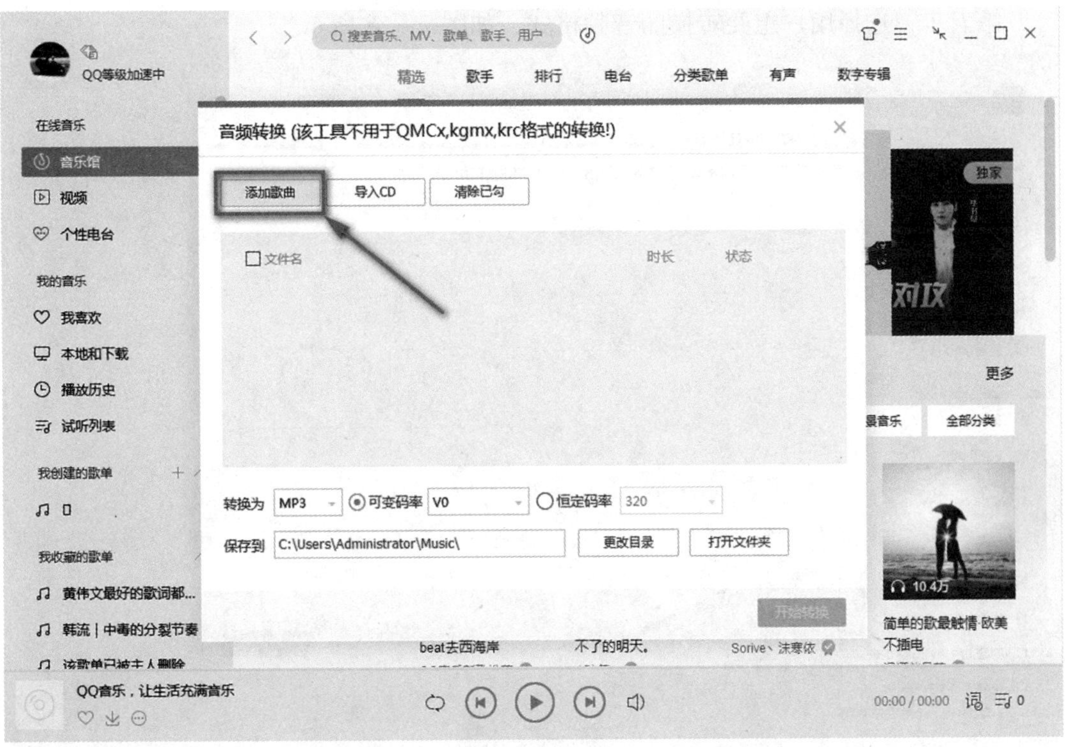

图 7 – 16　QQ 音乐客户端音频转换窗口

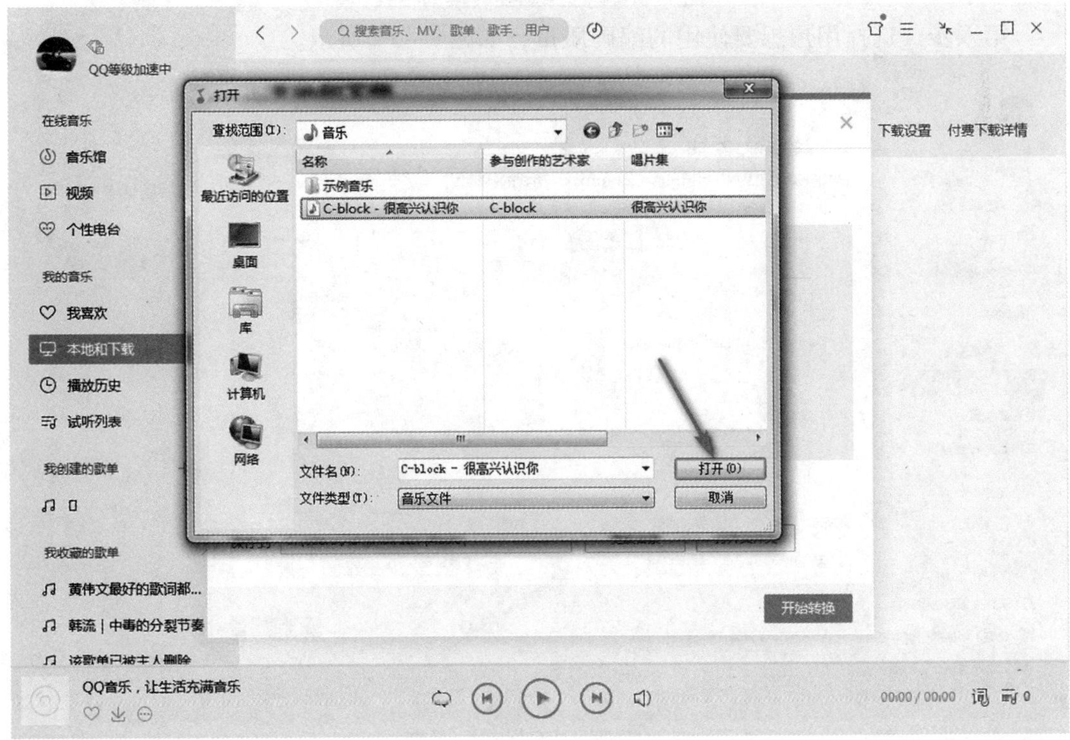

图 7 – 17　导入本地音频文件

第五步，选择用户想要转换的音频格式，如图 7－18 所示。

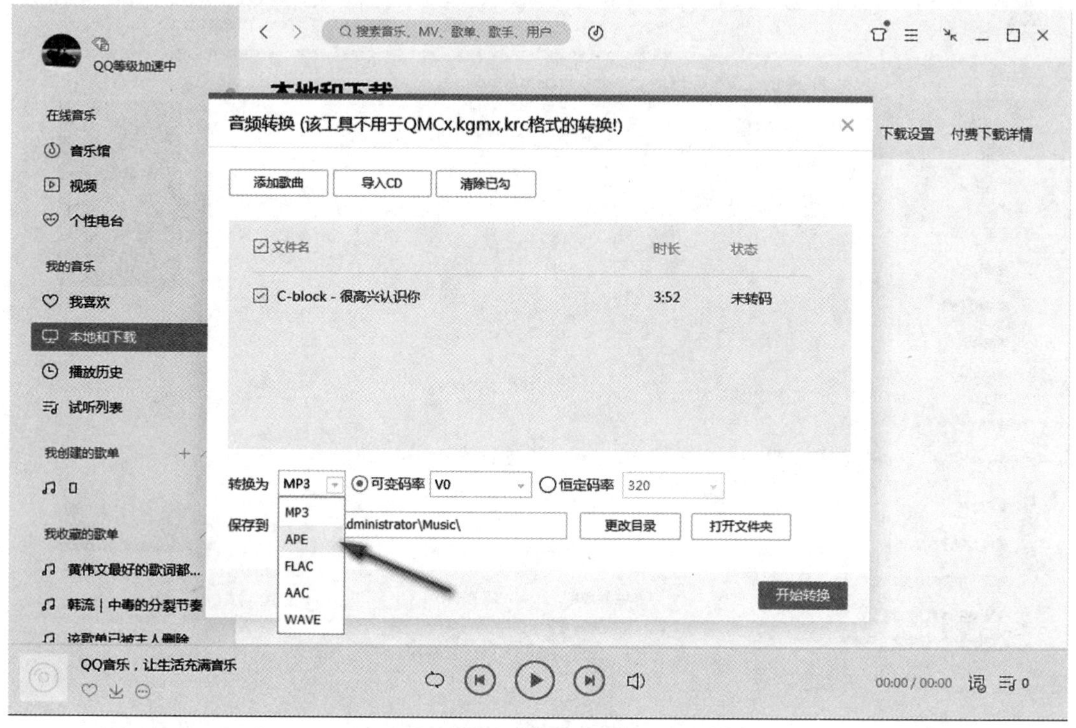

图 7－18　选择想要转换的格式

第六步，选择用户想要使用的编码质量，如图 7－19 所示。

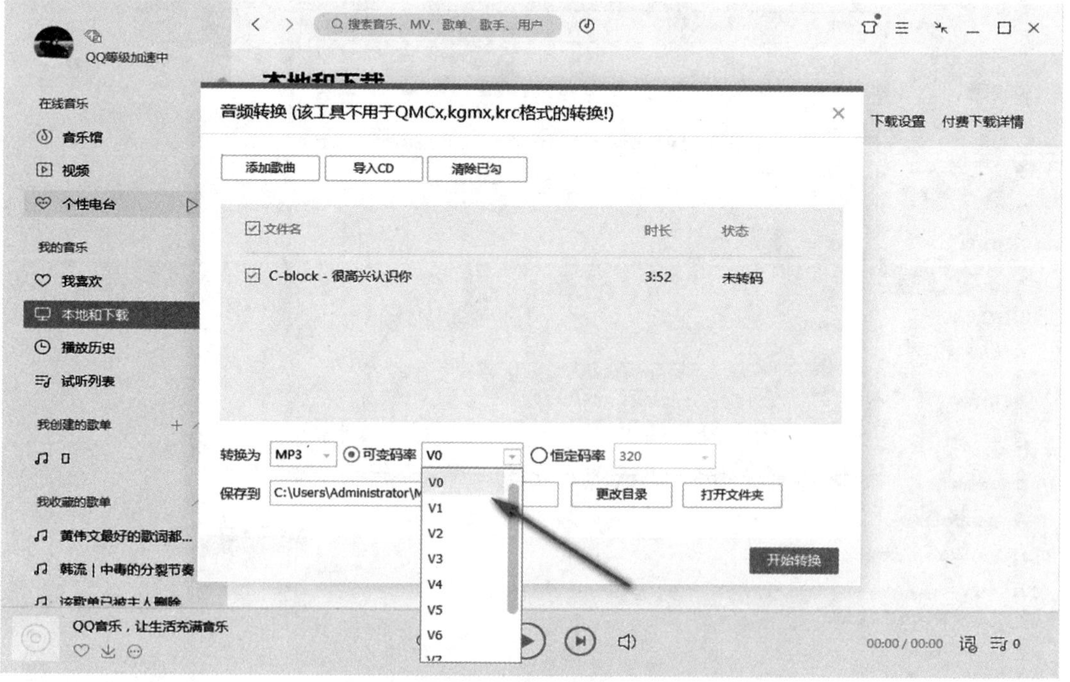

图 7－19　选择想要使用的编码质量

第七步，选择用户想要保存的文件夹位置，如图 7－20 所示。

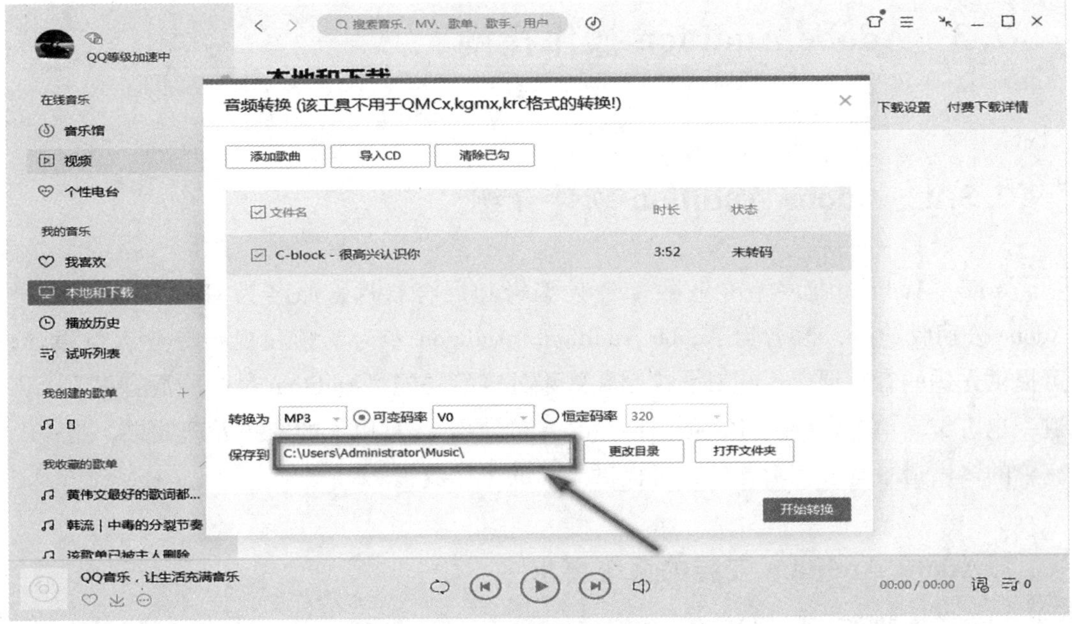

图 7－20　选择保存的位置

第八步，点击“开始转换”，即可把电脑中的音乐转换成用户想要的音频格式，如图 7－21所示。

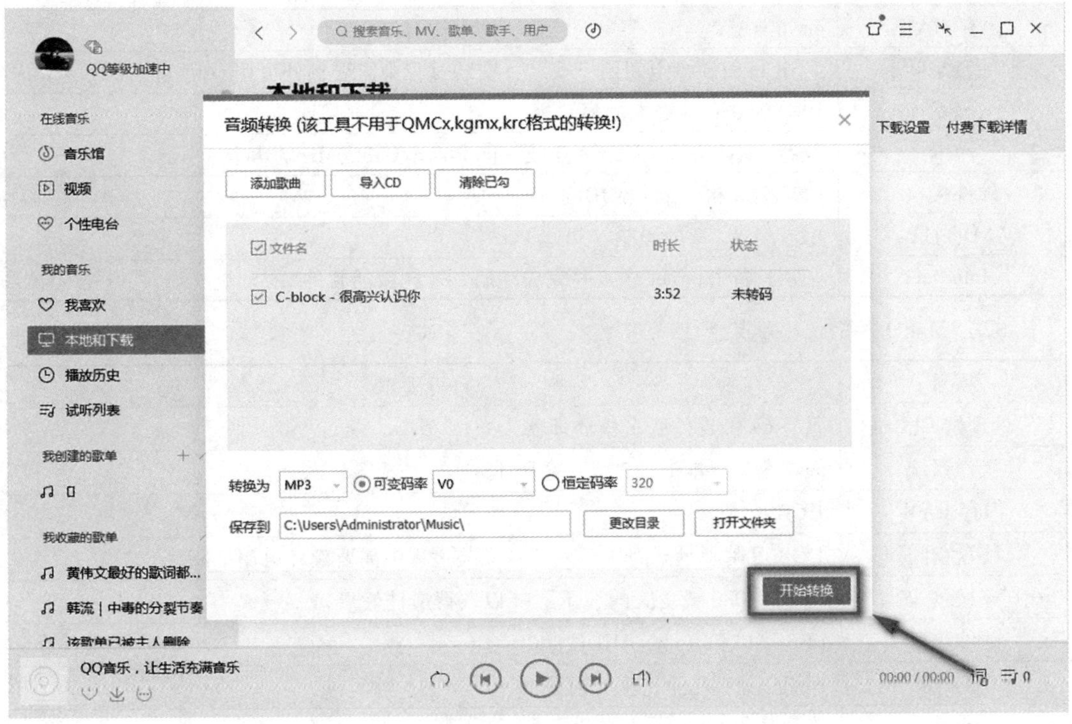

图 7－21　开始进行转换

7.3 Adobe Audition 操作指南

7.3.1 Adobe Audition 软件介绍

Adobe Audition 是一个专业数字音频编辑和混合软件，原名为 Cool Edit Pro，被 Adobe 公司收购后，改名为 Adobe Audition。Audition 专为音频和视频专业人员设计，可提供先进的音频混合、编辑、控制和效果处理等功能。Audition 最多能混合 128 个声道，也可编辑单个音频文件，创建回路，并可使用 45 种以上的音频处理效果，是一个完善的多声道录音、编辑软件，可提供灵活的工作流程。

1. Adobe Audition 安装的系统要求

（1）Windows 系统（PC）

项目	最低要求
处理器 CPU	具有 64 位支持的多核处理器
操作系统	Microsoft © Windows 10（64 位）版本 1703 或更高版本
内存 RAM	4 GB RAM
硬盘空间	4 GB 可用硬盘空间用于安装；安装过程中需要额外可用空间
显示	1920 × 1080 或更大的显示屏
声卡	兼容 ASIO 协议、WASAPI 或 Microsoft WDM/MME 的声卡
硬件接口	USB 接口和（或）MIDI 接口
CD 刻录	用于刻录 CD 的光驱（可选）
Internet	必须具备 Internet 连接并完成注册，才能激活软件

（2）MacOS 系统（苹果）

项目	最低要求
处理器 CPU	具有 64 位支持的多核处理器
操作系统	macOS X 版本 10.12 或更高版本
内存 RAM	4 GB RAM
硬盘空间	4 GB 可用硬盘空间用于安装；安装过程中需要额外可用空间
显示	1920 × 1080 或更大的显示屏（以获得最佳效果）
硬件接口	USB 接口和（或）MIDI 接口
CD 刻录	用于刻录 CD 的光驱（可选）
Internet	必须具备 Internet 连接并完成注册，才能激活软件

2. Adobe Audition（AU）工作界面

AU 主要有两种工作界面，分别是单轨编辑界面（如图 7－22 所示）和多轨编辑界面（如图 7－23 所示），分别对应单轨音频编辑和多轨音频组合。

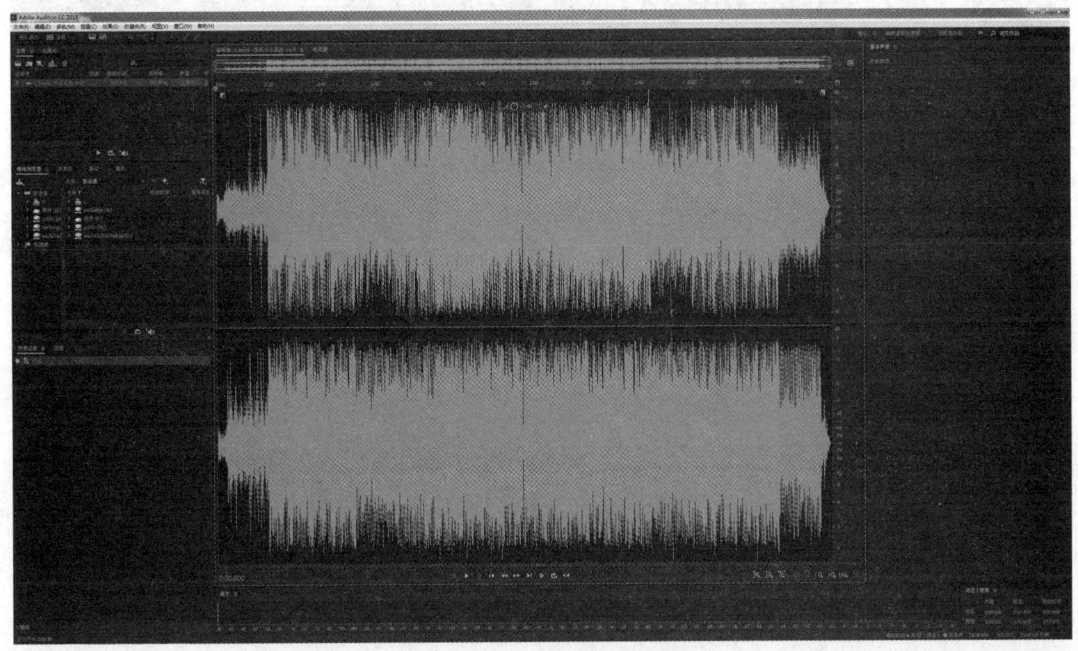

图 7－22　单轨编辑界面

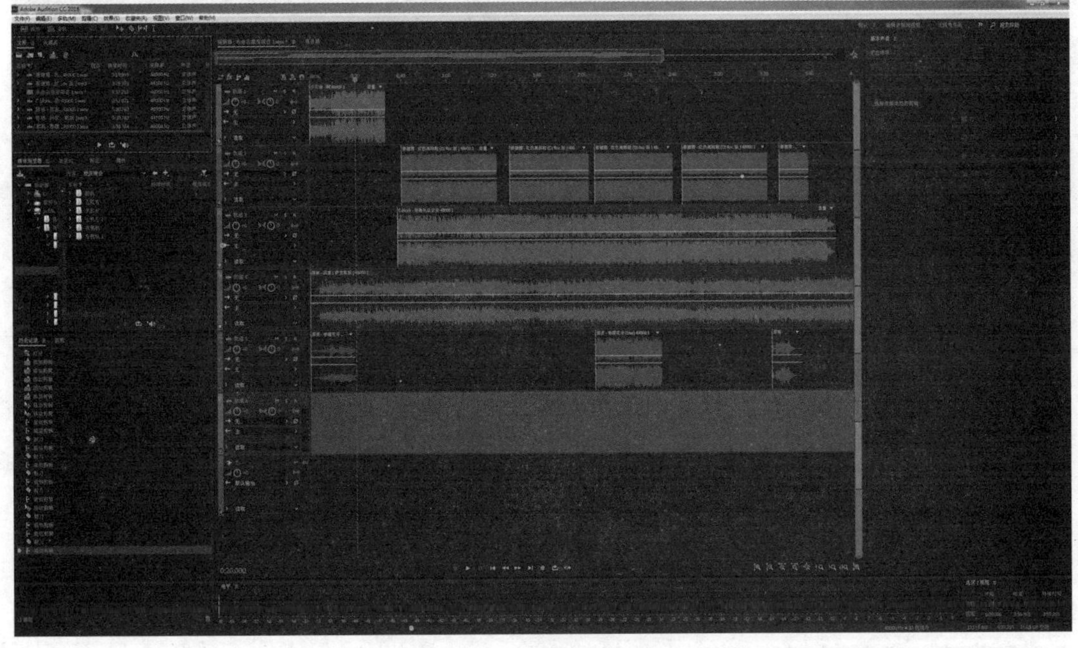

图 7－23　多轨编辑界面

3. Adobe Audition（AU）工作窗口

AU 的工作窗口主要包含三个区域，分别是素材选择区、编辑工作区和参数显示区，如图 7－24 所示。

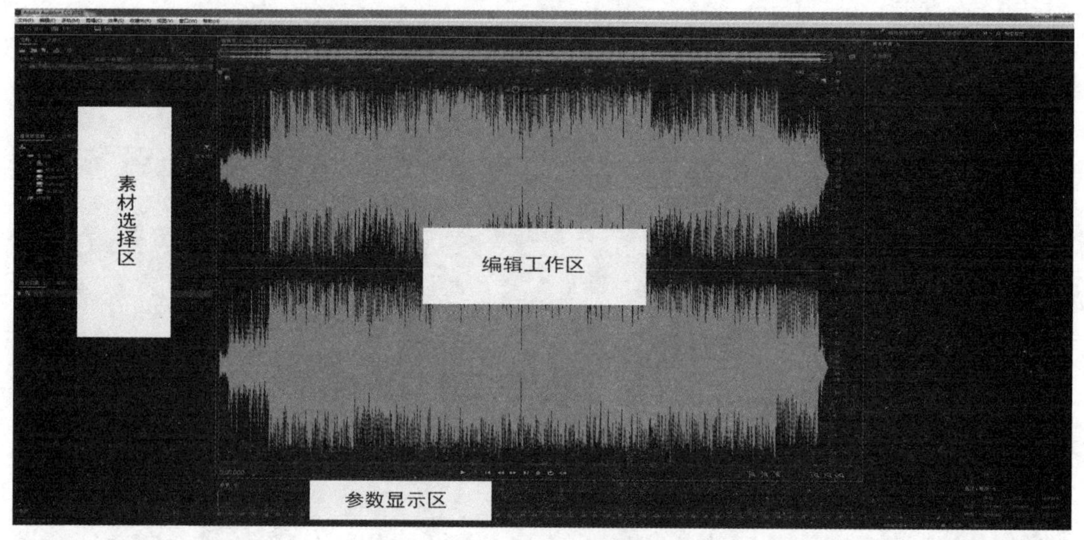

图 7－24　AU 工作窗口

AU 在界面设置上是以功能最大化的原则来布置。因此，在使用时，用户可以根据个人的工作喜好关闭一些窗口，或通过“窗口”—“工作区”选择 Adobe 为专业人士预设的编辑界面，如图 7－25 所示。

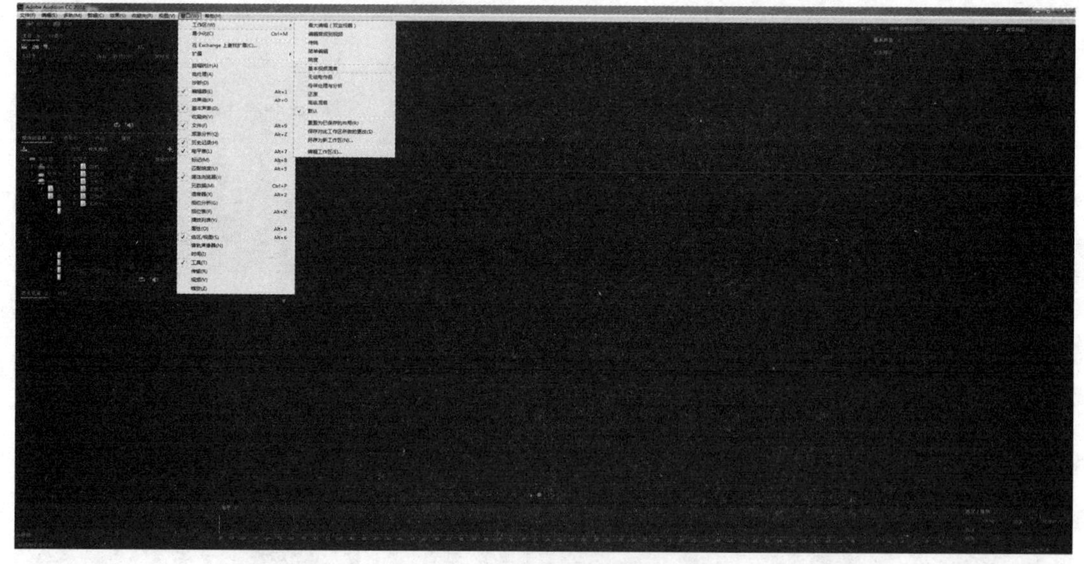

图 7－25　AU 工作区设置菜单

此外，AU 界面还提供保存个人常用设置界面的还原功能，可在关闭界面任意窗口后保留原先的更改。

所有更改能通过“窗口”—“工作区”—“保存对此工作区所做的更改”或“另存为新的工作区”来永久保存，如图 7－26 所示。如果误删除了某个窗口，用户可以通过“窗口”—“工作区”—“重置为已保存的布局”恢复原先保存或系统默认的界面布局，如图 7 – 27 所示。

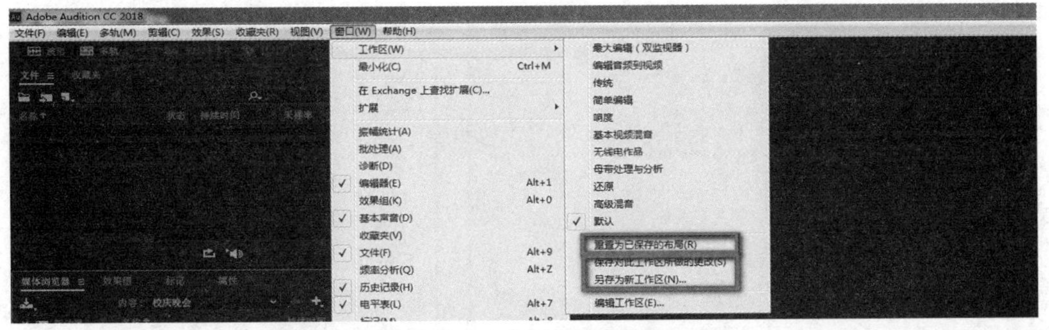

图 7 – 26　AU 工作区界面布局保存菜单

图 7 – 27　AU 工作区界面布局恢复菜单

7.3.2　Adobe Audition（AU）软件操作

1. Adobe Audition（AU）的音频硬件设置

正常使用 AU 的前提是正确地设置音频硬件，Audition 提供了默认的音频输出设备 Audition Windows Sound，如果没有专业声卡，建议选择此项，如果有则需进行硬件设置，如图 7 – 28 所示。

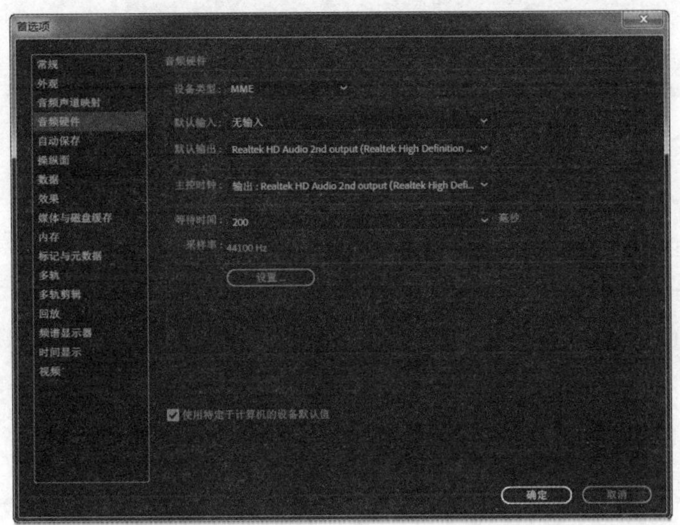

图 7 – 28　AU 硬件设置对话窗口

硬件设置正确的情况下，还需要选择正确的音频输入通道才能将声音录入电脑。

双击右下角音量图标打开音量控制面板是如图 7-29 所示。

然后切换到录音控制面板，如图 7-30 所示。

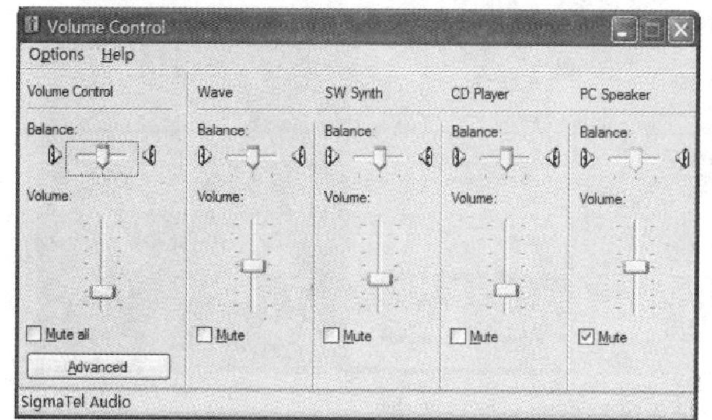

图 7-29 AU 音量控制面板

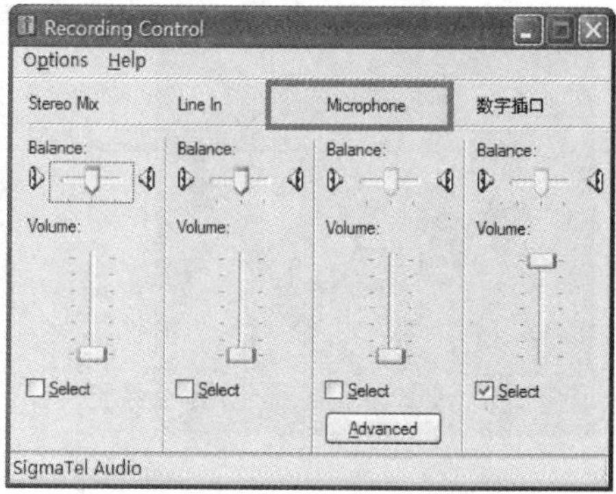

图 7-30 AU 录音控制面板

选择“麦克风”（图中为 Microphone），将音量调整到合适的位置即可。

如果发觉将滑块调到最大时音量仍然偏小，可以点击麦克风下的“高级”按钮（要勾选“选项”菜单下的“高级控制”才可见），打开“麦克风加强”（Microphone Boost）功能。

2. 录音

打开 Audition，选择“文件”菜单下的“新建”命令，根据喜好进行设置。确定后点击录音按钮即可进行录音，如图 7-31 所示。

图 7-31 AU 录音按键

教学录音一般要求：

（1）音量大小合适；

（2）尽量减少爆音；

（3）背景噪声可以有但不能对人声产生较大的影响；

（4）录音要连贯、自然，尽量减少修改留下的痕迹。

3. 音频降噪

降噪是一个可选操作，如果录音质量足够好，可以不用降噪，以最大限度保留原始声音的特性。

由于设备及录音环境的问题，录音噪声都在 -30dB 左右甚至更高。一般来说，教学并不需要太专业的效果，但也至少要保证背景噪声不能过高。

如果出现录音失误，用户可以将录错的部分删除后，使用 AU 进行降噪操作。降噪操作方法如下：

（1）先选中一段噪声，如图 7－32 所选部分。

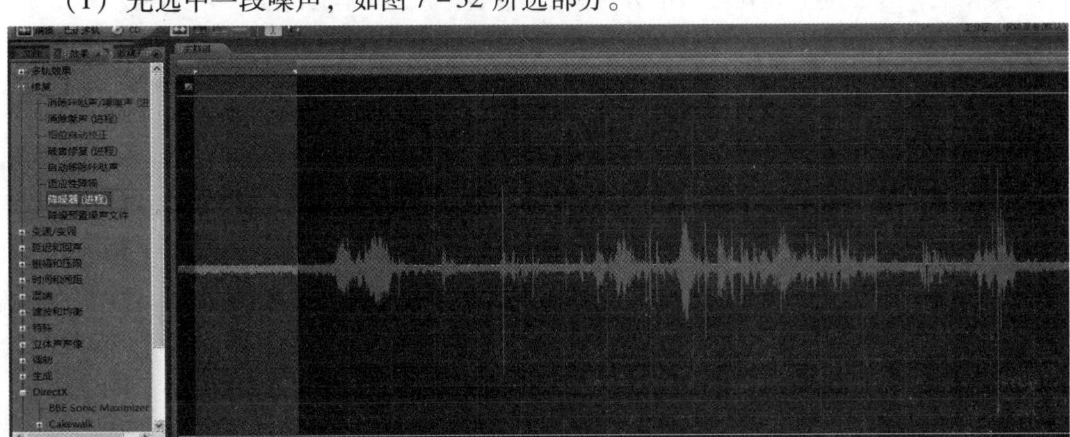

图 7－32　选择噪声

（2）打开左侧“效果”面板，单击鼠标左键，依次打开“修复”“降噪器”。在弹出的“降噪器”控制面板中更改 FFT 大小，之后点击“获取特性”，等待计算机执行噪声取样完成后，点击“波形全选”，最后确定，等待处理完成即可，如图 7－33 所示。

另外，还可以通过对声音进行音量的限制或通过对噪声音量进行限制，来实现降噪的目的。

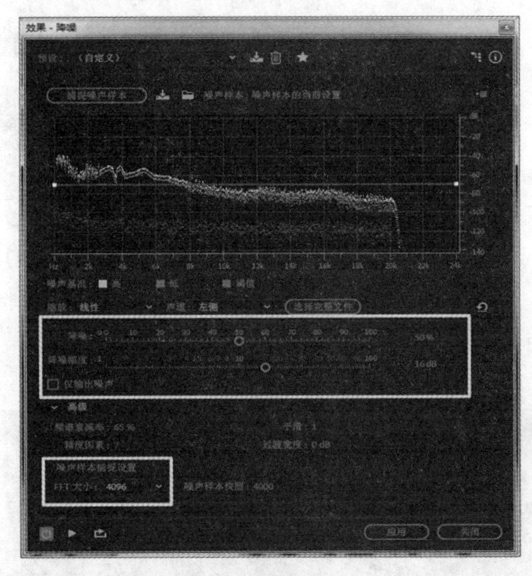

图 7－33　AU 降噪器控制面板

注意：FFT（Fast Fourier Transform）值越大降噪效果越差，但降噪后声音的失真越小；FFT 值越小降噪效果越好，但降噪后声音的失真越严重。

4. 硬性限制

硬性限制是诸多调整音量的手段之一。其原理是在保证没有爆音的前提下，在一定限度上提升声音的整体音量。

操作上，首先选中要处理的部分，然后依次打开“振幅和压限”“硬性限制”，最后进行参数的调整即可，如图 7－34 所示。

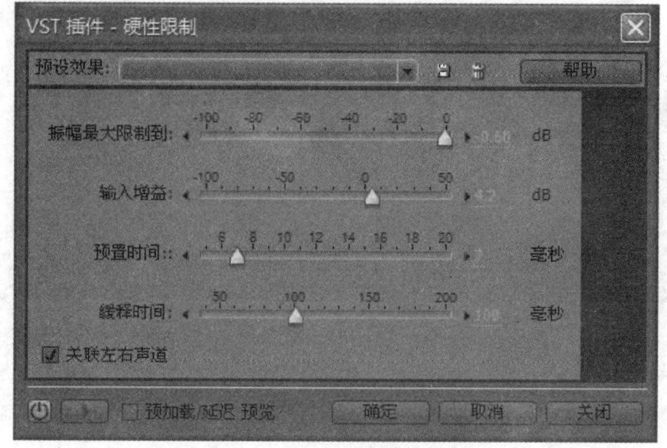

图 7－34 AU 硬性限制插件

注意：硬性限制需根据音频的音量大小进行设置，一般情况保留默认设置即可。

5. 多轨合成及输出

在录音完成和单轨编辑后，要进行进一步的合成就必须切换至多轨编辑界面。切换按钮在软件的左上角，如图 7－35 所示。

图 7－35 AU 多轨编辑按钮

下面本节将通过制作一段配乐教学音频的编辑来说明多轨模式的使用。

（1）用 AU 录好音后，切换到多轨视图。

将教学录音导入 AU 素材选择区，并同时导入一段背景音乐，如图 7－36 所示。

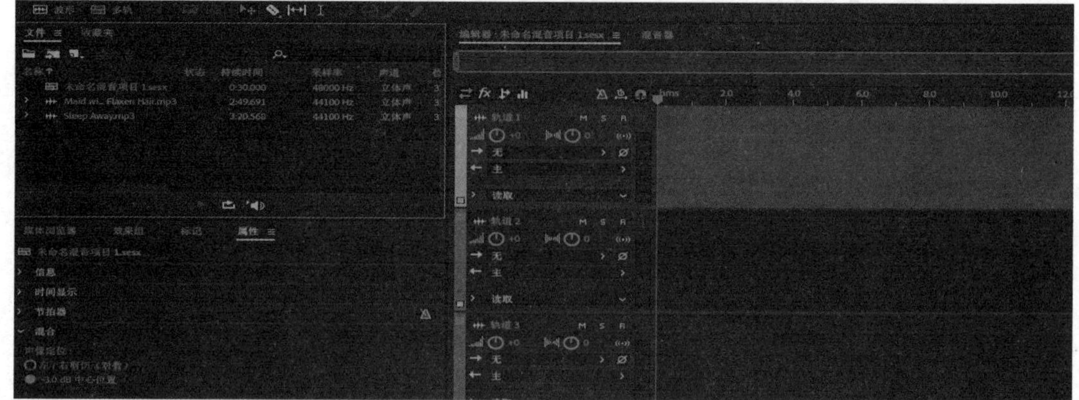

图 7－36 在 AU 中导入素材

默认情况下 AU 会建立 6 条空白音轨和一条主控音轨，使声音的合成更为方便。所以只要把音频拖入到任意轨道中并进行简单的调整就可以实现录音与音乐的合成。

（2）将这两段声音分别拖入音轨 1 和音轨 2 中，并调整其位置，使音乐在前讲课录音在后，从而达到一种配乐朗诵的感觉。如图 7－37 所示。

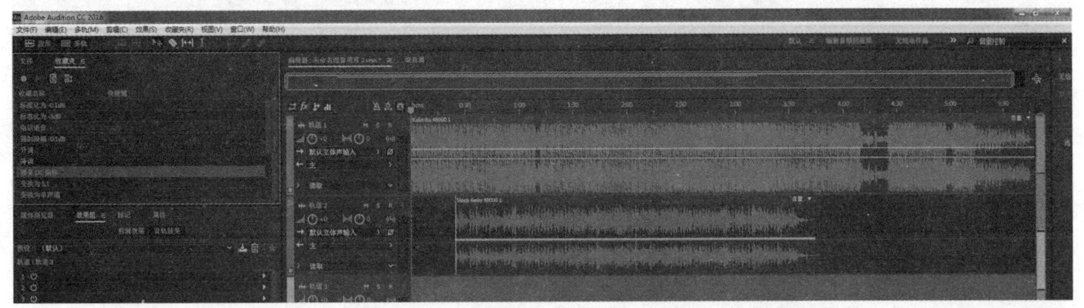

图 7－37　将素材拖至编辑音轨

注意：事先录好的音频文件可直接拖入 AU 工作区或通过“导入”也可将音频文件导入。

（3）按空格键播放试听效果。可能会感觉背景音乐音量过大，遮住了人声。这时就需要将音乐的声音调小。调整音量有许多方法，如拖动音轨标题下面的旋钮来调节对应音轨的整体音量，如图 7－38 所示。或者右击该音频剪辑，选择剪辑属性，在弹出面板的左侧调整音量滑块；或者通过剪辑顶部的包络曲线来详细地控制剪辑音量，如图 7－39 所示。

图 7－38　AU 音轨音量调节面板

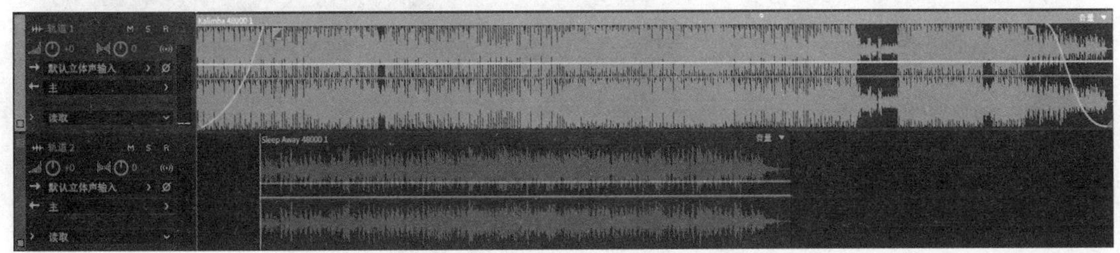

图 7－39　AU 音轨包络曲线

图 7－39 中的折线就是音量包络曲线。同时在剪辑块中部也会出现声相包络曲线，它们主要用于调整左右声道平衡。

除通过包括曲线可实现音乐渐入的效果外，还有一种更简便的方法可以达到类似的效果。选中音轨中的背景音乐，然后将鼠标移动到剪辑块的左上角，当鼠标变为十字状的时候，点击并向右拖动鼠标，调整到合适的位置，如图 7　40 所示。

图 7－40 中曲线即为淡入曲线，它形象地描述了音量随时间变化的情况。同理，音乐结尾也可以做出类似地淡出的效果。

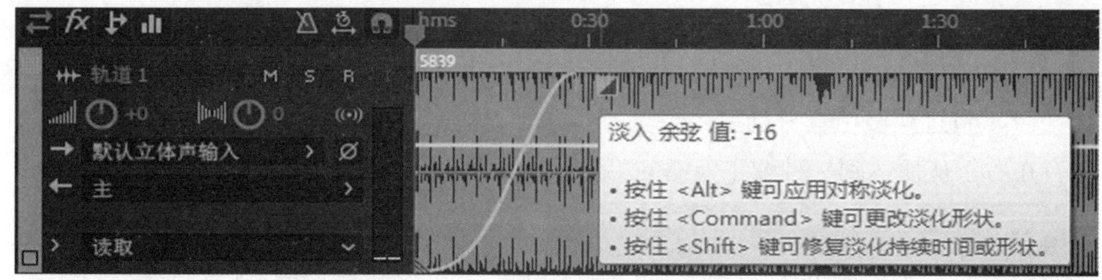

图 7－40 调节 AU 音轨包络曲线

做到这一步，一段配乐教学音频就基本编辑完成，但要作为一个独立应用的教学音频还差最后一步——导出。

（4）导出教学音频。导出需依次选择“文件”“导出”“混缩音频”，鼠标单击后会弹出如下窗口，如图 7－41 所示。

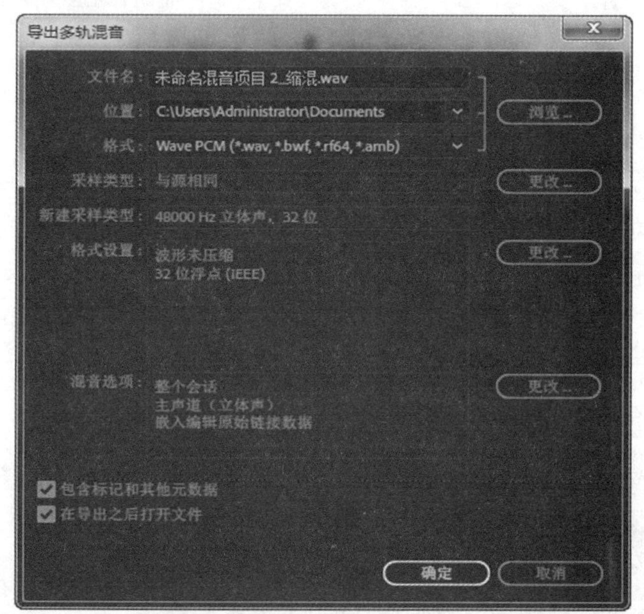

图 7－41 AU 音频导出对话窗口

注意：无论选择那种比特率编码方式（CBR 或 VBR），请保证比特率在 128 到 320 之间。设置完毕后点击保存，选择好保存位置之后，还需要特别注意，在文件名下面的“保存为”列表中使用名为 mp3 PRO 的编码器，以保证导出 MP3 文件的质量。

如果需要保存工程以便后期修改，请依次选择“文件”“保存会话”，在弹出的窗口中选择好保存位置。如果不能保证工程中用到的声音在下次载入 AU 的时候依然存在，请勾选“保存所有关联文件副本”，选择此项之后，AU 会在“保存录制期”的目录下保存所有用到的音频文件的最新副本。

7.3.3　Adobe Audition 名词解释及术语中英文对照

1. Adobe Audition 名词解释

（1） MP3 和 mp3PRO

通过 mp3PRO 编码器可以直接编码和解码 MP3 文件。计算机将音频保存为 MP3 文件时，文件会被按指定的比率进行压缩；相反，当计算机载入一个 MP3 文件时，该文件会被解码为 AU 可识别的内部格式。值得注意的是，MP3 是一种有损压缩格式，所以在制作时应该尽量避免重复保存。因为每一次打开并再次保存同一个 MP3 文件会导致对该文件的重复压缩，降低其音频质量。

对于 MP3 和 mp3PRO 两种编码，mp3PRO 中的 PRO 数据的解码需要播放器的支持，如果不确定播放器是否支持 PRO 数据，请选用 MP3 编码。

（2） 比特率；CBR；VBR；ABR

比特率有不少别名，比如位速、码率等，通过它的单位——Kbps 可以看出来它的定义是“kb per second”，即每秒的数据流量。比特率的高低代表着一段声音压缩的程度，也就是所谓音质的高低，比特率越高，音质越好。

比特率分三种：CBR（恒定比特率）、VBR（可变比特率）和 ABR（平均比特率）。

CBR 编码从头到尾都使用一个固定的比特率。这种编码方式最常见，带宽和文件大小也容易确定。

VBR 编码根据声音的复杂程度来决定比特率的高低，声音复杂时采用规定范围内较高的比特率。这种编码方式可以在保证音质的条件下降低音频文件的数据量，目前大多数 MP3 解码器都支持 VBR 的解码。

ABR 相对于 CBR 和 VBR 是比较折中的选择，但这种编码方式比较少见。

（3） ASIO 和 ASIO 4ALL

ASIO 即 Audio Stream Input Output，是一种由 Steinberg 公司创建的低延迟驱动标准，其目的在于最大程度地降低系统播放音频流的延迟时间。

目前只有部分声卡支持这种标准，一般的板载声卡基本上都不支持，但用户可以通过安装 ASIO 4ALL 驱动来弥补这个缺陷。ASIO 4ALL 的驱动程序以 WDM 设备为基础，利用部分 CPU 的运算能力，使声卡达到或接近专业声卡的延迟。

（4） VST

VST 是 Virtual Studio Technology 的缩写，它是基于 Steinberg 公司的软件效果器，般以插件的形式存在，可以运行在当今人部分的专业音频制作软件上，同时在支持 ASIO 驱动的硬件平台下也能够以较低的延迟提供非常高品质的效果处理功能。

要达到 VST 的最佳效果，声卡需要支持 ASIO。当声卡不支持时，也可以下载

ASIO 4ALL 驱动来补充。

VST 效果器几乎覆盖了所有音乐制作里用到的效果，而且由于 VST 技术的开放性，很多厂商，甚至是个人也开发了很多 VST 效果，连好莱坞的电影制作中都会常用。

VST 效果器是用来处理音频的，所以只能加载在音频轨中使用，MIDI 轨不能使用。

（5）VSTI（虚拟乐器）

VSTI 是 Virtual Studio Technology Instruments 的缩写，它是基于 Steinberg 公司的虚拟乐器技术，基本上都以插件的形式存在，能运行在当今大部分的专业音频制作软件中，在支持 ASIO 驱动的硬件平台下也能够以较低的延迟提供非常高品质的效果处理。

VSTI 虚拟乐器与 VST 效果器不同，它主要控制 MIDI 轨。每个 VSTI 插件都能提供很多的音色以及丰富的参数控制，可以被看作是“软音源”，让用户创造出独一无二的音色。不同的 VSTI 有着不同的音色合成方法。

（6）剪辑（音频剪辑）

“剪辑”是音频编辑软件中十分常见的一个词，但由于翻译不同可能在不同软件里有不同的意义。如，“剪辑”在 AU 中可能是指某一轨道中的一个音频块。

（7）包络

“包络”可以很形象地反映某一参数随时间的变化情况。以 AU 的音量包络曲线为例，曲线的横坐标是时间，纵坐标就是音量。

（8）录制期

“录制期”是一个 . ses 格式的文件，是多轨视图的存档，其本身不包含任何音频数据，而是记录着工程使用了哪些文件、对应的剪辑的位置、各个音轨的效果器、包络信息等等。

（9）信噪比

“信噪比”即 SNR（Signal to Noise Ratio），狭义来讲是指输出信号的电压与同时输出的噪声电压的比，常常用分贝数表示。

信噪比是一个用来衡量音频设备性能的参数，设备的信噪比越高表明它产生的杂音越少。一般来说，信噪比越大，说明混在信号里的噪声越小，声音回放的质量越高，否则相反。

注意：信噪比一般不应该低于 70dB，高保真音箱的信噪比应达到 110dB 以上。

（10）fx

英文 Effects 的谐音，意为特殊效果。

（11）爆音；破音

“爆音”是一种在音频录制过程中，由于音量过大而产生的声音的失真；“破音”指人在发声的过程中由于气流控制或发声方法不当而产生的人声失调，与音频硬件无关。

2. Adobe Audition 术语中英文对照

中文	英文
降噪	Denoise
剪辑	Clip
包络	Envelope
音量包络	VolumeEnvelope
声相包络	PanEnvelope
录制期	Session
交叉淡化	Cross Fade
压限器	Compressor
均衡器	Equalizer
延迟	Latency
比特率	BitRate
阈值	Threshold
增益	Gain
直通	Bypass
预设	Preset
漫射	Diffusion
滤波器	Filter
反馈	Feedback
输入	Input
输出	Output
衰减	Decay
混音	Mix
同步	Sync
速度	Tempo
频率	Frequency
镶边器	Flanger
相位	Phase
混响	Reverb

➤ 思考题：

1. 简述声音的物理特性。
2. 简述常见的数字音频格式。

➤ 课外实践活动：

尝试用 Audition 制作一段配乐教学音频。

第 8 章　多媒体课件开发

多媒体课件实质是一种教学软件，是在一定的学习理论指导下，根据教学目标设计的，反映某种教学策略和教学内容的计算机软件（CAI），简单来说就是教师用来辅助教学的媒体工具。开发时，教师应根据自己的教学需要，先从总体上对信息进行分类组织，然后依据知识的内容结构把文字、图形、图像、声音、动画、影像等多种媒体素材在时间和空间两方面进行集成，使它们融为一体从而制作出的多媒体教育应用产品。多媒体课件是教学内容与教学处理策略两大类信息的有机结合体。

多媒体课件的基本模式有练习型、指导型、咨询型、模拟型、游戏型、问题求解型、发现学习型等。但不管哪一类模式，多媒体课件因其表现丰富、交互良好、共享便利等特征而被广大师生所乐用。在当下社会，学会制作一个教学所需的多媒体课件是当代教师必须掌握的基本教学技能。

8.1　多媒体课件的开发流程

多媒体课件开发的流程是一个循环结构，主要包含了学情分析、选题、教学设计、系统结构设计、原型开发、脚本编写、素材制作、系统集成、评价、修改、发布应用、迭代升级等十二个大的环节和设计、制作及应用推广三大阶段，如图 8－1 所示。

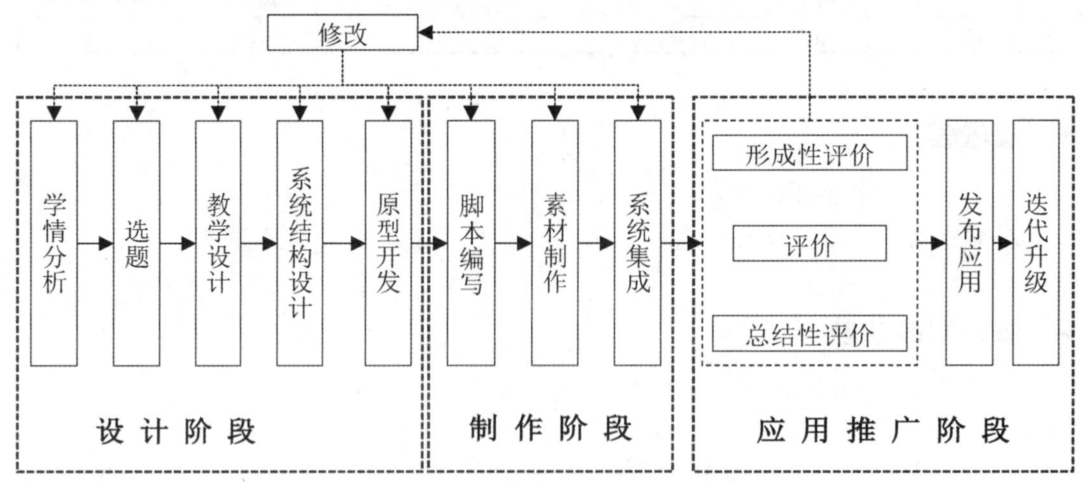

图 8－1　多媒体课件开发流程

8.1.1　设计阶段

设计阶段包含了学情分析、选题、教学设计、系统结构设计、原型开发等五个环节。在这个阶段教师将确定多媒体课件制作的整体结构，决定该课件的用途和教学策略。

1. 学情分析

学情分析是多媒体课件开发的基础。在设计之初，只有对学情进行了深入的分析后，教师才能预判成效，设计出既能提升学习者兴趣，又能符合教学需求的多媒体课件。

学情涉及的内容非常宽，在分析时，教师可以从以下几点进行切入：

（1）从学生的生理、心理特点分析

从这两点切入，可以分析了解学生在学习过程中生理、心理与学习内容的匹配及可能产生的知识误区，使后期开发的多媒体课件具有更强的预见性、针对性和功效性。

（2）对学生已有的认知基础和经验分析

即对学生学习该内容时所具备的与该内容相联系的知识、技能、方法、能力等进行分析，并以此确定新课的起点，据此做好承上启下、新旧知识有机衔接的工作。具体来说，就是针对课件开发内容，确定学生需要掌握哪些知识、具备哪些经验，并将其做为课件的媒体、互动、知识连接的开发依据。

（3）分析学生的个体差异

分析学生的个体差异，即对学生的学习能力和风格进行分析。分析不同班级和不同学生理解掌握新知识的能力如何、学习新的操作技能的能力如何等。据此设计课件表现内容的深度、难度和广度。教师应该结合教学经验和前期观察，敏锐捕捉相关信息，通过教学设计“取学生之长、补其之短”。

（4）分析学生对本学科学习的方法掌握情况

教学过程不仅需要多媒体课件，而且更需要教学活动，只有教的最优化和学生学的最优化融合在一起，才能保证教学效果的最优化。好的教师不是教书，不是教学生，而是教学生学。由此可见，在教学中对学生进行学法指导是非常必要的，它是提高有效教学的必要条件。

不同年龄阶段的学生都有自己的一套学习方法，不同的教学内容需要不同的学习方法，教师只有事先了解学生对本学科学习方法的掌握情况，才能根据不同的教学内容进行相应的课件开发，才能创造出教学效果的最优化。

（5）分析学习知识时可能要遇到的困难

学生在学习中可能遇到的问题和阻力往往会成为他们进一步学习的困难与发展的障碍，教师如果能及时发现这些困难与障碍，并且能够及时地帮助学生克服这些困难和障碍，学生才能获得真实的发展。因此，在课件开发中要努力去关注和发现学生在学习中可能存在的困难和障碍，具体分析这些困难和障碍产生的原因，才能思考出相应的具体针对性的教学策略。

2. 选题

选题是一个论证性的工作。在选题过程中开发者需尽量避免不必要的投入，要重点关注那些学生难以理解、教师不易讲解清楚的重、难点问题，要选择那些能充分发挥图像和动画效果的、不宜用语言和板书表达的内容，而对于那些课堂上较易讲解的内容则不需浪费精力去着重开发。

3. 教学设计

教学设计是教学中的重要环节，也是制作多媒体课件的关键。设计者应根据教学目标和学习对象的特点，合理地选择教学媒体，确定教学方法，形成优化的教学系统结构。

设计要运用系统论的观点和方法，依照教学目标，分析教学中的问题和需求，确定解决问题的有效步骤。多媒体课件开发应选择相应的教学策略和教学资源，确定教学知识点的排列顺序，并根据教学环境选择适当的教学媒体，安排教学信息与反馈呈现的内容及方式，以及人机交互的方式等。

4. 系统结构设计

系统结构设计实际上就是对多媒体课件的总体设计。

设计要点主要包括页面设计、层次结构设计、媒体应用设计、知识点表示形式设计、练习方式设计、页面链接设计、交互设计、导航设计等等。

在进行系统结构设计时，要注意以下两点：

一要最大限度地满足学习者在获取学习资源上的要求；

二要保证课件结构清晰、界面连贯、运行高效。

5. 原型开发

在开始制作多媒体课件之前，需要选择一个相对完整的教学单元，并设计制作出这个教学单元的课件原型。通过原型开发，可以确定多媒体课件的总体风格、界面风格、导航风格、素材的规格以及编写稿本的要求和内容等。

课件原型制作完成之后，教师可以在制作课件的过程中，依据课件原型和制作稿本进行系统集成，也可利用课件原型的模板进行迭代开发，以节省人力和时间投入。

注意：正式开发时可以参考原型，但不能完全照搬和千篇一律，一定要体现出不同学习内容的具体特点。

8.1.2　制作阶段

制作阶段是多媒体课件整体成型的阶段，这一阶段主要包含了脚本编写、素材制作、系统集成这三个环节，在这个阶段教师将正式完成多媒体课件的整体开发。

1. 脚本编写

脚本编写是根据教学设计与系统设计的要求，在一定的学习理论指导下，对每个教学单元的内容和安排以及各单元之间的逻辑关系进行设计后的文本呈现。

脚本是教学设计和系统结构设计的具体表现形式。编写脚本需写出讲解的文稿以及要显示的文体，所使用的图形表格、图片、动画视频、交互方式等，还要写出页与页之间相互连接关系等具体的内容。

一般来说，多媒体课件的开发脚本包括了文字脚本和制作脚本两部分，如表8－1所示。

文字脚本是按照教学过程的先后顺序，描述每一个环节的教学内容及其呈现方式的一种形式，其主要目的是规划教学软件中知识内容的组织结构，并对软件的总体框架形成一个明确的文字描述。

制作脚本包含了学习者将要在计算机屏幕上看到的细节。例如，用各种媒体展示的教学信息、计算机提出的问题、计算机对学习者各种回答正确或错误的反馈等。

多媒体课件开发脚本是设计阶段的总结，也是教师制作课件的依据。

表8－1　多媒体课件制作脚本（范例）

软件名称	多媒体网络课件《古诗博览》
脚本编者	×××　×××
制作者	×××　×××
制作单位	×××××学校
使用对象	××××年级学生
系统功能与作用	
1	提供较为丰富及有代表性的古诗三十多首，并有相关的解释、朗读、动画、配图等资料

2	提供了操作简便的在线交流学习平台，方便学生与学生之间互相交流，互相讨论
3	课件基于 WEB 方式开发，操作简便，界面具有古典风韵
主要模块分析	
1	五言诗模块：共有古诗 6 首，提供了字词注释、创作背景、配乐朗诵、动画、图片等，以及相关诗词的链接
2	七言诗模块：共有古诗 26 首，提供了字词注释、创作背景、配乐朗诵、动画、图片等，以及相关诗词的链接
3	其他模块：提供了若干首唐诗宋词
4	讨论区模块：就古诗问题让学生在网上进行交流、进行讨论，充分体现生生互动
5	聊天室模块：实现就古诗问题实时在线提问、交流
6	相关链接模块：链接有关唐诗宋词的学习网站
软件系统框架结构图	

说明：软件系统框架结构图是指构成本软件的主要模块以及各模块之间的关系，请用流程图加以描述。

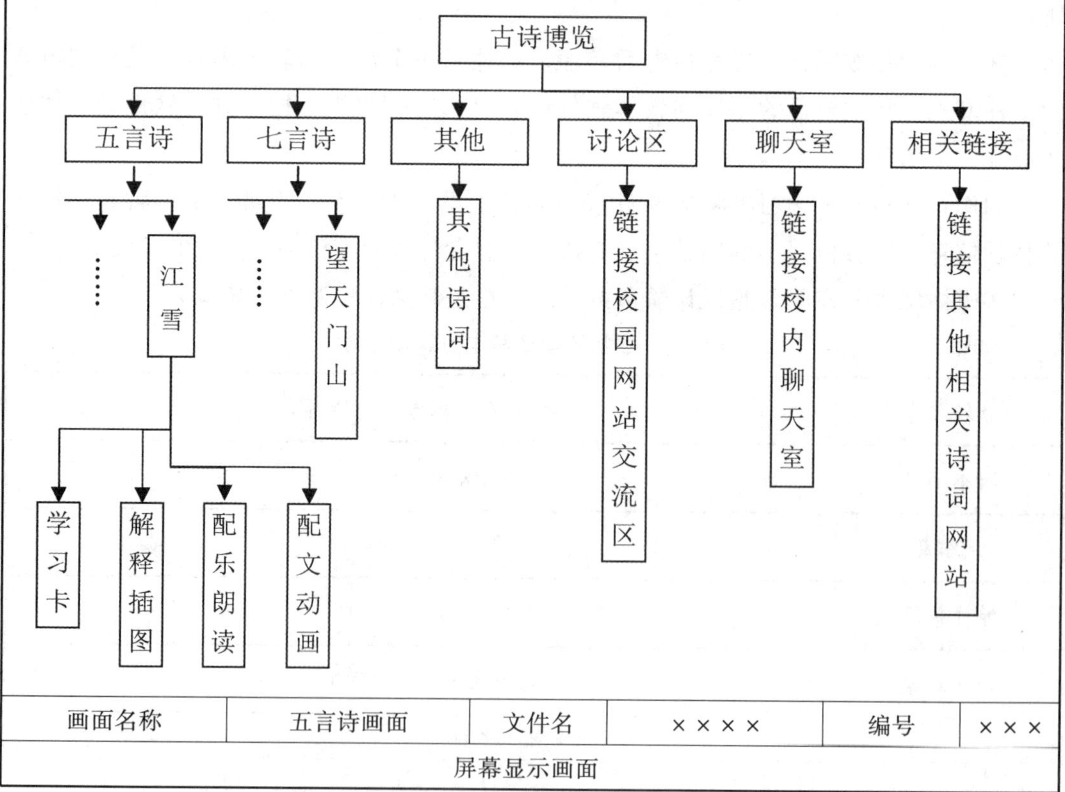

画面名称	五言诗画面	文件名	××××	编号	×××
屏幕显示画面					

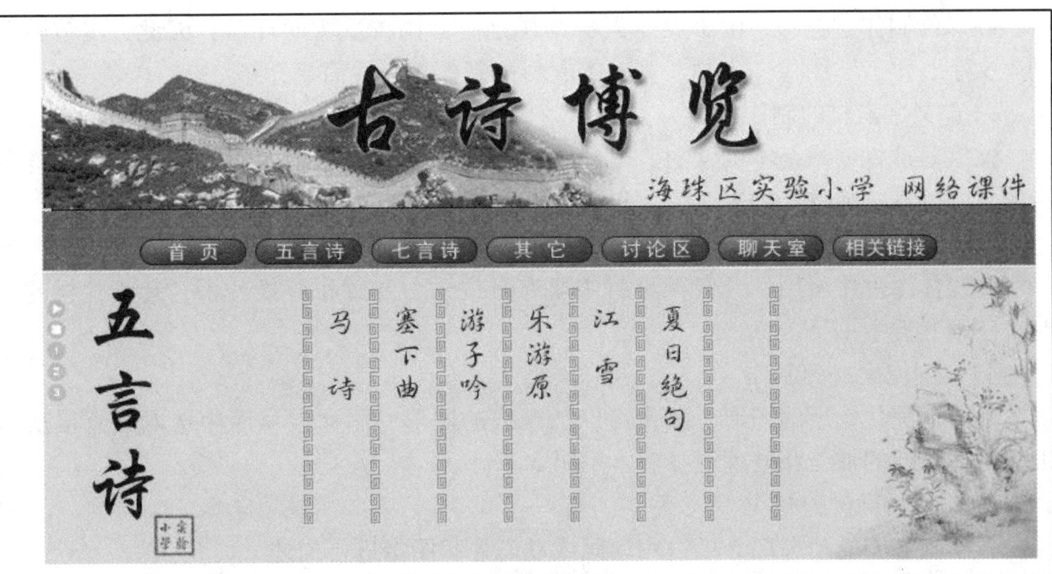

进入方式
由×××编号，通过五言诗按钮进入
键出方式
1. 通过首页按钮，进入×××编号 2. 通过七言诗按钮，进入×××编号 3. 通过其他按钮，进入×××编号 4. 通过讨论区按钮，进入×××编号 5. 通过聊天室按钮，进入×××编号 6. 通过相关链接按钮，进入×××编号 7. 通过马诗按钮，进入×××编号 8. 通过塞下曲按钮，进入×××编号 9. 通过游子吟按钮，进入×××编号 10. 通过乐游原按钮，进入×××编号 11. 通过江雪按钮，进入×××编号 12. 通过夏日绝句按钮，进入×××编号
本屏说明（包括底色、背景、字体、图形、声音等说明）：本画面风格基本与首页保持一致，各诗名字体为舒体字体

2. 素材制作

脚本编制完成后，教师需着手准备脚本中涉及的各种素材，包括说明文字、配音、图片、图像、动画、视频等。公共素材可以直接从网上下载，专用素材则必须利用软件自己编辑制作。素材的准备是课件制作中工作量最大、最烦琐的环节，一定要在时间上充分考虑、整体安排。

在课件制作过程中，由于媒体素材制作是一个比较重要的环节，因此，本节将分别就文字、声音、图像、动画、视频等素材的制作作一些简要介绍。

（1）文字素材的制作

文字是课件中最基本的素材，其制作也相对容易，既可用多媒体课件制作软件本身的文字处理功能进行编辑，也可以用各种专用的文字处理软件对其处理。

（2）音频素材的制作

多媒体课件中所用到的音频素材主要有解说词、音效和背景音乐，音频素材的编制方法请参看本书第 7 章。

（3）图像素材的制作

起修饰美化作用的图形、图像可以从现成的图形、图像素材库中选取或直接从网上下载。图像的加工和处理请参看本书第 5 章。

（4）动画素材的制作

教学内容中的动态部分可以用动画或动态视频图像进行描述。

动态视频图像经常用来描述现实中能够看得到的事物，可用摄像机进行拍摄。动画内容通常是用计算机软件制作的，用以表达教学内容的连续的动态画面。动画主要是为了解决教学中的重点和难点问题，需要把抽象复杂、受时空限制、传统教学媒体难以表现的教学内容用动态图像的形式表现出来，以提高教学效果。

简单的动画素材制作请参看本书第 6 章第 2 节。

（5）视频素材的制作

视频素材在教学情境营造上有其巨大的优势，但需要注意的是，视频素材占用磁盘空间很大，因此，选取和制作的素材一定要简短精练。

视频素材的制作请参看本书第 6 章第 1 节。

3. 系统集成

素材准备好后，教师需要使用多媒体制作软件将各种素材按照开发脚本的要求组合起来，使之形成一个有机的整体。系统集成工作不是多种素材的简单堆积，而是把所需素材合理地进行整合，它是一项创造性的工作。在制作过程中，如果发现脚本的某些设计不太理想，还需进行反复的调试和修改，以使课件符合教学的要求。

课件系统集成的软件有很多，每种都有各自的优缺点，本节将对几种常用的软件进行介绍。

（1）PowerPoint

PowerPoint 是微软公司的 Office 系列组件之一，是课件制作工具。由于它编辑多媒体的功能比较强大且简单易学，所以很多教师都是从 PowerPoint 起步开始制作课件的。

PowerPoint 内置丰富的动画、过渡效果和多种声音效果，并有强大的超级链接功能，可以直接调用外部众多文件，能够满足一般教学要求。但 PowerPoint 的交互功能生硬、单调，因此，对于制作交互性要求较高的课件就显得力不从心。

注意：PowerPoint 与 WPS 操作类似。

（2） Focusky

Focusky，是一款新型多媒体课件制作软件，其操作的便捷性和演示效果都超越了PPT。传统 PPT 演示是单线性时序，只能一张接一张切换播放，而 Focusky 则打破了常规，采用整体到局部的的演示方式，能模仿视频的转场，并可加入生动的 3D 缩放、旋转和平移等特效，使课件演示能像一部 3D 动画电影，给学习者带来强烈的冲击力，进而提高课件的关注度。

（3） AuthorWare

AuthorWare 是课件制作工具中应用比较广泛的平台，它的最大特点是创造了基于流程图标的编制方式，用可见的流程贯穿课件制作的整个过程，清晰有序。它所拥有的 13 种图标，5 种基本动画功能，11 种交互方式，丰富的函数让制作者如虎添翼。

（4） Dirctor 与 Flash

Dirctor，Flash 和 AuthorWare 都是美国 Macromedia 公司的产品。Flash 与 Dirctor 最大的特点是动画功能及交互功能强大，也是目前制作课件的常用工具。

8.1.3　应用推广阶段

应用推广阶段主要包含了评价、修改、发布应用、迭代升级这四个环节，这个阶段是多媒体课件教学目标实现的阶段。此时，教师对课件不仅要“用”，还要根据现实使用情况来进行“改”。

1. 评价与修改

在课件制作过程中，开发者要不断地对课件进行评价和修改，它是保证课件质量的重要环节。

评价包括形成性评价和总结性评价，并且都是属于面向学习资源的评价。

形成性评价是在课件开发的过程中实施的评价，它为提高课件质量提供依据，其目的在于改进课件的设计，使之更加符合教学的需要。

总结性评价是在课件开发结束以后进行的评价，其目的是对课件的性能、效果等作出定性、定量的描述，确认课件的有效性和价值，总结课件制作经验，并为课件更新提供改进意见。

在课件制作过程中，需根据评价结果合理地进行修改，以进一步提高课件的质量和效果。

2. 应用与升级

多媒体课件经过多次修改完善后，除在教学中使用外，同时还可以进行交流、推广或发行。

教师在实际教学中使用课件后可能会发现这样或那样的不足，因此，课件投入使用后并不是完结，还需要不断地收集课件在教学应用中的反馈信息，不断地对其进行修改、完善与升级，使之更加适合教学的要求，达到实用、好用的目的。

8.1.4 制作过程中的注意事项

1. 根据课件的内容选择合适的制作软件

不同的制作软件有不同的特性，适用范围也不同，它们的这种差异性决定了课件的表现方式和最终效果各不相同。因此，熟谙制作软件的教师常常会把这些因素考虑进去，在制作前会根据课件要表达的内容和要达到的效果选择适合的制作软件。

一般情况下，可以这样去选择：

（1）对于课堂教学为主的课件

建议初学者选用 PowerPoint，这款软件使用起来简单，难度不大，能实现课堂教学中的难点、重点展示等基本要求。有一定基础的人也可以选用功能很多的专业制作软件，比如 AuthorWare，Flash，Director，用这些软件制作出来的课件专业性、实用性、交互性更强，表现力更丰富，功能更强大。

（2）以自主学习为主的课件

可以选用专业性较强，适合网上发布的 Lectora，Flash，AuthorWare 等课件开发软件。比如，表现形状变化的课件就适合用 Flash 去做，它可以细腻地模拟形状由方到圆的渐变过程，也可以完整地反映涟漪这类特定场景的所有动画内容。同样，嵌合的内容层次较多，又有模拟测试的单机课件，用 AuthorWare 去开发这类复杂的树形结构和测试题最为合适。

2. 课件应以表现主题内容为主

内容决定形式，精心设计课件内容是课件制作成功的第一步。

制作课件要将每门课程、每节课的重点、难点通过软件有机结合，方便教师在教学时形象、生动地演示，让学生在饶有趣味的交互过程中掌握课程内容。因此，课件制作要把课程的教学设计、教学思路，以最大化实现自己的教学设想作为目的。比如，需要讲解哪些内容？需要学生掌握什么？怎样用软件让一个深奥、复杂的道理、规律、原理简单化，才是教师应该多考虑的，也是课件制作的重点。否则没有重点，一味炫耀技术，会使课件内容空洞，杂乱无章。

课件制作，一方面忌讳认识不到位，不加选择，胡乱的使用制作软件；另一方面也忌讳过份强调简洁，片面地认为只要将课程的重点、难点内容放入课件，不作更进一步细致的全盘考虑。比如做 PPT 课件时，每页上只是简单地罗列了整个课程或一个课程单元的章节题目，并只配以同一母版的背景图片，就算完成了一件课件作品。这种理解是完全错误的，也是远远不够的，因为它没有真正体现出 PPT 应有的强大媒体集成功能和教学实际应用效果，对教学意义不大，充其量只是一个高级的书目单。

3. 课件要能体现互动效果

教学其实就是教师和学生在信息上互动的过程，缺少互动，教学就会死气沉沉，无论气氛还是效果都会很差。实现交互功能，就能使课件作品和教学锦上添花，好的教师在制作课件时会考虑到这一点，他们会在互动单元上多花时间，多动心思，寻找最佳的构思，以期达到预定的效果。

目前，大多数制作多媒体课件的软件都提供了丰富的交互功能组件，只要恰当应用，就能使课件变得更加有趣、活泼，有声有色。比如通过 PowerPoint 软件可以用简单问题组合，轻松实现一问一答的互动效果；利用 Lectora，Flash，AuthorWare 等专业软件，可以实现在线测试、阅卷评分等。在课件中体现互动效果可以调动学生积极参与的热情，使学生的知识在互动中得到增长。目前，互动内容在远程教育中用得最多，大多以在线讨论答疑的形式出现，深得学生好评，也是远程教育网上教学监督的一项重要内容。

4. 课件设计应讲究画面精美

好的设计还需要好的包装，形式美是对内容美的有益补充。在课件开发过程中加上符合课件内容的色彩、图块、声音、视频，无疑会增加课件的艺术感染力、亲和力，可以起到冲击视觉，缓解疲劳，提高效率的作用。也能使学生在享受艺术美的同时激发学习兴趣，加深对课堂的印象，强化对作品的深刻理解，从而在不知不觉中完成学习任务。如果课件只求文字内容完整，缺少画龙点睛的美化设计，课件作品的质量和效果就会明显降低。

5. 跳转链接要保持通畅

一件成功的课件作品往往有系统完整的教学内容，包含图像、声音、视频等多种元素，当然也少不了对象的跳转链接。对这些起着承上启下作用的链接，一定要做到设计合理，放置自然，跳转通畅。在点击课件链接需要出现内容时点不动，没内容，会影响教学效果。比如演示课件，本应点击朗读按钮后就会有配乐诗朗诵，如果链接没做好，播不出声音，就会造成教师在教学上的尴尬、被动，使学生无所适从，学习的效果大打折扣。

6. 用于网上导学、自学的课件要尽可能提供更多信息

在制作网络课件时，应有别于课堂教学课件，需突出学生网上自学的这个特点，要多考虑学生的实际，比如自学能力的差别，对多种资源的迫切需求，以及获取更多知识的强烈愿望等。制作时，一方面要在课件中提供大量的文本资源，另一方面还需提供丰富的教学视频资源。

8.2 概念图及其应用

“概念图”又称“概念地图”或“概念构图”，是用来组织和表征知识的工具，开发并用于教学，它与课件异曲同工。“概念图”通常将某一主题的有关概念置于圆圈或方框之中，然后用连线将相关的概念和命题连接，连线上需标明两个概念之间的意义关系。

8.2.1 概念图的特征及结构

1. 概念图的特征

概念（concepts）、命题（propositions）、交叉连接（cross-links）和层级结构（hier archical frameworks）是概念图的四个基本特征。

（1）概念是感知到的事物的规则属性，通常用专有名词或符号进行标记；

（2）命题是对事物现象、结构和规则的陈述，在概念图中命题是两个概念之间通过某个连接词而形成的意义关系；

（3）交叉连接表示不同知识领域概念之间的相互关系；

（4）层级结构是概念的展现方式，一般情况下是一般、最概括的概念置于概念图的最上层，从属的概念安排在下面。

概念图是表示概念和概念之间相互关系的空间网络结构图。图 8－2 就是概念图的一个实例，并清楚地阐述了概念图的上述四个特征。

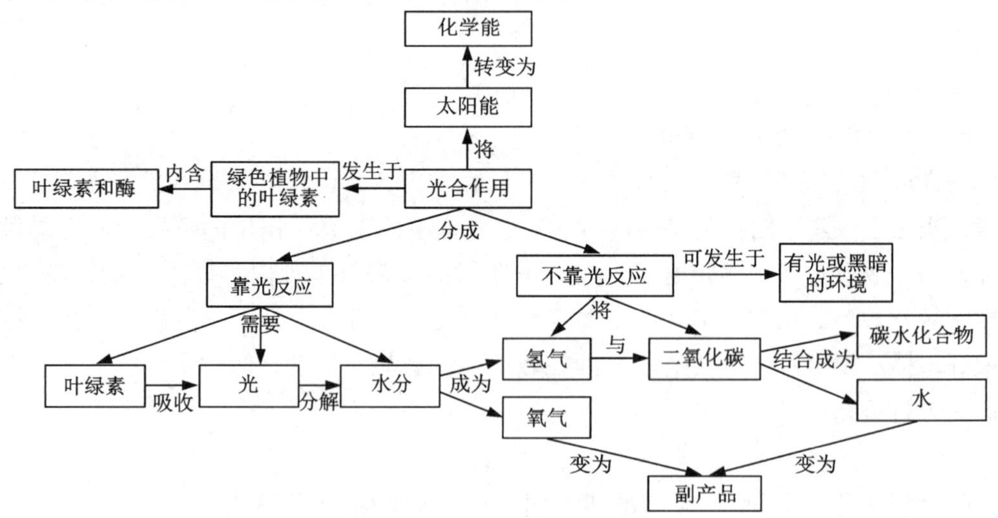

图 8－2 光合作用的概念图

2. 概念图的结构

从图 8－2 中还可以看出，概念图的结构包括节点（又称结点）、连线和连接词三个部分。

节点就是置于方框中的概念。

连线表示两个概念之间的意义联系，连接可以没有方向，也可以是单向或双向的。位于上层的概念通常可以引出好几个知识分支，不同知识领域或分支间概念的连线就是交叉连接（又称横向联系），交叉连接常常形成方向性意义，也是产生创造性思维的关键之处。

连接词是置于连线上的两个概念之间形成命题的联系词。如“是”“将”“变为”“结合为”“发生于”等。

8.2.2　概念图的理论基础

1. 意义学习的条件

概念图最早是在 20 世纪 60 年代由美国康奈尔大学的诺瓦克（J. D. Novak）教授通过研究儿童对科学知识理解的案例时提出的。这一研究是基于教育心理学家奥苏贝尔（D. P. Ausubel）意义学习的理论，强调了学习过程中先前知识的重要性。

经过进一步研究，诺瓦克指出，意义学习需要以下三个条件：

（1）将要学习的材料必须是概念清晰且以语言及与学习者先前知识有关的例子呈现的，概念图有助于满足这一条件。它可以在教学之前识别出众多具体概念中较大的概括性概念，并帮助学习者将学习任务排序。随着越来越多的知识被纳入不断完善的概念框架中，知识也就变得越来越清晰。

（2）学习者必须拥有相关的先前知识。

这一条件对任何学科内容来说，3 岁以后都容易被满足，但若想在以后的学科课程中呈现详细具体的知识，就必须精细清晰地建构概念框架。因此，前两个条件是彼此相关且都是很重要的。

（3）学习者必须选择有意义地学习。

直接控制这一条件的教师或指导人员，他们应激发学生要努力把新的意义并入已有知识中，而不要简单地记忆概念定义、命题陈述或计算步骤，并由此让学生来选择意义学习。但学生究竟选择什么样的学习，取决于教师的评价。

2. 人类记忆不是一个有待填充的“容器”，而是一个由相互关联的记忆系统构成的复杂装置

人类所有的记忆系统是相互依赖的。把知识并入“长时记忆”最关键的记忆系统是“短时记忆”和“工作记忆”。

在“工作记忆”中，所有的输入信息通过与“长时记忆”中的知识相互作用而被“短时记忆”组织和加工，但短时记忆加工信息的能量有限（每次 5 ~ 9 个心理单元，大约 2 ~ 3 个概念之间的关系）。因此，当学习者接收新知识时，若要形成大的知识体系就必须在“工作记忆”和“长时记忆”之间进行有序的反复。

概念图之所以能强有力地促进意义学习是因为它可以作为一种模板，去帮助组织知识并使之结构化。哪怕是碎小的、支离的知识，有了这种模板，也可以用彼此相关的概念及命题的框架单元把这些知识组成结构。

许多研究表明，人类的大脑是按层级架构来组织知识的，而概念图的形式恰与之相似。

在实际教学中教师会发现有些学生在建立和运用概念图的时候有困难，尤其是在学习初期，这主要是由于学习风格不同造成的。有的学生擅长死记硬背，有的喜欢意义记忆，而且他们很难改变各自的风格。这时，概念图就能够教给学生一些有关大脑机制和知识组织的知识，从而帮助其进行意义学习。

3. 知识的本质即概念和命题

诺瓦克强调了概念图的认识论意义。他认为，把知识划分为“陈述性知识”和“程序性知识”不利于对认知发展的清晰理解，往往会造成知识与行为的脱节。

例如，学生在科学实验过程中往往不能用陈述性知识来指导自己的实验程序，所以常常是学生按部就班地完成了实验步骤，却不会对产生的现象作出合理的解释。

其实，知识建构就是相对较高水平的意义学习，搭建任一领域知识的基石就是概念和命题。“概念好比构成物质的原子，而命题好比是分子。”概念和命题的数量相对有限，而它们构成的知识是无限的。

概念与命题的框架赋予了学习过程（包括实验过程）以意义。概念图作为一种元认知工具，超越了有关“陈述性知识”与“程序性知识”的分类。因此，教师应该努力将“传教”所导致的机械学习转变为有意义的学习建构。

注意：在事实上，用概念图来考察学生组织和理解知识的变化，强调学生知识建构的过程时，概念图与建构主义的学习观（参见第 2 章第 3 节）是一致的。

8. 2. 3 概念图的制作步骤

概念图的制作方法多种多样，但它们所遵循的基本思路和基本步骤是一致的，都是要阐述概念和概念的联系，表达对概念的理解。归纳起来，大致有以下几种方法：

（1）采用徒手方式绘制，如采用粉笔、黑板、纸和笔等；

（2）采用平常的办公应用软件如 WPS，Office 等绘制；

（3）利用国外研究出的概念图制作软件绘制，如：XMind，Inspiration，Camp Tool，Mincl Manager 等。

下面是概念图制作的一般步骤：

（1）确定中心主题

确定需要用概念图来解释的中心概念或知识点，并围绕这个中心概念列出与其相关的概念。

（2）将列出来的概念排序

在通过反复思考、修正乃至多次确定概念图的主题的基础上，依照层级结构的关系把最一般、最抽象的概念放在最高层，其余的概念依次排放在列表上。

(3) 开始制作概念图

把确定的中心主题（最多只能有 2 ~ 3 个）放在最高层，然后按列表上面排好的顺序将二、三、四层等的子概念放置在概念图上。

(4) 将概念用线连上

将相关的概念用适当的线连上，并在连线上标明恰当的连接词。连接词要清楚地表明两个概念之间的关系，构成一个简单命题并产生一定的意义。最终由大量相关概念的连接而构成一个网络关系图。

(5) 重新整理概念图的结构

在参考相关知识的基础上，重新调整概念图的上下层关系或者增减概念，使概念图更加完美。

(6) 寻找概念之间的“横向连接”

在不同分支的概念之间寻找有意义的“横向连接”，并在连线上标明其关系。横向连接能有效地帮助学习者在某一知识范围内看到新的关系。

(7) 将事例附在概念上

将仔细、具体的事例用简图或代表符号附在概念上。

(8) 给概念图加上图名

给概念图加上图名，如果有必要，可为比较复杂的概念图准备一段简练的说明性文字，以便于讲解与交流。

(9) 在以后的学习中不断修改和完善

随着学习的不断深入，学习者会对原有概念或知识产生新的、更深层次的理解。所以，概念图需要不断地修改和完善。

诺瓦克教授认为，好的概念图一般要修改三次以上，甚至更多。只有这样，才能给学习者带来更多的启示和有意义的学习。

8.2.4　概念图的教学应用

概念图的应用非常广泛，几乎包括所有的教育教学活动。例如，课程的安排、课堂上的教学活动以及学习成果的评价等。

概念图在教学过程中的应用，包括教师用画好的概念图进行教学和教导学生画概念图进行学习。前者主要用来说明一个单元的概念结构，其重点在于概念图的结果；而后者的重点在于画概念图的过程，这个过程中学生自己能够发现一个知识单元的意义。

具体来讲，概念图作为一种教学策略和学生认知的工具，可以适合不同的教学情境和各类学科的实际教学，在具体的教学实践中主要有以下几方面的应用：

1. 辅助教学设计

教师在备课时可以利用概念图来归纳整理自己的教学设计思路。

好的教学设计是上好一堂课的前提，无论是理科还是文科，都会有一些概念、原理需要搞清楚，而传统的标题式按顺序介绍的方法使学生很难记住这些抽象的东西。概念图则可以很好地解决这一问题，教师在备课时通过画概念图使一节课的许多知识点之间都产生了联系，可厘清自己的教学思路，有助于课堂教学的效果提升。

2. 辅助学生整理知识概念

概念图清晰地展现了概念之间的关系，通过画一个单元、一章节的概念图，可以帮助学生厘清新旧知识之间的关系。把一个单元、一个章节，甚至一门学科的知识综合到一个概念图中，既有利于学生复习，又开发了他们的创造性思维。

3. 辅助学生进行头脑风暴的活动

在探究式教学中，学生以小组为单位进行讨论是非常普遍的一种学习方式。这种学习方式将学生的注意力集中到讨论的中心话题上来，使各种知识元素在头脑中构建起知识网络。在这一过程中，头脑中的网络节点通过链接触发各个相关的知识点，从而产生新信息的组织，进而促使独创性的见解产生。

在人类世界中，一些毫无关系的事物往往可以通过一定关系的联想将其建立联系，从而构成新的意义。运用概念图可以将头脑中的网络节点通过链接触发各个相关的知识点，从而建立前所未有的联系，产生新见解，非常适用于拓展学习者的学习思路。

4. 辅助学生整理加工信息，总结阅读内容

学生在学习过程中可以将许多零散的知识集中到一个概念图中，建立知识点之间的联系，从而分析复杂知识的结构。通过制作概念图，能够激发学生的学习兴趣，促使他们积极思考，加强对知识的理解，也增强了他们的成就感，促进学生学习能力的提高。另外，通过制作概念图，学生可以发现自己以前从来没有注意到的知识之间的联系，从而产生一些具有创新性的见解，达到创新性学习的目的。

总体来说，通过绘制概念图来总结自己的学习，既有助于记忆，也有利于发展学习者的批判性思维。

5. 作为交流、协作学习的工具

师生之间、生生之间可以使用概念图来进行交流，也可以通过共同合作制作概念图，建立对知识的共同理解，从而培养学生的合作意识和创新精神。

在教学过程中，教师将所要传授给学生的知识通过概念图的形式展示出来，可以帮助学生快速理解知识，也可以轻松地实现自己的教学目的。学生通过制作概念图将自己对知识的理解反馈给教师，也可以在班组内相互交流，甚至可以通过网络实现远程学习的交流，使之成为一种学习的交流工具。

6. 作为教学反思和评价的工具

师生通过对概念图的“制作—修改—反思—再设计”的不断循环往复，可以逐步完善概念图，学会反思自己的教学或学习过程，从而提高自学的能力。

运用概念图，既可以进行形成性评价，也可以进行总结性评价。

概念图作为教师的形成性评价工具，可以用于判断学习者在某一特定领域内对知识理解的水平、深度和知识的相互联系程度等。教师通过观察学生设计概念图的过程，可以了解其学习进展和内心思维活动的情况，以便及时引导，改进教学。

概念图作为总结性评价工具时，它已经是学生头脑中关于这一知识点结构的再现，反映了学生对知识的掌握程度以及学习状况等。

7. 作为复习、考试的工具

当课程内容对抽象、理论知识的理解要求较高时，可以运用概念图来复习。

当教师上完一节课、一个单元或一个章节之后，可要求学生尝试用制作概念图的方式来复习测验。步骤如下：

首先，凭记忆画出大致框架，再慢慢地加入细节内容。然后，在经过认真的回忆之后，再按照原文进行查漏补缺。最后，为了进一步充实内容，还可以查阅相关的文献资料，进一步完善自己制作的概念图。这样，学生既可以发现自己对知识理解的弱点，进行有的放矢的复习，又可以扩充自己的知识，训练自己的创新性思维。

传统的考试往往局限于考查学生的背诵能力和写作能力，而且还受语法的正确程度、写作的能力和书写是否整齐等方面的限制，教师会把大量的时间浪费在了批改试卷上。使用概念图就可以有效地解决这一问题，教师可以通过学生绘制的概念图看出他们对知识的整体掌握程度以及对哪些问题的理解还存在欠缺，从而了解学生的知识状态，同时也考查了学生的创新思维能力及其对知识的理解力。

8. 组织概念，构建知识结构图

处于普教阶段的学生随着年级的增高，其学习内容也越来越抽象，会出现大量的概念，而学生往往会忽视对这些基本概念的理解和记忆，不能形成概念网络，更不能理解概念之间的联系。在教学中适时应用概念图，学生可以很方便地在教师的指导下画出各概念的网络图，达到组织理解并记忆这些概念的目的。

9. 指导学生，进行探究性学习

探究性学习作为一种课程理念，可以单独举办综合课程，也可以结合课堂教学或者学科进行。在这一过程中引入概念图工具，学生可以及时建立概念之间的联系，明确概念之间的组织结构，利用概念图指导学生的探究步骤和探究内容，有助于探究性学习的顺利进行。

8.3 Focusky 操作指南

近年来，由我国广州万彩信息技术有限公司自主研发了一款非常优秀的多媒体课件开发软件——Focusky。该软件是一款动画、视频、演示文稿制作多媒体合成软件。

相较于传统的多媒体课件开发工具，Focusky 的操作便捷性以及演示效果超越了 PPT。其缩放、旋转、移动动作打破了 PPT 的固有的动画模式，使演示变得更加生动有趣；其从整体到局部的演示方式，模仿视频的转场特效，生动的 3D 缩放、旋转和平移特效，打破了传统 PPT 演示单线条时序（只是一张接一张切换播放的演示模式），使整个演示过程像一部动画电影，能给学习者带来视觉上的强烈冲击力，从而提升学习者学习的关注度，提高教学效率。

8.3.1 Focusky 的安装

Focusky 软件可在广州万彩信息技术有限公司的网站上免费下载，该软件对硬件没有太多的要求，PC 和 MAC 系统都可安装。

安装完成后，用户需要进入万彩公司网站或直接在软件上进行用户注册，如图 8-3 所示。

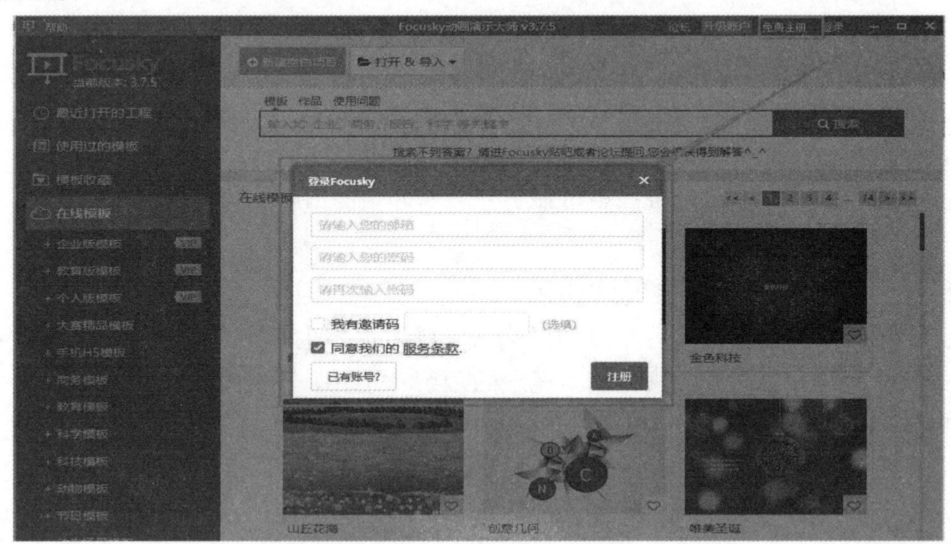

图 8-3 Focusky 注册界面

软件官方地址：http：//www. focusky. com. cn

注意：该软件分免费版、特别版、个人版、教育版、脑图版、企业版等六个版本，每个版本对应的权限不同，用户可以根据自己的需求来进行选择。

8.3.2　Focusky 的界面

Focusky 软件主要有起始界面、操作界面和播放界面这三大界面，分别对应项目启动、多媒体课件编辑和多媒体课件演示这三大功能。

打开软件，起始界面将显示在线模板，如图 8－4 所示。点击“新建空白项目”“打开工程”或其中的在线模板开始制作动画演示稿即可开始课件制作。

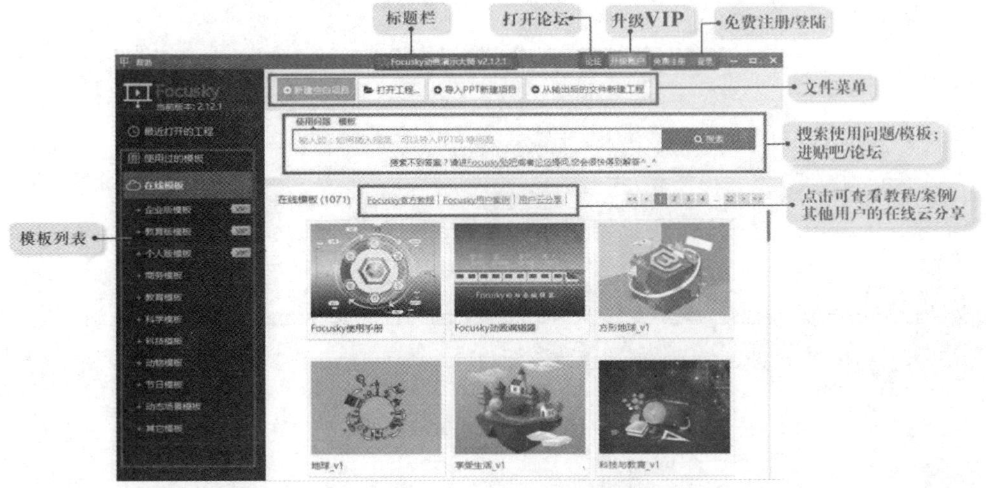

图 8－4　Focusky 起始界面

进入项目后，用户可开始具体的多媒体课件的编辑操作，操作界面如图 8－5 所示。

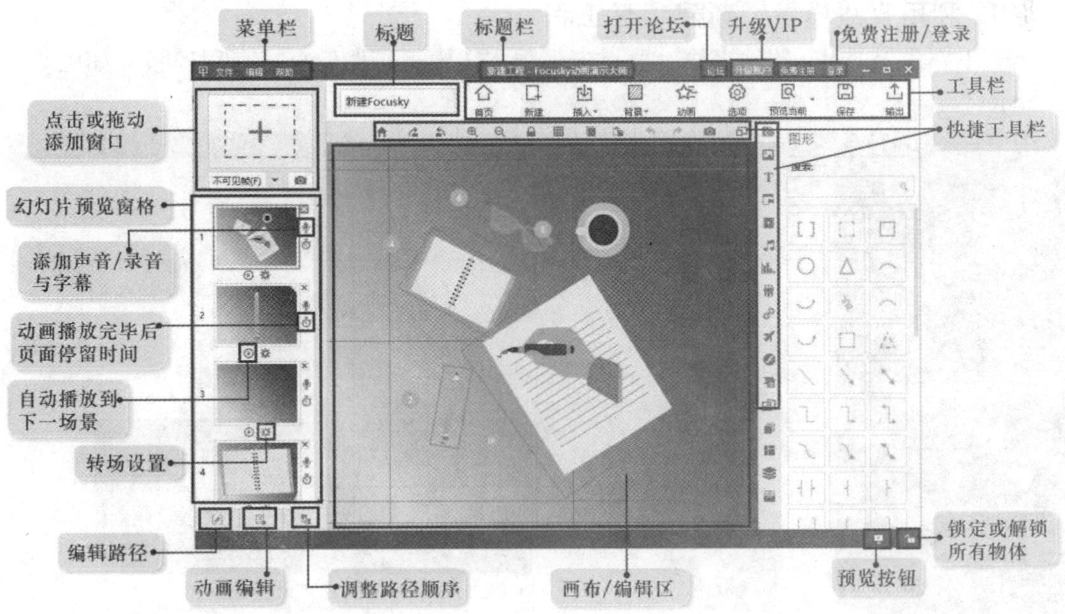

图 8－5　Focusky 操作界面

多媒体课件编辑完成后，Focusky 会生成一个自播放文件，该文件拥有自控播放界面，播放界面主要由两部分组成：全局菜单栏和导航，如图 8－6 所示。

图 8－6　Focusky 播放界面

8.3.3　Focusky 的基本操作

1. 利用直线模板，新建项目工程

若不熟悉 Focusky 软件操作，可点击下载在线模板，然后直接套用模板，如图 8－7 所示。

图 8－7　新建项目工程

2. 选择一个幻灯片，双击需要替换的地方，修改成自己内容，如图 8-8 所示。

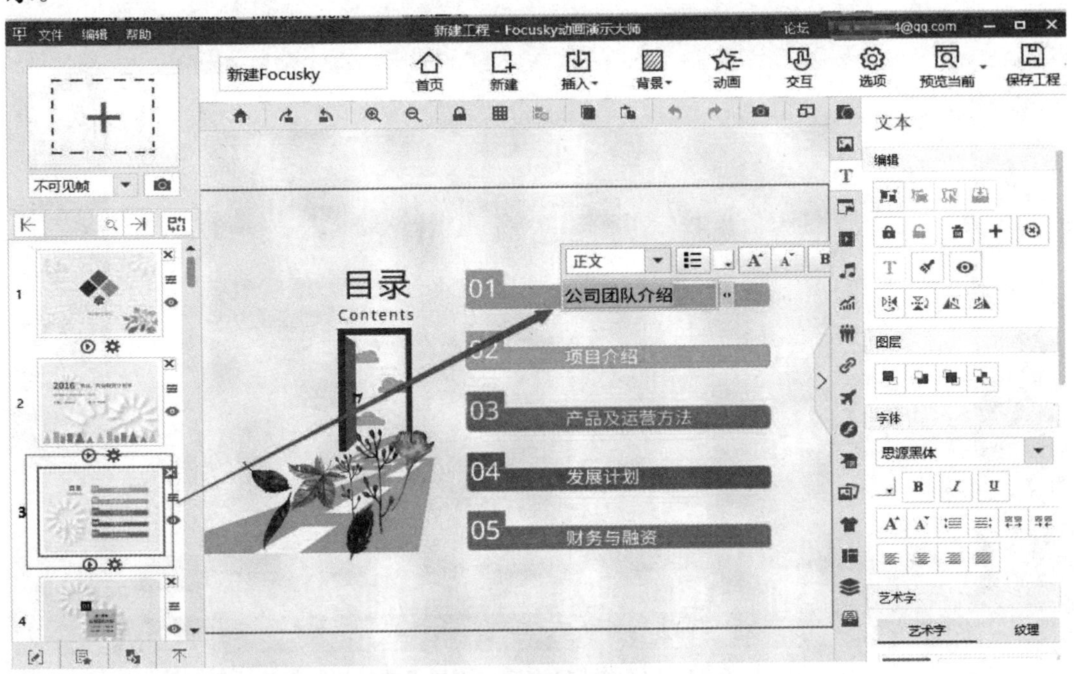

图 8-8　修改内容

3. 修改或编辑路径，如图 8-9 所示。

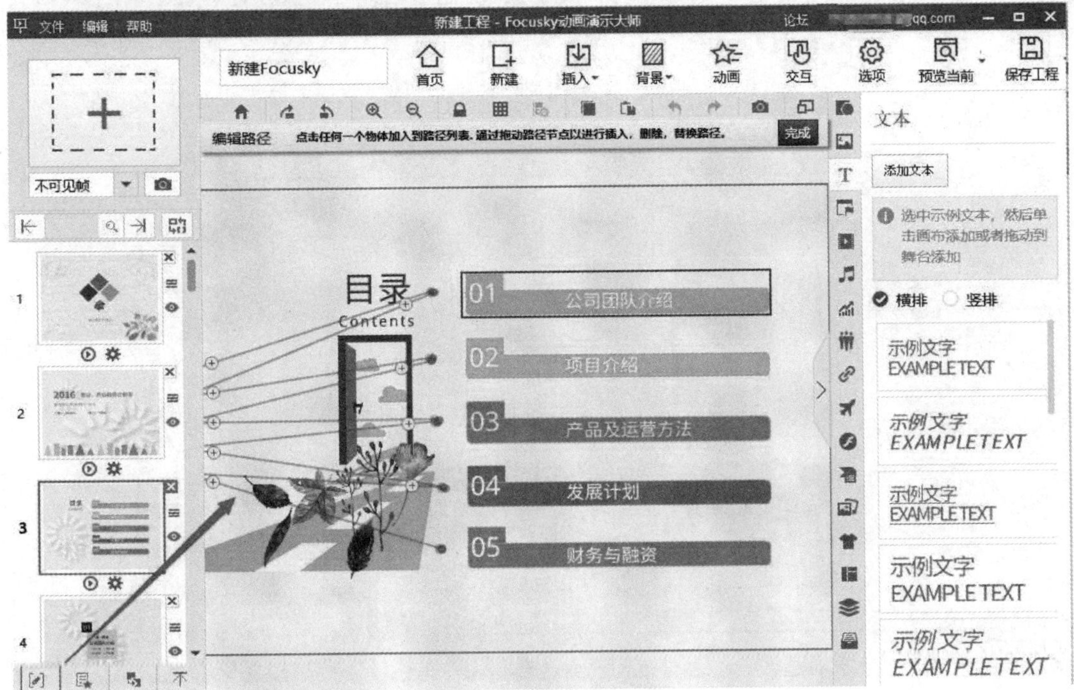

图 8-9　修改或编辑路径

4. 调整路径顺序，设置路径播放时间，如图 8－10 所示。

图 8－10 调整路径顺序 设置播放时间

5. 添加动画效果，如图 8－11 所示。

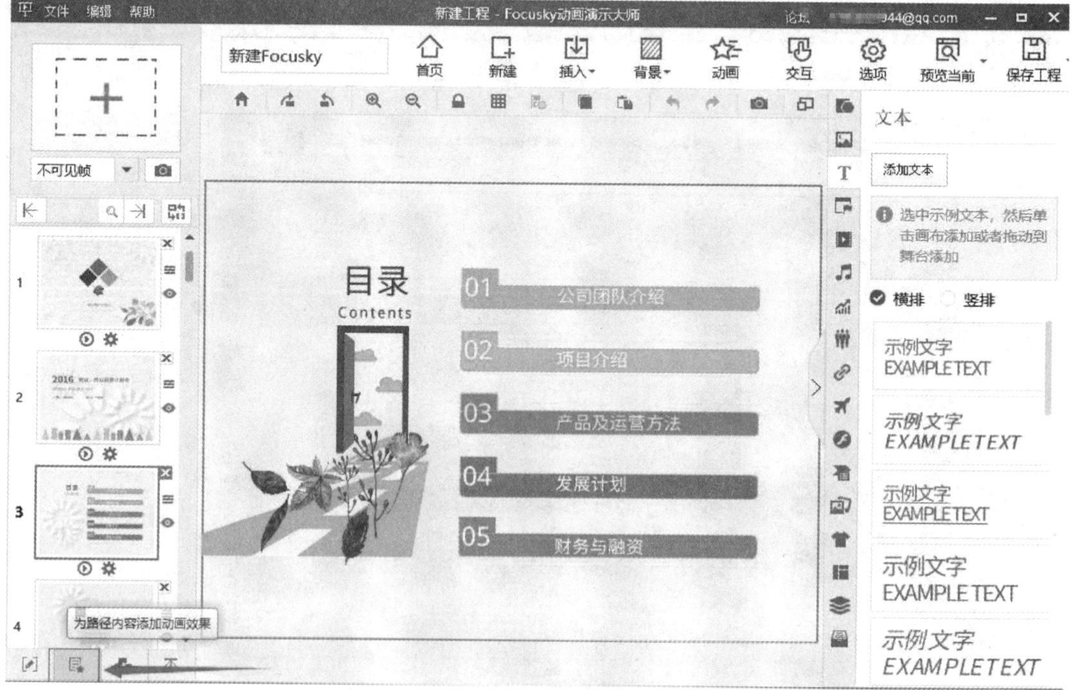

图 8－11 添加动画效果

6. 调整动画效果，如图 8－12 所示。

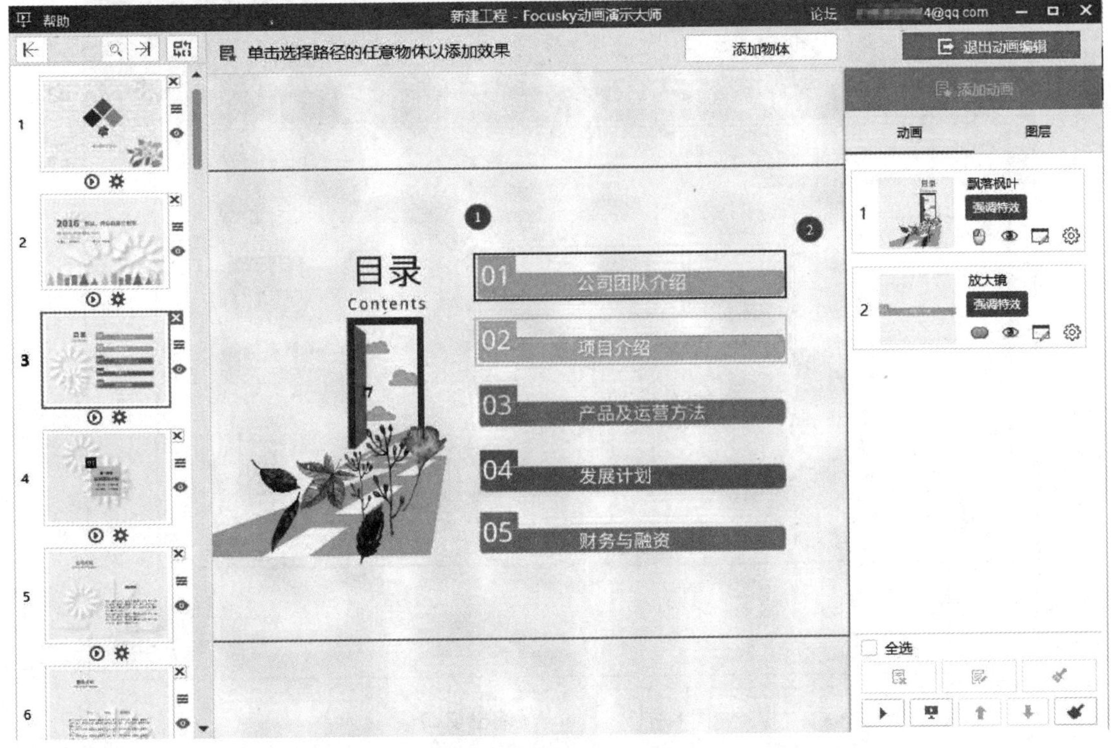

图 8－12　调整动画效果

7. 发布输出

点击工具栏上的“预览”，开始预览整个动画演示稿的效果，预览没问题之后便可输出。点击工具栏右上角的“输出”按钮，在弹出的“输出 Focusky”窗口中共有 8 种发布类型，点击需要发布的类型，即可进行相应发布输出，如图 8－13 所示。

（1）输出到云——上传到官网在线浏览，可分享到微信；

（2）Windows 应用程序（＊.exe）——Windows 电脑离线浏览，无须安装任何软件，即可直接打开；

（3）视频——将文件输出为视频；

（4）Flash 网页（＊.html）——上传到网站服务器，电脑上打开画面丰富；

（5）HTML5 网页——上传到网站服务器，手机上打开速度更快；

（6）MAC APP——苹果电脑离线浏览，无须安装任何软件，即可直接打开；

（7）压缩文件（＊.zip）——将演示文件压缩成 ZIP 格式；

（8）输出成 PDF——将 Focusky 输出为 PDF 文件。

注意：高质量的视频格式和去除水印的演示文档输出需购买专门权限。

Focusky 操作的详细教程请参阅以下网站：

Focusky 软件视频教程：http：//www.focusky.com.cn/video－tutorials/

Focusky 软件图文教程：http：//www.focusky.com.cn/tutorials/

Focusky 软件常见问题：http：//www.focusky.com.cn/faqs/

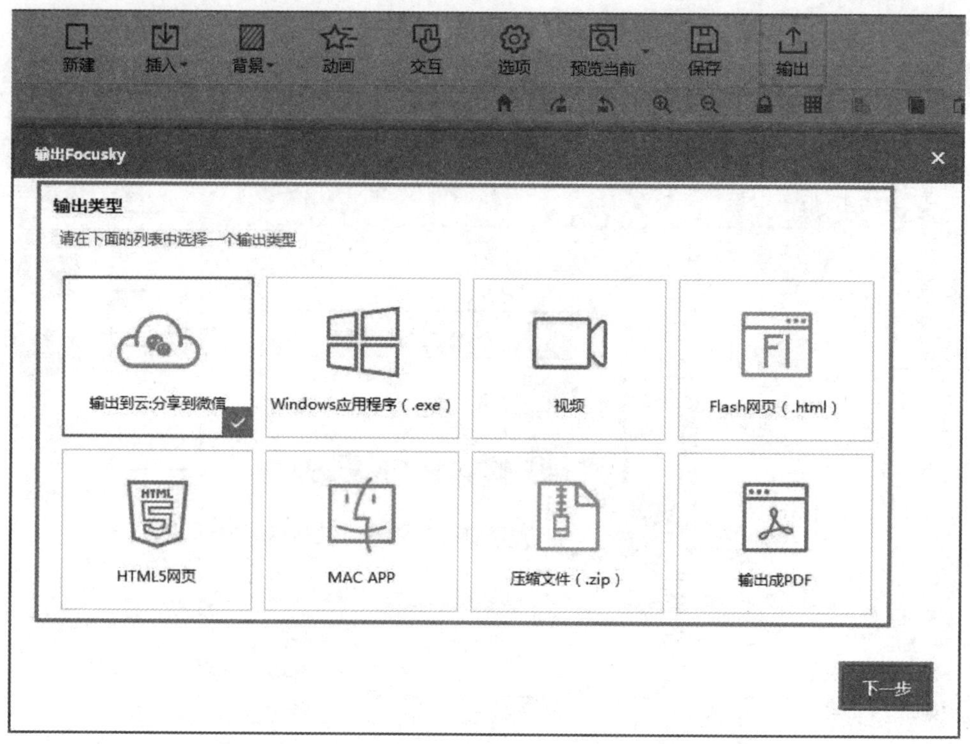

图 8－13 Focusky 输出窗口

➤ 思考题：

1. 简述教学课件的系统结构设计要点。
2. 简述课件系统集成软件各自的优缺点。
3. 教学课件制作中的注意事项有哪些?
4. 什么是概念图? 制作概念图的一般步骤是什么?

➤ 课外实践活动：

制作一个电子教案（课件）。

要求：内容从你所从事的学科中选取；不少于 10 张幻灯片，要求对模板进行优化，并包含超链接、动画、视频、声音、幻灯片切换等功能的使用；放映该电子教案并和同学进行分析评价。

第三单元

现代教育技术应用综合

➤ **教学模块**

"翻转教学""微课开发""网络教学"

➤ **单元学习目标**

了解各模块的应用流程，能够自主实训。
能独立开发教学用微课。

➤ **重点**

独立开发教学用微课。
了解网络教学模式及特点。

第 9 章　翻转课堂

9.1　翻转课堂的起源与发展

1. 早期实践

翻转课堂教学模式最早始于高校的教学研究与实践。1991 年，哈佛大学的物理教授埃里克·马祖尔（E. Mazur）创立同伴教学方式（Peer Instruction），它被认为是最早的翻转课堂实验。他在哈佛大学教授基础物理学时，发现学生对于基本概念带有错误性的理解，而且只是通过记忆运算法则来解题，并没有弄清楚其中概念。据此，他认为，教育目标应该是建构一个学生能够自我学习的环境。为了改变传统的教学模式，埃里克·马祖尔开创了同伴教学法，把知识的传递放在课外，课堂上通过同伴说服和讨论的形式来实现学生真正掌握基本概念的教学目标。在同伴讨论中，理解了概念的学生知道这个概念存在哪些难点，清楚地知道在给同伴讲解的过程中要着重强调什么，这样，在学生与学生的互动学习中，学生们实现了知识的内化。

埃里克·马祖尔认为同伴教学法包括概念测试、阅读小测试和概念性的考试题三个步骤，并用实验证明了同伴教学法相对于传统的课堂教学，能使学生做题的正确率增加一倍。

2000 年，在美国教授经济学入门这一课程的莫林·拉赫（M. Lage）、格伦·普拉特（G. Platt）和迈克尔·切格力（M. Treqlia）联合发表了论文《颠倒的课堂：建立一个包容性学习环境的途径》（Inverting the Classroom：A Gateway to Creating an Inclusive Learning Environment），翻转课堂（或者颠倒课堂）的同型概念被首次提出。在论文中，他们从学习风格理论的角度出发，认为，学生生活在不同的环境中，会有不同的学习风格。但是，学生并不能基于教师的教学风格来选择适合自己的课堂，教师也不能被希望改变自己的个性以满足所有不同的学生。因此，使用不同教学方式的课堂更容易增加学生在经济学课程中的课堂参与度，满足不同学生的差异性和兴趣。

莫林・拉赫等人早在 1996 年就开始实施类似翻转课堂的实验，他们将教学资料按照教材上的具体章节分成不同的主题，要求学生在课前阅读这些以有声的教学视频、PowerPoint 文件等呈现的材料，完成知识的学习。在课堂上学生需要针对相关的材料展开讨论，如果有关于课前学习材料的疑点处，教师在上课将给予针对性的讲解，若学生没有问题，教师则不再讲解。但是学生被告知，如果学生没有在材料中发现足够的问题则明确地说明他们并没有理解分发的学习材料。通过实验，他们收到了显著的效果，学生都享受这种在一起学习的感觉，并从同伴身上得到关于知识不同角度的理解，因此十分欢迎这一方式。同时，作为教师，他们也认为课堂时间不再被浪费，会有更多的时间用于学生一对一的个性化交流。

同在 2000 年，贝克（J. W. Baker）在第 11 届大学教学国际会议上发表论文《课堂翻转：使用网络课程管理工具使教师成为学生身边的导师》（The Classroom Flip：Using Web Course Management Tools to Become the Guide by the Side），掀起了翻转课堂运动的浪潮。在论文中，贝克提出了实施翻转课堂教学模式的模型，“教师通过使用网络工具和课程管理工具呈现教学内容并以家庭作业的形式分发给学生，课堂的时间则被用来开展深入学生主动学习的活动”。

2004 年，萨尔曼・可汗（S. Khan）通过视频为其表妹辅导数学，但是表妹觉得录制的教学辅导视频更容易帮助她解决一直困扰她的学习问题。在表妹的请求下，萨尔曼・可汗开始录制教学视频，并上传至 YouTube 网站，在无意中掀起了一场哄动全世界的翻转课堂革命。发展到现在，可汗学院已成为一个非营利性组织，其教学模式已被作为实施翻转课堂教学策略的一部分。

2007 年，杰里米・斯特雷耶（J. Strayer）发表博士论文《翻转课堂在学习环境中的效果：传统课堂和翻转课堂使用智能辅导系统开展学习活动的比较研究》。在论文中，他论述翻转课堂在俄亥俄州立大学的具体实施和研究情况。他通过对翻转课堂和传统课堂中的学习环境和学习活动进行比较后发现，翻转的课堂更有利于学生自我效能感的发展，也更有利于学生对新信息的理解。他的研究比较了在两个大学的《基础统计学》课程中，实施翻转课堂和传统课堂的上课和作业结构。在他研究的翻转课堂中，一个智能教学系统（ITS）被用来提供学生在课外要学习的内容，课堂上则利用在线课程系统 Blackboard 的交互技术组织学生参与。

同年，美国科罗拉多州落基山的林地公园高中化学教师乔纳森・伯尔曼（J. Bergmann）和亚伦・萨姆斯（A. Sams）为解决学生经常因为天气或路途遥远等不能按时到校上课的问题，开始使用录屏软件录制课件及教师讲课的声音，并将视频上传到网络，借此帮助不能按时上课的学生，这种借助网络进行教学的模式拉开了翻转课堂在美国大规模推广的序幕。而真正引起教育研究者关注翻转课堂则是 2011 年可汗学院发起人萨尔曼·可汗在TED（Technology Entertainment Design）上的一个题为《用视频重塑教育》的演讲。演讲中他提到他上传到YouTube上的很多免费教学视频深受学生和家长的喜欢，这些教学视频在几个实验学校使用的教学效果也很好，受此启发，许多教师也开始尝试改变以往的教学模式，要求学生在家观看视频以代替教师的课堂讲解，然后在课堂上，把精力集中在完成练习以及与教师和同学的互动交流上。这种做法颠倒了传统学校“课上教师讲授、课后学生完成作业”的教学安排，这就是翻转课堂。

2. 伯格曼和萨姆斯的“传统式翻转课堂教学模式”和“翻转掌握式教学模式”

2011年，在实施翻转课堂的基础上，乔纳森·伯格曼和亚伦·萨姆斯出版了专著《翻转你的课堂：时刻惠及课堂上的每位学生》（*Flip Your Classroom：Reach Every Student in Every Class Every Day*）。在书中他们对自己的实践做出了总结，并分享了他们在实施翻转课堂过程中的经验。该书受到了国际教育技术协会（International Society for Technology in Education，ISTE）和美国督导与课程开发协会（Association for Supervision and Curliculum Development，ASCD）的强力推荐。在书中，乔纳森·伯格曼和亚伦·萨姆斯把翻转课堂分为两种模式，“传统式翻转课堂教学模式”和“翻转掌握式教学模式”，在其前期实施的翻转课堂教学模式用“传统式”来限定，主要是相对于在后期实施的“翻转掌握式教学模式”中所做出的一些变化。

①传统式翻转课堂教学模式

为了帮助因参加一些活动而落下课程学习的学生，乔纳森·伯格曼和亚伦·萨姆斯在2007年春开始用录屏软件录制PowerPoint演示文稿的播放和讲课声音，并将视频上传到网络。这被认为是美国K12学校实施翻转课堂的起源。

比起在大学教学中采用的翻转课堂模式，他们实施的对象是高中学生。因此，他们录制的视频不但受到缺课学生的喜爱，也会被一些在课堂上听过课的学生重新观看，用来帮助他们巩固之前所学的知识。他们认为，当学生遇到学习困难，真正需要教师的时候，教师却不在学生身边，而当学生不需要老师在教室里说教和传授知识时，教师却喋喋不休，这是一个矛盾。为此，两位老师提前录制好一学期的教学视频，学生只需观看提前录制的视频作为家庭作业，并在不懂的地方做笔记。课堂上则可以用更多的时间做进行问题解决的教学。

②翻转掌握式教学模式

两位教师从两年的翻转课堂实验总结经验，他们在2009年开始实施被他们称之为“翻转掌握式教学模式”（The Flipped—Mastery Model）。之所以被称为“翻转掌握式教学模式”，原因在于它是以掌握学习理论为依据的一种新型教学模式。

在书中，乔纳森·伯格曼和亚伦·萨姆斯认为，掌握学习理论的基本理念是让学生根据自己的步调学习，而不是所有的学生在同一时间讨论同一主题。但是，学生都为预定的目标而学习。

“翻转掌握式教学模式”采取掌握学习理论的原则，并与现代信息技术相结合为学习创设一种可持续的、易于操作的环境。在翻转掌握式课堂里，所有的学生在不同的时间进行不同的学习活动。在上课伊始，他们组织学生，以清楚哪些学生需要做实验，哪些需要做测试，哪些学生需要针对某一主题给予额外的讲解，并在课堂上走动，不断与学生交流。

乔纳森·伯格曼和亚伦·萨姆斯提出“翻转掌握式教学模式”主要由五个要素构成：

一、确立清晰的学习目标，以专业的眼光判断和决定教师想要学生达到什么样的水平和得到什么；

二、分析所确立的学习目标，明确哪些内容适合探究式学习，哪些适合直接讲授；

三、确定学生可以观看的视频；

四、明确和设计课堂学习活动；

五、创设针对不同学生、不同学习单元的评价方法。

在“翻转掌握式教学模式”下，教学以掌握学习理论原则为基础，学生根据自己的步调可以提前学习。在课堂上，学生则根据自己的情况做相关的学习活动。两种模式的明显不同在于，翻转掌握式更注重个性化教学。

9.2 翻转课堂的概念

翻转课堂（flipped classroom）也称反转教学（flipped instruction）、视频点播教学（vod-casting education）、教育视频点播教学（educational video-on-demand）等，一般被称为翻转课堂式教学模式。

传统的教学模式是老师在课堂上讲课，布置家庭作业，让学生回家练习，教学过程通常包括知识传授和知识内化两个阶段。知识传授是通过教师在课堂中的讲授来完成，知识内化则需要学生在课后通过作业、操作或者实践来完成。与传统的课堂教学模式不同，在翻转课堂上，教学形式受到了颠覆，知识传授通过信息技术的辅助在课外完成，知识内化则在课堂中经老师的帮助与同学的协助而完成。学生在家完成知识的学习，课堂则变成了老师和学生之间以及学生与学生之间互动的场所，包括答疑解惑、知识的运用等。课堂因此变为学生消化知识的场所，从而形成了课堂的翻转，教学过程的颠倒，课堂学习过程中的各个环节也随之发生了变化。传统课堂和翻转课堂各要素对比的主要情况见表 9－1。

表 9－1 传统课堂与翻转课堂中各要素的对比表

要素	传统课堂	翻转课堂
教师	知识传授者、课堂管理者	学习指导者、促进者
学生	被动接受者	主动研究者
课堂内容	知识讲解传授	问题探究
技术应用	内容展示	自主学习、交流反思、协作讨论工具
评价方式	传统纸质测试	多角度、多方式

9.3 翻转课堂的基本流程

第一，教师根据教学设计制作教学视频及相关练习并上传网络。

第二，学生课前自主学习教学视频及完成相关练习。

第三，课堂教学活动的实施（师生、生生之间交流难点、疑点，在课堂上共同讨论，完成操作练习）。

第四，教学效果评价、反馈。

9.4 翻转课堂的特点

利用视频来实施教学，在多年以前人们就已进行过探索。可从 20 世纪 50 年代开始进行的广播电视教育为什么没有对传统的教学模式带来革命性影响，而翻转课堂却备受关注呢？这是因为翻转课堂有如下几个鲜明的特点：

1. 教学视频短小精悍

不论是萨尔曼·可汗的数学辅导视频，还是乔纳森·伯尔曼和亚伦·萨姆斯所做的化学学科教学视频，它们共同的特点就是短小精悍。大多数的视频都只有几分钟的时间，且每一个视频都针对一个特定的问题，有较强的针对性，查找起来也比较方便。翻转课堂教学视频的长度一般都控制在学生注意力能比较集中的时间范围内，符合学生身心发展特征，通过网络发布，可实现视频的暂停、回放等多种功能，方便学生自我控制，有利于学生的自主学习。

2. 教学信息清晰明确

萨尔曼·可汗的教学视频有一个显著的特点，就是在视频中只能够看到他的手不断地书写一些数学的符号，并缓慢地填满整个屏幕。除此之外，就是配合书写进行讲解的画外音。用萨尔曼·可汗自己的话语来说："这种方式，它似乎并不像我站在讲台上为你讲课，它让人感到贴心，就像我们同坐在一张桌子面前，一起学习，并把内容写在一张纸上。"

翻转课堂的教学视频与传统的教学录像不同之处在于，这种教学方式认为，视频的教学信息必须清晰明确，视频中出现的教师头像以及教室里的各种物品摆设都会分散学生的注意力，特别是在学生自主学习的情况下，因此要尽量避免与教学内容不相关的元素出现。

3. 重新建构学习流程

通常情况下，学生的学习过程由两个阶段组成：第一阶段是"信息传递"，是通过教师和学生、学生和学生之间的互动来实现的；第二个阶段是"吸收内化"，是在课后由学生自己来完成的。由于缺少教师的支持和同伴的帮助，"吸收内化"阶段常常会让学生感到挫败，丧失学习的动机和成就感。"翻转课堂"对学生的学习过程进行了重构。"信息传递"是学生在课前进行的，老师不仅提供了视频，还可以提供在线的辅导；"吸收内化"是在课堂上通过互动来完成的，教师能够提前了解学生的学习困难，在课堂上给予有效的辅导，同学之间的相互交流更有助于促进学生知识的吸收和内化。

4. 复习检测方便快捷

学生观看了教学视频之后，是否理解了学习的内容，视频后面紧跟着的几个小问题可以帮助学生及时进行检测，并对自己的学习情况作出判断。如果发现几个问题回答得不好，学生可以回过头来再看一遍，仔细思考哪些方面出了问题。教学视频的另一个优点，就是便于学生一段时间学习之后的复习和巩固。随着评价技术的跟进，学生对问题的回答情况，能够及时地通过云平台进行汇总处理，帮助教师了解学生的学习状况，能使得学生学习的相关环节得到实证性的资料，更有利于教学绩效的提高。

9.5 翻转课堂的特征

9.5.1 教师角色发生转变

首先，教师由传统课堂上知识的传授者变成了学生学习的促进者和指导者。教师不再是课堂的主宰，课堂也不再是教师的一言堂，学生的主体地位在翻转课堂中得到充分体现，同时，教师的主导地位也并没有削弱，反而得到了加强。

其次，教师由教学内容的传递者转变为视频资源的设计开发者以及相关教育资源的提供者。在课前，教师需要向学生提供必要的资源，比如相关知识讲解的教学视频、教学课件、其他网络资源等，以便学生对所学知识有较充分的了解。当学生需要帮助时，教师便会向他们提供必要的支持。因此，教师成了学生便捷地获取资源、利用资源、处理信息、应用知识到真实情境中的支撑。

9.5.2 学生角色发生转变

在翻转课堂教学模式下的个性化学习中，学生成为自定步调的学习者，他们可以控制对学习时间、学习地点的选择，也可以控制学习内容、学习量的多少。学生是整个学习过程的主角，不再是传统课堂上被动的知识接受者。学生在课堂上通过小组学习和协作学习等形式来完成对所学知识的理解和吸收。学生由之前完全的知识消费者转变成知识生产者，甚至掌握比较快的学生可以帮助没有掌握的学生进行学习，承担部分教师“教”的角色。

9.5.3 课堂时间的重新分配

学习是人类最有价值的活动之一，时间是所有学习活动最基本的要素。充足的时间与高效率的学习是提高学习成绩的关键因素。翻转课堂通过将“预习时间”最大化来完成对教与学时间的延长。其关键之处在于，教师需要认真考虑如何利用课堂上的时间来完成“课堂时间”的高效化。

在课堂中减少教师的讲授时间，留给学生更多的学习活动时间是翻转课堂的又一核心特点。这些学习活动应该基于现实生活中的真实情境，并且能够让学生在交互协作中完成学习任务。将原先课堂讲授的内容转移到课下，在不减少基本知识展示量的基础上，增强课堂中学生的交互性。最终，该转变将提高学生对于知识的理解程度。

此外，当教师进行基于绩效的评价时，课堂中的交互性就会变得更加有效。根据教师的评价反馈，学生将更加客观地了解自己的学习情况，更好地控制自己的学习。

9.5.4 “翻转”增加了学习中的互动

翻转课堂大大提升了教师和学生以及学生与学生之间在课堂上的互动。由于学生通过教学视频对要学的课程进行了一定程度的学习，所以课堂上主要是学生提问、教师解答和学生之间进行讨论交流等。这充分提升了学生在课堂上的自主意识，使其能够积极地参与到学习过程中。当教师进行评价时，课堂中的交互性就会变得更加有效。

9.6 翻转课堂的基本模式

9.6.1 翻转课堂教学模式的步骤

翻转课堂教学模式已在美国实施数年，科罗拉多州林地公园高中从初步探索到逐步地完善走过了漫长的实施道路，其实施的成功范例影响到美国很多其他的中小学乃至世界各地的学校。越来越多的学校开始根据本校的特色开创出符合自己特色的翻转课堂教学模式，所实施的翻转课堂教学模式在某些方面有些区别，但是都存在着共同的地方。

1. 课前准备阶段

（1）教师活动

① 分析教学目标

一谈到翻转课堂，人们的第一反应就是制作教学视频。但是在制作教学视频之前，教师需要分析教学目标，教学目标就是通过教学活动期望达到预期的结果。明确教学目标就是教师期望学生通过教学知道什么、获取什么，这是任何教学首先需要明确的事情。只有在教学前确定清晰的教学目标，教师的教学才有针对性，才能明确要采用的具体的教学方法，哪些内容需要探究式的教学方式，哪些内容需要直接的讲授等。实施翻转课堂教学模式之前的教学目标分析，不仅有利于教师分析哪些内容适合通过视频的方式直接讲授给学生，哪些内容适合课堂上通过师生的合作探究获得最佳的教学效果。明确教学目标，才会避免教学中的盲目性和无目的性。

② 制作教学视频

在翻转课堂中，知识的传递是通过视频来完成的。教学视频可以是教师自己录制的，也可使用其他教师制作的教学视频或者网上优秀的视频资源。制作教学视频是翻转课堂教学模式的首要部分。乔纳森·伯格曼和亚伦·萨姆斯总结出制作教学视频的步骤：

首先，做好课程安排。

明确课堂教学的目标，决定视频是不是合适的教学工具来完成课堂的教育性目标。如果教学内容是不适合通过教学视频直接讲授的，那么不要仅仅因为是要实施翻转课堂而去使用视频。翻转课堂并不仅仅是为课堂制作教学视频。

其次，做好视频录制。

在录制教学视频过程中应考虑学生的想法，以适应不同学生的学习方法和习惯。美国大部分实施翻转课堂的学校在录制教学视频中并不呈现教师的整个形象，而是呈现一双手和一个交互式白板，在白板上有教师所讲授内容的概要。录制教学视频必须选择一个安静的地方，这样制作出来的视频才能保证学生在观看教学视频时不受视频中噪声的干扰。

再次，做好视频编辑。

林地公园高中的两位教师在实施翻转课堂的初级阶段，是录制完教学视频以后分发给学生的。但是，他们在实践中逐渐发现视频后期制作的价值，它可以让教师改正视频摄制中的错误，避免重新再次制作视频。

最后，做好视频发布。

发布视频是为了让学生能够观看到教师制作出来的视频。在此阶段对于教师最大的问题在于把视频放在什么地方以使学生都能够观看视频。不同的学校会根据本地区、本学校和本校学生的具体情况来确定视频发布的地方。林地公园高中会把制作出来的教学视频发布到一个在线托管站点，比如 YouTube 平台等，也会为家里没有网络或者电脑的学生制作 DVD。美国克林戴尔高中为了让学生观看到教学视频，还特意将校园多媒体中心的工作时间延长两个小时，方便学生可以使用属于自己的账户登录到校园观看教学视频。总之，学校可以选择一到两种方法满足学生的需要。

（2）学生活动

① 观看教学视频

教师通过对教学内容的分析，将适合直接讲授内容的部分用教学视频的形式交给学生，在一定程度上避免了课堂时间的浪费。学习速度快的学生可以快速地进行知识的学习，学习进度慢的学生也可以根据自己的实际学习情况对教师讲授的内容做适时的停顿。在课堂外观看教学视频的过程中，学生遇到不懂的地方可以做笔记，把自己不懂的问题带到课堂，这样学生可以完全掌控自己学习的步调。在此过程中，学生需要对所观看的教学视频里讲授的知识做一定程度上的梳理和总结，明确自己的收获，解决有困惑的地方。

② 做适量练习

学生观看完教学视频后需要完成教师布置的针对性练习。这些练习是教师针对教学视频中所讲的知识，为了加强学生对学习内容的巩固并发现学生的疑难之处所设置的。根据“最近发展区理论”，教师需要对课前练习的数量和难易程度做出合理设计，明确让学生做练习的目的是帮助学生利用旧知识完成向新知识的过渡，加深对知识的巩固与深化。学校可以通过网络交流平台与学生进行互动，了解学生在观看教学视频和做练习过程中遇到的问题。教师可以通过学生所做练习的反馈情况了解学生实际的学习情况。与此同时，同学之间也可以进行线上互动，彼此交流收获，进行互动解答。

2. 课中教学活动设计阶段

（1）确定问题，交流解疑

传统的课堂教学中，师生之间的交流建立在师生地位不平等的基础上，教师主宰着课堂。课堂中要实现真正的交流，需要融洽的环境做保障。学生在观看教学视频的过程中，由于本身的知识结构、看问题的角度不一样，因此对事物的理解也会不同，这样学生之间会产生一种认知的不平衡，并由此引起学生新的认知结构的产生。在课堂活动开始阶段的交流中，教师需要针对学生所观看视频的情况和网络交流平台所反映出的问题进行解疑。学生也可以提出自己在观看教学视频中所存在的疑惑点，与教师和同学共同探讨，师生间、生生间就确定的问题形成了交流，可提高教学效率。

（2）独立探索，完成作业

独立性是个体存在的主要方式，独立学习的能力是学生必备的能力之一，一个没有独立学习能力的人，必然无法在社会中生存。

在传统的课堂中，教师一手包办学生的学习。课堂的大部分时间用来讲授知识，学生课下时间被大量的机械性的作业所填满，学生独立学习和探索的能力会被压制。学生知识结构的内化需要经过学生独立的思考，教师只能从方法上引导学生，不能代替学生完成学习。学生是独立的个体，他们本身有着独立学习的能力。

翻转课堂为学生提供了个性化的学习环境，学生在学习中独立完成教师所布置的作业或独立进行科学实验。在学生独立完成作业的过程中，他们会审视自己理解知识的角度，建构知识的结构，进一步完成知识的获取。教师要在刚开始时给予学生一定的指导，帮助学生完成任务。待学生有一定独立解决问题能力的时候，教师要“放手”，逐渐让学生在独立学习中构建自己的知识体系。

（3）合作交流，深度内化

人是社会中的人，交往是人与人之间直接的相互作用的过程。哈贝・马斯

(J. Habermas) 把交往行为定义为："一种主体之间通过符号相互协调的相互作用，它以语言为媒介，通过对话，达到人与人之间的相互理解和一致。"学生在独立探索学习阶段，已建立了自己的知识体系，但是要完成知识的深度内化，需要继续交流合作。交往学习是学生在与他人的对话、交流、讨论等学习活动中所开展的学习过程，学生在此过程中可快速实现自身的发展。

在翻转课堂里，课堂形态主要表现为，学生分成小组，一般为3～4人一组，学生与学生之间通过独立探索阶段的所学，与同伴交流自己对知识的理解。教师不是站在讲台上，俯视着课堂里所发生的一切，而是走下讲台，走进学生的探讨中，真正地融入学生的小组合作活动中。当学生在讨论中遇到问题时，教师可以给予及时的帮助，引导学生澄清对知识的错误认知。在此过程中，学生的批判性思维、课堂参与能力和对待学习的态度会发生很大的改变，真正把学生推到学习的主体地位。

当学习本身成为学生自身需要的时候，学生就会成为真正的学习的主人，从"要我学"变成"我要学"，教师也从说教、传授的角色真正转变为学生学习的引导者和促进者。在合作学习越来越受到教育界关注的情况下，现今学校很多课堂教学采用合作学习、小组学习等形式。但是在传统课堂里，合作学习只是课堂教学的"微弱"补充，难以真正发挥学生探索的积极性。在翻转课堂教学模式下，学生与学生之间、学生与老师之间的合作学习才是真正意义上的合作学习。

(4) 成果展示，分享交流

学生在经过独立探索和合作交流后，完成个人或者小组的成果。学生可以通过报告会、展示会、辩论赛或者小型的比赛等形式交流学习心得、体会。在成果展示过程中，学生或小组可以通过教师与学生的点评获得更深的了解。同时也可以通过观看其他学生或小组的展示，学习到他人的优点，明确自己的优势与不足。学生在此过程中不断领略学习给他们带来的乐趣，更以一种积极的乐观心态面对以后的学习，增强自身的自信心。

教师在分享交流环节可以通过学生或者小组的汇报，明确学生知识的掌握水平，有针对性地进行后期的"补救"工作。当然在学生展示的环节，教师所做的是为学生创设一个民主、平等、和谐、自由的课堂环境，适时调控学生学习的进程和发展方向。

实施翻转课堂教学模式的学校在成果展示环节，教师不仅应鼓励学生在课堂上进行展示，学生也可以在课下通过制作微视频的方式把自己的成果上传至网络交流区，供教师和同学讨论和交流。翻转课堂教学的成败不仅在于视频的制作，而且也在于课堂学习活动的设计。如何改变传统的教师主宰课堂的局面，让学生真正成为学习的主人，是翻转课堂教学模式改革的关键点。

9.6.2　翻转课堂教学模式的优缺点

1. 翻转课堂教学模式的优点

翻转课堂教学模式改变了传统的教学方式，这种改变让教学以不同的角色定位了教师与学生之间的关系。接下来本节将从以下三个方面论述翻转课堂教学模式的优点，这也是成功实施翻转课堂教学模式的关键因素。

（1）教师方面

① 增加了教师与学生之间的交流，让教师更好地了解自己的学生。

随着现代信息技术的发展，有些人基于技术提出了学校的“消亡论”，却忽视了教师与学生之间的交流对学生成长的意义。其实，再先进的技术也替代不了教学过程中的师生面对面交流，翻转课堂教学模式能让教师有更多的时间与学生面对面交流。

② 有利于教师的职业发展。

翻转课堂提供的开放性的窗口使“拜访”每个教师的课堂成为可能，教师通过观看其他教师制作的教学视频可以知道他人如何教授一个知识，并据此为自己的教学提供一个改进的参考。这对于过去相对独立的教学生活来说，翻转课堂教学模式为教师的职业发展提供了更大的相互学习窗口。

③ 改变了教师在课堂上的角色。

在传统课堂里，教师是讲台上的“圣人”。在翻转课堂教学模式下，教师走下讲台，更多时间用在帮助学生、领导小组解决问题、与理解有困难的学生一道解决问题。此时，教师是一个“教练”，引领若干学生行进在学习的路上，教师有更多的机会鼓励学生，解答他们的迷惑，告知他们什么是正确的。

（2）学生方面

① 翻转课堂道出了学生的心声。

在信息时代，网络时刻伴随着学生的成长，教师应该顺应时代的潮流，接受数字文化，包容数字化学习，并让它们能为学生的学习服务。在翻转课堂里，学生被鼓励带自己的电子设备，一起合作学习，与老师进行互动，这样的课堂更符合当代学生的学习习惯，也更能散发出无限的活力。

② 教会学生对自己的学习负责。

在翻转课堂教学模式下，学习的责任在学生的身上。为了成功，学生必须对自己的学习承担起责任。学习不再是限制自由的一种负担，而是不被束缚和不断探索的挑战。与此同时，教师应教会学生，学习的价值不仅仅是进入学校拿到分数或老师的评分。翻转课堂促使学生去学习而不是去记忆，让学生成为真正的学习者。

③ 翻转课堂能帮助不被关注的学生和学习困难的学生。

在传统教学中上，能够引起老师极大关注的往往是那些学习成绩优异或者性格开朗的学生，对于那些在课堂上保持沉默的学生，老师自然关注度比较低。在翻转课堂教学模式下，学生不用担心自己因为不被关注而影响学习，因为主要的教学内容已经上传到了网络。在传统的课堂教学中，无论面对学习能力强的还是学习有困难的学生，教师都是以统一的步调讲解知识。对于学习存在困难的学生来说，在他们还没有理解清楚这个概念的时候，老师已经讲到下一个知识点了，这种疑惑越积越多，到最后这些学生的积极性和自信心越来越受挫，导致他们不愿学习，翻转课堂教学模式，因其资源及手段的应用形式为学生提供了更多的弥补机会。

④ 学生可以自定步调学习。

在传统的课堂里，老师授课，学生在课堂里只是作为“静听者”。老师希望学生能够理解自己在课堂上所呈现的知识，学生被期望以一种给定的框架学习知识。然而，即使是最好的教师在实施教学中，仍然会有落后或者不理解教学内容的学生，所以翻转课堂教学时，教师应给予学生自主控制的权利，学生可以根据自己的理解程度适时按下“暂停键”。

⑤ 学生有机会向其他老师学习。

大部分学生偏爱自己老师录制的教学视频，但是也会有一些学生在观看其他老师的教学视频后，会从另一个角度来理解相关的问题。美国密歇根州的克林戴尔高中在全校所有学科实施翻转课堂，因此，学生除了可以观看自己教师制作的视频外，也可以观看其他教师制作的视频。每个教师思维方式不同，对知识解读的方式也不一样，学生可以在观看其他教师的视频时获得不同的学习思路，进而提高自己的学习效率。

⑥ 增加了与老师个性化接触的时间。

在传统课堂里，由于教师是讲台上的“圣人”，学生与老师的接触仅限于课堂中少有的互动环节。在翻转课堂里，学生在进行自由讨论时，教师在教室里巡视，可以针对学生的具体疑问进行解答。这样的课堂增加了学生与老师之间的互动时间和交流，使老师对学生的学习情况有了进一步的了解。

（3）课堂教学方面

① 课堂时间被重新分配，得到高效和创造性的利用。

在传统课堂里，课堂大部分时间被教师用来讲授，真正用来与学生交流的时间非常有限。在翻转课堂教学模式下，在课堂内，教师可以用更多的时间来促进学生学习，与学生进行有意义的交流，观察、引导和帮助学生，而不是站在讲台上说教；在课堂外，当学生遇到学习困难的时候，通过教师制作的教学视频，学生也不再感到无助。

② 翻转课堂教学模式让课堂动手操作活动更深入。

动手操作活动可以帮助学生以另一种方式学习，这在科学课程中尤为明显。学生学习相关课程，不仅需要学习表层性的知识，还必须通过实验来完成深度学习。当学生进行实验操作的时候，他们正是在实验过程中建构自己的知识体系，翻转课堂教学为这些深度学习提供了更扎实的环境。

（4）家长方面

翻转课堂为家长了解学生的课程学习提供了一个可视化的窗口。大部分家长也许随着时间的推移忘记了之前自己所学的相关知识，当孩子遇到难题寻求家长的指导时，家长往往会感到很沮丧。在翻转课堂教学模式里，家长可以与自己的孩子一起观看教学视频，与孩子一起学习，更新自己的知识，这种交流方式有利于家长与孩子之间的情感沟通。同时，家长也可以随时了解孩子学习的进程，关注孩子学习的进步和在学校的表现等。

综上所述，无论在学生、教师、课堂教学还是家长方面，翻转课堂教学模式都在一定程度上克服了传统教学模式的弊端，能促进学生的真正发展。

2. 翻转课堂教学模式的不足

（1）教学视频方面

一些教师在面对面的教学中也许很出色，但在制作高质量的教学视频方面会有所欠缺。

课堂教学中，教师面对真实的学生，讲授有真实的学生群体存在。但录制教学视频时，现场并没有学生群体的存在，教师只是根据课程的安排，独自待在录制教学视频的设备旁边。诸如周围环境、设备和教师自身的状态等各种因素，都有可能影响到教学视频录制的质量和水平。由于在翻转课堂教学模式中，教学视频是知识传递主要的依托，因此，教学视频录制的水平直接影响到学生课前知识学习的水平，进而影响到学生课堂活动的参与程度和知识的内化。教学视频的质量直接关系到学生的学习质量。

（2）学生学习方面

首先，在翻转课堂教学模式中，知识通过教学视频传递，学生可以用移动终端观看教学视频完成学习。所有的学生可以用自己的终端观看教学视频，然而在一些情况下，对于学生来说，观看教学视频来学习不是最好的方式。譬如，学生在看教学视频的同时，也可能观看音乐会或者足球赛，这将不利于学生课下知识的自主学习。虽然在面对面的课堂教学中也有很多干扰，但至少教师可以通过形成性评价监控了解并实时纠正。

其次，在翻转课堂教学过程中，会出现一些不可控因素。如，在课前，学生也许不会观看和理解教学视频的内容，并没有完成知识的学习，因此在课堂上学生处于准备不充分的状态，这对于课堂内的很多活动的开展会产生很大的影响。

再次，学生独自观看教学视频时，他们也许不能向教师或者他们的同学提出问题。

因此，除非学生在观看教学视频时，教师能够随时在现场，否则很多重要的能帮助学生理解材料的问题将无法在课堂上提出。

（3）第二语言学习方面

在目前的应用中，翻转课堂对于学习第二语言的学习者不是最佳的教学方式。对于第二语言的学习者来说，由于他们的语言水平有限，在课堂上的交流会出现局限性。尤其是对于初学者来说，完成课前知识的学习也会存在很大的困难。由于课前知识的学习存在困难，学生的思维受到局限，课堂上的交流将会流于形式。这样在课堂上，教师无法了解到学生存在的问题，学生之间的小组合作会趋于表面化。

➤ 思考题：

1. 什么是翻转课堂？其特点是什么？
2. 简述翻转课堂教学模式的步骤。
3. 简述翻转课堂教学模式的优缺点。

第 10 章　微课

微课，是指运用信息技术按照认知规律，呈现碎片化学习内容、过程及扩展素材的结构化数字资源，它是翻转课堂教学模式的主要依托，也是当前最为流行的一种视频教学资源。简单地说，微课就是“微型的授课”或“微型的课程”之意。也有人认为，微课实际上就是“微视频”，即用视频形式录制的讲课片段。

10.1　微课概述

目前，在信息化手段与教育教学全面融合的时代，“微课”作为一种革命性的教学资源，引起了国内外教育界的广泛关注和争论。这种以微视频为核心，用“云端”来组织教学活动的方式，颠覆了传统意义上的课堂教学，实现了真正意义上的“课堂翻转”。

10.1.1　微课的起源

“微课”这个概念，最早是由美国新墨西哥州胡安学院的戴维·彭罗斯（D. Penrose）于 2008 年秋提出的。戴维·彭罗斯把微课称为“知识脉冲”，其核心理念是要求教师把教学内容与教学目标紧密联系起来，以微视频的形式产生一种“更加聚焦的学习体验”。

在国内，微课最早的雏形是微型教学视频。2011 年，针对传统全程实录式的教学课例制作成本高、交互性差、评审难度大、应用率低下的现状，佛山市教育局在全国率先开展了首届全市中小学优秀微型教学视频课例征集活动，要求教师只针对某个知识点或教学环节进行教学设计和拍摄录制课例，同时要求教师提供相应知识点的教学设计、课件、练习、反思等支持学习的资源，作品同步发布在网上供广大师生及家长随时点播、交流和评论。活动的效果出乎意料，广大教师对这种“内容短小、教学价值大、针对性强、数量众多、使用灵活”的微型课例好评如潮。

从 2013 年开始，随着高效课堂、翻转课堂、可汗学院等新概念的普及，越来越多的人开始加入到微课的开发、应用中来，从逐渐关注、使用，到设计、开发和研究。

国内包括高校学者、教育研究者、一线教师等对微课进行了研究或实施，在提法上有“微型课程”“微课”“微课堂”等。

10.1.2 微课的定义

在传统教学中，“上课”是指学校教育普遍实施的以班为集体的教学组织方式与基本单位。在经典教学论的学术专著中，对“课”的定义是：“有时间限制的、有组织的教学过程的单位，其作用在于达到一个完整的、然而又是局部性的教学目的。”

“微课”的教学形式是自主学习，目的是教学效果最佳，形式是网络流媒体，内容是单个知识点或教学环节，时间强调简短，但本质还是完整的教学活动。

“微课”的核心组成内容是教学视频，同时还包含与“微课”教学主题相关的教学设计、素材课件、教学反思、练习测试及学生反馈、教师点评等辅助性教学资源，但它们以一定的组织关系和呈现方式共同“营造”了一个半结构化、主题式的资源单元应用“小环境”。因此，“微课”既有别于传统单一资源类型的教学课例、教学课件、教学设计、教学反思等教学资源，又是在其基础上继承和发展起来的一种新型教学资源。对于教师而言，最关键的是要从学生的角度，而不是从教师的角度去制作，要体现以学生为本的教学思想。对于学生来说，微课不仅适合于移动学习时代知识的传播，也适合学习者个性化、深度学习的需求。

10.1.3 微课资源构成

微课的资源基本构成可以用“4+1”来概括。

“1”是微课的最核心资源：一段一般为5分钟左右，最长不宜超过10分钟的精彩教学视频。这段视频应能集中反映教师针对某个知识点、具体问题或教学环节而开展教与学活动的过程，教学形式和教学活动地点可以多样化，不一定局限在教室或课堂上。

“4”是要提供4个与这段教学视频（知识点）相配套的、密切相关的教与学辅助资源，即微教案（或微学案）、微课件（或微学件）、微练习（或微思考）、微反思（或微反馈）。这些资源以一定的结构关系和网页的呈现方式“营造”了一个半开放的、相对完整的、交互性良好的教与学应用生态环境。

“微视频”时长一般为5分钟左右，建议不超过10分钟。

“微教案”是指微课教学活动的简要设计和说明。

“微课件”是指在微课教学过程中所用到的多媒体教学课件等。

“微反思”是指执教者在微课教学活动之后的体会、反思、改进措施等。

“微习题”是根据微课教学内容而设计的练习测试题目。

10.1.4　微课的发展趋势

对于微课的发展趋势，有研究者提出了微课发展的 3 个阶段理论，将国内对微课概念的认识划分为“微资源构成”“微教学过程”和“微网络课程”3 个阶段，如图 10－1 所示。每个阶段的微课概念内涵各有所侧重，微课的表现形式也不尽相同，其功能特点和应用范围也有区别。

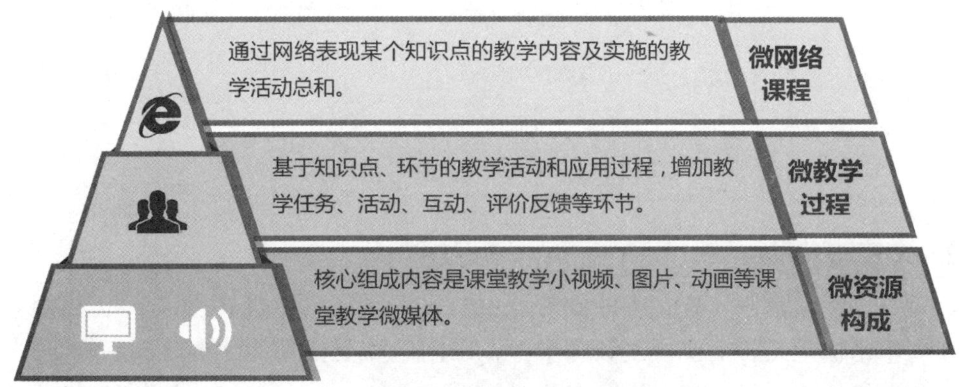

图 10－1　微课发展的三个阶段

10.2　微课的类型

微课按照教学方法、教学内容和制作手段不同，可以有不同的分类。

一个微课作品一般只对应于某一种微课类型，但也可以同时属于两种或两种以上的微课类型的组合。同时，由于现代教育教学理论的不断发展，教学方法和手段的不断创新，微课类型也不是一成不变的，需要教师在教学实践中不断发展和完善。

10.2.1　按照教学方法分类

结合常用的教学方法及微课可分类的理解和实践开发的可操作性，可以将微课划分为 10 类，分别为讲授类、讨论类、启发类、演示类、练习类、实验类、表演类、自主学习类、合作学习类、探究学习类。

10.2.2　按照开发技术分类

1. PowerPoint 课件类微课

教师借助 PowerPoint 的视频录制功能，将嵌有课程讲解配音的课件直接录制成流媒体视频。此类微课制作简单，但需要一次成型，如图 10 - 2 所示。

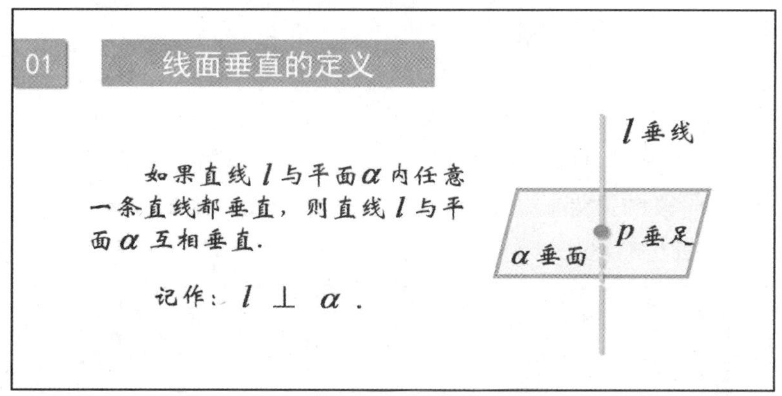

图 10 - 2　PowerPoint 课件类微课

2. 录屏类微课

教师借助屏幕录制软件，将课件的演示与讲解录制成流媒体视频。此类微课可根据教学要求来决定是否需要录制教师影像，录制后需要使用简单的视频后期处理工具对其进行剪辑合成。具体请参看本书第 6 章第 3 节 Camtasia Studio 操作指南，如图 10 - 3 所示。

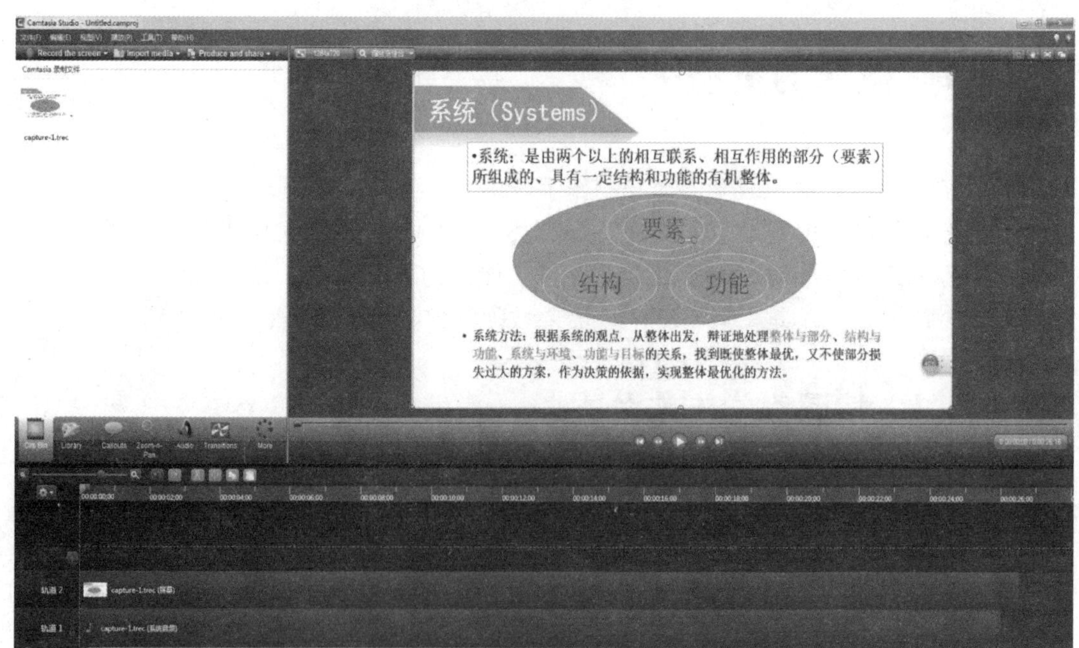

图 10 - 3　录屏类微课

3. 电子白板类微课

教师使用屏幕录制工具，将其在电子白板上的所有演示、操作、推导过程及其讲解声音录制成视频，这种模式也称为可汗微课模式。此类微课强调不出现教师的影像，它主要通过文字、公式、手绘图形、数字、线条、教学互动、教师清晰的旁白及其缜密的教学思路来帮助学生建构知识，如图10－4所示。

图10－4　可汗学院创办人孟加拉裔美国人萨尔曼·可汗在制作可汗式微课

4. 录像类微课

教师根据微课设计要求摄制视频，并对其进行后期剪辑合成所形成的流媒体视频。此类微课教学内容生动，不仅能较好地营造课堂氛围，而且还可以完美地展示老师的教学风采，如图10－5所示。

图10－5　录像类微课制作场景

5. 快课类微课

“快课”是指使用交互式视频课件软件所制作的微课。该类软件（如 Adobe 公司提供的 Captivate）一般内含大量的课件模板、动画与习题模板等，利用它们所完成的课件可实现视频与课堂练习的游戏化结合，既提高了学生学习的兴趣，又能较好地保证课程学习的质量，如图 10－6 所示。

图 10－6　Captivate 软件界面

10.3　微课的教学设计

微课虽然只有短短的数分钟，但是也需要进行精致的教学设计。优秀的微课应该是井然有序的，杂乱无章而随意的微课与微课教学理念背道相驰。通过教学设计，能有效解决实际教学问题，有针对性地解惑、启惑，能调动学习者的学习主动性。

微课教学设计包含内容设计和微课程任务单的设计，一般会包括导入、讲授或引导和小结等 3 个阶段。

10.3.1　微课教学的设计要求

优秀的教学设计有助于更好地指导微课教学资源的开发。微课设计的关键是要从教学目标制定、学习者分析、内容需求分析、教学媒体选择、教学策略制定等方面进行安排，让教师能在较短的时间内运用最恰当的教学方法和策略讲清、讲透一个知识点，确保微课能够满足学习者的实用、易用和想用的直接需求。

微课教学设计应该满足以下几点要求：

1. 适合教学对象

微课不但应有学科、学段的分别，同时还要能对应同一学科不同学段不同水平的学生。诸如同一个知识点，对于不同水平的学生，传授的方法乃至内容应该有所差异，进而方便个别化教学，这是微课教学设计应有的理念。

2. 符合认知过程

优秀的微课设计应该是循序渐进的。不同年龄段的学生认知方式是有明确差异的，对于低年龄儿童，具体（多图、动画、视频）的知识更易于被他们接受。对于中高年龄学生，认知方式已经发展为更易于接受抽象的知识，需要给予他们想象思考的空间。比如制作语文教学微课，对高年级的可以有更多的情景陶冶，而对于低年级的，情景陶冶也许就会分散注意力。

此外，在教学中，如果学习的对象是成年人，则由于记忆能力下降，可能需要多次的重复，同时，由于观念的固化，他们在接受新事物时会有一定的缓冲过程，因此，“停顿”非常必要。微课可以将“停顿”的主导权交由学习者，因此，微课教学更符合学习者的认知需求。

3. 内容精练、科学、严谨

紧紧围绕“让教师在较短的时间内运用最恰当的教学方法和策略讲清讲透一个知识点，让学生在最短的时间内按自己的学习完全掌握和理解一个有价值的知识点”是微课设计制作理念。微课设计应该以教学目标为切入点，选择精练、科学、严谨的教学内容，从而有效地提高了教学效率，一般来说，应选择教学重点、难点或要点。

4. 微课教学效果

微课教学具有针对性地解惑、启惑，能调动学习者学习主动性的教学效果。因此，微课的教学设计可以是教材解读、题型精讲、考点归纳，也可以是方法传授、教学经验等技能方面的知识讲解和展示，但是一定要能达到有效解决实际教学问题。

10.3.2　微课教学的导入方法

微课教学导入一般采用目标导入、情景导入、故事导入、问题导入、游戏导入、温故导入等。但在导入结束的时候，教师需点明学习目标。微课导入的方法与传统教学没有多少区别，主要是创设情境、激发兴趣。但微课时间短，不允许在导入环节花费过多的时间。需要注意的是，不管采用哪种方法，都要与课堂教学内容紧密关联，并力求做到新颖独到、引人注目。

1. 目标导入

目标导入式教学法多采用对症下药的步骤，让大多数学生达到预定的教学目标。教学中目标导入就是一个展示预定教学目标的过程，就是激发学生对新学习目标的兴趣，是学生学习目标的导向，它可以避免过去教有目标而学无目标的现象。例如，在本书线上资源“教学设计”微课中，教师采用的就是目标导入，如图 10－7 所示。

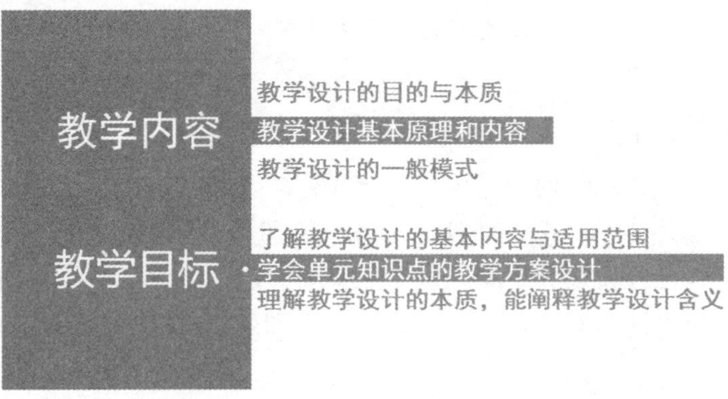

图 10－7 教学设计微课导入画面

2. 情景导入

情景导入，是一种通过设置具体的、生动的环境，让学生在课堂教学开始时，就置身于某种与课堂教学内容相关的情景之中，促使学生在形象的、直观的氛围中参与课堂教学。实践证明，利用“生活情景导入”，更有利于激发学生的探究思维和学习兴趣。例如，本书线上教学微课“像素与分辨率”，如图 10－8 所示。

图 10－8 微课——像素与分辨率

3. 故事导入

故事导入，是教师利用学生爱听故事的特点，先叙述一个与教学内容相联系的生活实例或故事，以诱发学生的想象力和思维活动，提高学生学习积极性的教学导入方式。在上课前讲一段与本节课内容相关的故事，可吸引学生的注意力和兴趣，使学生能通过故事所反映的思想、观念去理解所学内容。例如，本书教学微课“建构主义”的故事，如图 10－9 所示。

鱼就是鱼

图 10－9 微课“建构主义”的导入故事画面

4. 问题导入

问题导入，是教师提出带有悬念的问题，激起学生强烈的求知欲，并由此转入新课。例如，本书微课“教育技术”是什么？就要求学生带着问题去理解，教师通过设置悬念问题，激发学生的求知欲，如图 10－10 所示。

参照《中小学教师教育技术能力标准》第47页

- 了解到什么？
  意识与态度、知识与技能、应用与创新、社会责任
- 你学到什么？
  教学设计、资源开发、微课制作
- 你对课程的建议？

图 10－10 微课“教育技术学什么”的导入画面

5. 游戏导入

游戏导入，是教师根据教学内容，选择相关的小游戏和学生互动，并由此向教学内容过渡，激发学生学习兴趣的教学导入方式。游戏导入能充分激发学生的好奇心，吸引学生的注意力，让他们全身心地投入到教学活动中去，并促使学生从具体形象思维上升到抽象思维，让学生自己思考，自己理解，自己消化，自己吸收。如图 10－11 所示。

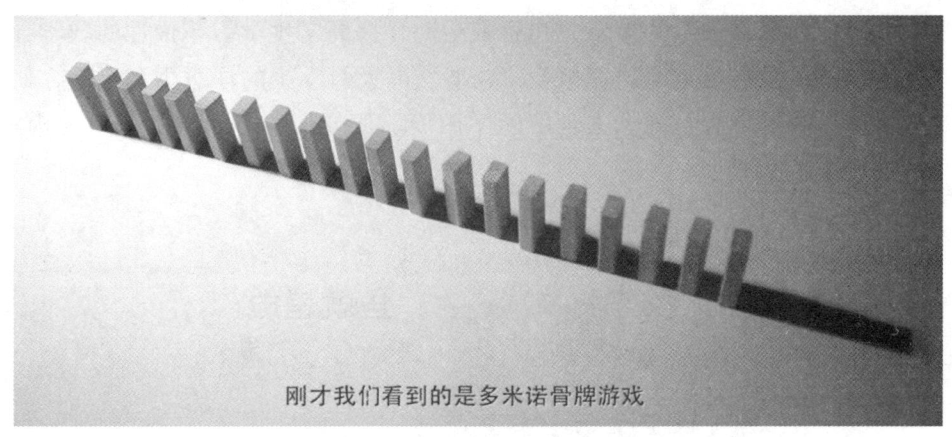

图 10－11　微课——教学中的连锁效应

10.3.3　微课教学的内容处理

相较于知识讲授较宽泛的传统课堂，“微课”的教学问题聚集，主题突出，更适合教学的需要。“微课”主要是为了突出课堂教学中某个学科知识点（如教学中重点、难点、疑点内容），或是反映课堂中某个教学环节、教学主题的教与学活动。相对于传统一节课要完成的复杂众多的教学内容，“微课”的内容更加精简，因此在教学内容的选择和处理上需要更加谨慎。

1. 教学内容选择

微课的设计，教学内容的选择是第一步，也是最关键的一步。它反映了微课需要集中表现或传递给学习对象的内容。

教学内容选择应该尽量选取学生通过自学理解不了、具有较大教育教学价值且相对简短又完整的知识内容。必要时教师可对教学内容进行适当的加工、修改和重组，使其更适合用微课的方式来表达。因此，在教学内容的选择上要遵循一个中心两个原则。

一个中心：牢牢记住以学生为中心，在教学内容的选择上要多思考学生要什么、想什么，这样表达他们是否能听懂。

两个原则：教学内容不仅要通俗易懂，满足学习者的要求，让学生看得懂、学得会，同时也要有趣。在教学内容的表现形式上要新颖，吸引人，尽可能使抽象概念形象化、枯燥数字可视化，可融入动漫、影视、游戏等元素。

2. 微处理教学内容

在选定教学内容后，要对其进行微处理。在这个环节，需精细化设计，要反复推敲解说词，去掉不必要的废话，让阐述更精练，让解释更精确；要创新方法，从特别的角度来阐述问题，让表达更精彩。具体方法可参考以下八点：

（1）他山之石

可以从网上搜集资源为微课主题服务，例如将一些成熟的视频、动画等借来使用。

（2）关注基础

在教学内容的制作中，要关注基本概念和关键技能的讲解。

（3）问题串联

在视频中，可通过一个问题的设置串联整个微课的内容，让整个教学内容有始有终，逻辑清晰。

（4）口语讲解

在微课的讲解过程中，尽量口语化，对于一些概念理论的讲解，也要尽可能地营造一对一的学习气氛。

（5）按部就班

微课尽管短小精悍，但它也必需符合学生的认知规律，具有完整的学习过程。所以在微课的教学内容处理过程中不能轻易跳过学习步骤，要按部就班符合学生的学习规律。

（6）关键提示

在微课的教学内容处理过程中，面对那些“重中之重”的内容，教师应该给学生提示性的信息，如画线、做记号、关键词放大等。

（7）字幕补充

由于微课时长很短，因此，在视频中不容易说清楚的地方应用字幕的方式进行信息补充。

（8）加强互动

微课的内容精，时间短，因此在教学内容的表现过程中，要注意人与资源的互动，注重调动学生的思维参与。

10.3.4　微课教学的检测方式

教学检测是教师了解学生对课程知识掌握情况的一个重要手段，它是教学效果的反馈，在教学中有着非常重要的作用。无论是讲练结合、精讲精练的传统观念，还是新课程所倡导的师生互动，学生有效参与的新理念，都离不开及时的教学检测。

微课尽管时间短，但是有效适时的教学检测，仍可让学生达到事半功倍的效果。要想提高微课中教学检测的有效性，就一定要调动学生的积极性，增强学生的自信心，激发学生的自豪感，这样学生才能乐学善思。在微课教学中，可以灵活采用以下几种检测方式。

1. 有效性提问

提问是最常用的检测手段，微课应力求每个问题的提出都能引发学生思考的兴趣和求知欲。提问要有一定的针对性和普遍性，让学习能力薄弱的学生也有展现的机会，让他们体验成功的喜悦，增强自信心。

2. 有效性练习

设计有效性的练习题，注重“一题多解”“一题多思”“一题多练”，体现“易错点”和“易混淆点”，能使学生举一反三。这类练习在微课中的使用率最高。

3. 学习任务单

学生任务单是和微课程配套的学案，主要包括学习目标、学习资源、学习方法、学习任务、学习反思、后续学习预告等。它从学生角度出发，所以指导要清晰明确，如表 10－1 所示。

表 10－1　课前“自主学习任务单”设计模板

一、学习指南
课题名称 （提示：用“版本＋年级＋册＋学科名＋内容名”表示）
学习资源 （提示：是微课以外的学习资源）
达成目标 ［提示：达成目标不同于教学目标。请用“通过观看教学视频（或阅读教材，或分析相关学习资源）和完成“自主学习任务单”规定的“任务＋谓语＋宾语”表述；旨在让学生明确预习任务］
学习方法建议 （提示：主要指导学生如何学习微课程，注意有就写，没有就不写，不要“喧宾”夺了“任务”之“主”）
课堂学习形式预告 （提示：简要说明课堂教学组织形式，也可用流程图代替。其目的是使学生明确自主学习知识与课堂内化知识的关系）
二、学习任务
通过观看教学录像自学，完成下列学习任务： （提示：学习任务包括学习活动和学习评价，如学完微课程后的测试题、操作任务、思考题等，也含必要的提示等帮助性信息）
三、学习反思
（提示：此项由学生自主学习之后填写）
备注：1. 栏目不够用可以自行扩展；2. 完成“任务单”设计之后，别忘了删除所有提示项

10.3.5　微课教学的内容小结

在微课的设计中，小结必不可少，它是内容要点的归纳。优秀的微课小结可以起到画龙点睛的作用，可以加深学生对所学内容的印象，减轻学生的记忆负担。

微课在结束的时候要有简短的回顾和总结，总结可用简短的语言或思维图（概念图）的方式，一般不超过一分钟。微课小结在于精，小结的方法要科学、快捷。

10.4　微课教学设计模板

微课教学设计表			
授课人姓名	×××	授课对象	×××
微课名称	××××××	预计时长	××分××秒
微课类型	讲授型　问答型　启发型　讨论型　演示型　实验型　练习型 表演型　自主学习型　合作学习型　探究学习型　其他类型		
知识点来源	学科：×××××年级：××××教材版本：×××		
知识点描述	××××××××××		
学情分析	学生识记特点＋学习之前已掌握×××知识＋学习预判		
教学目的	完成××教学任务，使学生了解/掌握×××知识，具备××能力		
教学重点难点	教授过程中学习者难以理解和掌握的知识或技能		
设计思路	结合学情及教学重难点，根据教学目标，使用×××手段，在××环境中，吸引学习者完成××学习，产生××学习兴趣，为后续××学习打下××基础		
前期准备	硬件需要：…… 软件需要：…… 素材需要：……		

微课教学过程设计					
	画面内容 （可画图示意）	解说词	技巧特效	音乐	预计长度
片头设计	标题 ×××背景	您好！本微课将和大家一起探讨……	制作特效		×秒
引入设计（注：引入不宜过长）	根据需要设计	教学铺垫	……		×秒
	根据需要设计	内容引入	……		×秒
	……	……	……	……	
教学过程设计	画面内容	解说词	技巧特效	音乐	预计长度
	PPT_ 页 ……	知识点 1 ……	×××		×秒
	演示媒体 ……	媒体音频 ……	×××		×秒
	教师展示 ……	知识点讲解 ……	……	……	……
	……	……	……	……	……
	……	……	……	……	……
	……	……	……	……	……
结尾设计	PPT_ 页 ……	知识点结构总结 ……	×××		×秒
	PPT_ 页 ……	知识要点强化 ……	×××		×秒
	教师展示 ……	感谢观看，下一个微课将讲解……	×××		×秒
	……	……	……	……	……
	结束字幕		×××	×××	

10.5 微课的制作方法与规范标准

10.5.1 微课的制作方法

根据制作工具的不同，微课在制作方式上有数码设备拍摄、录屏软件录制、多媒体软件制作、混合方式制作，但最终输出的应为视频流媒体格式，适合网络上使用。

1. 录屏软件录制（录屏软件+PowerPoint课件）

使用电脑、耳麦（附带话筒）、视频录像软件（屏幕录像专家、Camtasiastudio、PowerPoint 2010以上版本）对课件演示进行屏幕录制，辅以录音和字幕。主要操作步骤如图10-12所示。

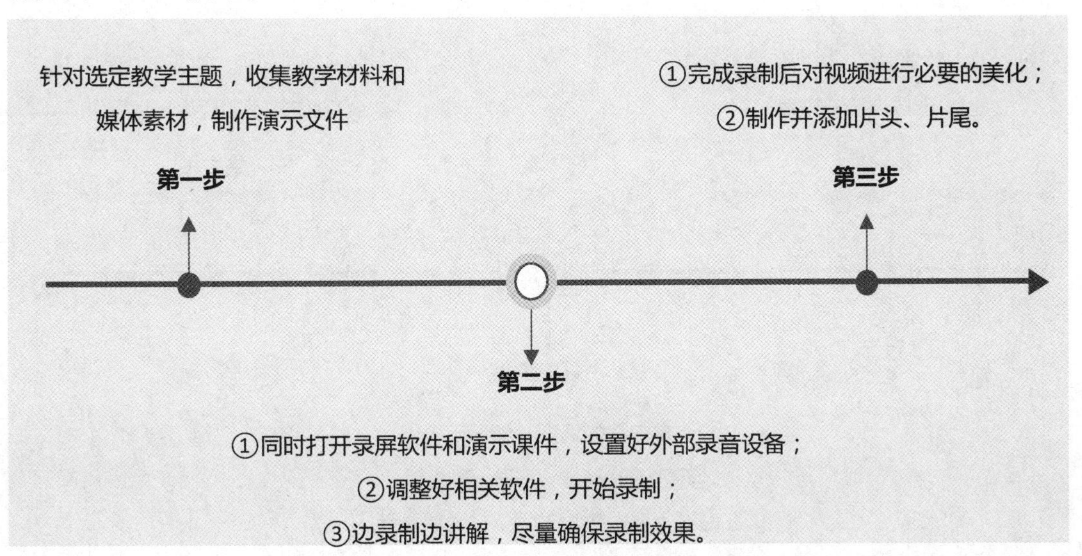

图10-12 “录屏软件+PowerPoint课件”微课制作步骤

2. 摄像机拍摄（DV+白板）

使用便携式录像机对教学过程进行摄像。主要操作步骤如图10-13所示。

3. 手机拍摄（手机+白纸）

使用带有视频摄像功能的手机、一打白纸、几支不同颜色的笔、相关主题的教案，对纸笔结合演算、书写的教学过程进行录制。主要操作步骤如图10-14所示。

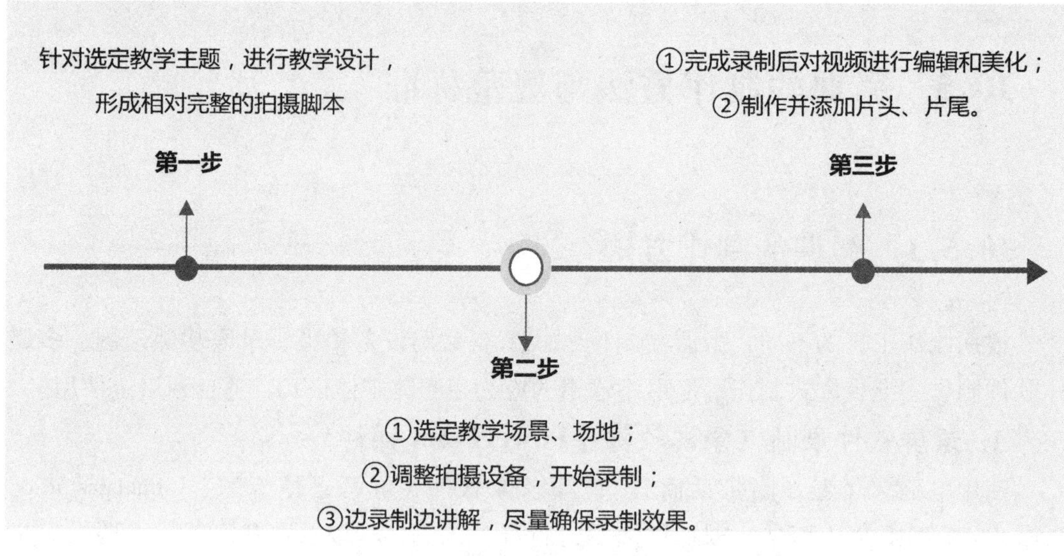

图 10－13 “DV＋白板”微课制作步骤

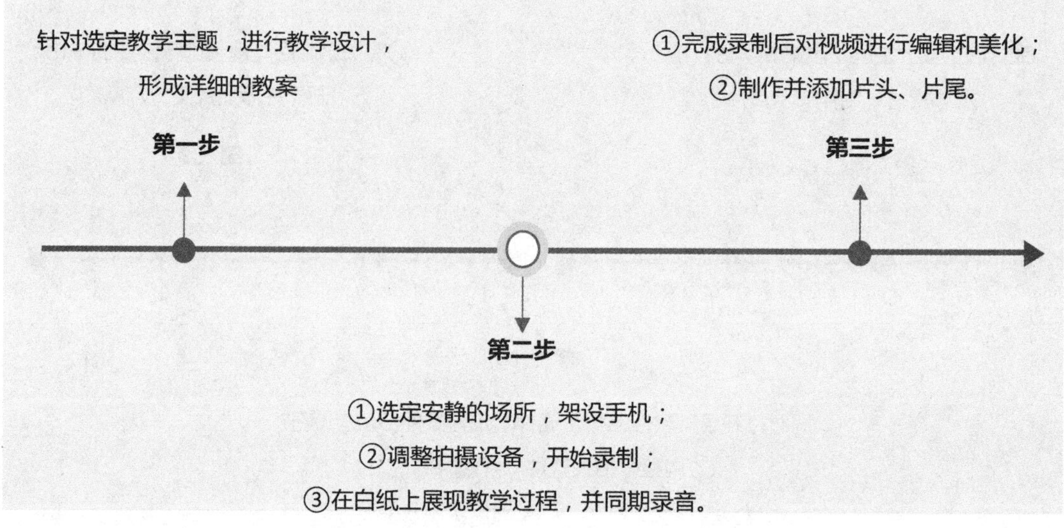

图 10－14 “手机＋白纸”微课制作步骤

4. 可汗学院模式（屏幕录制软件＋手写板＋画图工具）

通过手写板和画图工具对教学过程进行讲解演示，并使用屏幕录像软件录制，主要操作方式如图 10－15 所示。

5. 其他方式

创新是微课的生命，其他任何符合微课内涵和要求的方式，都可以不拘泥于形式，鼓励创新使用。

图10－15 “可汗学院模式”微课制作步骤

10.5.2 微课规范标准

微课制作是否规范，直接影响微课的使用效果。微课制作规范主要包括微课规划设计、音视频录制、后期制作和音视频文件压缩格式要求等基本技术规范。

1. 微课内容标准

微课设计与制作环节中，主题的选择、时间的长短、脚本的设计、资源的选择、教学语言和艺术审美都有明确的要求，具体参照表10－2所示。

表10－2 微课内容标准

制作	设计原则
选题要求	教学内容明晰，可针对课前导入、难点突破、课后拓展延伸。形式可以是知识讲解、教材解读、题型精讲、考点归纳，也可以是方法传授、教学经验等技能展示等。
时间要求	微课相对于较宽泛的传统课堂不同的是时间短。微课的时长一般为5～8分钟，最长不宜超过10分钟（可参考人的注意力曲线变化）。
教学设计	微课的教学过程简短完整，教学过程包括教学问题的提出、教学活动的安排、学生协作探究解决问题等环节。
资源选择	微课选取的教学内容一般指向明确、主题突出。它以教学视频片段为主引领教学设计（包括教案或学案）、多媒体素材和课件、教师课后的教学反思、练习测试、学生的反馈等相关教学支持资源，构成一个主题鲜明、类型多样的“主题单元资源包”。

制作	设计原则
教学语言	由于时间有限，微课语言要准确简明。在设计课程的过程中，把将要讲述的内容结合要说的话语，与要采用的表达方式、手势、表情，以及注意关键字、关键词的应用，统合在一起预先演练一遍。在语言要求生动、富有感染力的同时，更要做到精练。
艺术审美	一个微课的展示不但要取得良好的教学效果，而且要使人赏心悦目，使人获得美感。美的形式能激发学生的学习兴趣，优质的课件应是内容与美的形式的统一。展示的对象要做到结构对称，色彩柔和，搭配合理，有审美性。

2. 微课技术标准

微课常用的制作方法主要有实景拍摄、屏幕录制等。常见的微课制作，对应的要求如下：

（1）影像部分技术要求

视频压缩采用 H.264 格式编码，视频格式一般为 MP4 或 FLV 格式。

① 视频码率：

动态码流的最高码率不高于 2000 kbps，最低码率不得低于 1024 kbps。

② 视频质量：

要求图像稳定、对焦清晰、构图合理、镜头运用恰当。

③ 视频分辨率：

一般设定为 720×576、1280×720；在同一课程中，各环节的视频分辨率应统一，不得标清和高清混用。

④ 视频帧率：

25 帧/秒，扫描方式最好采用逐行扫描。

⑤ 视频声音：

采用双声道，要求清晰、饱满、圆润，无失真、无噪声杂音干扰、无音量忽大忽小现象，解说声与背景音乐无明显比例失调。

（2）录屏部分技术要求

录屏的分辨率一般采用 1024×768 或 1280×720。事先调整分辨率，不要低分辨率录制，高分辨率输出。同时，尽量不要出现特殊的分辨率。

如果要用视频混合制作，建议采用与视频分辨率最接近的分辨率，以使合成效果最佳。

录制 PowerPoint 时，将 PowerPoint 事先调整为适合的长宽比。

录屏的输出的视频需转成编辑需要的格式。

（3）多媒体软件制作类要求

如果没有交互性内容，要求输出 MP4 或 FLV 格式视频时，每个微课都使用单个文件输出。

如果存在交互性学习内容，则必须符合 SCORM 标准，即可共享内容对象参考模型或共享元件参照模式。主体部分采用通用分辨率，声音清晰并与画面同步，以便在各种显示器上得到最佳效果。

（4）混合类微课要求

视频、屏幕录制或软件制作均需采用相同的分辨率且宽高比一致，使之合成后不变形。画面应清晰、流畅，声音也应清晰且前后音量大小一致，最后制作输出的是常用可编辑视频格式，如 MP4 等。具体各类技术参数参照前 3 种标准。

10.6　微课与翻转课堂

10.6.1　微课是翻转课堂的基础

翻转课堂主要有课外、课内两大学习环节——课外自学，课内消化。微课正是课外自学的核心，通过微课可将教学知识点清晰明了地呈现给学习者，学习者可根据自身具体情况自定步调展开自学。只有在有效完成微课学习的前提下，翻转课堂的教学才能顺利实施并发挥积极作用。

10.6.2　翻转课堂式教学是微课发展的基础

翻转课堂所需的微课，要求分化知识点，将学习目标分解为若干个小目标，每一个微课只针对一个主题，解决一个难题。

翻转课堂式教学的开展是微课发展的基础，微课只有根植于翻转课堂教学模式中，才能真正发挥其力量，使零散的个体成为一个体系。因此，基于翻转课堂教学模式的微课具有系统化、专题化、可持续修订、可分解等特性。

10.6.3　微课质量决定翻转课堂的教学效果

由于翻转课堂在课堂内开展的是对知识的理解和反思等一系列深度学习活动，因此，对于基础知识的掌握则完全依靠课外学习，课外学习的核心便是微课。所以，必须要精心设计微课，从课程目标分解、微课教案设计、微课教学分析（包括学习者、学习活动等要素）、微课前期摄像、微课后期制作、微课视频生成、应用等多个环节提升微课的设计、制作水平，以优良的微课质量来确保翻转课堂教学效果的优化。

10.6.4 翻转课堂是微课的评价实体

微课质量的高低可以在翻转课堂上得到验证和评价，并通过知识评测和反馈等环节，评价学生微课学习的效果。

翻转课堂上教师通过设计答疑、知识反思、问题讨论等活动来检验学生课外的学习效果，及时发现问题反馈信息，不断改进微课的质量。

➤ 思考题：

1. 简述微课的定义及其资源构成。
2. 简述微课教学的导入方法。
3. 简述微课与翻转课堂的关系。

➤ 课外实践活动：

结合第四章微课设计方案，用 Camtasia 制作制作一个微课视频。

第 11 章　远程教育与网络教学

11.1　现代远程教育

1999 年 1 月，教育部在《现代远程教育资源建设指南》中指出："现代远程教育是利用网络技术、多媒体技术等现代信息技术手段开展起来的新型教育形式。"发展现代远程教育是扩大教育规模、提高教育质量和办学效益、建立终身教育体系、办好大教育的重大战略措施。

11.1.1　远程教育概述

进入信息化时代，人们对教育的需求日益增加。远程教育是一种新的教育模式，是提高全民族科学文化素质，促进教育思想、内容和方法改革，推动教育现代化，满足社会日益增长的终身学习需求的重要手段。

1. 远程教育定义

什么是远程教育？

其突出的特征就是非面对面、有空间距离的教育活动。虽然，远程教育的个性特征比较突出，但对于它严格的定义却存在着不同的看法。与远程教育相关的比较早期的概念是函授教育，联合国教科文组织在 20 世纪 70 年代末曾经给函授教育下过一个定义："函授教育是以邮递服务的方式，而不是以教师和学生之间面对面接触的方式所实施的教育。教学过程的实施，通常是把文字或音像教材邮寄给学生，学生把做好的书面练习或做好的练习音像带再邮寄给教师，教师把对这些学生作业的批改意见最后反馈给学生。"

对函授教育的定义刻画了远程教育的早期模式，但是这一概念却无法描述今天的远程教育。今天的远程教育涵盖了很多有关媒体技术和学习者资助服务的概念。

关于远程教育的定义，许多著名的远程教育专家都曾以自己的方式表述过，在这些定义中，最有影响并被广泛认可的对远程教育的界定是远程教育学家德斯蒙德·基更（D. Keegan）的五项特征描述定义。这一定义概括了远程教育的下列特征。

（1）准永久性分离

教师与学生、学生与其他学生在时间、空间和社会文化心理上的分离是远程教育最突出的特征。

在教与学过程中，师生处于物理空间相对分离同时信息传递又相互联系的状态，但分离并不是永久性的，也就是说远程教育并不排斥面对面交流。其教与学的过程是以特定的技术环境、教育资源和教育媒体作为纽带的。

（2）媒体与技术的作用

媒体与技术是远程教育中的又一个重要特征。

远程教育的本质是实现跨越时间、空间和社会文化心理的教学活动，在这一过程中，媒体与技术是关键因素，也是远程教育赖以生存的基础。

（3）非面对面双向通信

教学活动的本质是教育信息在教师与学生、学生与学生之间的传递，远程教育也是如此。传统教学中的双向通信机制和多向通信机制是面对面的，而远程教学中主要是非面对面的，是基于通信技术和网络技术基础之上的。因此，通信是远程教育教学活动的基础。

我国学者也对远程教育的定义做了相应的研究，并提出，所谓远程教育就是为了解决师生双方由于物理上的距离而导致的表现在时空两个维度上的教与学行为间的分离而采取的重新整合教学行为的一种教育模式，随着社会的发展，这种教育模式将具有实践上和理论上的不同表现形式（谢新观，2001）。学校远程教育是对教师和学生在时空上相对分离，学生自学为主、教师助学为辅，教与学的行为通过各种教育技术和媒体资源实现联系、交互和整合的各类学校或社会机构组织的教育总称（丁兴富，2002）。

第一个定义只将教与学的时空分离和教与学的重新整合作为远程教育的本质属性，并未将学校和教学机构作为远程教育的本质属性，而在第二个定义则将师生时空分离，学生自学为主、教师助学为辅，利用媒体技术，教与学的整合，以及学校和机构都作为远程教育的本质属性。因此，第二个定义更符合大众对远程教育的理解。

2. 远程教育的发展阶段

加拿大学者加里森（R. Garrison）、荷兰学者尼珀（S. Nipper）和英国学者贝茨（T. Bates）首先提出并由我国学者丁兴富进一步发展的“三代信息技术和三代远程教育”理论认为：

第一代远程教育起源于19世纪中叶的函授教育，建立在印刷和交通邮递技术的发展基础上；

第二代远程教育起始于20世纪上半叶的多媒体开放教育，建立在广播、电视、录音、录像等视听技术和大众媒体的发展基础上；

第三代远程教育则是发端于20世纪末叶的数字化虚拟教育（即网络教育），建立在以计算机多媒体和网络为核心的电子信息通信技术的发展之上。

（1）基于印刷媒体的函授形式——第一代远程教育

第一代远程教育起源于19世纪中叶。当时，学校数量有限，而学习者，特别是成人学习者由于受地域、时间的限制而不能采取师生面对面的授课形式，只能通过邮政通信的方式来完成大部分学习任务。

第一代远程教育是以印刷课程材料（印刷教材）为主要学习资源、以邮政传递书写的作业和批改评价（函授辅导）为主要通信手段（或主要技术特征）的函授教育（correspondence education）。这一代远程教育的主要代表是独立设置的函授学校和传统大学开展的函授教育、校外教育。

函授教育首先发源于职业技术培训。1840年，英国的伊萨克·皮特曼（Isaac Pitman）应用函授方式教授速记，他被认为是函授教育的始祖。后来，为了育人和商业的双重目的，各类私立函授学校和学院纷纷设立并提供各种职业技术培训课程。随后，在大学层次也开始开展函授高等教育。

大学层次的远程教育实践可以追溯到19世纪30—40年代英国的“新大学运动”（New University Movement，即在古典大学之外新建大学）和“大学推广运动”（University Extension Movement，即将大学的各类教育活动推广到校园外的民间，面向各类社会民众）。

在“新大学运动”中，英国政府于1836年创建了伦敦大学。伦敦大学提倡民主自由精神，注重自然科学的讲授，并且在1849年首创校外学位制度（External Degree System），即允许英国国内和英联邦各国的高等院校学生报考伦敦大学的校外学位。校外学位制度为世界树立了一个采用自学、函授、夜校等综合方式进行教学的榜样，成为发展校外高等教育的范例。

19世纪60年代，剑桥大学、牛津大学倡导“大学推广运动”，为校外学生开设扩展学习课程。在其影响下，新产生的高等函授教育不仅在英国，而且在世界上的许多国家中得到响应和推广，欧美许多大学也相继建立了函授教学机构。1892年美国威斯康辛大学（University of Wisconsin）正式启用“远程教育”这一术语，该年因此成为世界公认的远程教育诞生元年。

1938年，在挪威奥斯陆组建了“国际函授教育理事会”（1982年6月改名为国际远距离教育理事会，International Council for Distance Education），它标志着远程教育的第一个阶段——函授教育阶段的正式形成。

函授教育的目的是创建一个真正的以学生为中心的学习系统。函授教育的主要优势是它对学生和学校都具有很大的灵活性。

对于学生，函授教育的灵活性在于，学生通过通信邮件获取课程学习材料，学习的时间和地点相对灵活。

对于学校，函授教育的灵活性则体现在两方面。一方面，它允许进行劳动分工（如课程主讲和课程辅导可以是不同的教师），而且容易实现规模化的快速扩展。规模化带给函授教育另一方面的优势：当学校拥有大量学生时，校方在提供充足的资源制作高质量的学习材料时，单位经济成本会显著下降，这是巨型大学的关键竞争优势所在。

第一代以函授形式为主的远程教育，其公认的主要弱点是实现交互的程度和及时性有所不足。

（2）基于视听媒体的广播电视形式——第二代远程教育

从20世纪20年代起，相继发明的电报、电话（图11－1贝尔发明的第一部电话机）、无线电收音机以及电视机等电信设备开始逐渐被应用于教育。

图11－1 1876年3月10日，贝尔（Alexander Graham Bell）发明的第一部电话机

最早开始兴办广播教育的是英国。1920年，英国首先将广播应用到高等教育之中，随后其他国家也普遍开展广播教育。

20世纪30年代起，有声电影开始应用于教学，教育进入视听的新阶段。50年代起，电视技术（图11－2我国第一台黑白电视机）逐步成熟，电视教育也很快崛起。

图11－2 1958年3月18日我国第一台黑白电视机诞生（北京牌14英寸CRT电视）

20 世纪 60—70 年代，广播电视、通信卫星（图 11 - 3 我国第一颗人造卫星）和录音录像技术的大规模发展以及在教育领域的广泛应用，最终使远程教育从单一的函授教学形态向多种媒体教学的形态发展，从而形成第二代远程教育。

图 11 - 3　1970 年 4 月 24 日 21 时 35 分我国发射了第一颗人造卫星（东方红 1 号）

第二代远程教育以广播电视、录音录像、通信卫星等多种电子通信媒体为其技术特征，其主要代表是各国独立设置的开放大学、广播电视大学和其他独立设置的远程教学大学。

美国宾夕法尼亚州立大学，从 20 世纪 20 年代起就开始利用广播、电视和卫星等先进手段推广远程教育，为美国工农业发展输送了大批素质优良的技术人员。

1964 年，美国佛罗里达大学首创性的使用电视转播课堂教学，通过微波通信传输系统把校园课堂教学的信息传送到五个校外中心，供各企业的工程师们在同一时间进行集中学习。

1967 年，美国科罗拉多州立大学第一个使用录像带进行工程师继续教育。学校把教授在课堂里的讲课制成录像带，连同课程讲义、家庭作业送到各个企业，方便它们进行企业培训。为了弥补录像带教学无法解决师生交流的缺陷，在发放录像带的同时，该学校用电话和普通邮件作为师生交流的替代工具。

这些美国先驱者们的工作，为以广播电视教育为主要特征的第二代远程教育的产生提供了思想理念和办学实践的良好范例。然而，第二代远程教育诞生的标志却要归功于 20 世纪 60 年代末创立的英国开放大学。

1963 年，英国反对党领袖哈罗德 · 威尔逊（Harold Wilson）在其著名的格拉斯哥演说中，首次阐述了“播送大学”（The University of the Air）的观念。

1969 年 6 月，在政府特许下，英国开放大学（简称 OU）成为一所有权授予学位的独立自治大学。它主要通过广播、电视等多种媒体进行教学（图 11 - 4 英国开放大学课程机构成分布图），可以授予校外学生学位，这成为远程大学的一个重要特点。

英国开放大学的创建是 20 世纪 70 年代起开始兴盛的第二代远程教育运动的崛起，

为远程高等教育争得了合法地位，赢得了世界声誉。它的诞生不仅是英国20世纪教育改革最成功的典范，而且成为世界远程教育发展史上的重要里程碑。

目前，世界远程教育界公认英国开放大学的建立，标志着新一代远程教育的开始。

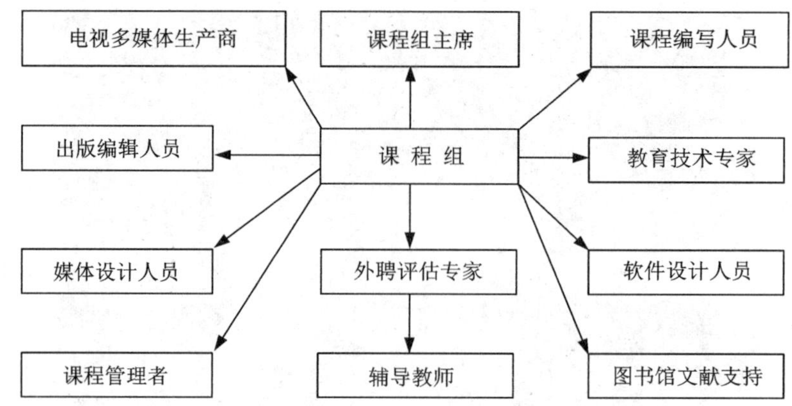

图11－4 英国开放大学课程机构成分布图

英国开放大学无论在大学学位教育、研究生教育及继续教育的课程设置（多种媒体教学材料的设计、制作和发送方面），还是在教学方法以及学生学习支持帮助服务等方面都取得了很大的成就。西方学者们曾经这样评论过英国开放大学的历史功绩，“世界各地的远程教育工作者都高度评价英国开放大学，既不是因为它的教育组织和管理模式必定适用于世界各地，也不是因为它的课程适应了世界各地的需要，甚至也不是它的教学方法对其他教育形式都适合。英国开放大学所做出的主要贡献是：它为远程教学争得了正统的合法地位，证明了远程教学是现实可行的；远程教学能够像传统院校的校园内教学那样既有效率，又有效益，而且成本较低；它的最终成品是受劳动力市场欢迎的。”

在英国开放大学创新精神的鼓舞下，世界各地都掀起了兴办远程教育的热潮。其间，以成人为主要对象的远程高等教育发展尤为迅速。一批自治的开放性远程大学在西欧、北美、亚洲、中东、拉丁美洲和非洲等地兴起，它们代表了20世纪后半叶世界远程教育发展的主流，成为新一代远程教育事业的主力军。

由于广播电视教育技术的发展，特别是开放教育的出现，“函授教育”这个概念已经不能很好的反映“远程”和“开放教育”的实际。因此，国际函授教育理事会在1982年召开的会议上，正式将理事会易名为“国际远程教育理事会”。世界远程教育发展从此开始了新的征程。

（3）基于多媒体的网络教育形式——第三代远程教育

相对于以广播、电视等媒体为标志的第二代远程教育，人们把建立在多媒体技术、网络技术、双向电子通信等技术基础上的远程教育称为第三代远程教育，也称作现代远程教育。

现代远程教育是在20世纪60年代随着信息科学技术发展而出现的新型教育形式。它集面授、电视、网络教育各自的优势于一身，融文本、图片、音频、视频信息传播媒介为一体，在不同的时间和空间下，创造了一个师生可以交流的虚拟教学环境，从而实现在远距离环境中推行教学计划、实施教学环节，达到“传道、授业、解惑”的人才目的。

第三代远程教育具有交互性、网络化、实时性、综合性和适应性的特征（图 11－5 现代远程教育教学资源传输拓扑图）。

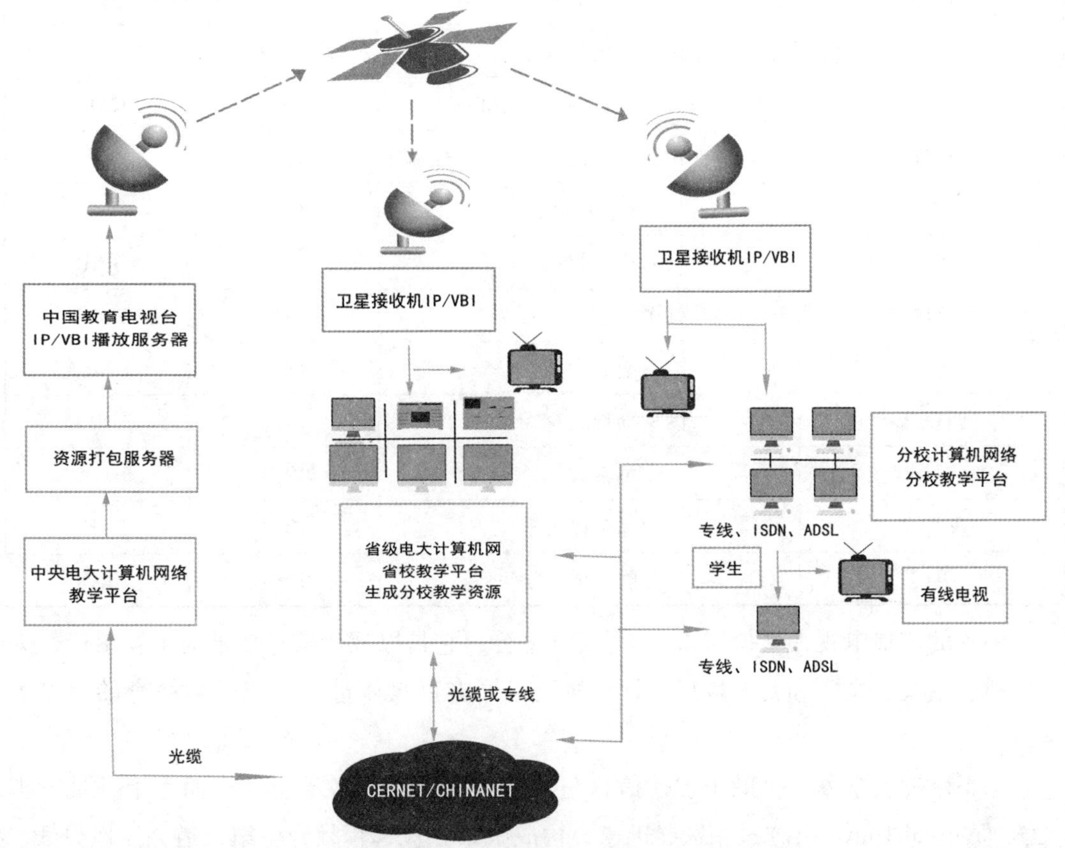

图 11－5　现代远程教育教学资源传输拓扑图

其使用的媒体不仅包括计算机、电信和数字卫星三大网络和基于计算机的多媒体技术，还包括印刷材料、广播电视等第一代、第二代远程教育的媒体。其明显的技术特征和优势是双向交互，可使现代远程教育逐步摆脱传统教学和学习理论的束缚，突破学校、班级课堂教学的限制，实现人际间的异地交流和交互，从而既可以加强师生间的教学交流和集体活动，又可以大大激励和促进个体化学习和小组间的协作学习。

伴随着信息技术的发展，第三代远程教育的规模急剧扩大，一批巨型大学（Mega-university）的涌现，形成了第三代远程教育的第一道亮丽风景线。

所谓巨型大学，是指“拥有 10 万以上攻读学位课程的注册学生的远程教学大学”。英国开放大学的丹尼尔（J. Daniel）爵士曾对他给巨型大学下的定义做过解释，说这一定义“包含了三重要素：远程教学、高等教育和院校规模。关于规模，丹尼尔当初给出的界定是10万人。按照这一界定，到2003年，全世界拥有在校生10万人以上的巨型大学超过了11所，它们全部是远程教育开放大学，排在前十一位的分别是（见表11－1）：

表11－1 世界巨型大学排名

国家	学校名称	建立时间	缩写
中国	中国广播电视大学系统	1979	CTVU
法国	法国国家远程教育中心	1939	CNED
印度	英迪拉·甘地国立开放大学	1985	IGNOU
印尼	特布卡大学	1984	UT
伊朗	帕亚莫努尔大学	1987	PNU
韩国	韩国国立开放大学	1982	KNOU
南非	南非大学	1873	UNISA
西班牙	国家远程教育大学	1972	UNED
泰国	可泰大学	1978	STOU
土耳其	阿那都鲁大学	1982	AU
英国	英国开放大学	1969	UKOU

中国的广播电视大学位居这11所大学之首，它是以现代信息技术为主要手段，采用广播、电视、文字和音像教材、计算机网络等多种媒体进行现代远程教育的巨型大学。

除了巨型大学外，借助于现代信息与通信技术，世界各地也应运而生了一批虚拟大学（Virtual University），并发展迅速，构成了第三代远程教育中第二道亮丽风景线。

“虚拟大学”是一种新型高等教育机构，是虚拟教学组织的一种特定的形式。“虚拟大学”以公共教育为目的，它既具有实体大学的教育服务性又兼有产业的市场经营性。

国外的虚拟大学目前发展较好，已涌现出一大批在世界范围内具有广泛影响的组织。如，美国风凰大学（The University of Phoenix），在1989年推出了第一个以计算机为基础的教育教学系统后，其网上教学计划就逐步发展成为凤凰城大学网上校园；美国琼斯国际大学（Jones International University）则成立于1993年5月，1995年开始授予商业交往专业的学士和硕士学位，1999年3月5日，获得了美国国家教育资格委员会（NCA）的正式资格认可，成为全美第一所完全通过互联网授课的大学，也是美国历史上第一所完全建立在互联网之上的“虚拟大学”。

20世纪80年代中期，美国创建了国家技术大学，它是美国众多著名大学的联盟，也是美国基于数字通信卫星和计算机网络的第三代远程教育的先驱。其主要目标是提供硕士层次的工程师继续教育，同时开设工程研究专题讲座，向全美传播工程技术的最新研究成果和发展信息。美国国家技术大学通过第三代远程教育把全美各地的工程师带到世界工程研究的最前沿。如今，它已经成为一所面向北美、拉丁美洲、大洋洲、欧洲、亚洲许多国家提供远程教育课程的全球虚拟大学。表11－2列出了包括美国国家技术大学在内的世界著名的虚拟大学代表。

表11－2　世界虚拟大学代表

英文缩写	英文全称	中文译名
WUN	Worldwide University Network	世界大学网络
WADE	World Alliance Distance Education	世界远程教育联盟
AVU	African Virtual University	非洲虚拟大学
UKeU	UKe －Universities	英国电子大学
NTU	National Technological University	国家技术大学（美国）
OLA	Open Learning Australia	澳大利亚开放学习共同体
SCS	Space Cooperative System	空间协作体系（日本）
INU	International Network of Universities	国际大学网络联盟

除了巨型大学和虚拟大学这两大特点之外，第三代远程教育还明显地呈现出全球化的发展趋势。在这一趋势下，现代远程教育的国际竞争和院校合作正在加强，一些著名的远程教育系统已经实行了全球化教学。在欧美地区，法国国家远程教育中心1999年就拥有了分布在190多个国家的3万余名学生。在亚洲地区，中国澳门的亚洲国际开放大学已在香港和内地确认教育市场，马来西亚的电子通信大学已有非洲、欧洲和亚洲的学生注册，印度的英迪拉甘地国立开放大学已将其课程发送到波斯湾地区，并计划为尼泊尔、马来西亚、南非和美国提供课程。

世界通信在20世纪80年代进入了电子革命、信息技术革命时代，新的通信技术在现代远程教育中已得到了广泛应用。其结果是90年代初整个世界走向移动通信，90年代后期整个世界走向网络通信。因此，所有的教育系统都面临着网络教育的挑战。

网络教育的最大优势就在于支持教与学的个别化，交互式和建构主义的模式将成为现代教育最有效的教学方式。目前，许多国家都在改变教育基础设施，各个远程教育机构也在实施或规划应用新的信息技术为学生开发课程和提供服务，进而实现教育资源的优化配置和综合利用。以信息技术为代表的网络教育可以说是现代远程教育的一种发展趋势。

11.1.2 网络远程教育

以计算机技术和网络技术相结合的现代远程教育，进一步促进了中国远程教育的发展。20 世纪 90 年代末，全国越来越多的普通高等学校及重点中学开始实现现代远程教育。其中，清华大学、浙江大学、北京邮电大学和湖南大学被确定为我国首批实施现代远程教育的试点学校。全国广播电视大学系统也加快了实现教学网络化的步伐，构建起具有中国特色的现代远程教育大学的新形式。

“网校”是中小学远程教育最早的形式，现在已经得到相当规模的发展，目前仍是中小学远程教育的主要形式。

据不完全统计，自 1996 年至今，我国已有中小学网校 200 余所，注册学生近 60 万名，学生分布于各省市。目前仅北京地区就有 30 家中小学网校，如 101 远程教育网、景山网校、北京四中网校等。

利用网络（Internet）进行远程教学不受时间和空间的限制，学习者可以很方便地获得全世界各地的教育信息和学习资料，也可以将本地的教育信息和资料上传，供其他人学习和讨论。Internet 给学习者提供了主动参与的机会，提供了自主式、协同式和交互式的学习方式，使学习者能主动发现知识、探索知识，从而掌握知识。因此，Internet 给远程教育创造了一个很好的环境。

基于 Internet 的远程教育模式主要有以下几种：

1. 讲授式教学

基于 Internet 的讲授式远程教学模式是传统讲授教学模式在时间和空间上的延伸，是以单向传输为主的教学形式。它的最大特点是冲出课堂，走向社会，可以向更广的区域，更多的人群传授知识。

与传统讲授式教学不同的是，基于 Internet 的讲授可以以多媒体方式呈现或复现教学内容，从而使教学更形象、生动和逼真，学习也更为自由。

按照是否在同一时间向不同地域的学习者传送教学信息，又可分为同步讲授和异步讲授两种模式：

（1）同步讲授模式

这是一种在同一时间以同步广播的形式向各地的学习者讲授知识的模式。借助网络直播，该模式教学冲出了课堂，或者也可以理解为是一个没有地域限制的大课堂。教师传授知识更多的是以多媒体的形式（如文字、图形、动画、声音、图像等）呈现教学内容，因此，教学更形象、更生动、更逼真，能给学习者带来更多的感官刺激，从而帮助他们提高学习效率。

同步讲授式远程教学在高速网上，如光纤分布式数据接口（FDDI）网、异步传输模式（ATI）网、交换式以太网和高速以太网等可以收到很好的效果。但当网络带宽不能满足实时传送视频图像的要求时，教师就必须将要讲的教学内容以超文本的方式储存在 Web 服务器上。授课时，教师通过 Web 服务器呈现教学内容，并借助电话对教学内容进行讲解并实现同步。学生则通过互联网技术，浏览这些教学信息，达到学习的目的。

这种同步讲授式教学模式在校园的高速网上可行，而在传输率相对较低的公共网络上，则较难实现。但随着我国自主高速网络技术的发展，尤其是 5G 技术的普及，这些缺点必将迎刃而解。

（2）异步讲授式

异步讲授式是指教学活动不是在同一时间进行，学习者可以根据自己的实际情况和需要，在任何时候、任何地点，以不同的进度接受教师的讲解，具有很大的灵活性，特别适于个别化学习。

其缺点是，难以实现和老师面对面的实时交互，缺乏情感交流。

教学流程包括，教师事先将教学内容编制成超文本标记语言（HTML）文件，存放在 Web 服务器上，学生利用 Internet 服务、电子邮件服务（E-mail）、文件传送服务（FTP）和电子布告牌系统（BBS）等，浏览页面进行学习，或将 Web 服务器的教学内容下载到用户计算机上，以便随时进行学习。目前，很多学校建立了网络教学资源中心，学习者可以通过 Internet 获得教学资源，也可以根据需要点播教师教学视频，满足个别化学习的需要。

2. 个别化学习模式

个别化学习模式是基于认知建构主义学习理论的一种科学的学习模式。建构主义学习理论认为，学习是建构内部心理表征的过程，强调学习者内部认知结构与外部的刺激情境发生相互作用。学习者是信息加工的主体，是意义的主动建构者。

基于互联网的个别化教学模式主要有以下几种：

（1）基于 WWW（World Wide Web）服务的教学模式

这种模式常常是教师将教学内容编制成超文本标记语言（HTML）或 Java 语言文件，存放在 Web 服务器上，学习者根据自己的时间安排和需要，通过 WWW 浏览的方式访问远程服务器，选择自己需要的内容进行学习。当然，学习者也可以浏览其他教学信息，达到学习目的。基于这种教学模式，学习者可以在任何时间、任何地点获取教学信息用以完全自己的学习，它是个别化学习的一种重要的教学模式。

（2）基于 E-mail 的教学模式

学习者通过网络利用电子邮件形式提交作业或向教师提出问题，教师通过 E-mail 或 BBS 回答学习者的问题、布置作业和发布信息等，学习者也可以利用 E-mail 或 BBS 在网上进行探索和讨论，这是当前网络协同学习所利用的主要形式。通过互联网利用

E-mail 形式可以将教师与学习者、学习者与学习者紧密的联系起来。

（3）文件传送（FTP）

教师将教学内容以 CAI（计算机辅助教学 Computer Aided Instruction）软件形式存放在网络服务器上。学生学习时，利用 Internet 的 FTP 服务，将 CAI 软件下载到本地计算机上，然后学习者在本地计算机上进行个别化学习，也可以选择并获得其他优质的教学资源进行个别化学习。

（4）远程登录（TELNET）

通过 Internet 的 TELNET 服务，学习者可以在网络型 CAI 教室远程登录，并获得良好的学习情境，或登录到一些实验室进行远程仿真实验，也可以登录到各大图书馆或教学资源中心检索和阅读学习资料。

基于互联网的个别化学习是目前我国远程教育的一种重要学习模式，因为它形式多样，应用自由，且受网络带宽影响较小，所以易于在网上实现。

3. 交互式学习模式

建构主义学习理论的奠基人，瑞典心理学家皮亚杰（J. Piaget）认为："知识既不是客观的东西（经验论），也不是主观的东西（活力论），而是个体在与环境交互作用的过程中逐渐建构的结果。"因此，决定学习的因素既不是外部因素，也不是内部因素，而是个体与环境的相互作用。基于此理论，交互是学习的关键。

基于 Internet 的交互式学习，有实时和非实时两种模式。

（1）实时交互式学习模式

目前，基于 Internet 实时交互式学习方式是教师将教学内容编制成网络型 CAI 教学软件，学习者根据自己的需要，学习时在网上运行这种软件，从而实现学习的交互。

为了达到这种在网上实时交互的目的，需要用可跨越平台运行的 CAI 教学软件。由于这类 CAI 教学软件可以跨越所有平台运行，因此能供更多的学习者在网上进行实时交互式学习。但这类交互式只是人机对话，不能实现教师与学习者的直接交流。需要注意的是，随着网络信息技术的发展，目前的实时交互式学习不再只局限于人机交互，更多的表现出人人交互或 AI 交互的态式。

（2）非实时交互式学习模式

非实时交互式学习模式的形式很多，本书仅举出典型的两种。

第一种是通过电子邮件（E-mail）或电子公告牌系统（BBS），教师将教学信息编制成超文本标记语言（HTML）文件，存放于 WWW 服务器上，学习者通过浏览页面来进行学习。学习者有问题时，以 E-mail 的方式在网上提出询问，教师也通过 E-mail 的形式解答学生的问题。如果是共同性的问题，教师则可以通过 BBS 解答。

第二种是通过文件传输服务（FTP）。学习者可以利用这种网络技术，将网上的多媒体 CAI 教学软件下载到本计算机上，进行个别化交互学习。也可以建立虚拟实验室，利用远程登录（Telnet）服务，通过 Internet 远程登录到实验室或工作站，进行仿真实验。

4. 协同、讨论学习模式

利用 CAI 教学软件进行个别化交互式学习，有利于发挥认知主体的学习主动性。但是，个别化学习理解问题的深度和广度受自身条件的限制，特别是遇到困难时，就像“山重水复疑无路”。如果有一个群体，大家互相启发、探讨，则有利于对知识的理解、探索和掌握，就能达到“柳暗花明又一村”。因此，通过 CAI 的个别化学习对初级认知的学习目标比较有效，而对于高级认知的学习目标，则需采用协作型学习模式。所以，CAI 发展出个别化教学模式之后，在远程教育领域又出现了向协作化方向发展的趋势。

协同学习环境是基于计算机支持的协同工作技术 CSCW（Computer Supported Cooperative Work）实现的，该技术为基于 Internet 协同、讨论学习模式提供了便利条件。它具有群体用户多点之间的对称交互方式，能实现远距离互动，使异地学习者克服空间和时间上的障碍，共同进行协作学习。协同、讨论学习也可以借助通信网络的视频会议系统实现。

协同、讨论式学习模式除了可以在上述的环境中实现以外，另一种最简单的方法就是通过 WWW 平台上的 BBS 服务系统实现。这种系统具有文章讨论、实时讨论、用户留言及电子邮件等多种功能，可实现建立主题讨论组、学习者发表意见或评论、指导者监控等讨论功能。

11.1.3 网络远程教育中的新技术

网络远程教育功能的实现和加强离不开技术的支持，各种网络相关的新型技术涌现和普及对于远程教育的发展具有举足轻重的作用。

1. 流媒体技术

目前，在网络上传输音/视频等媒体信息主要有下载和流式传输两种方案。

流媒体指在网络中使用流式传输技术的连续媒体。因此，流式媒体的数据随时传送随时播放，流媒体在播放前并不下载整个文件，只将开始部分文件数据存入本地，所以在播放开始时会有一些延迟。

流媒体实现的关键技术就是流式传输。流式传输时，声音、影像或动画等时基媒体由音视频服务器向用户的计算机进行连续、实时的传送，用户不必等到整个文件全部下载完毕即可进行观看，文件的剩余部分将在后台从服务器内继续下载。流式播放不需要太大的缓存容量，也避免了用户必须等待整个文件全部从网络上下载才能观看的缺点。

流式传输主要指通过网络传送媒体（如视频、音频）的技术总称。实现流式传输有两种方法：实时流式传输（Real-time streaming）和顺序流式传输（Progressive streaming）。一般来说，如使用流式传输媒体服务器或应用如 RTSP 的实时协议，即为实时流式传输；如使用 HTTP 服务器，则为顺序流式传输。

（1）流式传输方式

① 实时流式传输

实时流式传输时，媒体可被实时观看。这种方式适合较大时长的视频，如讲座或演说等。如使用流式传输媒体服务器或应用 RTSP 实时协议，实时流式传输可实现音/视频观看的快进快退。

② 顺序流式传输

顺序流式传输会使用 HTTP 或 FTP 服务器，适合发布短时长视频，但在给定的时刻只能观看已下载部分，不能跳到未下载的部分，也不能根据用户的连接速度做出播放调整。

（2）流媒体文件格式分类

流媒体格式分为声音流、视频流、文本流、图像流、动画流等。

① RA：实时声音；

② RM：实时视频或音频；

③ RT：实时文本；

④ RP：实时图像；

⑤ SMIL：同步的多重数据类型综合设计文件；

⑥ SWF：Flash 动画文件；

⑦ RPI：HTML 文件的插件；

⑧ RAM：流媒体的元文件，是包含 RA，RM，SMIL 文件地址（URL 地址）的文本文件。

（3）流媒体文件的主流播放器

① Real One Player（Real Networks 公司产品）

该播放器能保证低速用户在线播放，但播放品质较差，对于交互式脚本动画的支持也较差，虽支持 RA、MP3 播放，但音质一般。

② Windows Media Player（微软公司产品）

该播放器资源占用率较高，不提供卸载组件功能，且与第三方软件易产生冲突。

③ Quick Time（苹果公司产品）

该播放器适合于多媒体广告、产品演示、高清晰影片的播放，但只有当文件片段下载完成后才能播放，且“. mov”格式在国内应用较少。

2. 虚拟现实技术

虚拟现实技术是人们通过计算机对复杂数据进行可视化操作与交互的一种全新方

式，与传统的人机界面的视窗操作相比，虚拟现实在技术思想上有了质的飞跃。

虚拟现实技术中的“现实”是泛指在物理意义上或功能意义上存在于世界上的任何事物或环境，而“虚拟”是指用计算机生成的意思。因此，虚拟现实是指用计算机生成的一种特殊环境，人可以通过使用各种特殊装置将自己“投射”到这个环境中，并操作、控制环境，实现特殊的目的。

从本质上来说，虚拟现实技术就是一种先进的计算机用户接口技术，它通过给用户同时提供视觉、听觉、触觉等各种直观而又自然的实时感知，最大限度地方便用户的交互操作。

根据虚拟现实技术所应用的对象不同，其作用也可表现为不同的形式。例如，将某种概念或构思进行可视化和可操作化，实现逼真的遥控现场效果，达到任意复杂环境下的模拟训练目的等。

该技术的主要特征有以下几方面：

（1）多感知性（multi-sensory）

所谓多感知是指除了一般计算机技术所具有的视觉感知之外，还有听觉感知、力觉感知、触觉感知、运动感知，甚至包括味觉感知、嗅觉感知等。

理想的虚拟现实技术应该具有一切人所具有的感知功能。但由于相关技术，特别是传感技术的限制，目前虚拟现实技术所具有的感知功能仅限于视觉、听觉、力觉、触觉等几种。

（2）交互性（interactivity）

交互性指用户对虚拟环境内物体的可操作程度和从环境得到反馈的自然程度（包括实时性）。例如，用户可以用手去直接抓取虚拟环境中的虚拟物体，并且手有抓住东西的感觉，可以感觉物体的重量，视野中被抓的物体也能随着手的移动而移动等。

（3）构想性（imagination）

构想性强调虚拟现实技术应具有广阔的可想象空间，不仅可再现真实存在的环境，也可以随意构想客观不存在的甚至是不可能发生的环境。

虚拟现实技术的本质是人与计算机的通信技术，它几乎可以支持任何人类活动，适用于任何领域。较早的虚拟现实产品是图形仿真器，其概念在 20 世纪 60 年代被提出，到 80 年代逐步兴起，90 年代有产品问世。

1992 年世界上第一个虚拟现实开发工具问世，1993 年众多虚拟现实应用系统出现，1996 年 NPS 公司使用惯性传感器和全方位脚踏车将人的运动姿态集成到虚拟环境中。到了 1999 年，虚拟现实技术开始逐渐涉足航天、军事、通信、医疗、教育、娱乐、图形、建筑和商业等各个领域。

3. 数据挖掘技术

数据挖掘（Data Mining），又称为数据库中的知识发现（Knowledge Discovery in

Data-base，KDD）。它是从大量数据中获取有效的、新颖的、潜在有用的、最终可理解的模式的过程，简单地说，数据挖掘就是从大量数据中提取或“挖掘”知识。并非所有的信息发现任务都被视为数据挖掘，例如，使用数据库管理系统查找个别的记录，或通过因特网的搜索引擎查找特定的Web页面，则是信息检索（Information Retrieval）领域的任务。虽然这些任务很重要，可能涉及使用复杂的算法和数据结构，但它们主要依赖的是传统的计算机科学技术和数据的明显特征来创建索引结构，从而有效地组织和检索信息。数据挖掘技术相对信息检索或发现更复杂也更深入，它可以用来增强信息检索系统的能力和效率。

（1）数据挖掘的一般流程

① 定义问题

清晰地定义出业务问题，确定数据挖掘的目的，进行相关数据准备。数据准备包括：选择数据——在大型数据库和数据库目标中提取数据挖掘的目标数据集；数据预处理——进行数据再加工，包括检查数据的完整性及数据的一致性、去噪声，填补丢失的域，删除无效数据等。

② 数据挖掘

根据数据功能的类型和数据的特点选择相应的算法，在净化和转换过的数据集上进行数据挖掘。

③ 结果分析

对数据挖掘的结果进行解释和评价，转换成为能够最终被用户理解的信息。

④ 知识运用

将分析所得到的信息集成到业务信息系统的组织结构中去。

（2）几种数据挖掘工具

① QUEST

QUEST是IBM公司Almaden研究中心开发的一个多任务数据挖掘系统，其功能是为新一代决策支持系统的应用开发提供高效的数据开采基本构件。

② Mine Set

Mine Set是由SGI公司和美国斯坦福大学联合开发的多任务数据挖掘系统。

Mine Set集成多种数据挖掘算法和可视化工具，帮助用户直观地、实时地发掘、理解大量数据背后的信息。

③ Db miner

Db miner是加拿大西蒙弗雷泽大学开发的一个多任务数据挖掘系统，它的前身是DB Learn，该系统设计的目的是把关系数据库和数据开采集成在一起，以面向属性的多级概念为基础发现各种信息。

11.2　网络及网络教学

11.2.1　网络基础知识

1. Internet 简介

Internet 从字面上讲就是计算机网络的意思。通俗地说，成千上万台计算机相互连接到一起，这一集合体就是 Internet。

从通信的角度来看，Internet 是一个理想的信息交流媒介。利用 Internet 能够快捷、安全、高效地传递文字、声音、图像以及各种各样的信息。通过 Internet 可以打国际长途电话，甚至传送国际可视电话，召开在线视频会议。

从获得信息的角度来看，Internet 是一个庞大的信息资源库。Internet 网络上有数不清的书库，遍布全球的图书馆，几乎所有的杂志和期刊，以及政府、学校和公司企业等机构的详细信息。

从娱乐休闲的角度来看，Internet 是一个花样众多的娱乐厅。Internet 网络上有很多专门的电影、广播和娱乐站点，还有各类介绍全球各地风景名胜和风俗人情的网站，存在其中且层出不穷的网络社交、游戏应用更是为人们提供了娱乐、休闲的多种选择。

从经商的角度来看，Internet 是一个既能省钱又能赚钱的场所。利用 Internet，足不出户，就可以得到或发布各种经济信息，无论是股票证券行情，还是房地产、商品、期货，在网上都可实时跟踪，通过网络订货、发布或做广告搞推销等。

2. Internet 的发展

Internet 起源于美国 1969 年开始实施的 Arpanet 计划。1972 年由 50 个大学和研究机构参与连接的 Internet 网最早的模型（Arpanet）第一次公开向人们展示。到 1980 年，Arpanet 成为 Internet 最早的主干。1984 年，美国国家科学基金会 NSF 规划建立的 13 个国家超级计算中心及国家教育科研网（NSFNET）替代了 ARPAnet 的主干地位。随后，Internet 网开始接受其他国家和地区的接入。

在网络应用范围上，Internet 已经朝商业化的方向发展。现在，Internet 早已从最初学术科研网络变成了一个拥有众多商业用户、政府部门、机构团体和个人的综合性计算机信息网络。

在发展规模上，目前 Internet 已经是世界上规模最大、发展最快的计算机互联网。从 1991 年开始 Internet 联网计算机的数量每年翻一番。目前，全球每天有超过 1 亿台计算机和10亿个用户使用Internet网络。

3. Internet 的管理

从形势上看，Internet规模如此庞大，发展又如此迅速，理应有一个强大有力的管理机构，但事实上并非如此。截止目前，全世界还没有一个权威的机构来统一管理Internet，Internet基本上还是处于“用户自己管自己”、各个网络服务提供商管理各自的网络和用户的状态。但作为一个如此庞大的系统，其运行必须要有一个组织来对其进行统畴。于是，由一些Internet用户自发成立了Internet网络协会（Internet Society）作为Internet运行协调组织。其职能主要包括，帮助下属的Internet活动委员会（IAB）负责制定Internet的有关标准，分配监督网络资源的使用（例如，赋予每台主机1个唯一的IP地址），要求下属的Internet工程研究委员会（IETF）负责处理网络运行方面的技术问题。

同时，作为一个开放的系统，Internet也允许每个连入Internet的网络建立自己的网络运行中心（NOC）和网络信息中心（NIC），来保证各自网络的正常运行，建立和维护网上的信息资源。

4. Internet 的社会影响

Internet将世界带入了一个完全信息化的时代，正在改变着人们的生活和工作方式。由于其范围广、用户多，目前已成为仅次于全球电话网的第二大通信手段，Internet在人们的工作和生活方式中开始形成一种独特的网络文化。

通过Internet，学术和科研人员除了可以进行常规的通信外，还可以进行各种各样的日常工作，如讨论问题、发表见解、传送文件、查阅资料、开展远程教育等。

5. Internet 的工作原理

Internet采用了一种标准的计算机网络语言（Internet协议）来保证数据安全、可靠地到达指定的目的地。Internet协议分为两个部分：TCP（传输控制协议）和IP（网络层协议）。

TCP/IP协议是一种对计算机数据（电信号）打包后寻址的标准方法，几乎可以没有任何损失地将计算机数据经路由器传输到全世界的任何地方。当一个Internet用户通过网络向其他机器发送数据时，TCP协议把数据分成若干个小数据包，并给每个数据包加上特定的标志，当数据包到达目的地后，计算机去掉其中的IP地址信息，并利用TCP的装箱单检验数据是否有损失，然后将各数据包重新组合还原成原来的数据文件。

由于传输路径不同，加上其他各种原因，接收方计算机得到的可能是损坏的数据包，TCP协议也会负责检查和处理错误，必要时要求发送端重新发送。

TCP/IP 协议的层次结构由上至下分为：应用层、传输层、网络层（互联网层）和网络接口层。

各种不同类型的计算机网络之所以都可以用 TCP/IP 同 Internet 进行信息交换，是由于采用了一种被称为网关（gateway）的专用机器，网关负责计算机网本地语言与 TCP/IP 语言间的相互转换。

简言之，Internet 作为一个巨大的无缝隙的全球网，能够对请求立即做出响应，是由计算机、网关、路由器和协议所保证的。

11.2.2 计算机网络的主要功能

通过计算机网络可以向全球提供各种经济信息、科研情报和咨询服务。其中，国际互联网 Internet 上的环球信息网（WWW——World Wide Web）服务就是一个最典型也最成功的例子。综合业务数据网络（ISDN）则是将电话、传真机、电视机和复印机等办公设备纳入计算机网络中，提供了数字、语音、图形、图像等多种信息的传输。

计算机网络目前正处于迅速发展的阶段，随着网络技术的不断更新，网络的不断普及，计算机网络的应用范围必将进一步扩大。除了前面提到的资源共享和信息传输等基本功能外，计算机网络还具有以下几个主要方面的应用：

1. 远程登录

远程登录是指允许一个地点的用户与另一个地点的计算机上运行的应用程序进行交互对话。

2. 传送电子邮件

计算机网络可以作为通信媒介，用户可以在自己的计算机上把电子邮件（E-mail）发送到世界各地，这些邮件中可以包括文字、声音、图形、图像等信息。

3. 电子数据交换

电子数据交换（EDI）是计算机网络在商业中的一种重要的应用形式。它以共同认可的数据格式，在贸易伙伴的计算机之间传输贸易单据，从而节省大量的人力和财力，提高商业效率。

4. 联机会议

利用计算机网络，人们可以通过个人计算机参加会议讨论（图 11－6 远程联机会议）。联机会议除了可以使用文字外，还可以传送声音和图像。

图 11 – 6　远程联机会议

11.2.3　网络信息检索

Internet 网络是一个广阔的信息海洋，漫游其间而不迷失方向有时会是相当困难的，如何快速准确地在网上找到需要的信息就需要借助高效的工具。

Web 检索工具是获取网络信息资源的主要检索工具和手段，常见的主要包括目录型检索工具和搜索引擎。

1. 目录型检索工具

目录型检索工具一般称为网络目录（Web Directory），又称分类站点目录、专题目录或主题指南、站点导航系统等。它是由网络开发者将网络信息资源收集后，以某种分类方法进行组织和整理，并与检索法集成在一起的信息查询方式。

网络目录一般是通过引导查询概念（而不是确切的词条）来帮助用户找到所需的网络信息。一个网络目录包括许多层，最高层（一级）目录页总是将 Internet 资源分成最大范围、最普通的主题范畴。这些主题范畴一般有 10 ~ 20 个，主题链接到第二层目录（另一个页面），然后在第二层目录再分出子目录。逐层点击，网络目录将会罗列出一层层的目录链接清单，所有的选择只需用鼠标点击链接即可实现。

网络资源数不胜数，任何分类目录都不可能包罗所有的网页，多数网络目录都包括下列典型的一级类目，如商业贸易（business and commercial）、计算机和网络（computer and Internet）、时事（current events）、娱乐和休闲（entertainment and recreation）、体育（sports）等等。遇到交叉的主题，网络目录会在相关的类目下显示不同的路径。

网络目录的工作过程类似网页的超链接，会用下画线或者显示链接标志（手形光标）来区别于其他文本。选择一级目录后，会看到一个简单的目录清单或者一些目录之外的超链接，如能找到感兴趣的信息，就不必再进入深一层的检索，如找不到，则需按最接近主题范畴的类进入下一层目录。

一个网络目录到底有几层，取决于多种因素。其一，与使用的目录有关，有些首页目录之下的子目录多达八层；其二，取决于所选的目录；其三，与主题有关，一般在主题下有两到三层。网络目录的多层结构使用户能通过范围广泛的主题查询到符合要求的网站和文本信息。

2. 搜索引擎

搜索引擎是一种能够通过 Internet 接受用户查询指令，并向用户提供符合其查询要求的信息资源网址系统。它是一些在 Web 中主动搜索信息（网页上的单词和特定的描述内容）并将其自动索引的 Web 网站。一些搜索引擎会检索网页的每一个单词，而另一些搜索引擎则只检索网页的前二百至五百个单词。当用户输入关键词（keyword）查询时，搜索引擎会告诉用户包含该关键词信息的所有网址，并提供通向该网站的链接。搜索引擎既是用于检索的软件又是提供查询、检索的网站。所以，搜索引擎也可称为 Internet 上具有检索功能的网页。

搜索引擎是目前 Internet 对信息资源进行检索的主要方式，一般由网上机器人（spider 或 robot）自动在网页上按某种策略进行远程数据的搜索与获取，并生成本地索引。

搜索引擎的数据检索方式主要是关键字的匹配方式。如泛匹配、模糊匹配、正则匹配以及多关键字的处理等。探索引擎能为用户提供全文索引、约束性检索、基于布尔关系的查询方式，并对查询结果根据某种算法和规则评分和排序。目前国内最为成熟、应用量也最大的搜索引擎是“百度”（图 11 -7 百度搜索）。

图 11 -7 百度搜索

11.2.4 网络教学资源

网络教学资源是指为教学目的而专门设计或者能被用于教学服务的各种资源。按使用对象划分，网络教学资源包括：

1. 学习资源

可供学习者使用的网上各个学科的课程、讨论组、试题库、教学软件、教程等。

2. 科研资源

可供教育管理部门、教育科研人员使用的教育方面的政策法规、教育新闻、统计信息等。

3. 备课资源

可供教师使用的各种课程资料、课件、教案、指导刊物、学术资料、交流心得等。

常见的网络教育资源存储形式包括以下几个：

（1）全文数据库（full-text data base）

指收录有原始文献全文的数据库，以期刊论文、会议论文、政府出版物、研究报告、法律条文和案例、商业信息等为主。如 EBSCO 公司“学术期刊集成全文数据库”(Academic Search Premier)。Pro Quest 公司的“学术期刊图书馆”（Academic Research Library)、CNKI 的“中国期刊全文数据库”“维普中文科技期刊全文数据库”等。

（2）事实数据库（factual data base）

指包含大量数据、事实等直接提供原始资料的数据库。这类数据库又分为数值数据库（numerlc data base)、指南数据库（directory data base)、术语数据库（terminological data base）等。数值数据库，指专门以数值方式表示数据，如统计数据库、化学反应数据库等；指南数据库，如公司名录、产品目录等；术语数据库，即专门存储名词术语信息、词语信息等的数据库，如电子版百科全书、网络词典等。事实数据库相当于印刷型文献中的字典、辞典、手册、年鉴、百科全书、组织机构指南、人名录、公式与数表、图册（集）等。

（3）电子图书（electronic books）

最初的电子图书主要以百科全书、字典词典等工具书为主，但近年来发展迅速，已涉及了很多学科领域，文学作品、学术专著所占比例越来越大。电子图书正在逐步发展成为比较主要的数字信息资源，如超星数字图书馆、中国数字图书馆的电子图书等。

（4）电子期刊（electronic journals）

这类资源部分是与纸质期刊并行的电子刊物，如著名的“科学”（Science）、“自然”（Nature）等；也有纯电子期刊，如“数字图书馆杂志”（D-Lib Magazine）等。

（5）电子报纸（electronic newspaper）

同电子期刊一样，电子报纸同样也有印刷型报纸的电子版和纯电子报纸两种类型。

11.2.5　基于网络资源的学习

基于网络资源学习是相对于课堂学习而言的一种学习方式。

课堂学习是用指定的课本作为唯一的或主要的学习内容，在指定的教室听特定老师讲解，课后复习或阅读一些教师规定的补充材料进行的学习。

相比之下，基于网络资源学习的显著特点是没有指定的教室，没有特定的老师讲解，学生可以充分利用网上多种类、多模态的学习资源来进行的自主学习。这是一种基于网络的新型学习方式，需要环境的支持和对模式的研究。

1. 基于网络资源的学习环境

基于网络资源学习环境，就是在学习环境中引入网络因素，网络可以是因特网（Internet）或是局域网（Intranet），学生通过阅读或查找大量的网上资料来进行学习的环境。基于网络资源的学习与探究式教学模式紧密相关，该模式的实施过程是老师向学生提出问题，学生分析问题，收集信息，回答问题。有些信息学生可以询问老师而获得，但老师对于学生的问题只回答是与否，不直接解释。学生基于所收集的各种信息，提出关于该问题的一种解释或解答，提交集体讨论，最后得出全面而正确的结论。

基于网络资源的学习环境，就是支持探究式教学模式实施的教学环境，它支持学生使用广泛的信息来解决问题。在基于网络资源的学习环境中，老师鼓励学生主动地学习，积极地参与和探索，老师不仅是知识的传播者，更是研究讨论的组织者和学生学习的助力者。信息的来源不只是教科书（课本），还包括多种渠道多种媒体。在教学中，各种事实和结论需要学生去发现和挖掘，而不是由老师事先准备。教学活动的目的是让学生掌握解决问题的能力，使他们能区分真假、主次、因果，学会全面而深入地看待问题，而不仅仅是积累知识。

基于网络资源的学习环境，相较于传统教学环境，能更为有效地支持和培养学习。设计精良、功能完备的网络学习环境所具备的基本功能如下：

（1）展示学习内容

与一般网络资源相比，学习资源集中在特定的对象、课题、学习活动和研究任务中。由教师及专家以目标模式或问题解决模式为指导进行选择和组织，采用主干学习内容、基本辅助内容（解释、阐述、比拟）及补充扩展材料三者相结合的结构组织方式。

学习环境以 Web 页来展示学习材料，并用按钮或超文本完成跳转、查看、链接、选择等的操作。学习者能借此搜寻可与先前经验进行整合的知识，形成意义，并在此过程中对自身的知识结构做出更多的反思。

（2）支持双向交互

学习环境中的交互包括社交交互和内容交互两种主要类型。社交交互即教学中的人际交互，是发生在教师与学生、学生与学生之间的信息交流，它具有灵活性和双向性的特点，常用的活动类型包括在线提问、答疑、咨询等。内容交互又称教学交互，是学习者与学习资源之间的交流，其活动类型主要围绕学习者对学习资源的处理和加工（浏览、查询、注解、分析），学习环境则采用反馈、提问、序列编排等控制手段予以支持。

（3）开展协作学习

协作学习是学习者与其他成员共享认知成果或为小组目标的达成，对学习策略进行对话及商讨的过程。学习环境中的协作学习活动（竞争、辩论、讨论）可通过 E-mail、语音邮件、列表服务器、新闻组、聊天室、公告板、网上会议及其他 Internet 的双向交互媒体，以同步或异步的方式完成。

2. 基于网络资源学习模式——Web Quest

Web Quest 是一种以探究为取向的教学活动，是引领学生利用网络资源的授课计划或课程单元来进行探究式学习的模式。

该模式，通过向学生提出一些本质性问题、提供进一步探索的机会、让学生在动手做的过程中应用已有的知识在较高的水平上思考。通过“脚手架”策略，让学生使用信息而非仅仅收集信息，并帮助学生分析、综合和评价，使学生在以学习为中心的教学过程中获得体验、内化的各种策略。引领学生主动架设从接受性学习向自主性学习过渡的桥梁，进而帮助学生实现学习方式的转变。

（1）Web Quest 的特点和优势

① 转变传统的师生观，充分发挥教师的主导作用和学生的主体作用。

教师的主导作用表现如下：

一是学生学习的内容和进度是在教师对学生培养的整个考虑下提出来的。

二是教师给出了对“学”的恰当而不过分的指导，学生这个时候的“学”，是有教师背景下的学，而不是盲目的在网上自学。

三是转变教学方式，教师给学生创造了自主学习的条件，让学生能放开手脚自己学。

② 能提高学生处理和应用信息技术的能力，拓展学生的知识空间。

课前教师从网上收集了很多资料的标题及网址，要求学生在网上快速搜寻信息，并将从网上查找到的这些信息用自己的语言进行归纳整理。通过归纳整理学生能学到了很多知识，比如一些操作技巧，常用软件教程等，同时也锻炼了学生的阅读能力、归纳能力和写作能力。

Web Quest 模式能为学生提供更为广阔的自主活动空间和时间，学生可以主动地探索未知，丰富自己的知识。在这种模式下，学生自身资源得到更为充分的利用，对教师的依赖性相对减少，并能逐渐形成信息获取、分析、加工、利用的能力，从而形成更高的信息素养。通过网络资源，学生学到了很多书本上学不到的知识，体会教学与生活的直接联系，能更快地提高教学质量。

③ 培养学生的创新意识，提高学生的创新能力。

在基于网络资源的学习环境下，教师应鼓励学生主动地学习，积极地探索。教学信息的来源不只是教科书，还包括多种渠道和多种媒体。学习中的各种事实和结论需要学生去发现和挖掘，而不是由老师事先准备。教学活动的目的是让学生能够掌握解决问题的能力，学会全面深入地看待问题，进行创新。

（2）Web Quest 的六大组成部分

① 情境

提供背景信息和动机因素。比如给学生分配角色，“假设你是一位科学家”“你是一位宇航员”等。这一部分的目的是要让学生了解学习目标，提高学习兴趣。

② 任务

这部分要阐明学生在完成时要达到什么样的结果。

首先，教师要查找到一些适合特定主题的网站，教师在整合了网站内容后给学生设定一项任务。

其次，任务要是可行的和有趣的，提出的任务或是需要研究的问题应是一项可执行且富有创造性的工作。

最后，教师可以要求学生将自己的发现放到网上，或者在研究前让学生看一个已经完成的例子，让他们明白自己要做些什么，这对学生完成任务有促进作用。

③ 过程

这一部分描述学习者完成任务所需要经过的步骤。

④ 资源

这一部分包括一些学生完成任务所需要的资源。

注意：非网络性的资源也可以使用。资源包括录像、录音带、书籍、海报、地图、模型、操纵器和雕塑等；另外，讲座、小组教学、实地考察等方法也可以作为资源使用。

⑤ 评价

需要有一套标准对学生的行为进行评价。

标准必须是有效的、公正的、清晰的、一致的，并且适合特定任务。评价标准的制定要符合现代教育评价观，目的是所有的学生都要有一个好的体验过程。

⑥ 结束

这是学生进行反思，教师进行总结的阶段。

11.3 校园网络课程建设

随着教育现代化进程的加速，“校校通”工程的逐步完成，我国的校园网建设已初具规模，同时也为远程与网络教育教学工作的进一步发展奠定了基础。

11.3.1 校园网的教育功能

校园网就是把分布在校园不同地点的多台电脑连接，按照网络协议相互通信，以共享软件、硬件和数据资源为目标的网络系统，如图 11－8 所示。

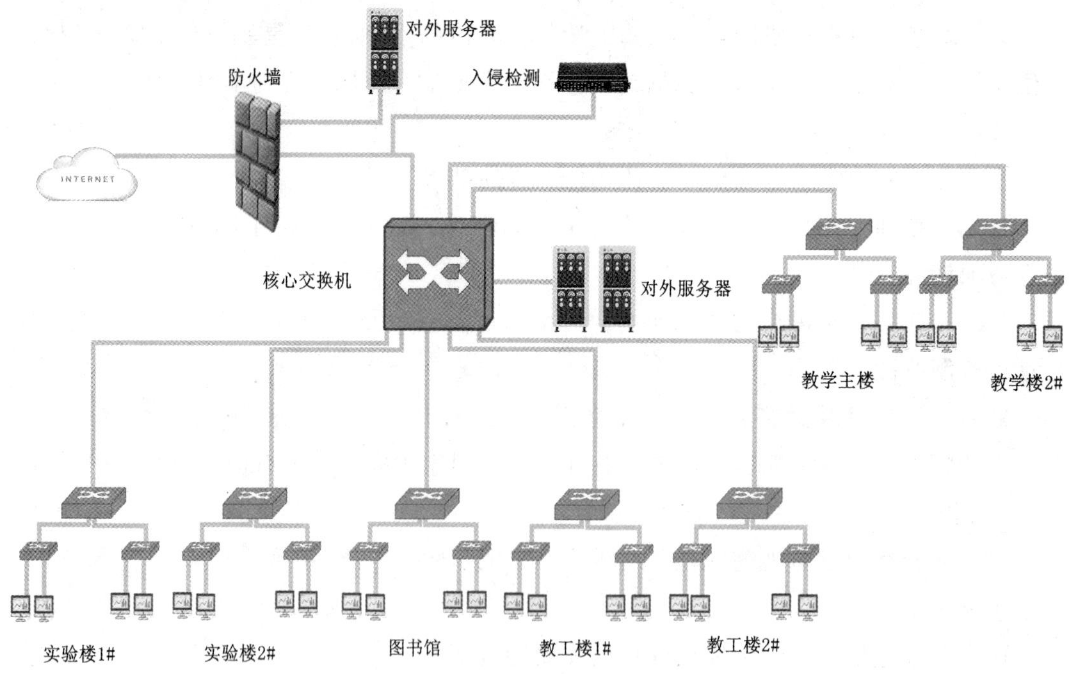

图 11－8 校园网拓扑图

校园网络具有距离短、延时少、相对成本低和传输速率高等优点；它的底层协议、控制选择等问题简单，因此具有组网简单、易于实现、教学效率高等特点。为学校提供丰富的教育教学信息和资源是校园网的主要任务。

校园网的功能主要体现如下：

1. 实现资源共享

实现教育资源共享是校园网的基本功能之一。

校园网能够在网上为学校教学、科研、管理提供信息资源服务，能为计划、组织、管理与决策提供基础信息和科学手段。

（1）学科数据库

随着校园网络的逐步完善，网络信息资源的建设尤为重要，信息资源的建设关乎到校园网的生命力。在目前学校任务中，教学任务最为重要，为教学服务的学科数据库建设就显得非常重要。

学科数据库是将各个学科的资料进行精选并汇总在共享的数据库中，通过校园网进行发布，从而让所有教师和学生能够利用其中的丰富数据。学科数据库有很多种类型，如学科课程数据库、优秀教案库、案例素材库、学科试题库、学科媒体素材库、教材 CAI 软件库等。

学科数据库能充分发挥网络的强大功能，提供校园范围内的教学信息共享。其具备的“教育教学资源共享、信息交流、网上教学和远程教育”等功能，打破了传统教育在时间和空间上的限制，使每一位教师和学生受益。各个学校的学科数据库还可联合在一起，发挥更大的作用，为更多的师生提供丰富和优化的教学资源及教学环境。

（2）数字图书馆

“数字图书馆”一词由英文 Digital Library 翻译而来，是对有高度价值的图像、文本、语音、音响、影像、影视、软件和科学数据等多种媒体信息进行收集，组织规范性的加工，进行高质量保存和管理，实施知识增值，并提供在广域网上高速横向跨库连接的电子存取服务，是用数字技术处理和存储各种图文并茂文献的数字化图书馆。

传统图书馆收集、存储并重新组织信息，使读者能方便地查询到他所想要的信息，同时跟踪读者使用情况，以保护信息提供者的权益。从数字图书馆角度来看，就是收集或创建数字化馆藏。

数字图书馆的结构模式是在网络环境下的面向对象的、分布式的网络结构模式，它可适应在多种不同的计算机系统中运行。一个数字图书馆的构成，主要包含用户接口、预处理系统（又称调度系统）、查询系统和对象库等基本构件。

随着现代信息技术的深入发展（信息载体的数字化以及信息传播的网络化发展趋势），以书刊资料为主要收藏载体的传统图书馆面临巨大的挑战，逐渐难以适应数字时代的要求，因而图书馆的数字化是一个必然趋势，已成为图书馆事业发展的主旋律。

2. 实现信息交流

实现信息交流或通信是校园网的一个重要功能。它不仅是学校内部交流或通信平台，也是学校与学校、学校与家庭、学校与社会、学校与国际的交流或通信的平台，还是学生与学生、学生与教师、学生与学校领导、学生与社会之间交流或通信的平台。

3. 实现协同工作

作为学校线上交流的主要阵地，校园网还肩负着协助不同地点的学生与学生、学生与教师、教师与教师在教学的各个环节开展协同工作。具体包括以下几个方面：

（1）协同学习

学生在学习过程中遇到疑难时，需要共同面对学习中的困难，发挥各自特长，通过校园网进行交流和协同解决。对研究性和探索性问题，则可通过校园网广泛收集资料，共同分析探索规律。

（2）协同备课、教学和研究

教师在备课、教学和研究中，需要通过校园网协同工作。例如，制作一个高质量的多媒体教学软件，需涉及第一线的学科教师提供脚本，教育专家提供教学理论模式，计算机软件工程师制作多媒体教学软件，美工对制作的软件进行包装设计，管理人才对整个制作过程进行严格的质量控制和管理。这些不同岗位的教师，可以在不同的地点和时间，在网上为一个共同的目标和任务分别完成各自的任务，以加快工作的进程。

（3）协同管理

学校的重大决策和日常管理都需要大量有效信息，这些信息是学校内，甚至学校外许多不同部门共同工作的成果。通过校园网，决策者和管理者可以随时随地根据所查询的信息及时准确地做出决策或决定。

此外，校内外的有关部门，例如教务处、财务处、人事处等，可以根据总的任务要求分别工作，再通过校园网汇总研究。这些在传统的管理模式下是很难做到的。

11. 3. 2 网络课程开发

课程开发是教育领域的一个常用的重要概念。它是指使课程的功能适应文化、社会、科学及人际关系要求的持续不断地决定课程、改进课程的活动与过程。课程开发除了包括目标、内容、活动、方法、资源及媒介、环境、评价、时间、人员、权力、程序和参与等各种课程因素外，还包括了各种因素之间的交互作用，特别是包含了课程决策的互动和协商。因此，课程开发的重点是强调过程性和动态性。

网络课程是通过网络表现的某门学科的教学内容及实施的教学活动的总和，它是按一定的教学目标、教学策略组织起来的教学内容和网络教学支撑环境。其中网络教学支撑环境特指支持网络教学的软件工具、教学资源以及在网络平台上实施的教学活动。

完整的网络课程设计与开发主要包括八个阶段：需求分析、总体设计与原型实现、脚本编写、素材准备、课件开发、教学环境设计、教学活动设计、运行维护与评价，如图 11 –9 所示。

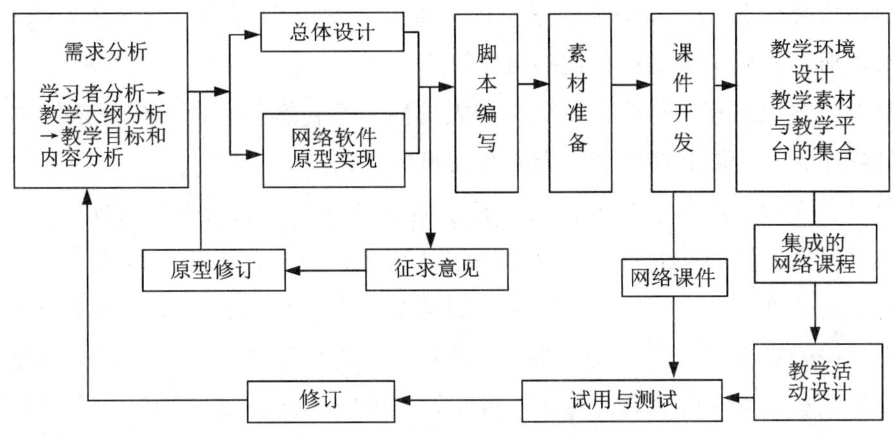

图 11 –9　网络课程的开发流程

1. 需求分析

网络课程的需求分析就是对网络课程的内容、用途、使用对象、课件类型、应用环境等各方面的条件进行分析，以确定课程开发的目标和规模。这个阶段的主要分析包括学习者分析、课程教学大纲、教学目标和教学内容分析等。

（1）学习者分析

就是结合网络课程的教学目标和教学内容对学习者的知识基础、认知能力和认知结构变量进行分析。

对学习者原有能力知识基础的确定，可采用“分类测定法”或“二叉树探索法”；对认知能力的确定，可以采用“逐步逼近法”；对认知结构变量的确定，则应分析当前教学内容与大多数学生认知结构中的原有观念是否存在类属关系、总括关系或并列组合关系。

除此以外，还可以在实践中试验和创造其他更有效的学习者特征分析方法。

（2）课程教学大纲

课程教学大纲是以纲要的形式规定出学科的内容、体系和范围，它规定课程的教学目标和课程的实质性内容，是编写网络课程的直接依据，也是检查网络教学质量的直接尺度，对网络教学工作具有直接的指导意义，对学生了解整个课程知识体系也有很大的帮助。

（3）教学目标分析

进行课程教学目标的分析，是为了确定实现教学目标所需要的具体教学内容和教学内容的序列。

教学目标分析的方法通常包括归类分析法、信息加工分析法、层级分析法和 ISM 分析法（解释结构模型法）。

（4）教学内容分析

教学内容要根据教学大纲和教学目标来确定，教学内容的需求分析对编写教材、配套的练习册、实验手册等有一定的引导作用。

教材的内容应具有科学性、系统性和先进性，符合本门课程的内在逻辑体系和学生的认知规律，表达形式应符合国家的有关规范标准。

教材是教学内容选择结果的体现。教学内容选择时，要选择切合实际社会需求、反映本学科最新发展动态的教材，对于那些已经过时的内容要坚决地删除。教材不是教学内容的简单堆砌，应能够把一门学科的基本概念、基本原理和基本技能要求提炼出来，形成一个具有逻辑性、系统性的知识系统，使之有利于学生对知识的理解与迁移。练习册是选定教学内容后，诊断与巩固教学内容的测验试题的集合，它是教材的重要组成部分。

对于一些含有技能培养目标的课程来说，实验是必不可少的。

实验是教材中理论知识的实践认证，技能知识的具体体现。设计实验时，要注意实践性和可行性。

实践性是指实验在理论指导下，通过具体的操作步骤，达到预期的结果。

可行性是指设计的实验要求的条件不能太高，要能在实际教学过程中得到实施。

在网络教学环境下，尤其要注意实验的可行性。实验手册是对实验的说明，一般有实验目标、实验环境、预备知识、实验步骤、实验报告、思考与练习等几大部分。

2. 总体设计与原型实现

总体设计是设计过程中最重要的一环，它是形成网络课程设计总体思路的过程，决定了后续开发的方方面面，网络课程设计过程所要遵循所有原则，都要在这一阶段得到充分体现。

原型实现是选择一个相对完整的教学单元，设计出一个教学单元的网络教学原型，并通过原型设计，确定网络课件的总体风格、界面、导航风格、素材的规格以及脚本编写的内容。原型实现后，应在一定范围内征求意见，尤其是征求最终用户（学生）的意见，并根据征求的意见进行修订，以达到最优化的目的，减少后续开发过程中修订的工作量。

3. 脚本编写

脚本是教学人员与技术开发人员沟通的桥梁，脚本编写要根据教学特点，在一定的学习理论指导下，对每个教学单元的内容及其安排以及各单元之间的逻辑关系进行教学设计，并写出相应的设计文本。

网络课程的脚本编写要充分考虑原型设计阶段所确定的内容表现、导航、教学设计等课件的总体风格。脚本描述了学生将要在网上看到的细节，它在课程设计中占有非常重要的地位，它是设计阶段的总结，又是开发和实施阶段的依据。从其内容来看，它是网络课程中教学内容和教学方法的载体，而不是课本或教案的简单复制。

4. 素材准备

（1）素材规划

根据脚本的要求，准备所需要的素材，包括文字、图片、声音、动画、视频、案例等。通过原型的设计和脚本的编写，可明确素材的规格、数量、种类和具体内容，便于进行批量制作，可大大降低开发的时间与成本。

（2）素材采集

使用计算机把准备好的音频和视频素材，通过声卡和视频采集卡，转换为计算机可识别的数据文件。

（3）素材整理

制作好素材后，要根据技术规范对素材进行属性标注，纳入到网络课程的素材库中，供学生学习和教师在学习和教学中参考。

5. 课件开发

课件开发就是根据网络课程的要求和建议，利用课件开发工具集成课程内容，形成网络课件。

（1）界面设计和制作

界面设计和制作是对网络课件中将要显示的信息的布局进行设计和制作，包括主菜单、不同级别的操作按钮、教学信息的显示背景、翻页和清屏方式等。

（2）编写文字说明材料

完成网络课件的制作以后，还要编写相应的文字说明材料，例如课件的内容适于何种程度的学生使用，课件的使用环境，使用方法，以及其他配套使用的文字材料等。

注意：具体开发可参看本书第 8 章。

6. 教学环境设计

在网上进行学习，强调以学生为中心的自主学习。在网络课程设计过程中应注意设计帮助学生进行自主学习的环境，进而促进学生的思维深度和学习的参与度。

在一个典型的网络教学系统中，促进学生自主学习的课程资源有很多，包括讨论论题、疑问及解答、课程辅助资源、测验试题、自主学习活动等。这些资源，都应该在统一的网络教学环境下管理与使用。网络教学环境设计主要指在统一的教学支持平台下的自主学习资源设计，而不是网络教学软件的设计，教师需重点关注如何在网络平台设计具体的学习支持资源，而无须过多关注具体的程序设计。

自主学习资源、自主学习活动设计是网上课程设计与传统课程设计的重要区别之一。

7. 教学活动设计

自主学习活动设计是网络课程开发的核心内容，它是对即将实施的网络教学具体活动的规划和设计。通过教学活动的设计，教师可清晰地知道如何利用已设计好的网络资源与网络教学环境。

自主学习活动设计的基本出发点在于促进学生与教师之间、学生与学生之间的交流，促进学生积极地投入到网络学习中来，充分发挥自己的积极主动性，提高网络学习的参与度。自主学习活动对学生个性的发展、社会参与能力、协作意识与协作能力、知识学习与实践能力的提高等均有重要的训练作用。从学生的全面发展和知识学习两个角度出发，网上教学活动具有社会化与个性化、知识学习与知识实践的统一性。

在一门完整的网络课程中，至少需要设计的教学活动包括实时讲座、实时答疑、分组讨论、布置作业、作业讲评、协作学习、探索式解决问题等。教学活动的安排，要求根据课程内容确定。

8. 运行维护与评价

网络课程与传统课程不同，网络课程是开放的，因为支持它的网络教学环境是动态的，是开放的。在网络课程的运行过程中，会产生很多很有价值的教学资源，这些教学资源通过相应的系统管理，本身也可以纳入到网络课程中并成为网络学习资源的重要组成部分。

11.3.3 网络课程教学实施与评价

网络课程的教学实施与传统课程有一定的区别，一般要经历教师培训和试用两个阶段。

1. 教师培训

一般来说，课程教师通常已具有面对面的授课经验，但这些对于网络课程教学来说是远远不够的，所以要进行必要的培训。

培训的内容主要为网络课程中媒体的使用技能和教学模式等。

2. 试用

一般来说，试用只是在小范围教学中使用的新课程，如果在试用期间没有太大的问题出现，就可以进入到推广应用阶段。事实上，现在很多网络课程并不是在全部设计制作完成之后才进入试用的，而是在设计基本完成后，先做出一部分网络课程，称之为课程样本，然后试用课程样本。因为课程样本的容量小，使用灵活，试用周期短，所以能及时反馈课程设计或开发中的问题。

试用伴随着开发的整个过程。采用样本试用的方式，可以使试用结果直接指导后续的开发工作，还可以避免当完成全部课程后才发现严重问题而造成重大损失的危险，而且还能随时得到教学第一线的反馈信息，使开发始终与教学实践相联系。

但由于在这种形式中，试用持续的时间受到开发时间的制约，而当开发时间很长时，成本会相当高，同时，对试用课程的学习者和教师的要求也很高，通常是由固定的实验学校和实验班来完成。这样的试用方式适用于开发体系比较庞大的课程和有条件（尤其是有实验学校和实验班）的情况。

如何评价网络课程的优劣，是目前教育界人士关注的一个焦点。教育部于 2000 年 2 月发布了《现代远程教育工程教育资源开发标准（征求意见稿)》，这一标准没有专门提出网络课程的评价标准，只对网络学习资源、网络课件和网络课程提出了一些比较基本的要求，而无法形成系统的测试指标用于对网络课程的质量进行考察。但随着网络课程越来越普及，国内学者开始聚焦网络课程建设、质量评价指标体系的研究，其中比较有代表性是北京师范大学余胜泉教授提出的网络课程建设的一般性原则。他认为网络课程应具备以下几大特征：开放性，适合更多的人在网络上学习；共享功能，尽可能地有更多的资源让更多的人共享；交互性，强调网络上人与人的沟通，而不只是简单的人机对话个性化，适合个性化学习；更新的频率要高等，详见表 11－3。

表 11－3　北京师范大学余胜泉教授提出关于网络课程评价指标体系表

	评价项	优　良　中　较差　差
界面设计	色彩鲜明；既不枯燥无味，又不会分散学习者注意力	（　）（　）（　）（　）（　）
	页面布局符合视觉习惯	（　）（　）（　）（　）（　）
	内容清晰，没有显示错误	（　）（　）（　）（　）（　）
	每页呈现的信息量符合学生认知能力	（　）（　）（　）（　）（　）
	链接的外观明确而且符合一般习惯	（　）（　）（　）（　）（　）
	课程网页应保持统一风格和操作界面	（　）（　）（　）（　）（　）
	背景音乐选用恰当	（　）（　）（　）（　）（　）
导航	界面非常直观，学习者在没有指导和帮助的情况就可轻而易举地操作导航路径和使用其他功能	（　）（　）（　）（　）（　）

	评价项	优	良	中	较差	差
定位	全部的页面都有标题或使用不同的习惯以确定学习者目前的位置，以及学习者目前的位置很容易识别或者要时常看到课程中的菜单条或者路径图	（ ）	（ ）	（ ）	（ ）	（ ）
课程说明	提供关于本门课程完整的说明	（ ）	（ ）	（ ）	（ ）	（ ）
课程计划	提供给教师和学生完整的课程计划与时间安排	（ ）	（ ）	（ ）	（ ）	（ ）
学习目标	提供本门课程明确的学习目标	（ ）	（ ）	（ ）	（ ）	（ ）
复习旧知	提供与先前学习相联系的内容	（ ）	（ ）	（ ）	（ ）	（ ）
学习指导	提供本门课程学习方法指导和策略	（ ）	（ ）	（ ）	（ ）	（ ）
课程内容	具有完整的科学知识体系	（ ）	（ ）	（ ）	（ ）	（ ）
	符合学生的认知年龄	（ ）	（ ）	（ ）	（ ）	（ ）
	在疑难关键知识点上提供多种形式和多层次的学习内容。根据不同的学习层次设置不同的知识单元体系结构	（ ）	（ ）	（ ）	（ ）	（ ）
	课程内容随着科学的发展而定期更新	（ ）	（ ）	（ ）	（ ）	（ ）
	课程文字说明中的有关名词、概念、符号、人名、定理、定律和重要知识点都要与相关的背景资料相链接	（ ）	（ ）	（ ）	（ ）	（ ）
动机的激发	使用的策略既与课程内容有关，又能有效地引起和维持学习者的注意和兴趣	（ ）	（ ）	（ ）	（ ）	（ ）
	持续使用适当的策略以便促使学习者在整个学习过程中参与学习和维持他们的学习动机	（ ）	（ ）	（ ）	（ ）	（ ）
学习者控制	给予适当的控制权，使学习者可自定学习进度和学习方式	（ ）	（ ）	（ ）	（ ）	（ ）
学习活动	交互性强，提供教师与学生、学生之间各种交互工具，如电子邮件、聊天室、BBS、电子白板、记事本等	（ ）	（ ）	（ ）	（ ）	（ ）
	提供支持多种学习策略的活动	（ ）	（ ）	（ ）	（ ）	（ ）
	提供的学习活动能激发学生的主动性	（ ）	（ ）	（ ）	（ ）	（ ）
	提供符合学习者风格的个性化活动	（ ）	（ ）	（ ）	（ ）	（ ）
	提供基于任务的协作学习活动	（ ）	（ ）	（ ）	（ ）	（ ）
媒体运用	课程中合理使用各种媒体	（ ）	（ ）	（ ）	（ ）	（ ）
范例运用	对于课程中的难点和重点，合理使用范例以促进学生对知识的理解	（ ）	（ ）	（ ）	（ ）	（ ）

	评价项	优　良　中　较差　差
学习工具	提供丰富的学习工具：如笔记本、画板、电子白板、聊天室、电子邮件等	（　）（　）（　）（　）（　）
历史记录	提供了历史记录，使学习者可快速跳转到以前浏览过的页面	（　）（　）（　）（　）（　）
练习	基于真实情境	（　）（　）（　）（　）（　）
	提供的练习不仅能使学习者知道所学内容，更能实现高层次的认知目标，如：运用、分析、综合与评价	（　）（　）（　）（　）（　）
	提供不同难度的练习，以适合不同学习者和不同的学习段	（　）（　）（　）（　）（　）
	提供不同情境的练习，有助于知识迁移	（　）（　）（　）（　）（　）
	及时与恰当的反馈，能提供详细的解释和正确答案，并且有助于学习者的理解和改正错误	（　）（　）（　）（　）（　）
	能提供反思与重试的机会，给学习者复习、回顾和再次尝试的机会，当学习者没有成功时，提供适当的结果或帮助找到答案	（　）（　）（　）（　）（　）
	提供本门课程的综合性练习	（　）（　）（　）（　）（　）
学习资源	资源表现形式多样，包括：文本、视频、音频、图形/图像、动画等	（　）（　）（　）（　）（　）
	资源内容与课程紧密相关	（　）（　）（　）（　）（　）
	资源有助于扩展学生的思路，激发学生的想象与创造	（　）（　）（　）（　）（　）
	资源中的素材符合媒体素材评价标准	（　）（　）（　）（　）（　）
答疑	提供答疑机制，学生能方便地发布学习中的疑难，教师可及时回答学生的问题	（　）（　）（　）（　）（　）
作业	教师可以方便地布置与批阅作业	（　）（　）（　）（　）（　）
	学生可方便地浏览与提交作业	（　）（　）（　）（　）（　）
评价系统	有对学生学习过程的跟踪记录，如登录次数、参与活动的情况等	（　）（　）（　）（　）（　）
	有对学生作业情况的记录	（　）（　）（　）（　）（　）
	提供日常测验与阶段考试	（　）（　）（　）（　）（　）
	提供综合性期末考试	（　）（　）（　）（　）（　）
	评价结果的有效性高	（　）（　）（　）（　）（　）
	评价结果的可靠性高	（　）（　）（　）（　）（　）

	评价项	优　良　中　较差　差
支持学习系统	提供关于本课程的在线帮助	(　)(　)(　)(　)(　)
	提供关于本课程的各种信息，如考核标准、收费情况、技术要求、参考书和日常事务服务等	(　)(　)(　)(　)(　)
	有专职人员提供学习本课程的全面技术支持	(　)(　)(　)(　)(　)
教师支持系统	提供方便的课程开发工具	(　)(　)(　)(　)(　)
	有专职人员为教师提供全面技术支持	(　)(　)(　)(　)(　)
	为教师提供从教室到网络传输知识的支持	(　)(　)(　)(　)(　)
	为教师的教学提供各类资源	(　)(　)(　)(　)(　)
支持学习系统	课程采用模块化结构，能方便对课程的内容进行扩展，功能进行升级	(　)(　)(　)(　)(　)
	网页文件、目录清晰、合理	(　)(　)(　)(　)(　)
	提供完整的文字说明与制作脚本	(　)(　)(　)(　)(　)
	课程运行没有技术故障	(　)(　)(　)(　)(　)
	没有链接中断	(　)(　)(　)(　)(　)
	学习者根据屏幕的导向能安装课程或课程自动安装	(　)(　)(　)(　)(　)
	学习者可以按照屏幕的指导或使用标准操作系统中控制面板的安装/卸载程序来卸载课程	(　)(　)(　)(　)(　)

➤ 思考题：

1. 什么是远程教育？它的主要特征是什么？
2. 简述基于 Internet 的远程教育模式。
3. 简述基于网络资源学习模式——WebQuest 的特点和优势。
4. 简述校园网的主要功能。

➤ 课外实践活动：

1. 参观校园网络中心。了解校园网的设备配置。
2. 尝试参加一门网络课程的学习，并撰写学习体会心得报告。

第 12 章　微格教学

12.1　微格教学的概念

微格教学（micro teaching）通常又被称为“微型教学”“微观教学”“小型教学”“录像反馈教学”等。它是由美国斯坦福大学艾伦（D. Allen）教授等人创立的一种利用现代视听设备（摄像机、录像机等），专门训练学生掌握某种技能、技巧的小规模教学实训活动。

微格教学在初期被认为是单一的简化教学过程，但是随着时代的发展，对教师教学水平要求的提高，微格教学的要求也水涨船高。不仅要求受训者在微格教学中精简用词，不废话，说话严谨，还要求受训者的体态、表情、教学媒体应用等方面也等同正常上课要求，这对于提高受训者的教学水平是非常有帮助的。

根据多年的微格教学实践及国内微格教学研究情况，本书将微格教学的概念定义为：“微格教学是一个有控制的实践系统，它使师范生或在职教师有可能集中解决某一特定的教学行为，或在有控制的条件下进行学习。微格教学是建筑在教学理论、视听理论和技术基础上，系统培训教师教学技能的方法。”

在微格训练中，师范生或受训教师用 10 分钟左右的时间运用某种教学技能进行小规模的教学实训活动，录像后再由教师和同学讨论、分析。作为一种方法和工具的结合，它特别适用于师资培训。

所谓方法，就是把教育的活动分解为一系列的行为技能，并对它们加以辨认、观察、尝试和掌握。

所谓工具，就是运用视听摄录系统，使受训者能对自我习得的技能进行重现并作深入研究，方便其自我观察、修正。

12.2 微格教学系统

12.2.1 系统组成

微格系统主要包括主控室、微格教室、观摩讨论室等三个部分。

（1）主控室

主控室可以控制任一微格教室中的摄像机，也可以监视和监听任一微格教室的图像和声音。主控室可随时控制一个微格教室与之进行通讯，或控制微格教室播放教学录像与电视节目，并把某个微格教室的情况转播给其他的微格教室，进行示范。

主控室的主要设备包括计算机、主控机、摄像机、录像机、网络交换机、监视器、监控台等。

（2）微格教室

微格教室模拟了一间正常的教学用教室，只是相对小型化。微格教室中的设备主要包括分控机、摄像机及其他教学设备。在微格教室中可以呼叫主控室，并与主控室对讲。微格教室中可以控制本室的摄像系统，录制本室的声音和图像，以便对讲课情况进行分析和评估。

（3）观摩讨论室

观摩讨论室是微格系统的附属部分，主要功能是为进行训练后的师生提供一个集中讨论的场所。为方便讨论，观摩讨论室应该相对较大，能提供微格实训视频的播放等功能。

随着信息技术的发展，数字化的微格教学系统应运而生，它是一个集微格教学、多媒体编辑、影视音像制作、多媒体存储、视频点播、数字化现场直播为一体的数字化网络系统，如图 12－1 所示。

数字微格系统的观摩和评价均采用计算机设备，并通过交换机连接校园网或 Internet。信息记录方式采用硬盘存储，师生可以随时、随地通过网络或光盘进行点播、测评与观摩。

注意：数字微格教室与目前流行的自动录播教室及早期的智慧教室区别不大。即后两种教室也可实现部分微格实训功能。

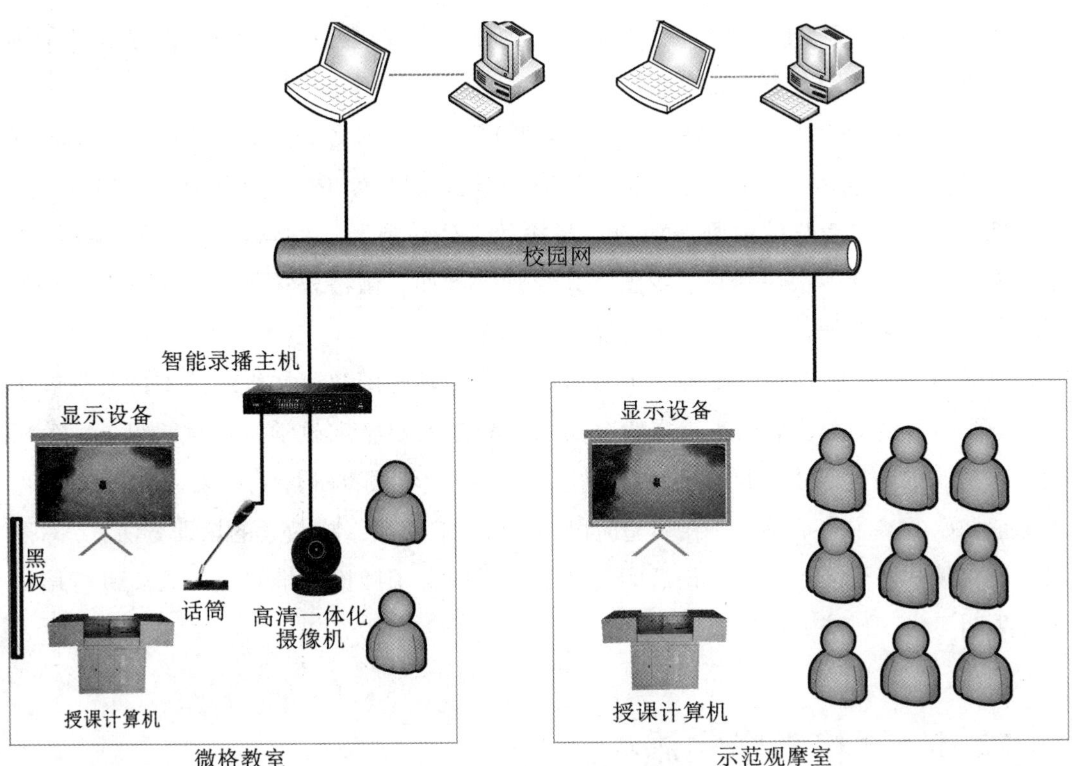

图 12－1 数字微格系统拓扑图

12.3 微格教学的发展

微格教学自 1963 年提出后，美国及一些欧洲国家的师范教育首先接受了这一新型的教师培训方法，并很快就被推广到世界各地。在英国，微格教学被安排在四年制的教育学士课程内，共用 42 周，每周 5 学时，总计 210 学时，接受微格教学训练后，师范生才能再到各中学进行教育实习。

香港中文大学教育学院从 1973 年开始采用微格教学的方法来训练学生。为了加强真实性，1975—1978 年间实行了以真实学生充当角色扮演听讲对象的策略，并在 1983 年对进修的在职教师中进行了实验，证明了微格教学对在职教师培训也有很大帮助。

微格教学在日本和澳大利亚也得到了重视和发展。悉尼大学和新南威尔士大学教育学院开设的课程每周 4 课时，13 周，共 52 课时。同时，这些学校对于在职教师的进修培训也开设了微格教学实习课，时间是每周 2 小时，共 13 周。其中悉尼大学的教育工作者，经过了近十年的研究和实践开发的微格教学课程，是移植、改进最成功的一例，获得了世界声誉。他们编著的一套微格教学教材和示范录像已被澳大利亚 80% 的师资培训机构以及英国、南非、巴布亚新几内亚、印度尼西亚、泰国、加拿大、美国和中国香港地区的一些师范院校采用。

20 世纪 80 年代中期，微格教学被引入我国，首先在北京教育学院展开了学习研究，并进行了实践。在此基础上，按照当时国家教委师范司的意见和要求，先后举办了七期全国部分教育学院教师参加的“微格教学研讨班”。微格教学作为培训教师教学技能的有效方法，很快受到了我国广大教师的欢迎，微格教学的研究和实践已经扩展到很多中等师范学校、中小学和高等师范院校。

1988 年 10 月至 1989 年 3 月，北京教育学院在联合国教科文组织的支持下开展了微格教学效果的对比实验研究。实验分为微格教学实验组和教学实习对照组，以分析微格教学效果与实习效果的差异。在实验前，对两组学员都进行了听课、录像、评价，以保证初始的基本水平相同。在实验阶段，“实验组”用微格教学的培训方法，“对照组”用传统的教学实习方法。最后的实验结果表明，用微格教学对受训人员进行培训的效果明显优于传统方法的效果。

12.4 微格教学实施

微格教学的实施过程是以现代学习理论、教学理论、教育技术理论以及系统科学理论为指导的教学技能训练过程。

12.4.1 微格教学的实施特征

1. 理论与实践紧密结合

微格教学中的一系列实践活动可以使相关的教育教学理论、教育心理学理论得到具体的贯彻和应用，这种理论与实践紧密结合的教学方法提高了学生对教学法课程的学习兴趣。

2. 学习目的明确，重点突出

由于采用微格教学的形式进行教学实训，一次训练只集中训练一两个教学技能，有利于受训者明确学习目的，集中训练精力，突出训练重点。

3. 信息反馈直观、形象、及时

采用现代信息技术对学生的训练行为进行记录，能及时准确地获取反馈信息，可

大大提高训练的效率。

4. 有利于学生主体作用的发挥

微格教学坚持以学生为主体，以教师为主导，以训练为主线的原则，有利于学生创造性思维的培养。

12.4.2　微格教学的实施步骤

微格教学实施包括学习相关知识、确定训练目标、观摩示范、分析与讨论、编写教案、角色扮演与微格实践、评价反馈、修改教案等步骤。

1. 学习相关知识

微格教学是在现代教育理论指导下对教师教学技能进行模拟训练的实践活动。在实施模拟教学之前应学习微格教学、教学目标、教学技能、教学设计等相关的内容。通过理论学习形成一定的认知结构，有利于以后观察学习内容的同化与顺应，提高学习信息的可感受性及传输效率，促进学习的迁移。

2. 确定训练目标

在进行微格教学之前，指导教师首先应该向受训者讲清楚本次教学技能训练的具体目标、要求，以及该教学技能的类型、作用、功能、及典型事例运用的一般原则、使用方法及注意事项等。

3. 观摩示范

为了增强受训者对受训技能的形象感知，需提供生动、形象和规范的微格教学示范视频或教师现场示范。在观摩微格教学视频过程中，指导教师应根据实际情况给予必要的提示与指导。示范可以是优秀的典型，也可利用反面教材，但应以正面示范为主。如果需要，训练应配合声像资料提供相应的文字资料，以利于学生对教学技能有一个理性的把握。训练时要注意培养受训者勤于观察、善于观察的能力，进而帮助其吸收、消化他人的教学经验的能力。

4. 分析与讨论

在观摩示范视频或现场示范后，教师应组织受训者进行课堂讨论，分析示范教学的成功之处及存在的问题，并就“假如我来教，该如何应用此教学技能”展开讨论。

通过参与者的相互交流、沟通，集思广益，酝酿该教学技能的最佳训练方案，并为下一步编写教案作准备。

5. 编写教案

当被训练的教学技能和教学目标确定之后，受训者就要根据教学目标、教学内容、教学对象、教学条件进行教学设计，选择合适的教学媒体，编写详细的教案。教案中首先需说明该教学技能应用的构想，还要注明教师的教学行为、时间分配及可能出现的学生学习行为及对策。

6. 角色扮演与微格实践

角色扮演是微格教学中的重要环节，是受训者训练教学技能的具体教学实践过程。即受训者自己走上讲台讲演，扮演教师，因此被称作“角色扮演”。为模拟真实气氛，小组的其他成员还需扮演学生。受训者在执教之前，要对本次课作一简短说明，以明确教学技能目标，阐明自己的教学设计意图。讲课训练时间视教学技能的要求而定，一般 5 ~ 10 分钟。整个教学过程将由摄录系统全部记录下来，同时，学生扮演者须填写微格教学观察表（如表 12 – 1）。

7. 评价反馈

评价反馈是微格教学中最重要的一步。在微格实训结束后，指导教师必须及时组织受训人员重放教学实况录像或进行视频点播，由指导教师和受训者共同观看，并收集其他同学的意见（如表 12 – 1），填写微格教学反思表（如表 12 – 2）。

反思，首先由受训者进行自我分析，检查实践过程是否达到了自己所设定的目标，是否掌握了所培训的教学技能，并指出有待改进的地方，也就是“自我反馈”。然后，指导教师和小组成员对其教学过程进行集体评议，找出不足之处，教师还可以对其需改进的问题进行示范或再次观摩示范录像带（教学视频），以利于受训者进一步改进、提高。

8. 修改教案

评价反馈结束后，受训者需修改、完善教案，再次实践。在单项教学技能训练告一阶段后，要有计划地开展综合教学技能训练，以实现各种教学技能的融会贯通。

表 12－1　微格教学观察表

<table>
<tr><td>观察者</td><td></td><td>学号</td><td></td><td>专业</td><td></td></tr>
<tr><td>训练项目</td><td colspan="5"></td></tr>
<tr><td>训练日期</td><td colspan="5">____年____月____日____时____分　第____节</td></tr>
<tr><td>教学时长</td><td colspan="5"></td></tr>
<tr><td>试讲人</td><td colspan="5"></td></tr>
<tr><td>教学课题</td><td colspan="5"></td></tr>
<tr><td colspan="6">过程记录
（主要描述授课学生的教学行为）</td></tr>
<tr><td colspan="3">听课记录</td><td colspan="3">即时评议</td></tr>
<tr><td colspan="3"></td><td colspan="3"></td></tr>
<tr><td colspan="6">总体评价</td></tr>
</table>

表 12－2　微格教学反思表

训练项目	
教学主题	
训练日期	____年____月____日____时____分　第____节
教学时长	
实训人姓名	
指导教师小组成员 意见及建议	
对实训过程的 自我反思	
改进措施	

➤ 思考题：

1. 微格教学系统由哪几部分构成？
2. 简述微格教学的实施特征。
3. 简述微格教学的实施步骤。

➤ 课外实践活动：

参观和使用微格教学系统。

了解微格教室的设备配置。

参考文献

[1] 张祖忻，章伟民，刘美凤，等. 教学设计——原理与应用［M］. 北京：高等教育出版社，2017.

[2] 盛群力，等. 教学设计［M］. 北京：高等教育出版社，2015.

[3] 冯玲玉. 现代教育技术——信息技术走进新课程［M］. 北京：北京大学出版社，2012.

[4] 方其桂. 微课制作实例教程［M］. 北京：清华大学出版社，2017.

[5] 部厚民. 微课资源的建设与应用［M］. 长春：东北师范大学出版社，2017.

[6] 朱式庆. 教育技术学［M］. 北京：中国科学技术大学出版社，2010.

[7] 南国农，李运林. 教育传播学［M］. 北京：高等教育出版社，2012.

[8] 张立新. 教育技术的理论与实践［M］. 北京：北京师范大学出版集团，2015.

[9] 郭绍青，王卫军. 教师信息技术能力教程［M］. 北京：高等教育出版社，2010.

[10] 张筱兰. 信息化教学［M］. 北京：高等教育出版社，2010.

[11] Lage M J, Platt G J & Treglia M. Inverting the Classroom：A Gateway to Creating an Inclusive Learning Environment［J］. Journal of Economic Education, 2000.

图书在版编目(CIP)数据

教育技术应用基础：实践与操作 / 杨波，林磊著.
—长沙：中南大学出版社，2019.9(2022.11 重印)
ISBN 978-7-5487-3752-0

Ⅰ. ①教… Ⅱ. ①杨… ②林… Ⅲ. ①教育技术学—高等学校—教材 Ⅳ. ①G40-057

中国版本图书馆 CIP 数据核字(2019)第 196995 号

教育技术应用基础：实践与操作

JIAOYU JISHU YINGYONG JICHU: SHIJIAN YU CAOZUO

杨波　林磊　著

□**责任编辑**　刘　辉
□**责任印制**　李月腾
□**出版发行**　中南大学出版社
社址：长沙市麓山南路　　邮编：410083
发行科电话：0731-88876770　　传真：0731-88710482
□**印　　装**　湖南天闻新华印务有限公司

□**开　　本**　787 mm×1092 mm　1/16　□**印张** 20　□**字数** 424 千字
□**版　　次**　2019 年 9 月第 1 版　□**印次** 2022 年 11 月第 2 次印刷
□**书　　号**　ISBN 978-7-5487-3752-0
□**定　　价**　68.80 元